U0165272

千華數位文化
Chien Hua Learning Resources Network

考前充分準備　臨場沉穩作答

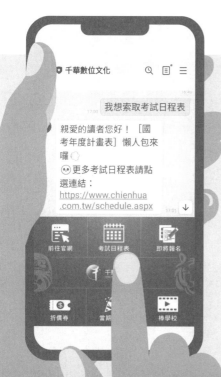

千華 Line@ 專人諮詢服務

認識國家考試體系(一)

公務人員考試

高等、普通、初等考試
- 高等考試一級考試
- 高等考試二級考試
- 高等考試三級考試
- 普通考試
- 初等考試

特種考試（一、二、三、四、五等）
- 身心障礙人員考試
- 原住民族考試
- 司法人員考試
- 司法官考試
- 社會福利工作人員考試
- 國家安全情報人員考試
- 調查人員考試
- 警察人員考試
- 一般警察人員考試
- 外交領事及國際新聞人員考試
- 國際經濟商務人員考試
- 關務人員考試
- 稅務人員考試
- 民航人員考試
- 交通事業人員考試
- 專利商標審查人員考試
- 退除役軍人轉任公務人員考試
- 地方政府公務人員考試
- 國防部文職人員考試
- 海岸巡防人員考試
- 驗光人員考試
- 國軍上校以上軍官轉任公務人員考試
- 軍法官考試
- 其他公務人員特種考試

升官等升資考試
- 公務人員升官等考試
- 警察人員升官等考試
- 關務人員升官等考試
- 交通事業人員升資考試

 千華數位文化股份有限公司
新北市中和區中山路三段136巷10弄17號
TEL: 02-22289070　FAX: 02-22289076

認識國家考試體系(二)

專門職業及技術人員考試

→

高等、普通考試(共83類科)

→

高等考試(65類科)

律師、民間之公證人、會計師、建築師、技師（32類科）、專利師、醫師、牙醫師、藥師、護理師、醫事檢驗師、醫事放射師、物理治療師、職能治療師、助產師、中醫師、法醫師、營養師、獸醫師、牙體技術師、語言治療師、驗光師、聽力師、社會工作師、不動產估價師、臨床心理師、諮商心理師、呼吸治療師、消防設備師、引水人（甲種、乙種）、驗船師、航海人員(一等船副、一等管輪)

普通考試(18類科)

驗光生、不動產經紀人、領隊人員（華語、外語）、導遊人員（華語、外語）、專責報關人員、財產保險代理人、人身保險代理人、財產保險經紀人、人身保險經紀人、一般保險公證人、海事保險公證人、消防設備士、地政士、記帳士、航海人員(二等船副、二等管輪)

特種考試(共7類科)

→

驗光師、驗光生、中醫師、語言治療師、聽力師、牙體技術師、牙體技術生

千華數位文化股份有限公司
新北市中和區中山路三段136巷10弄17號
TEL: 02-22289070　FAX: 02-22289076

公務人員
「高等考試三級」應試類科及科目表

高普考專業輔考小組◎整理

完整考試資訊

http://goo.gl/LaOCq4

★普通科目

1.國文◎（作文80%、測驗20%）
2.法學知識與英文※（中華民國憲法30%、法學緒論30%、英文40%）

★專業科目

類科	科目		
一般行政	一、行政法◎	二、行政學◎	三、政治學
	四、公共政策	五、民法總則與刑法總則	六、公共管理
一般民政	一、行政法◎	二、行政學◎	三、政治學
	四、公共政策	五、民法總則與刑法總則	六、地方政府與政治
社會行政	一、行政法◎	二、社會福利服務	三、社會學
	四、社會政策與社會立法	五、社會研究法	六、社會工作
人事行政	一、行政法◎	二、行政學◎	三、各國人事制度
	四、現行考銓制度	五、民法總則與刑法總則	
	六、心理學（包括諮商與輔導）		
勞工行政	一、行政法◎	二、經濟學◎	三、勞資關係
	四、就業安全制度	五、勞工行政與勞工立法	六、社會學
戶　　政	一、行政法◎		
	二、國籍與戶政法規（包括國籍法、戶籍法、姓名條例及涉外民事法律適用法）		
	三、移民政策與法規（包括入出國及移民法、臺灣地區與大陸地區人民關係條例、香港澳門關係條例、護照條例及外國護照簽證條例）		
	四、民法總則、親屬與繼承編		
	五、人口政策與人口統計　　六、地方政府與政治		
公職社會工作師	一、行政法◎　二、社會福利政策與法規　三、社會工作實務		
教育行政	一、行政法◎	二、教育行政學	三、教育心理學
	四、教育哲學	五、比較教育	六、教育測驗與統計
財稅行政	一、財政學◎	二、經濟學◎	三、民法◎
	四、會計學◎	五、租稅各論◎	六、稅務法規◎
商業行政	一、民法◎	二、行政法◎	三、貨幣銀行學
	四、經濟學◎	五、證券交易法	六、公司法
經建行政	一、統計學	二、經濟學◎	三、國際經濟學
	四、公共經濟學	五、貨幣銀行學	六、商事法

金融保險	一、會計學◎　　　　二、經濟學◎　　　　三、金融保險法規 四、貨幣銀行學　　　五、保險學　　　　六、財務管理與投資
統　計	一、統計學　　　二、經濟學◎　　　　　　三、資料處理 四、統計實務（以實例命題）　五、抽樣方法　六、迴歸分析
會　計	一、財政學◎　　二、審計學◎　　　　　三、中級會計學◎ 四、成本與管理會計◎　　　　　　　　　五、政府會計◎ 六、會計審計法規（包括預算法、會計法、決算法與審計法）◎
財務審計	一、審計學（包括政府審計）◎ 二、內部控制之理論與實務 三、審計應用法規（包括預算法、會計法、決算法、審計法及政府採購法） 四、財報分析　　　五、政府會計◎　　　　　六、管理會計
法　制	一、行政法◎　　　二、立法程序與技術　　三、民法◎ 四、刑法　　　　　五、民事訴訟法與刑事訴訟法　六、商事法
土木工程	一、結構學　　　　二、測量學　　三、鋼筋混凝土學與設計 四、營建管理與工程材料　　　　五、土壤力學（包括基礎工程） 六、工程力學（包括流體力學與材料力學）
水利工程	一、水文學　　　　二、流體力學　　　　　三、渠道水力學 四、水資源工程學五、營建管理與工程材料 六、土壤力學（包括基礎工程）
文化行政	一、世界文化史　二、本國文學概論　　　　三、藝術概論 四、文化人類學　五、文化行政與政策分析 六、文化資產概論與法規
電力工程	一、工程數學◎　二、電路學　　　　　　　三、電子學 四、電機機械　　五、電力系統 六、計算機概論
法律廉政	一、行政法◎　　二、行政學◎　　　　　　三、社會學 四、刑法　　　　五、刑事訴訟法 六、公務員法（包括任用、服務、保障、考績、懲戒、行政中立、利益衝突迴避、財產申報與交代）
財經廉政	一、行政法◎　　二、行政學◎　　　　　　三、社會學 四、公務員法（包括任用、服務、保障、考績、懲戒、行政中立、利益衝突迴避、財產申報與交代） 五、心理學　　　六、財政學概論與經濟學概論◎
機械工程	一、熱力學　　　　二、機械設計　　　　　三、流體力學 四、自動控制　　五、機械製造學（包括機械材料） 六、工程力學（包括靜力學、動力學與材料力學）

註：應試科目後加註◎者採申論式與測驗式之混合式試題（占分比重各占50%），應試
　　科目後加註※者採測驗式試題，其餘採申論式試題。

各項考試資訊，以考選部正式公告為準。

 千華數位文化股份有限公司
新北市中和區中山路三段136巷10弄17號
TEL: 02-22289070　FAX: 02-22289076

公務人員
「普通考試」應試類科及科目表

高普考專業輔考小組◎整理

完整考試資訊

http://goo.gl/7X4ebR

✪普通科目
1. 國文◎（作文80%、測驗20%）
2. 法學知識與英文※（中華民國憲法30%、法學緒論30%、英文40%）

✪專業科目

一般行政	一、行政法概要※ 三、政治學概要◎	二、行政學概要※ 四、公共管理概要◎
一般民政	一、行政法概要※ 三、政治學概要◎	二、行政學概要※ 四、地方自治概要◎
教育行政	一、行政法概要※ 三、心理學概要	二、教育概要 四、教育測驗與統計概要
社會行政	一、行政法概要※ 三、社會研究法概要	二、社會工作概要◎ 四、社會政策與社會立法概要◎
人事行政	一、行政法概要※ 三、現行考銓制度概要	二、行政學概要※ 四、心理學（包括諮商與輔導）概要
戶　　政	一、行政法概要※ 二、國籍與戶政法規概要（包括國籍法、戶籍法、姓名條例及涉外民事法律適用法）◎ 三、民法總則、親屬與繼承編概要 四、移民法規概要（包括入出國及移民法、臺灣地區與大陸地區人民關係條例、香港澳門關係條例、護照條例及外國護照簽證條例)※	
財稅行政	一、財政學概要◎ 三、會計學概要◎	二、稅務法規概要◎ 四、民法概要◎
商業行政	一、經濟學概要※ 三、商業概論	二、行政法概要※ 四、民法概要◎
經建行政	一、統計學概要 三、國際經濟學概要	二、經濟學概要※ 四、貨幣銀行學概要
金融保險	一、會計學概要◎ 三、貨幣銀行學概要	二、經濟學概要※ 四、保險學概要

統　計	一、統計學概要 三、統計實務概要（以實例命題） 四、資料處理概要	二、經濟學概要※
會　計	一、會計學概要◎ 三、審計學概要◎	二、成本與管理會計概要◎ 四、政府會計概要◎
地　政	一、土地法規概要 三、民法物權編概要	二、土地利用概要 四、土地登記概要
公產管理	一、土地法規概要 三、民法物權編概要	二、土地利用概要 四、公產管理法規概要
土木工程	一、測量學概要 三、土木施工學概要	二、工程力學概要 四、結構學概要與鋼筋混凝土學概要
水利工程	一、水文學概要 三、土壤力學概要	二、流體力學概要 四、水資源工程概要
文化行政	一、本國文學概論 三、藝術概要	二、世界文化史概要 四、文化行政概要
機械工程	一、機械力學概要 三、機械製造學概要	二、機械原理概要 四、機械設計概要
法律廉政	一、行政法概要※ 二、公務員法（包括任用、服務、保障、考績、懲戒、行政中立、利益衝突迴避、財產申報與交代）概要 三、刑法概要 四、刑事訴訟法概要	
財經廉政	一、行政法概要※ 二、公務員法（包括任用、服務、保障、考績、懲戒、行政中立、利益衝突迴避、財產申報與交代）概要 三、心理學概要 四、財政學概要與經濟學概要※	

註：應試科目後加註◎者採申論式與測驗式之混合式試題（占分比重各占50%），
　　應試科目後加註※者採測驗式試題，其餘採申論式試題。

各項考試資訊，以考選部正式公告為準。

千華數位文化股份有限公司
新北市中和區中山路三段136巷10弄17號
TEL: 02-22289070　FAX: 02-22289076

注意！考科大變革！

112年起
高普考等各類考試刪除列考公文

考試院院會於**110年起陸續通過**，高普考等各類考試國文**刪除列考公文**。自**112年考試開始適用**。

考試院說明，考量現行初任公務人員基礎訓練已有安排公文寫作課程，各機關實務訓練階段，亦會配合業務辦理公文實作訓練，故不再列考。

等別	類組	變動	新規定	原規定
高考三級、地方特考三等、司法等各類特考三等	各類組	科目刪減、配分修改	各類科普通科目均為：國文（作文與測驗）。其占分比重，分別為**作文占80%，測驗占20%**，考試時間二小時。	各類科普通科目均為：國文（作文、公文與測驗）。其占分比重，分別為作文占60%，公文20%，測驗占20%，考試時間二小時。
普考、地方特考四等、司法等各類特考四等				
初等考試、地方特考五等		科目刪減	各類科普通科目均為：**國文刪除公文格式用語**，考試時間一小時。	各類科普通科目均為：國文（包括公文格式用語），採測驗式試題，考試時間一小時。

參考資料來源：考選部

～以上資訊請以正式簡章公告為準～

千華數位文化股份有限公司
新北市中和區中山路三段136巷10弄17號
TEL: 02-22289070　FAX: 02-22289076

原來這樣會違規！

適用於考選部舉辦之考試

試場規則

扣考

若發生以下情形，應考人不得繼續應考，其已考之各科成績不予計分。

- 把小抄藏在身上或在附發之參考法條中夾帶標註法條條次或其他相關文字之紙張。

- 考試試題註明不可以使用電子計算器時，使用電子計算器(不論是否為合格型號)。

- 在桌子上、椅子、墊板、原子筆、橡皮擦、修正帶、尺、手上、腿上、或入場證背面等刻寫小抄。

- 電腦化測驗時，因為題目不會寫，憤而破壞電腦設備。

依試場規則第4條第1項第5、7、10款；第5條第1項第1、5款規定處理。

不予計分

- 混合式試題考試結束時誤將試卷或試卡夾在試題上攜出試場。

- 非外國文科目，使用外國文作答。（外國文科目、專有名詞及有特別規定者，不在此限）。

依試場規則第4條第2項、第10條規定處理。

-20分

- 考試開始45分鐘內或規定不得離場時間內，就繳交試卷或試卡，未經監場人員同意，強行離開試場。

- 電腦化測驗僅能用滑鼠作答，自行使用鍵盤作答。

依試場規則第5條第1項第1、6款規定處理。

-5分 視以下情節輕重，扣除該科目成績5分至20分。

- 坐錯座位因而誤用別人的試卷或試卡作答。

- 裁割或污損試卷（卡）。

- 在試卷或試卡上書寫姓名、座號或不應有文字。

- 考試時用自己準備的紙張打草稿。

- 考試前沒有把書籍、筆記、資料等文件收好，並放在抽屜或桌子或
  椅子或座位旁。

- 考試時，行動電話放在衣服口袋中隨身攜帶，或放在抽屜或桌子或
  椅子或座位旁。

- 考試開始鈴響前在試卷或試卡上書寫文字。

- 考試結束鈴聲響畢，仍繼續作答。

- 使用只有加減乘除、沒有記憶功能的陽春型計算器，但不是考選部
  公告核定的電子計算器品牌及型號。

依試場規則第6條第1、2、4、6、7、8、9款。

-3分 視以下情節輕重，扣除該科目成績3分至5分。

- 攜帶非透明之鉛筆盒或非必要之物品，經監場人員制止而再犯。

- 考試時間結束前，把試題、答案寫在入場證上，經監場人員制止，
  仍強行帶離試場。

依試場規則第6條第1、2、4、6、7、8、9款。

千華數位文化股份有限公司
新北市中和區中山路三段136巷10弄17號
TEL: 02-22289070　FAX: 02-22289076

〔目 次〕

第一部分　心理學

第1篇　心理學基礎概念

第2篇　認知心理學

第3篇　教育心理學

第4篇　臨床心理學

第二部分　諮商與輔導

第三部分　近年試題及解析 (含人事行政、教育行政、財經廉政)

[縱橫天下——談考場經驗]

　　考試是一種方法也是一種手段，它不僅促進社會階級的流動，同時也代表著社會資源的分配問題。透過參加考試，可以使個人從中下社會階層轉到上層社會。因此，考試對個人而言不僅是代表著社會階級地位的流動，同時也影響到個人的生涯轉變與生涯規劃，以及家庭生活的重塑與組合。因為，透過考試，可改變個人的身分地位以及社會地位。而處於高層社會地位的人，往往擁有比其他人更多的社會資源與社會權力，而此種資源具有社會複製的功能，也就是世代相襲的作用，意即下一代擁有與上一代相對的社會資源與權力。考試是一種相對公平的競賽，在考場中如何縱橫天下、取得優勝、贏得先機，自有其不變的原理原則，茲說明如下：

一、基本能力

　　參加各項考試有些基本能力必須事先培養，如字體的培養、書寫速度、組織能力、批判能力、思考能力等。

(一)　書寫體：在考場中，字體是決勝負的要訣，因為字體給人的是第一印象，方正整齊的字體與龍飛鳳舞的字體，得到的結果必然不同。批改考卷的教授都會有先入為主的月暈效應，也就是字體漂亮的較偏向給高分。平日訓練字體的方法可在閱讀教材的同時，將重要的名詞或概念，書寫在白紙上，除了加深印象同時也達到訓練字體的效果。有些重要名詞如果能將英文重寫一遍，又能增進本身的英文能力，達到高附加價值作用。

(二)　書寫速度：在考場中，除了方正整齊的字體外，還要具備快速的書寫速度。如此，在相同的時間之下，可寫得比別人多，在時間的掌握上，較能得心應手。此種技巧只能靠平日多加自行練習。

(三)　組織能力：組織能力的良窳，攸關表達能力的強弱。組織能力強的人，能在最短的時間，以最少的文字將意思完全表達出來。就像善於射箭的人，一箭中靶。不善於射箭的人，花了再多的箭也是徒勞無功。在平日閱讀教材的過程中，就要不斷地訓練自己的組織能力。訓練的方法是看完一部分資料後，嘗試以最短的文字將重點摘錄出來。

(四) **批判能力**：一般最缺乏的是批判能力，批判能力就是在作答的過程中提出自己的看法與批評。尤其是在分析各項法案、計畫、政策、辦法時，能針對內容提出優缺點及分析比較。訓練的方法是平時多看、多觀察、多思考、多質疑。

(五) **思考能力**：在閱讀資料時，最容易忽略的一點就是如何將內容消化，成為自己的理念。人不是電腦，可以記憶相當多的資料與內容。每個人都有自己的優點和極限。如何將自己的極限擴大，是應該不斷去思考的問題。擴大自己記憶力的方式，可在閱讀教材的同時，將內容與日常生活世界中的事物相結合。

二、應考要訣

參加考試除了具備上述能力之外，在考試的臨場經驗，也是相當重要的。

(一) **時間的掌握**：參加考試，首先要了解「多少時間作多少事」，時間的掌握很重要，以論文式的考試為例，通常論文式的考試有四至五道題，一百分鐘的時間。如果分配得當，應該每道題都能完整的作答。時間如果分配不當，儘管寫得相當完整，但只寫了二道題，那麼得分再高，也僅拿到一半的分數。

(二) **題目的掌握**：拿到考卷以後，第一步驟就是將所有題目過目一遍，看清楚題目的重點在那裡？問的是什麼？以免文不對題。其次在心裡面先有個腹案，如何去作答？該掌握那些要點？如何表達？如果在作答的過程中想到其他題目的重點，應該在考卷的空白處記下來，因為靈感一閃而逝。

(三) **表達的技巧**：在作答過程中，概念的表達很重要，尤其是表達的技巧。例如：論文要求的是起、承、轉、合，抑、揚、頓、挫等要領，說穿了不過是各種概念的組合罷了！如果在考前將一些日常成語背熟，在考場中就能得心應手。國文作文如此，英文作文也如此。

(四) **應變的能力**：在考場中，遇到陌生的題目通常會放棄。其實除了數理、統計數字的運算題目外，遇到不熟的題目，也有其作答的技巧。作答的方式是將題目內容，以文字再詳述清楚，而後提出個人的看法。如此，雖無法將題目很完整的作答，但或多或少會得到一些零碎的分數。零碎的分數有時將是決定勝負的關鍵。

(五) **其它的技巧**：除了上述的方法之外，有些小技巧也是不容忽視的，例如：在作答的過程中，標點符號的書寫、儘量不要隨意塗改、容易且有把握的題目先作答、標號的順序（一、二、(一)、(二)、1.、2.、(1)、(2)……等）、筆的顏色選擇（可能的話以黑色筆較佳）。重要名詞或人物儘可能附上原文，例如：杜威（J. Dewey，1895-1952）、教育心理（educational psychology）等，有助於得分的提高，因為很明顯的，自己的作答就是與眾不同。

　　參加各項考試以取得各項資格，或是改變個人的社會地位與社經地位，是每一個人的夢想。然而理想與實際總有一段艱辛的路程。在立下長遠目標的同時，也要不斷地去汲取他人的經驗，而後成為自己的生活經驗，協助自己去達成人生的目標。以上僅提供個人在身經百戰之後的一點心得，以野人獻曝之情，期盼能舉一反十，縱橫考場，一枝獨秀，金榜題名，揚名立萬，是為至禱。

〔111年高普考重點分析〕

　　在閱讀期刊吸收新知的同時，考古題的演練也必須同時並進，不可荒廢。命題比重分配以及近年出題趨勢請參見下列表格：

↘ 高考

	111教育行政	111財經廉政	111人事行政
認知心理學	---	---	---
知覺心理學	---	思覺失調（25%）	---
發展心理學	心理社會發展（25%）	客體關係理論（25%）	---
諮商與輔導	---	系統減敏法（25%）	藥物濫用（25%） 社會興趣（25%） 貝克的負面認知三元素（5%）
社會與人格	---	---	人格衡鑑（25%）
教育心理學	問題導向學習（25%） 學習動機（25%） 動態評量（25%）	---	學習動機（25%） 自我實現（5%）
基礎概念	---	破窗效應（25%）	卡巴金的正念（5%） 巴伯的我/汝關係（5%）

↘ 普考

	111教育行政／財經廉政	111人事行政
認知心理學	基本歸因謬誤（10%）	---
知覺心理學	視覺懸崖（10%）	---
發展心理學	---	大腦結構（25%） 雙語教育（25%）
諮商與輔導	---	---
社會與人格	邊緣型人格（10%） A型性格（20%）	---

	111教育行政／財經廉政	111人事行政
教育心理學	負增強作用（10%） 動機理論（20%）	學習遷移（25%） 人本主義及行為主義的班級經營（25%）
基礎概念	失智（20%）	---

◢ 命題趨勢

以下根據各個領域進行重點的命題預測

- ✔ **認知心理學**：專屬於認知心理學概念的配分雖然較低，但仍散見於其他題目之中，例如：動機、歸因等。

- ✔ **發展心理學**：發展心理學的配分有明顯提高，例如：客體關係理論、心理社會發展理論、大腦結構組成與發展等。

- ✔ **諮商與輔導**：諮商與輔導的配分向來皆不低，且除了以申論題方式呈現，也會以解釋名詞進行出題，例如：貝克的負面認知三元素。

- ✔ **社會與人格**：社會與人格的配分較為下降，但關於人格衡鑑的相關理論與方法，考生仍應留意。

- ✔ **教育心理學**：教育心理學為今年的命題重點。例如：問題導向學習、學習動機、動態評量、負增強作用、人本主義及行為主義的班級經營等。

［110年高普考重點分析］

　　在閱讀期刊吸收新知的同時，考古題的演練也必須同時並進，不可荒廢。命題比重分配以及近年出題趨勢請參見下列表格：

☑ 高考

	110教育行政	110財經廉政	110人事行政
認知心理學	後設認知（25%） 自我效能（25%）	大腦維持活躍（25%）	---
知覺心理學	---	視錯覺（25%）	---
發展心理學	Kohlberg道德發展理論（25%）	---	---
諮商與輔導	---	---	Beck認知治療（25%）
社會與人格	---	自我實現預言（25%）	相互決定論（25%）
教育心理學	多元文化教育（25%）	---	增強作用（25%）
基礎概念	---	犯罪與心理學（25%）	心理幸福感（25%）

☑ 普考

	110教育行政／財經廉政	110人事行政
認知心理學	記憶（25%）	動機（25%）
知覺心理學	大腦自動填入不足訊息的現象（25%）	---
發展心理學	---	---
諮商與輔導	強迫症（25%）	創傷後壓力症候群（25%）
社會與人格	態度（25%）	從眾（25%）
教育心理學	---	社會學習論（25%）
基礎概念	---	---

↘ **命題趨勢**

以下根據各個領域進行重點的命題預測

✔ **認知心理學**：認知心理學的出題明顯較前兩年增加，例如：後設認知、大腦維持活躍方法、自我效能等。

✔ **發展心理學**：發展心理學的配分較低，但出題範圍仍沒有超出過去常考的理論範圍，可針對過去出題頻率高的理論進行準備，例如：Kohlberg道德發展理論。

✔ **諮商與輔導**：諮商的部分，本年度針對特定心理疾患的比率有提升。建議須針對DSM診斷手冊中不同的心理疾患概念、症狀、成因、治療方式進行更深入的了解。

✔ **社會與人格**：此領域今年度分數占比仍高的領域，建議可使用主題式複習的方式，針對不同的研究議題進行整理與自己模擬答題，例如：態度、自我實現預言等。

✔ **教育心理學**：本次教育心理學的出題比重仍高。例如：社會學習論、增強作用、多元文化教育等。

［未來命題趨勢］

一、 **諮商與輔導**：九大學派的創始人、基本論點及治療技術須注意。

　　基本題型：由九大學派來解釋一個人為何會出現問題行為？

二、 **教育心理學**：行為學派學習理論、發展理論、人格理論皆為常出現的題型。

　　基本題型：古典制約、操作制約、Erikson、Piaget等。

三、 **社會心理學**：壓力因應、社會知覺、團體行為等。

　　基本題型：壓力因應模式、偏誤理論等。

四、 **現代心理學**：情緒理論、依附行為等。

［準備考試之建議］

一、　閱讀完基本教科書後，須再將書後的索引瀏覽一遍，以免有遺漏重要的解釋名詞或定義，同時須將平常較少見過的名詞，另做整理，便可應付一些較冷門的解釋名詞題。

二、　在記憶解釋名詞時，須同時記憶英文，以免因考題中文翻譯的不同，而造成臨場書寫的阻礙，建議人名及重要名詞，都須同時記憶原文，以免有遺漏。

三、　可參考近五年研究所及高普考考題，大約兩年就會有考題重複出現，因此，把握住考古題的分數是非常重要的。

四、　養成每日固定做考古題的習慣，訓練自己的思考邏輯及書寫方式，進入考場時，才能得心應手。

五、　平日整理筆記須多做應用、比較題型，始能將相關理論活用。

六、　將理論嘗試運用在生活經驗中，以利記憶。

七、　多閱讀報章雜誌及心理學相關期刊。

八、　組織讀書會，與三五好友互相砥礪打氣，以必上榜為唯一目標。

九、　透過千華出版的《心理學（含概要）主題式高分寶典（包括諮商與輔導）》（作者為艾育），掌握近十年來的心理學代表性試題重點。

※建議書目

一、教科書類

1. 余民寧（2002）。教育測驗與評量：成就測驗與教學評量。心理。
2. 余民寧（2009）。試題反應理論（IRT）及其應用。心理。
3. 李玉琇、蔣文祁譯（2010）。認知心理學。雙葉。
4. 孟慶茂、常建華（2000）。心理實驗學。心理。
5. 林美吟、施顯烇（2004）。變態心理學。心理。
6. 洪光遠譯（2005）。普通心理學（上）（下）。桂冠。
7. 修慧蘭等譯（2009）。諮商與心理治療：理論與實務。雙葉。
8. 唐子俊審閱（2010）。變態心理學。雙葉。
9. 張春興（1996）。教育心理學：三化取向的理論與實踐。東華。
10. 陳烜之（2007）。認知心理學。五南。
11. 陳皎眉等（2006）。社會心理學。雙葉。
12. 游恆山譯（2008）。健康心理學。五南。
13. 游恆山譯（2010）。心理學。五南。
14. 黃立欣、李美芳譯（2009）。發展心理學：兒童發展。雙葉。
15. 葛樹人（2006）。心理測驗。桂冠。
16. 潘中道、郭俊賢譯（2006）。行為科學統計學。雙葉。
17. 鄭昭明（2009）。認知心理學：理論與實踐。桂冠。
18. 鄭昭明、陳億貞（2006）。普通心理學。雙葉。
19. 鄭默、鄭日昌譯（2007）。心理學研究－方法與設計。五南。
20. 鄭麗玉（2009）。認知心理學－理論與應用。五南。
21. 王慶福等（2006）。社會心理學。雙葉。
22. 危芷芬譯（2003）。心理測驗。雙葉。

二、期刊類

1. 教育研究月刊。　2.諮商輔導月刊。　3.教育研究集刊。

三、必備考用書

1. 李振濤（2016）。心理學概要（包括諮商與輔導）嚴選題庫。千華。
2. 艾育（2014）。教育行政類專業科目重點精析。千華。

四、善用網路免費資源，增加本身實力

1. PTT國考版。　2.教育高普特考圓夢網（網路搜尋：教育高普特考）
3. 達人村公職版（網路搜尋：達人村）
4. 數位男女國考版（網路搜尋：數位男女）

第1篇 心理學基礎概念

第1章 心理學的意義與性質

依出題頻率分：**A** 頻率高 **B** 頻率中 **C** 頻率低 　頻出度 **C**

命題焦點

1. 心理學的界定及意義。
2. 心理學研究目的。
3. 心理學的歷史發展：(1)心理學的哲學、生物學、生理學基礎。(2)科學心理學。(3)心理學學派：功能主義、行為主義、完形心理學、精神分析論、人本心理學、認知心理學、神經心理學。
4. 心理學的研究領域：(1)心理學的理論及研究主題。(2)心理學的分類及應用心理學。
5. 心理學的研究方法：(1)心理學研究的基本概念。(2)心理學的研究方法：A.系統性觀察法：a.自然觀察法；b.控制觀察法。B.自我報告法：a.臨床訪談；b.測驗問卷。C.測驗法。D.實驗法。E.個案研究法。F.人種誌。(3)心理研究倫理。

⤵ 精華摘要

一、心理學之意義：研究人類行為的科學。

二、行為包括

(一) **外顯性行為**：個體表現於外，且能被直接觀察記錄、測量的活動。

(二) **內隱性行為**：內在、內心的活動，由個人內省得知。

三、心理學研究的重點

(一) 從神經生理視角研究心理問題。 (二) 從行為視角研究心理問題。
(三) 從精神分析視角研究心理問題。 (四) 從認知視角研究心理問題。
(五) 從人文主義視角研究心理問題。

四、心理學三大勢力：心理分析學派、行為主義學派、人本心理學派（第四大勢力則為新興的超個人心理學派）。

此三大勢力嚴格來說並非域性發展，而是在不同社會背景下出現，而有重疊。

五、科學的意義：科學是運用系統方法處理問題，發現事實的真相進而探求其原理原則的學問。

六、科學的目的

(一) **解釋**：是對問題中事實的陳述與事項變化中原理的說明。有三種方式：Who、What、How。
(二) **預測**：由事項變化中獲得原理原則後，根據各種因素的關係，在事項未發生前對未知情況加以預測。
(三) **控制**：根據事項變化的原理設置情境，使某種事項發生或不發生。

七、科學的特徵

(一) **客觀性**：科學家研究問題時採用之方法、測量之工具、解釋事項時所用之語言文字，都有一定的程序、標準和方式。
(二) **驗證性**：科學理論是可驗證的，科學結果是可重複的。
(三) **系統性**：科學研究必須遵循一定的程序。

八、心理學是一門科學：科學的目的是發現事物變化的真相，探求原理原則，建立系統理論。心理學的目的是從行為變化中發現事實，探求原理原則，建立系統的行為理論，所以心理學是一門科學。

九、心理學是一門行為科學：心理學是一門行為科學，但不能反過來說行為科學就是心理學。因為行為科學涵蓋的範圍較廣，諸如社會學與文化人類學等都屬於行為科學。

十、研究心理學之目的

(一) **理論上的目的**：借用一般科學上系統的方法蒐集資料、發現事實，企圖在複雜的行為變化中獲得原理原則，以建立系統的行為理論。

(二) **應用上的目的**：心理學所建立的原理原則，運用到人類多方面的需要，如教育、人事、法律工商上。

十一、心理學的變項法則

O-R 法則 —— 個體某種行為的出現或改變，純係由於個體自身或個體之間改變的結果。

S-R 法則 —— 刺激情境的變化，乃是構成行為變化的原因。

R-R 法則 —— 個體兩種行為間存在有共變的關係。

十二、研究心理學的基本變項

(一) 自變項與依變項：兩者之關係一為因果關係（自變項為因，依變項為果）；二為自變項為預測的根據，依變項為預測之行為。

(二) 中間變項：介於刺激與反應兩變項間之一切對反應發生作用之內在歷程而言。如發現食物（S），拿來吃（R），吃的動機可能是飢餓，飢餓即為中間變項。

十三、心理學的研究方法

(一) **觀察法**（observational methods）
　　1.**自然觀察法**：在自然情境中對人、對動物進行直接觀察，記錄而後分析、解釋，以期獲得原則。
　　2.**控制觀察法**：在預先設置的情境中進行觀察。

(二) **自我報告**（self-report）
　　1.臨床訪談：以某問題為範圍，要求被調查者回答個人的想法與做法，然後，依反應推測心理趨向，亦即研究被調查者的資料事實與心理事實間之關係。
　　2.測驗問卷：通常以問卷法或晤談法收集資料。

(三) **測驗法（test methods）**：又稱心理測驗法，可測量多種能力、興趣、態度和成就。

(四) **實驗法（experimental methods）**：在控制情境下，有系統的操縱自變項，使按預定計畫改變，然後觀察其對依變項所發生之影響。可研究問題之「是什麼」，亦可探討「為什麼」。

> **小 叮 嚀**
>
> 有的作者將心理學研究方法僅列三種：實驗法、觀察法、衡鑑法（即包括調查法和測驗法）。

(五) **個案研究法（case study）**：結合多種方法（訪談、觀察、測驗）獲取一人全面性資訊。

(六) **人種誌（ethnography）**：研究一文化的特殊性、文化價值，人與社會互動的過程。

十四、馮德： 科學心理學之創始者，於1879年在德國萊比錫大學首創心理實驗室，從事科學心理學之研究。

十五、20世紀初葉到中葉，心理學派各自分立

(一) **心理分析學派**：佛洛依德。認為人之行為受到過去行為之影響，並強調人之本能對行為發展之影響。

(二) **結構學派**：馮德、鐵欽納。其對意識內容的解釋，係由感覺、意像和感情三種元素構成。

(三) **行為學派**：華森、巴夫洛夫、桑代克、斯肯納。反對心之結構與心之功能，重視實驗，研究對外顯行為之客觀測量。

(四) **神經生物學派**：如Sheldon的體型性格說以及布氏、威氏語言區等。

(五) **功能學派**：詹姆斯、杜威。受達爾文「適者生存」觀念之影響，認為個體在環境中能適應生存，必須靠其心理活動所產生之功能。

(六) **完形心理學派**：魏德邁、卡夫卡、庫勒。強調行為的整體性及經驗或行為不可分解。發展至今為認知心理學。

十六、心理分析論之貢獻及限制

(一) **貢獻**

1. 在題材上不但研究人的意識行為，且更進一步研究人的潛意識行為。
2. 在方法上不但研究個人當時的行為，而且追溯其過去的生活史。

(二)**限制**

1. 其理論根據並非來自對一般人行為的觀察或實驗，而是根據對精神病患者診斷治療的臨床經驗。
2. 特別強調人類本能對行為發展的影響，而且又把性衝動視為人類的主要本能。

十七、心理學兩大分類

(一)**理論心理學**：研究個體活動之一般或特殊的事實，側重原理原則之探討。如發展心理學、社會心理學、人格心理學、認知心理學。

(二)**應用心理學**：應用或證實各種心理學之原理與方法，去研究一切實際問題。如工業心理學、教育心理學、臨床心理學、心理衛生。

十八、「科學研究」的實施步驟

(一)界定問題。　　　　　(二)文獻探討。
(三)形成假設。　　　　　(四)研究設計。
(五)進行研究。　　　　　(六)統計分析。
(七)結論和建議。

> 小叮嚀
> 當代有人以「質性研究法」來研究心理學的方式。如人種誌。

十九、心理學的發展史

(一)**哲學心理學**：官能心理學；聯想心理學。
(二)**生物學**：達爾文的進化論，「物競天擇，適者生存」。
(三)**生理學**：透過解剖學，物理學、神經生物學及實驗方法來討論人類行為如何受到神經系統的影響。

> 小叮嚀
> J.Dewey在教學上影響甚鉅，其名言「learning by doing」堪為當代教育心理學基石。

(四)Wandt和Tichner的**結構學派**。
(五)**功能學派**：代表學者為William James與J.Dewey等人。
(六)**完形學派**：由Wertheimer提出，強調「整體大於部分之和」。

⊠ 解釋名詞

旁觀者效應（Bystander Effect）

旁觀者效應為社會心理學之概念，其係指在公開場合中，由於人數眾多，此時若有意外事件發生，每個人都會覺得有人會處理，結果反而沒有人處理。旁觀者效應的產生原因為責任分散。

例如：街上有一人倒地，在人來人往的地方，每個經過的人都想：「別人會幫忙，用不著我出手」；但在少人行經的地方，經過的路人較可能出手相助。

⊠ 嚴選題庫

一、試述「心理學」的主要意義。

答：心理學，可界說為研究個體行為的科學。在這個界說中包括「個體」、「行為」及「科學」三個名詞。

(一)**個體**：心理學研究的對象是個體，包含兩個意義：第一是個體的整體性；第二是心理學研究的個體，除了人以外，尚包括其他動物。

(二)**行為**：心理學的研究內容是行為，含有廣狹兩義。狹義者僅限於個體表現於外，且能直接觀察測量並記錄之活動；廣義者包括觀察所見的活動、線索，進而推知內在的活動或內在歷程。

(三)**科學**：心理學研究的方法是科學。所謂科學，就是有組織、有系統、能證驗的知識。心理學之所以稱為科學，乃因其具有科學的三個特點：

1. 心理學是經驗的。(empirical)
2. 心理學是有系統脈絡的。(systematic)
3. 心理學是可驗證測量的。(measurement)

二、心理科學的意義，與其它科學之異同為何？

答：自從德國心理學家馮德（Wundt）於1879年在萊比錫開創了科學心理學之後，心理學家乃歸屬於科學的領域，所以稱為心理科學：

(一) **心理科學**：心理學是科學，因為它具有科學的三個特徵：

1. **心理學是經驗的（empirical）**：它是以觀察、測量或實驗為依據。

2. **心理學是系統的（systematic）**：科學之所以重要，就是所蒐集的事實具有意義，能夠運用少數原則予以系統的綜合。

3. **心理學是測量的（measurement）**：科學離不了測量，凡屬科學的，幾乎都可以測量。心理學也同樣有各種行為的分類，但大部分的心理學問題都含有數量的問題。

(二) **心理科學與自然科學之異同**：

1. **相同點**：從科學的研究目的與方法的觀點而言，心理學與其他門類科學是相同的。

2. **相異點**：研究對象不同，自然科學研究者為物，心理學研究者為人。因而資料的處理與結果的解釋上，心理學較之其他自然科學尚有以下兩點特徵：

   (1)人類行為的個別差異大，變化多，而且其差異與變化的原因也較自然科學為複雜。

   (2)心理學對行為的研究，必須「內外兼顧」；只能根據外顯的行為間接推理，以解釋內在的心理活動，因而較之自然科學對研究事項之直接觀察與直接測量的特徵，顯有區別。

三、試述心理學研究之目的。

答：(一) **理論上的目的**：科學家從事純理論的研究，通常根據兩種基本假設：一為宇宙間事項變化是有秩序的、有規律的；二為其秩序與規律的背後存在著某些原理原則。從事科學研究，其主旨就在探尋此類原理原則。心理學家採用同樣觀念，認為個體行為的變化也有原理原則可尋，因而借用一般科學上系統的方法蒐集資料、發現事實，企圖在複雜的行為變化中獲得原理原則，以建立系統的行為理論。

(二)**應用上的目的**：運用心理學的知識解決有關行為上問題的嘗試，在古代教育上早已開始。教育的主要目的乃在計畫的改變學生行為，因而針對學生個別差異因材施教，早已成為教學上的基本原則，而個別差異的鑑定必須有賴於心理學上的科學方法。因此，自從科學的心理學興起之後，心理學即已成為一切教育的科學基礎。

四、試述心理學的研究方法。

答：心理學的主要研究方法如下：

(一)**觀察法（Observational method）**：是應用最廣泛的方法，幾乎任何研究均需用之。心理學研究上，有時在自然情境中對人或對動物行為進行直接觀察，記錄而後分析解釋以期獲得原則，稱為自然觀察法。有時在預先設置的情境中進行觀察，稱為控制觀察法。觀察法多被應用在學校教室情境、兒童行為、社會團體活動以及動物行為等各方面。無論採取那種方式，原則上不宜使被觀察者發現自己的活動被觀察，因為這樣會影響他的行為表現。

(二)**調查法（Survey method）**：其主要特徵就是以某問題為範圍，要求被調查者回答出個人的想法與做法。然後就許多人的反應，以分析推測團體的心理趨向，調查研究所需之資料。通常多做問卷法（questionnaire method）或晤談法（interview method）蒐集，其中以採用問卷法為多，因問卷法節省人力物力，又易於擴大範圍。

(三)**測驗法（Test method）**：也稱為心理測驗法（psychological test method），心理測驗應用最多者為個體行為多個層面之分析研究，使用兩種或多種測驗，一方面可藉以鑑別在每種測驗上的個別差異情形；另方面可分析個人行為各方面之間的關係。

(四)**實驗法（Experimental method）**：此法不但研究問題之「是什麼」，而且進一步探求問題之根源「為什麼」。使用此法之目的在探求自變項與依變項間之因果關係，亦即在控制情境下，有系統的操縱自變項，使按預定計畫改變，然後觀察其對依變項所發生之影響。

(五)**個案研究法（Case study）**：結合多種方法（訪談、觀察、測驗）獲取一人全面性資訊。

(六)**人種誌（Ethnography）**：研究一文化的特殊性、文化價值，人與社會互動的過程。

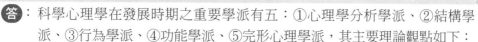

五、科學心理學在發展過程中的重要學派有幾？

答：科學心理學在發展時期之重要學派有五：①心理學分析學派、②結構學派、③行為學派、④功能學派、⑤完形心理學派，其主要理論觀點如下：

(一)**心理分析學派（Psychoanalysis）**：為奧國精神醫學家佛洛伊德（S. Freud）所創立，其主要特徵有：

貢獻	1.在題材上不但研究人的意識行為，且更進一步研究人的潛意識行為。 2.在方法上不但研究個人當時的行為，而且追溯其過去的生活史。
限制	1.其理論根據是依據對精神病患者診斷治療的臨床經驗。 2.特別強調人類本能對行為發展的影響，而且又把性衝動視為人類的主要本能。

(二)**結構學派（Structuralism）**：代表人物為德國的馮德及英國的鐵欽納。主要採內省法（introspection），由受試者自陳經驗；研究題材主要為感覺意識，其對意識內容的解釋係由感覺（sensation）、意像（image）與感情（feeling）三種元素所構成。

(三)**行為學派（Behaviorism）**：由華森氏Watson所首創，史金納班度拉Skinner Bandura繼承。在方法上反對採用內省法，否定意識作為心理研究之題材。強調心理學應屬自然科學，故特重視實驗研究與對外顯行為之客觀測量。

(四)**功能學派（Functionalism）**：係詹姆斯James與杜威Deway二氏所創立。他們受達爾文「進化論」觀念之影響及美國實用主義之衝擊；功能論者把心理學研究之領域擴大，除研究意識之外，兼及個體外顯之活動。因功能論者重視個體對環境之適應，所以他們也重視個體能力與學習之研究。

(五)**完形心理學派**（gestalt school of psychology）：又稱格式塔心
理學派，起於歐洲，由德國學者魏德邁、卡夫卡以及庫勒等人所創
立。強調心理活動既非由於幾個元素所構成，個體行為亦非單純由
一些機械反應堆積而湊成。因此他們強調行為之整體性。完形論者
最初之興趣以研究知覺為主，而後擴及學習、思考等複雜行為。

六、試述現代心理學的特徵及發展趨勢。

答：(一)**內容之分化與領域之擴大**：第二次世界大戰結束後，心理學內容
分化之精細與領域擴大之迅速。在有形方面可從門類劃分顯示，
有關心理學科之門類，多達百種以上。在無形方面，心理學理論
與方法，已浸入整個社會科學乃至人文科學、諸如政治、經濟、
社會、法律及文學、歷史、藝術、宗教等，凡與人類行為有關之
知識，幾乎均採心理學觀點去解釋問題。

(二)**不同觀點之兼容並蓄**：七十年代開始後的心理學，如：

1. 神經生理學的觀點　　　　　　2. 行為論的觀點
3. 認知論的觀點　　　　　　　　4. 心理學分析論的觀點
5. 人本論的觀點。

對行為的解釋，已由各學派理論的尖銳對立，趨於協調互補；不
再是各持己見，以獨家理論解釋所有事實，而是博採眾議，以不
同觀點解釋不同事實，甚至以不同觀點解釋同類事實。

(三)**理論模式之改變與研究方法之進步**：科學心理學發展初期，其理論
建立之過程中，採用了自然科學的模式。現代心理學家建立統攝全
局，可以普遍解釋行為現象理論之嘗試，如以學習為例，不再認為
一切學習行為均為經過嘗試與錯誤的歷程，而是把學習行為分化，
企圖對各種不同的學習行為如語文、技能、概念、態度等分別建立
小型學習論，如此始能達到對該行為解釋、預測、控制之目的。

七、試述心理學的主要分類。

答：(一) 理論心理學中主要學科及其理論重點：

1. **生理心理學**：研究行為之生理基礎。
2. **比較心理學**：比較、研究不同種屬動物之行為。

3. **發展心理學**：研究個體行為之變化與年齡之關係。

4. **學習心理學**：研究行為經練習而改變歷程。

5. **人格心理學**：研究個體性格的形成與發展。

6. **社會心理學**：研究人際間行為之彼此影響。

7. **變態心理學**：研究失常行為之現象與原因。又構「臨床心理學」（較為中立，避免污名）

8. **知覺心理學**：研究知覺歷程之心理因素。

9. **動機心理學**：研究行為變化之內在原因。

(二)**應用心理學的類別及其理論要點**：

1. **教育心理學**：研究教師與學生之行為，期促進教學效果。

2. **工業心理學**：研究人與工作之關係，期能提高生產效率。

3. **心理衛生**：研究個體對環境之適應，期能促進心理健康。

4. **人事心理學**：研究人員甄選、訓練、任用、考核等方法，期能人適其職、職得其人。

5. **管理心理學**：研究企業組織中團體行為，期能改善監督、領導等技術。

6. **廣告心理學**：研究消費者行為，期能改善產品、適應社會需要。

7. **法律心理學**：研究立法與司法之心理因素，期能改善犯罪偵查與法律教育之功效。

8. **政治心理學**：研究民眾心理，期能了解民意，改善行政措施。

9. **軍事心理學**：研究兵種編配、團體士氣、特殊訓練等，期能增進軍事效能。

八、試述人類心理活動的層次。（意識、前意識、潛意識的主要概念）

：人類的心理活動可區分為三個層次：

(一)**意識（conscious）**：係公開的行為與思想，其內容須符合現實世界的要求，並且能夠隨時在記憶的領域中呈現。

(二)**前意識（prenconscious）**：其明顯度不如意識，有些模模糊糊的性質，但在經思考之後能召回於記憶。

(三)**潛意識**（unconscious）：由不受意志管制之態度、感情及觀念等所構成，內容極為隱晦，經常以「象徵化」在行為上出現，其表現方式既不能用常理解釋，也不可依邏輯衡量，更不受時間之限制，如須召回記憶，則需用特殊的方法始可辦到。

九、試述現代心理學研究的範圍。

答：心理學自創始至今雖然為時不到百年，但其發展領域之大、範圍之廣，恐怕在行為科學甚至社會科學的所有學科中無出其右者。心理學研究的主要範圍如下：

(一)心理學係採用科學的方法去研究人類或動物的行為。因為行為是極其複雜的，多年來心理學家們從不同的行為層面（如知覺、動機、情緒等），用不同的方法，對不同的對象（如兒童、成人等）蒐集了各種資料。這些長期累積下來的資料既廣泛又複雜，使後來的心理學者無法全部接受，也無法再去發揚光大。於是，就如其他科學一樣，心理學也只有分工之後才能專精研究，整個心理學的範圍便漸漸的廣泛起來。

(二)心理學既然是以研究人類的行為為主，而人類的行為變化離不開他的實際生活；更重要的是，在人類生活中有許許多多與他自己行為有關的問題尚待解決。因此，心理學上已有的原理原則就很自然地被應用來解決這些實際的生活問題，並進而謀求改善人類的生活。又因為人類的生活是多方面的，所以只有專精而廣泛的心理學才能適當的解決多方面的生活問題。

十、試述「行為學派」、「精神分析學派」和「人文主義心理學派」的主要論點，及各派對行為科學的主要貢獻。

答：(一)**行為學派**（Behaviorism）：此派係由美國心理學家華森（Watson）於1913年所創立。主要是以實驗室研究為方法，研究分析動物的學習行為，從動物的心理學推到人類心理學。早期桑代克（Thorndike）研究貓，巴夫洛夫（Pavlov）研究狗的制約反應，斯肯納（Skinner）研究白鼠和鴿子等，都是此派心理學的代表人物。其主要論點為：

1. 強調只有別人客觀觀察和測量記錄的行為，才是心理學研究的題材。意識是不能客觀觀察的，所以意識不應包括在心理學研究的範圍之內。

2. 構成行為基礎者是個體的反應，而某種反應的形成則是經由制約學習的歷程。

3. 個體的行為不是與生俱有的，不是遺傳的，而是在他生活環境中學得的。行為學派最大的貢獻在兩方面：(1)確定了心理學研究的題材：行為，這觀念一直沿用到現在。(2)由此發展出嚴密的實驗方法，使心理學有資格被視為科學之一。

(二) **精神分析學派（Psychoanalysis）**：由奧國精神病醫生佛洛伊德（Freud）約於1900年代興起。此派不同於行為學派之重視外顯行為，而是要挖掘內在的、深度的心理因素。除了佛洛伊德之外，像榮格（Jung）、艾瑞克森（Erikson）等也是此派的代表人物。精神分析學派的主要論點為：

1. 其理論根據並非來自對一般人行為的觀察或實驗，而是根據對病患診斷治療的臨床經驗。

2. 不但研究個人的意識行為，而且進一步研究他的潛意識行為。

3. 研究個人當時的行為，而且追溯其過去的歷史，以探求目前行為構成的原因。

4. 強調人類本能對以後行為發展的重要性，而且又把性的衝動視為人類主要的本能。本派對行為科學產生極大的影響，從心理學以後形成的各種門類看，受影響者有變態(臨床)心理學、心理衛生、人格心理學、發展心理學等。其主要貢獻在使心理學的發展方向從原來偏重對片面行為的研究，進而轉向對整個人行為的研究。

(三) **人文主義心理學派（Humanistic psychology）**：此派為現代心理學第三勢力的崛起，反對前兩派把心理現象作「機械化」的解釋，而欲建立主觀科學的心理學，強調行為本身的目的性。羅吉斯（Rogers）、奧爾波特（Allport）、馬斯洛（Maslow）等人是此派的代表人物。其主要論點為：

1. 認為人文現象本身是主觀的，強調把整個人生各時期的心理現象，都做為研究的對象。對於影響行為的主觀心理現象，要去「設身處地」了解對方的處境和感受。

2. 此派重視「自我觀念」，認為人格以自我觀念為核心，並且主張人格的結構是動態的，不是固定不變的。

3. 對人性的看法採取性善論的立場。

4. 強調人性是可以建設的，注重研討「健全的人格」，導向自我潛能的實現。

人文主義心理學主要的貢獻為：

1. 強調「以人為本」，將心理學的研究層次帶入一個新的境界。

2. 重視整個的人，重視健康的人，使心理學研究範圍擴大，研究的目標提高，不再只是消極的討論些異常行為與心理治療的問題，而是更積極的研究健康人的行為。

其後延伸出「健康心理學」的概念。

> **小叮嚀**
> 健康心理學是運用心理學知識探討和解決有關保持、促進人類健康、預防疾病的心理學分支。

十一、請回答下列一些心理學的基礎問題：(一)「心理學」是什麼？請定義之。(二)實驗法及相關法是心理學常用到的研究方法，請說明兩種研究方法的定義，並以生長環境與學習能力為例來說明實驗法與相關法該如何進行。

答：心理學正式成立時間為1879年，由德國學者馮德設立心理學實驗室開始，茲依題意說明如下：

(一) **心理學之相關意涵**

1. 從哲學心理學之觀點，心理學係為研究心靈與精神之學說。

2. 從行為主義心理學之觀點，心理學是研究個體行為的科學。

3. 從認知主義心理學之觀點，心理學是研究個體行為與心理歷程之科學。

4. 從人本主義心理學之觀點，心理學係研究人性之科學。

5. 心理學的研究方法包括：觀察法、個案研究、調查法、相關法及實驗法等。

(二) **實驗法及相關法之定義**

1. **實驗法**

(1)係指研究者透過操弄一個或多個自變項，控制無關變項，並觀察自變項的操弄對於依變項所產生的影響。

(2)最大的特徵即在確認變項間的因果關係。

2. 相關法

　(1)相關法是應用統計方法分析一個群體中兩個或兩個以上變項之間的關係，來作為預測事件的基礎。

　(2)換言之，其目的是確定變項之間的程度與方向，並可藉此預測其他變項；但是在進行相關研究時，須注意變項之間即使有相關存在，並不代表有因果關係存在。

(三) **以生長環境與學習能力為例，說明實驗法與相關法之進行方式**

　1. **實驗法**：著重於瞭解生長環境與學習能力之因果關係

　2. **相關法**：著重於瞭解生長環境與學習能力之間呈現之相關。

十二、試說明相關法與實驗法有何不同？並說明兩者在使用上的優點和限制。

答：相關法與實驗法都是心理學研究方法中的重點，相關法與實驗法最大的差別在於，有相關並不等同於有因果關係，而相關法僅能了解變項間的相關程度而已，茲依題意說明如下：

(一) **相關法之相關意涵**

　1. 係指蒐集資料以決定兩個或多個可數量化的變項之間是否有關係存在，以及彼此之間的相關及於何種程度。

　2. 簡而言之，即藉由使用相關係數，來探求變項間關係的程度和方向，其通常以相關係數表示之。

　3. 相關研究的主要優點是可以確定變項之間的程度與方向，並可藉此預測其他變項；但是在進行相關研究時，須注意變項之間即使有相關存在，並不代表有因果關係存在。

　4. 其可能的限制在於無法了解變項間的因果關係。

(二) **實驗法之相關意涵**

　1. 其係指研究者透過操弄一個或多個自變項，控制無關變項，並觀察自變項的操弄對於依變項所產生的影響。

　2. 在教育領域的實驗研究中，常被用來操弄的自變項包括教學法、增強的方式、學習環境的安排和學習團體的大小等，至於依變項則常透過測驗來瞭解其相關變化。

　3. 而在教育研究中，由於受到真實情境因素的影響，許多實驗研究只能以原有班級為研究單位，而無法真正達到隨機分派的要求，此種研究只能夠稱為準實驗研究。

第2篇 認知心理學

第2章 心理的生理基礎

依出題頻率分：A 頻率高
B 頻率中 C 頻率低 頻出度 **C**

命題焦點

1. 神經系統的基本單位。
2. 神經系統：(1)神經系統的構造。(2)中樞神經系統。(3)周圍神經系統。
3. 大腦半球的構造與功能：(1)大腦皮質的構造。(2)大腦半球的分區與功能。
4. 內分泌系統。
5. 心理遺傳學的研究：(1)染色體與基因。(2)社會生物學的新方向。

◰ 精華摘要

一、生理心理學所研究者： 多集中在三種器官，即(一)接受刺激的受器（receptor），(二)表現反應的動器（effector），以及(三)聯絡受器與動器的聯絡器官（connector）。

二、受器、動器及聯絡器官

(一) 受器亦即感覺器官，包括視覺、聽覺、嗅覺、味覺、觸覺、體覺等器官，分別專司接受各種物理的及化學的刺激。

(二) 動器包括肌肉與腺體兩部分。

(三) 聯絡器官則包括整個的神經系統。

三、神經原按功能可分為三類

(一) 感覺神經原（Sensory Neuron），其功能是將感覺器官引起的神經衝動傳到中樞。

(二) 聯絡神經原（Connecting Neuron），其功能為傳遞神經衝動。

(三) 運動神經原（Motor Neuron），其功能是將中樞神經傳出之神經衝動傳向動器，並由之而表現於反應。此類神經原的聯合作用，構成神經系統的整個功能。

四、脊髓有兩大功能

(一) 負責將感覺神經原送來之神經衝動傳遞給腦部的高級中樞，並將腦部傳來的神經衝動經由運動神經而終止於動器。

(二) 接受感覺神經原傳來之衝動後，直接發生反射活動，成為反射中樞。

五、腦：整個中樞神經系統，腦為最主要部分，所有複雜活動與腦神經有密切關係，最主要是後腦、中腦及前腦三部分。腦之功能：

(一) **後腦，包括兩部分：**

　　1. **小腦：**運動協調中樞。

　　2. **延髓：**神經衝動的接駁站及管制唾液分泌、汗腺分泌、呼吸、心跳及血管舒縮。

(二) **中腦：**神經衝動之主要通路，是聽與視之反射中樞。

(三) **大腦：**分左右半球，包括了運動、感覺、視覺、聽覺、語言中樞之功能並具有聯合統整功能。

(四) **視丘：**神經衝動之轉運站。

(五) **下視丘：**自主神經系統之管制中樞，與腦垂腺並稱為生命中樞，管制內分泌、體溫、代謝作用。

(六) **網狀構造：**與警覺反應有密切關係。

六、周圍神經系統

(一) **體幹神經系統，其功能為**：1.感覺神經；2.運動神經。

(二) **自主神經系統**：管制平滑肌、心肌及腺體。

七、大腦兩半球功能之分與合

(一) 大腦兩半球的功能，左半球為主，右半球為副。

(二) 大腦左半球是意識行為主宰者，右半球的本身不能產生意識反應，其意識反應來自左半球的輔助。

(三) 不但每半球上各中樞有聯合的功能，而且兩半球彼此間也有聯合功能。

(四) 兩半球的聯合靠胼胝體的傳遞作用。

八、內分泌系統

(一) **甲狀腺**：1.位置：喉頭下端與氣管的前上方，所分泌出來的激素叫做甲狀腺素。2.功能：為促進身體和性器官的發育，及加速體內的新陳代謝作用。

(二) **副甲狀腺**：1.位置：位於甲狀腺之後，分泌副甲狀腺素。2.功能：調整體內鈣的新陳代謝作用。

(三) **腦垂腺**：1.位置：位於腦底視交叉附近。2.功能：分泌生長激素、性腺激素、泌乳激素各具有不同功能，而對其他腺體的分泌具有促進作用。

(四) **腎上腺**：1.位置：於左右腺腎臟之上。2.功能：分泌腎上腺皮質素，使體內礦物質與水分保持一定。

(五) **胰腺**：1.位置：於胃臟之下。2.功能：分泌胰島素，能(1)促進肝醣形成。(2)促進肌肉內醣分貯存。(3)加速組織內醣分氧化。

(六) **性腺（生殖腺）**：1.位置：於男性睪丸及女性卵巢內。2.功能：男性分泌雄性激素，女子分泌動情素，皆與生殖功能有關。

九、神經系統的基礎組成：

(一) 神經原。　　　　　　　　　(二)神經衝動。

(三) 反射弧。　　　　　　　　　(四)觸處及衝動傳遞。

▶ 解釋名詞

腦內啡（Endorphins）

腦內啡（endorphin）係由腦下垂體所分泌的激素，其具有鎮痛效果，也會帶給個體一種愉悅感受，通常個體進行運動或是針灸，都會刺激本身產生腦內啡。

> **小 叮 嚀**
>
> 目前治療憂鬱症的藥物，亦有提升腦內啡作用者。向病患強調運動的重要，其因亦在此。

▶ 嚴選題庫

一、神經原（Neuron）的功能、主要結構與分類為何？

答：(一) **神經原**：構成神經系統的神經細胞，與其他組織或器官的細胞不同，它具有特殊的形態與高度的感應性。在構造上，它是神經系統內最基本的單位。

(二) **功能**：感受刺激與傳遞由刺激而觸發的神經衝動。

(三) **結構**：主要構造分為細胞體（cell body）與神經纖維（newe fiber）兩部分。

(四) **神經原按性質可分為三類**：

　　1. 感覺神經原（sensory neuron），或稱傳入神經原（afferent neuron），其功能是將感覺器官引起的神經衝動傳遞給連接器官。

　　2. 連接神經原（connecting neuron），其功能為傳遞神經衝動。

　　3. 運動神經原（motor neuron），或稱傳出神經原（efferent neuron），其功能是將中樞神經傳出之神經衝動傳向反應器官，並由之而表現於反應。

以上三類神經原的聯合作用，乃構成神經系統的整個功能。

二、試述人體內重要的內分泌腺。

答：內分泌腺又稱無管腺，其分泌物稱為荷爾蒙。人體內之重要內分泌腺計有：

(一)**甲狀腺**：位於喉頭下端與氣管的前上方。其主要功能為促進身體和性器官的發育，及加速體內的新陳代謝作用。

(二)**副甲狀腺**：副甲狀腺位於甲狀腺之後。其主要功能為調整體內鈣的新陳代謝作用。

(三)**腦下垂體**：腦下垂體是人體內最重要的一種內分泌腺，有時被稱做主腺。腦下垂體分泌的荷爾蒙計有：1.生長荷爾蒙。2.性腺刺激荷爾蒙。3.泌乳刺激素。

(四)**腎上腺**：腎上腺有兩個，分別位於左右兩腎臟之上。腎上腺分為皮質與髓質兩部分，皮質的功能為使體內礦物質（鈉）與水分保持一定的標準。髓質部分泌的荷爾蒙，主要功能為興奮交感神經，它能促使血壓增高，心跳加快，胃腸肌鬆弛，瞳孔放大等，因與情緒有密切的關係。

(五)**胰腺**：胰腺位於胃臟之下，它所分泌的荷爾蒙為胰島素。胰島素的主要功能為：1.促進肝醣形成；2.促進肌肉內醣分貯存；3.加速各組織內醣分氧化。

(六)**性腺**：性腺或生殖腺，在男性為睪丸，女性為卵巢。睪丸分泌出的荷爾蒙為雄性素，其主要功能在使生殖器發育、精子成熟、具有性行動、以及促進男性的第二性徵的發育。卵巢所分泌者為動情素，其功能在使女性生殖器成熟、子宮黏膜周期性的變化（即月經）以及女性第二性徵的成熟等。就發展而言，在青春期時才發育成熟。

三、大腦兩半球之主要功能為何？

答：目前對大腦兩半球功能如下：

(一)大腦兩半球的功能，左半球為主，右半球為副。

(二)大腦左半球是意識行為主宰者，右半球的本身不能產生意識反應，其意識反應來自左半球的輔助。

(三) 不但每半球上各中樞有聯合的功能，而且兩半球彼此間也有聯合功能。

(四) 兩半球的聯合靠胼胝體的傳遞作用。

四、試說明Broca、Wernicke、Spery的相關主張：

：(一) Broca：其研究中國病人，若在大腦額葉區受到損害，語言能力會受到影響，稱為「失語症」，所以左大腦額葉區稱為「布氏語言區」或「布洛卡區」（Broca's area）。

(二) Wernicke：其認為若是左大腦顳葉區受到傷害，會無法理解他人言語，稱之為「接受性失語症」，故左大腦顳葉區，又稱為「威氏語言區」或「威尼氏區」（Wernicke's erea）

(三) Spery：提出了Spilt-brain（裂腦實驗），證明了腦側化作用。

1.IQ
2.空間
3.數學
4.語言
左腦
胼胝體
右腦
1.EQ
2.人際關係
3.創造力
4.情緒

五、試解釋何謂「Gestalt Psychology」？

：Gestalt Psychology完形心理學（又譯為「格式塔心理學」），其基本主張為「任何心理現象都是有組織的、不可分的整體」。心理上的整體經驗得之於整體知覺，而整體知覺並非由分散的部分知覺之和構成的。因此，完形心理學既反對強調心理元素的結構論，也反對持分析態度的行為論。完形論者認為，行為論所強調刺激反應聯結，在學習中積少成多的觀點，是錯誤的解釋。完形心理學家認為，學習是個體對整個刺激情境所做整體性的反應，而非向部分刺激去做分解式的反應，而強調人與環境間的互動及整體性。

六、請回答下列有關壓力的問題：
　　(一) 下視丘（hypothalamus）在壓力發生時會發揮那些功能，請詳
　　　　述之。
　　(二) 一般適應症候群（General Adaptation Syndrome）的第三階段
　　　　是「耗竭階段（stage of exhaustion）」，請問在何種壓力及身
　　　　體的狀況下會導致此階段的產生？此階段會出現的生理及心理症
　　　　狀包括那些？有那些策略可以防止我們進入此階段？

答：壓力是個人都會經歷之感受，茲依題意依序說明如下：
　(一) **下視丘在壓力發生時之功能**
　　1. 當個體接受壓力時，下視丘會影響自律神經系統，造成個體的自
　　　律神經系統不平衡，進而產生躲避或攻擊行為。
　　2. 當個體面臨壓力時，下視丘會影響腦下垂體，進而使腎上腺分泌
　　　腎上腺素，使個體心跳加快、血壓升高，以因應壓力情境。
　(二) **一般適應症候群的耗竭階段之相關說明**
　　1. 一般適應症候群的耗竭階段之產生原因：
　　　(1)長期處在壓力威脅的情境之中，又無法解決壓力來源。
　　　(2)無法承受壓力的挑戰。
　　2. 一般適應症候群的耗竭階段出現的生理及心理症狀
　　　(1)生理：會先出現警覺階段的生理反應，例如：腎上腺分泌增
　　　　　加，進而感到疲累、頭痛等，等到壓力仍持續存在，將會無法
　　　　　適應環境變異，甚至死亡。
　　　(2)心理：出現崩潰無助之感受。
　　3. 防止我們進入耗竭階段的可行策略：
　　　(1)透過自我實現預言，強化自我效能。
　　　(2)尋求專業輔導諮商。
　　　(3)建立良好人際關係網絡的社會支持。

第 3 章　感覺與知覺歷程

依出題頻率分：A 頻率高
B 頻率中　C 頻率低　頻出度 B

命題焦點

1.感覺的基本特徵：
　(1)絕對覺閾。(2)差異覺閾。(3)感覺之適應。(4)各種感覺效應。
2.視覺：(1)視覺適應與刺激。(2)視覺的主要現象：混色與補色、
　後像。(3)色覺理論、相對歷程。
3.聽覺：(1)聽覺刺激與現象。(2)聽覺理論。
4.其他感覺：感覺的心理控制。
5.知覺的心理特徵：(1)知覺的相對性：形象與背景、知覺對比。
　(2)知覺的選擇性。(3)知覺的整體性。(4)知覺的恆常性：亮度、
　大小、形狀、顏色。(5)知覺的組織性。
6.知覺歷程：(1)空間知覺。(2)時間知覺。(3)移動知覺。(4)錯覺：
　理論與現象
7.知覺的發展：研究方法。
8.影響知覺的心理因素：(1)學習與經驗。(2)觀點的差異。(3)動機
　因素。
9.超感知覺：(1)性質。(2)實驗法。(3)虛幻與知覺。

⬇ 精華摘要

一、知覺雖然是以器官所得資料為基礎，但感覺是生理現象，知覺是心理現
　　象，所以知覺是對所得感覺經驗的主觀解釋。

二、**個體從對刺激的感受到反應的表現：**必須經過生理的與心理的兩
　　種歷程。生理歷程得到的經驗為感覺（Sensation），心理歷程得到的經
　　驗為知覺（Perception）。

三、基本感覺歷程

(一) 基本特徵

1. **絕對覺閾**：感覺是由刺激所引起的，刺激的強度必須達到某種程度時，始能引起受納器之衝動，而引起感覺經驗所需的最低限度的刺激，稱為絕對覺閾。

2. **差異覺閾**：不同強度的兩種刺激先後或同時出現，要你比較其差異時，兩種刺激的強度之差必須達到某種程度時，始能經由感官給予辨別。例如有兩個砝碼（刺激），一為100克，另一為100.1克，可能無法用手來辨別其輕重。如將兩者之差逐漸加大，第二個砝碼增至102克時，受試者的感覺反應總次數中恰好有50%指出有差別時，102－100＝2即為差異覺閾。

   德國生理學家韋柏（E.H.Weber）發現韋氏定律（Weber's law）。

   其公式如下：　$\dfrac{\Delta I}{I} = K$

   在公式中：

   > △I代表兩刺激間強度的差異，亦即差異覺閾。
   > I 代表標準刺激的強度。
   > K代表一個常數。

   按上例，I＝100克，△I＝102克－100克＝2克

   代入公式得：$K = \dfrac{2}{100} = 0.02$（即定比的關係）

   按此公式推理，若標準刺激提高為200克時，其與比較刺激間的差異覺閾應為4克。

3. **感覺之適應**：對某刺激的感覺並非是一成不變的，感覺器官因接受刺激的久暫而使其敏感度改變的現象，如入芝蘭之室久而不聞其香。

(二) 感覺之現象

1. **視覺**：紅(R)、綠(G)、藍(B)是視覺的原色，在光的刺激下會產生視覺。

2. **聽覺**：聲音的物理特徵為聲波。音波有三種物理屬性，即頻率、振幅與複雜度。音波刺激所引起的聽覺，也具有三種心理屬性，即音調、音強與音色。

3. **嗅覺**：引起嗅覺的刺激是氣化的化學物質。

4. **味覺**：職司味覺的器官為味蕾。味覺中最主要者有酸、甜、苦、鹹四種，以舌之不同部位感受不同的味覺；舌尖對甜味最敏感，舌根易得苦的味覺，舌兩側對酸味較敏感，舌尖及兩側都有獲取鹹的味覺。

5. **皮膚覺**：由身體表面的皮膚為受納器、接受刺激而生的感覺經驗，是為皮膚覺。皮膚覺又因刺激的性質不同而有壓覺、痛覺、溫覺之分。

6. **動覺**：動覺或稱運動感覺，係由身體活動而生的一種感覺。運動感覺的受納器為肌肉、肌腱、關節三種。

7. **平衡覺**：引起平衡覺的刺激也是身體的變化。職司平衡覺的器官在內耳中，有兩個器官，一為半規管，一為前庭；半規管司頭部平衡，前庭司身體平衡。

四、知覺的特徵

(一) 知覺相對性

1. 形象與背景：當數個不同刺激同時出現，會將某些刺激當做形象，某些刺激視為背景。由圖中可看出背景不同，而其形象亦不同，可視為兩個人側臉，也可視為一個花瓶。

形象與背景

2. 知覺對比：兩種不同刺激同時出現，彼此影響，致使對兩刺激間差異的知覺特別加強現象。如圖A的中心圓形比圖B的中心圓形，感覺似乎比較大。

A

B

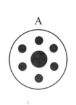 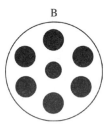

知覺對比（大小對比）

(二) 知覺的恆常性（perceptual constancy）

1. **形狀恆常性**：從不同角度觀察同一物體時，雖然該物體在網膜上構成的影像隨之改變，但所得的知覺經驗，仍有保持該物體特徵不變的傾向。

2. **大小恆常性**：同一物體在網膜上構成影像的大小，常隨距離遠近而改變，距離愈遠，影像越小。但是，由於生理功能所得的視覺資料，並不影響我們對不同距離物體大小知覺的判斷。

3. **明度恆常性**：一枝粉筆無論置於亮光下或晦暗處，視之均為白色；一塊木炭無論置於亮光處或晦暗處，視之均為黑色。

4. **顏色恆常性**：對熟知物體的顏色，在不同情境下亦有保持不變的知覺傾向。

5. **位置恆常性**：我們知覺到的物體位置非常固定，不因身體移動而形成左右、上下顛倒的混亂局面。

(三) 知覺的組織性

1. **接近性**：同類物體若在空間上彼此接近時，每一物體有被視為構成整個知覺組型一分子的傾向。

2. **相似性**：各種物體在形狀上有相似的特徵時，在知覺上將有歸類傾向。

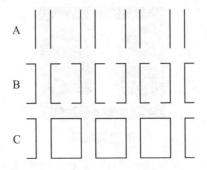

知覺組織的相似性

3. **封閉性**：有時候知覺刺激中的特徵並不十分清楚的顯示出彼此間具有何種關係，可是當我們根據以往經驗去解釋它的時候，常是主觀的增添（或減少）它的特徵，以符合我們的解釋。

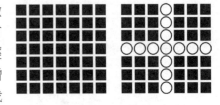

知覺組織的封閉性

4. 連續性：

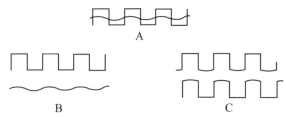

知覺組織的連續性

五、空間知覺

(一) 視空間知覺

1. **單眼線索**：刺激本身的特徵即顯示出立體感的線索，此等線索即成為立體知覺經驗的根據。而且，即便使用單一眼睛去看，同樣也可獲得此等線索而形成立體知覺。此種解釋，等於是著重在視覺刺激本身的特徵；一向被稱為單眼線索。由單眼即可獲知的立體知覺，即稱單眼立體知覺。視覺刺激的特徵可藉做單眼線索的有直線透視、重疊、明暗、移動、清晰度、調適作用。

2. **雙眼線索**：由於兩眼協調運用，始能獲得空間關係判斷的線索。此種解釋顯然著重在兩眼聯合運用時所產生的一種回饋作用；一向被稱為雙眼線索。由雙眼聯合運用獲得的立體知覺，即稱為雙眼立體知覺。
   (1) 輻輳作用：眼球轉動聚合視線的生理作用。
   (2) 雙眼像差：兩眼網膜上所得同一物體影像的差異。

(二) 聽空間知覺

1. **單耳線索**：由單耳即可接受音波刺激，因而獲得聽覺的知覺經驗。

2. **雙耳線索**：單耳固然能夠獲得足夠的線索以判斷聲音之遠近，但必須同時運用兩耳始能知道聲源方向的正確資料。雙耳線索靠著時間差、強度差、波壓差來判斷聲音的來源。

六、**時間知覺是比較困難的**：因為他不能靠某種器官獲得的感覺資料為依據。因此，吾人對時間的判斷多靠綜合性的經驗。

七、**運動知覺**：運動知覺的產生雖係起於外界的刺激，但知覺的感受卻非由於刺激的變化而起，而是由於網膜上影像的移動而生。

(一) 似動知覺現象

1. 係指引起知覺刺激物體本身的客觀情況雖是靜止的，但由之引起的知覺經驗卻是移動的。

2. 似動知覺現象中最常見者又分以下兩種：

(1) 自動知覺現象：如果我們在暗室（缺乏視覺刺激）內注視單一孤立而靜止的光點時，數秒鐘之後將會發生該光點來回的移動。像此種由靜止刺激引起運動知覺的現象，稱為「自動」知覺現象。

(2) 閃動知覺現象：如電影、卡通、活動廣告等設計，雖然使人產生運動知覺，但刺激在網膜上構成的影像並未移動。電影照像機的構造也是配合此種知覺現象而設計的。通常在拍攝連續動作時，兩個鏡頭相隔約在1/30至2/30秒的時間內連續拍攝，將來放映時就會引起連續運動的知覺。

(二) 誘動知覺現象

在視野中有兩種刺激，一在運動，一在靜止。最常見的現象是，浮雲遮月時即使我們知道移動的是浮雲，靜止的是月亮，但總覺得情形相反，而月亮在浮雲之後迅速運行，像此種因某一物體運動之影響致使對另一靜止物體產生運動知覺的奇怪現象，稱為「誘動」知覺現象。

八、錯覺：

凡根據感覺資料對環境中事物做失實之解釋者，皆視為錯覺，它是一種失實的知覺組織，例如繆氏錯覺（Muller-Lyer illusion）兩條線一樣長，卻因箭頭方向而造成長短不同的錯覺。

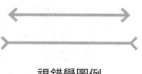

視錯覺圖例

九、影響知覺的心理因素

(一) **學習與經驗**：較為單純空間知覺，學習並非重要因素，然而情境複雜而且帶有蘊藏意義時，知覺行為無疑的將與學習有密切關係，特別是對人類自己製造的刺激，如文字、符號等。

(二) **注意力**：在同一情境下不同的人對同一刺激的感受，有的印象深刻，有的視而不見，像此種選擇並集中於環境中部分刺激反應的心理活動現象，即為注意，就個人主觀因素，其中「動機」與「期待」是二個最主要因素。

(三) **需要與價值**：個人缺乏某種東西而產生需要時，該種東西對他具有較好的價值，對個人具有價值的刺激特徵常有誇大的傾向。

(四) **知覺防衛**：個人面對的刺激是個人不喜歡的，就不容易產生知覺經驗，一般認為此種傾向是一種個人有意的防衛性的心理傾向。如對某些單字、違犯社會禁忌的字，就不易認知。

十、感覺和知覺的差異

感　覺	知　覺
1.以實際刺激源為主。	1.不以實際刺激源為主。
2.具有普遍性。	2.具有個體殊異性。
3.呈現片段的經驗。	3.呈現完整的經驗。
4.生理性現象。	4.心理性現象。
5.感覺為知覺的基礎。	5.知覺的基礎為感覺。

十一、絕對閾和差異閾

(一) **絕對閾**（Absolute Threshold）

　　1. **定義**：恰好可以察覺出刺激存在所需的最低強度，而其被察覺的機會為50%。

　　2. **理論**：訊號偵測論與特性偵測論，屬性偵查論。

　　3. 個人對於訊息的接收正確與否，不只取決於訊號本身的強度，而與環境中的噪音、個體動機和期待有關。

(二) **差異閾**（Pifferential Threshold）

　　1. **定義**：恰好可以察覺出兩個刺激之間有所差異的最低強度，而其被察覺的機會為50%。

　　2. **相關理論**：

Weber Law	$K = \dfrac{\Delta I}{I}$ ，恆為一常數。
Fechner Law	$S = K_{\log} I$ ，剛開始反應大，過一段時間後，反應下降。
Steven's Law	$S = KI^{b}$ 。

↘ 解釋名詞

─── 暗適應（Dark Adaptation）───

暗適應係指人體視覺對於黑暗環境的適應過程，當人類從較光亮處走入較黑暗處時（例如：進入沒開燈的教室），需要經過一段暗適應的時間，以使椎狀細胞發揮作用。

↘ 嚴選題庫

一、試述「感覺」之意義及種類。

答：(一)**感覺**：感覺，係指受到刺激、並為認知歷程的開始。

(二)**感覺的種類有下列七種**：

1. **視覺**：個人對外界的知識，多來自視覺，而視覺的來源又靠眼睛，個人視覺的敏銳度可用圖案或字母的大小配合視距而測出。

2. **聽覺**：個人對外界的語言及其他與聲音有關的訊號，皆靠聽覺以獲得知識，而司聽覺的器官則為耳。

3. **嗅覺**：引起嗅覺刺激的為氣化的化學物質，如液體或固體的化學物質，則不能引起嗅覺。職司嗅覺的器官為一些線形體。

4. **味覺**：味覺的受納器官為味蕾；係一種球狀細胞，多聚在舌尖、舌面與舌之兩側。

5. **膚覺**：以皮膚為受納器官接受刺激而產生感覺，膚覺又因刺激性質之不同，分壓覺、痛覺、溫覺三種。

6. **動覺**：指身體活動時個人自己對各活動的感覺。動覺的受納器，為肌肉、肌肉與骨骼連接的肌腱，及關節三者。

7. **平衡覺**：乃司身體平衡的感覺，平衡覺的器官分為兩部分，一為半規管，一為前庭，均存在於耳內；半規管職司頭部的平衡，前庭職司身體的平衡。

二、試比較感覺與知覺之區別。

：從心理學的觀點來看，知覺以感覺為基礎，兩者區別如下：

(一) 感覺的產生主要是心理活動歷程，在生理歷程中，感官獲得的訊息，多屬於簡單的、孤立的事實性資料；而知覺的產生則是就感覺資料加以統整並予以主觀解釋的心理活動歷程。

(二) 經由感覺而獲得知覺，其間要經過一個選擇的過程，也就是說，從感覺的資料中選取一部份加以整理與解釋。

(三) 個人憑感覺歷程可以獲得「此時此地」環境中事實性的零碎資料，而知覺過程則是把現實的資料與個人以往的經驗及慾望統合在一起，因此，由知覺過程獲得的經驗有時會超越現實，對感覺的客觀資料經過選擇、增添、刪減並予以主觀的組織。不過，知覺過程中的心理活動，個人未必自知。

> 小 叮 嚀
> 答題時可列表，更為清晰。

三、試述「絕對覺閾」之意義。

：任何一個感覺的產生，必須經過各種器官聯合發生作用。首先是刺激影響到受納器引起神經衝動，其次是感覺神經將神經衝動傳至腦或脊髓，再次是腦或脊髓的命令經運動神經傳至反應器表現出反應。由此可知感覺是由刺激引起的。然而，刺激的強度必須達到某種程度時，始能引起受納器的神經衝動。例如，如一裝置防音設備的實驗室中出現一種微弱的聲音，初時不能覺察，如漸次增加強度亦記錄之，到達某一程度時，恰能聽到該聲音之存在。像此種引起感覺經驗所需的最低限度的刺激，即稱「絕對覺閾」。

四、試述「差異覺閾」之意義。

：辨別兩種刺激的差異時，所需的最低差異即為差異感覺閾。如有不同強度的兩種刺激先後或同時出現，要吾人比較其差異時，兩種刺激的強度之差必須達到某種程度，始能讓吾人經由感官給予辨別。例如有兩個法碼，一為100克，另一為100.1克，可能無法用手來辨別其輕重。如將兩者之差逐漸加大，第二個法碼增至102克，而吾人的感覺反應總次數恰好有50%指出有差別時，那相差的2克，就稱為「差異覺閾」。

五、何謂「韋柏定律」？試舉例說明之。

答：韋柏（Weber）研究舉重的辨別能力，發現人類辨別兩種重量的能力將隨重量的不同而有所改變，重量輕時，兩種重量的差異很小就可辨別出來；但重量重時，兩種重量的差別需要較大才能辨別出來。他提出一個公式：$\triangle I / I = K$，這就是韋柏定律。式中$\triangle I$代表兩種重量的差，I代表標準重量，K為常數。例如一位受試者剛好能辨別出10公克與11公克的重量，這時$\triangle I = 11 - 10 = 1$，而標準重量為10公克，將兩者代入公式得$\triangle I / I = 1 / 10$，1／10表示該受試者對於重量的辨別能力。根據K值（1／10），我們可預測受試者能辨別55公克與50公克的重量或100公克與110公克的重量。韋柏定律可適用於各類感覺，但通常只適合各種刺激強度的中間範圍。對太強或太弱的刺激，韋柏定律就不太準確了。

六、試述「正」「負」後像是如何產生？

答：假如一個人坐在暗室幾分鐘而適應黑暗後，一道閃光出現，當這道閃光熄滅後的瞬間，便會有某種後像產生。這後像可包含兩種情況：
(一)**正後像**：首先在閃光熄滅後兩三秒鐘內，會看到原來閃光，這種現象稱之正後像。正後像出現後，在一秒鐘內迅速消失，因其消失得太快，故在日常生活中，不注意的話，無法察覺其存在。
(二)**負後像**：正後像消失以後幾秒鐘，另一種後像繼之產生，即負後像，負後像的顏色是原刺激（或正後像）的補色。

七、試述「知覺」的一般特性。

答：要認知周圍世界的真相，除了靠受納器所輸入之印象外，還得進一步探討知覺的特性。一般所提到的知覺特性可有：
(一)**知覺是相對性的**：經由感官對環境中所獲得的知覺經驗，是相對的，而非絕對的。
(二)**知覺是有選擇性的**：個體是在無數的刺激中，選擇某些有關的刺激作適當的調整與反應。

(三)**知覺是有組織性的**：亦即靈活的組織各種孤立的外界刺激，使其知覺成一個整體，或一個明確的物體；而不是雜亂無章的線條、斑點、或顏色。

(四)**知覺是有恆常性的**：複雜的外界現象，一再地反映到感官及神經中樞之後，無形中在知覺經驗裡構成一些相當穩定而持久的物理特性，諸如其大小、形狀、明度及顏色等等。

(五)**知覺是有其時間性與空間性**：知覺經驗建立在時間與空間的架構上，不僅可以察知外界現象的「變化」、「運動」以及「連續性」，還可以覺知二度空間及三度空間。

(六)**知覺的差異性**：知覺的經驗不僅決定於外界的客觀條件，還常受到個體的過去經驗和現在心理定向二者的影響。個人之間的經驗背景及需求固然不同，所知覺到的事物意義，自然亦會發生差異。

八、試述「知覺恆常性」的意義及其分類？

答：(一) 意義：從不同的角度、不同的距離、在不同的物理環境下，看某一熟知的物體時，雖然該物體的物理特徵（大小、形狀、明度、顏色等）受環境情況的影響而有所改變。但我對該物體的知覺經驗，卻有保持其固有特徵而不隨之改變的心理傾向。此種傾向即稱為知覺的恆常性（perceptual constancy）。

(二) **知覺恆常性有五種**：

1. **大小恆常性**：在日常生活上，我們所知覺到的物體之大小，並不和其距離之遠近成反比關係。例如不會有人將停在40公尺遠方的計程車看成小小玩具車。計程車與我們相距的距離雖不同，但我們所知覺到的車身大小，始終是接近於該車的固有大小。這一點在知覺經驗上保持各物體之固有大小，而在某一距離限度內並不因物體距離之改變而把該物體看成特別大，或特別小之傾向，稱為大小恆常性。

2. **形狀恆常性**：在日常生活中，看一件物品，從不同角度看，形狀必然不同，但我們仍會覺得它的整體性。像這一種知覺傾向，不管從何角度來觀察一個物體，始終知覺到物體的固定形狀特徵，即稱為形狀恆常性。

3. **明度恆常性**：不因光源改變而改變物體本身之明度，我們稱為明度恆常性。

4. **顏色恆常性**：對熟知物體的顏色之知覺，仍保有固定不變之傾向。例如一位戴太陽眼鏡的人，仍然分辨出各種熟知物體的顏色。

5. **位置恆常性**：在這個變化無窮的世界裏，我們所知覺到的物體的位置，也相當固定，並不因身體的移動而形成左右、上下顛倒的混亂局面。

九、試述「單眼線索」、「單眼立體知覺」與「雙眼線索」、「雙眼立體知覺」的意義。

答：(一) **單眼線索與單眼立體知覺**：刺激本身的特徵即顯示出立體感的線索，此等線索即為立體知覺經驗的根據。而且，即使使用單一眼睛去看，同樣也可獲得此等線索而形成立體知覺。此種解釋，等於是著重在視覺刺激本身的特徵；一向被稱為單眼線索。由單眼即可獲知的立體知覺，即稱為單眼立體知覺。

(二) **雙眼線索與雙眼立體知覺**：由於兩眼協調運用，始能獲得空間關係判斷的線索。此種解釋顯然著重在兩眼聯合運用時所產生的一種回饋作用；一向被稱為雙眼線索。由雙眼聯合運用獲得的立體知覺即稱為雙眼立體知覺。

十、試述屬於「單眼線索」的各種現象為何？

答：單眼線索的各種現象如下：

(一) **直線透視法**：畫家或建築設計師在繪畫或製圖時，表達物體遠近的慣用技巧是：距離愈遠，物體愈小，物體的間隔距離也愈遠，愈狹窄。這一種表達物體遠近及立體的作圖方式，稱為直線透視法。

(二) **明晰度**：物體愈近，看起來愈清楚。遠處的山在煙霧瀰漫的天氣下，看起來總比在晴天時所看到的更加遙遠。因此，我們若能看到物體的細節，我們即認為這物體較為接近。

(三) **物體重疊**：如果有幾個物體重疊在一起，被遮蔽部分愈少的物體，即顯得愈在前面。這一項線索也可以從觀察教室內一行同學的重疊情形而獲得證實。

(四)**明暗**：一個物體的陰影或明度部位的形狀，係構成立體感的一項重要線索。

(五)**質地差度**：所謂質地差度是指因視野內某種物體的質地逐漸變化，而不能辨別其變化的顯然界限而言。而對一種情境時，愈接近觀察者的地區，愈顯出其粗糙的質地和較明晰的細節。

(六)**運動**：遠處物體的移動量當比近處物體的移動量來得小。例如，我們坐在火車上，常常看到窗外物體的運動速度及方向各有不同；通常是遠處物體運動緩慢，似乎跟著火車在前進；但近處物體則向後飛逝較快。

(七)**調節作用**：調節作用是藉眼睛毛狀肌的收縮或鬆弛，來調節水晶體凹凸的程度，使物體的影像凝聚在網膜上。當物體接近時，毛狀肌的緊張感覺增加，水晶體的凸度也因而增加；物體距離較遠時，毛狀肌的緊張感覺變弱，水晶體變成扁平。這種肌肉感覺的變化，即是一項重要的深度知覺線索。

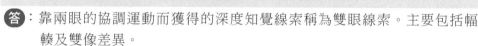

十一、試述「雙眼線索」主要包含之現象。

答：靠兩眼的協調運動而獲得的深度知覺線索稱為雙眼線索。主要包括幅輳及雙像差異。

(一)**輻輳**：物體在70尺以外時，雙眼視線實際上已屬平行。若物體在這一段距離以內時，兩眼為凝視同一物體，眼球需向內作相對的轉動，兩個眼球的這一種調適作用稱為幅輳。若物體愈接近眼球，雙眼間內作互對之轉動努力也愈大；物體愈遠，此種努力愈小，這也是肌肉運動感覺的線索。

(二)**雙眼像差（雙像差異）**：我們用雙眼注視某一物體時，反應在雙眼網膜上的同一物體之影像會略有不同。網膜上雙像的差異，係隨著物體距離的改變而有所增減，乃構成深度知覺的一個重要線索。例如：立體電影或立體眼鏡就是按照這種原理設計的。

十二、試述「時間知覺」的意義及種類。

答：(一)**意義**：個體察覺到周圍事件的過去、現在、未來或是前後、快慢
　　　等時間關係稱為時間知覺。時間知覺的基礎是變化，天體的運
　　　行、或是鐘錶的走動，都是測定「物理時間」的依據。其他如生
　　　理組織緊張的變化，即是心理時間的知覺成立的基礎。

　　(二)**種類**：時間知覺有直接時間與間接時間兩種。

　　　1. 直接時間知覺是直接知覺到的短時間，係指現在的時間而言，其
　　　　成立靠運動覺與聽覺兩種。

　　　2. 間接時間知覺是靠某種符號，如工作份量、飢餓感覺或是四季變
　　　　化所間接知覺的長時間。

十三、試述錯覺與幻覺之主要區別。

答：錯覺與幻覺的根本差異有三，詳述如下：

　　(一)一般人都常常經驗到錯覺，但很少會經驗到幻覺。精神病患者，
　　　或受到藥物影響的人才會經驗到幻覺。

　　(二)錯覺的發生，往往有顯著的外界刺激，但幻覺有時候沒有明顯的
　　　外界刺激也會發生。

　　(三)同樣的情境易引起同樣的錯覺，但是幻覺則不然，在特殊情境所
　　　引起的幻覺，常因人、因地而有差異。

十四、幻覺與錯覺的特質為何？

答：幻覺是指一種虛泛的知覺，精神病患者或受到藥物影響的人會經驗到
　　幻覺，普通人則很少經驗到。因此，正常人是不可能有幻覺的。幻覺
　　與錯覺的特質不同：

　　(一)錯覺是外界有真實的刺激存在，只是個人對它認知錯誤而已，幻
　　　覺則是憑空生起，有時外界並沒有這種刺激，或即有這種刺激，
　　　卻與幻覺內容沒有直接關聯。

　　(二)錯覺能重複出現，任何人在任何時候，看平直錯覺圖，都有垂直
　　　線比水平線要長的錯覺產生，可是，幻覺卻無固定內容，且因
　　　人、因時、因地而有不同的幻覺。

十五、產生知覺誤差的主要原因為何？

：引起知覺錯誤的原因很多，可歸納成下列三種：(1)外界的原因。(2)機體感官的原因。(3)個體的經驗背景與需求原因。茲分述如下：

(一) **外界的環境原因**：指外界環境的不尋常狀況或不規則狀況的因素。例如浸在水中的原子筆，看起來是彎曲的，這是因為光波在水中發生折射現象。

(二) **機體感官的原因**：指感官的缺陷、不適當或特殊性質等因素，感官雖然是一項非常有用而可靠的器官，但並不是永不錯誤的。如用兩支筆尖（相距約5公分）同樣刺激你的背部或肩膀，你會覺得只有一個刺點，這是因為背部的兩點覺功能較差之故。

(三) **個體的經驗背景與需求原因**：包括個體的經驗、習慣、目前興趣、態度、或是期待等因素。例如母親常誤聽其他聲音為其小寶寶的哭聲。

十六、「閃動知覺現象」的特質為何？

：(一) 所謂「閃動」（apperent motion）知覺現象，係指引起知覺刺激物體本身的客觀情況雖然是靜止的，但由之引起的知覺經驗卻是移動的。

(二) **最常見的兩種**：

1. **自動知覺現象**：如果我們在暗室（缺乏視覺刺激）內注視單一孤立而靜止的光點時，數秒鐘之後將會發現該光點來回的移動。像此種由靜止刺激引起運動知覺的現象，稱為「自動」（autokinetic effect）知覺現象。

2. **閃動知覺現象**：通常我們的運動知覺經驗，多係由物體影像在網膜上移動，引起細胞的神經衝動而產生。但如電影、卡通、活動廣告等設計，雖然使人產生運動知覺，但刺激在網膜上構成的影像並未移動。

十七、影響知覺的主要因素為何？

答：(一) **學習與經驗**：個人先前所學習的與所經驗的，對以後所遇事物的知覺，會發生甚大的影響。

(二) **注意力**：當個人受到無數的各式各樣的刺激時，個人對這些刺激所能引起反應的，只是其中一部分刺激而已，從這部分刺激的反應中獲得知識經驗，其餘未有引起反應的刺激，等於視而不見、聽而不聞。

(三) **動機與心向**：個人的動機，有者係因需要而產生，而需要又係基於生理或心理的原因而產生，當刺激出現，使個人感到需要時，則對此種刺激不但會引起知覺的反應，且會擴大其價值與意義。

(四) **價值觀念**：個人對刺激事物的價值觀念，亦會影響知覺的反應，各人對同樣事物的刺激，如對該刺激事物的價值觀念不同，則會引起不同的知覺反應。

(五) **人格特徵**：由於人格特徵的不同，對同樣刺激所引起的知覺反應也有不同。

(六) **社會暗示**：社會或是團體的態度，對個人知覺的反應亦會發生重大影響。

(七) **知覺防衛**：個人面對的刺激情境是個人不願意或不喜歡看（或聽）的事物，就有不容易產生知覺經驗的現象。

十八、說明知覺反應現象的原理。

答：知覺反應現象分為空間知覺、運動知覺及時間知覺，其原理分述如下：

(一) **空間知覺**：有二度空間知覺與三度空間知覺之別，構成二度空間知覺的原理，基於形象與背景的界限作用，及知覺的組織能力。三度空間知覺的原理，在視覺方面，單眼線索經由直線透視、重疊、明暗、移動、調適作用。雙眼線索，經由輻輳作用、雙眼像差構成立體視覺。在聽覺方面，單耳線索用以判斷聲源的距離。雙耳線索利用時間差、強度差、波壓差用以判斷聲源的方位。

(二) **運動知覺**：其原理係起於刺激在網膜上構成活動影像，所產生的經驗。譬如注視瀑布良久轉而注視旁邊的懸崖，就會有從下上升的運動知覺。

(三) **時間知覺**：時間的長短，固然有其客觀的時分秒度量，但主觀的時間知覺卻會因人、因事、因地、因時有極大的差異。譬如「一日三秋」苦時間之慢，而「光陰似箭」則惜時間之瞬逝。

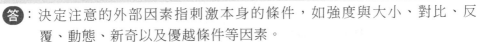

十九、決定注意的外部因素有那些？

答：決定注意的外部因素指刺激本身的條件，如強度與大小、對比、反覆、動態、新奇以及優越條件等因素。

(一) **強度與大小**：在其他條件相同時，響亮的警笛聲總比微弱的鈴聲易於引起行人注意。如消防車所發出的緊湊而響亮的警笛聲。

(二) **對比**：當你正在書房專心寫作時，若家人打開在客廳裏的電視機，最初一些音樂聲或播音將會分散你的注意，但過一會兒，你也就不會再注意到那些聲音。

(三) **反覆**：從遠方傳來的機關槍連射聲音，常比步槍單發的聲音惹人注意，這是刺激反覆的效果。一個刺激若反覆出現數次，將與一個強烈的刺激具備相同的效果。如黑人牙膏或黑松汽水、開喜烏龍茶等廣告一再地出現在顧客的面前即為此一原則之應用。

(四) **動態**：人和其他動物一樣，對視野內的物體之運動特別敏感，所以許多野獸受到強烈的追擊時，常藉靜態或保護色來逃避危險。如許多百貨公司或戲院的廣告，都用閃爍的霓虹燈廣告招徠，就是動態的應用。

(五) **新奇**：人有探索動機，對神奇之事務格外感到興趣。就一般的情形來說，新奇的時裝、家具、汽車、玩具、貨品以及動物等容易引人注意。例如我們在國外旅行，看到中國貨品覺得格外醒目。反之，把一件神奇的事物放進一堆熟悉的事物中，也一樣容易惹人注意。

(六) **優越條件**：即使未能受到制約的作用，或外加之經驗，有些刺激物本身向來就具備優越條件（striking quality），易於引人注意。

二十、決定注意的內在因素有那些？

答：決定注意的內在因素包括個體的動機、心向以及經驗背景等內部心理狀態諸因素。這些因素又稱為「機體因素」，常常因人、因地、因時而異，茲分別說明如下：

(一)**動機與興趣**：個體的需要和興趣，不僅常決定注意的方向，而且也是維持注意的原動力。個人某方面的動機常常決定其注意的方向。興趣也是決定注意之一項重要因素。

(二)**心向與期待**：在深夜裏，一位醫師可能對按鈴的響聲特別敏感，但不一定會注意到小孩的哭叫聲；反之醫生夫人可能對小孩的哭叫聲特別敏感，而不一定要注意到鈴聲。

二一、「人若處於缺少感官刺激的環境中，將有心曠神怡之感」，此言正確否？

答：此言不正確。因為當我們看到某些物體，乃是一種輻射能，以波動的形式，傳到眼睛的網膜之結果；我們所聽到的聲音，也是一種能的波動，衝擊到我們耳鼓；我們所嗅到的氣味，亦是藉氣體的傳導，刺激我們鼻腔達到黏膜，引起嗅覺細胞的活動；我們嘗到的滋味，祇是藉液體傳達到我們口腔裡的味蕾，產生反應。因此由各種不同的能或物體，對我們各種感覺器官所發生的刺激，造成我們所領悟到的知識。知覺對於刺激是具有選擇性的，在平時我們的感官都受著許多刺激的衝擊，但在許多刺激中，於同一時間內，只有極少數的刺激，能使我們的感官明晰地領悟到，其他的便變成一種模糊的背景，因此，凡是集中注意力的部分，即從我們的經驗背景中凸顯出來，成為該環境的焦點，其餘欠明晰的地方，便成了環境的邊際，故由此可知「人若處於缺少感官刺激的環境中，將有心曠神怡之感」此語是不正確的。

二二、試說明錯覺、幻覺與妄想的差別。

答：(一)**錯覺**：其係指一種錯誤的知覺。

(二)**幻覺**：其係指虛幻的知覺，例如視若無睹（負幻覺）無中生有（正幻覺）。

(三)**妄想**：其是一種不合理的信念，當事者信以為真，例如被害妄想症。

二三、(一)何謂錯覺和幻覺？請先就概念上加以區分，再各舉一個視覺的例子來說明，並解釋在這些例子中，為何會產生錯覺和幻覺？

(二)錯覺也會影響人的決策思考。例如，旅行社正在行銷羅馬假期，而在顧客上門詢問歐洲行程時端出三種均一價格的特惠方案：A.巴黎五天四夜豪華之旅，附早餐。B.羅馬五天四夜豪華之旅，不附早餐。C.羅馬五天四夜豪華之旅，附早餐。結果選C的人真的遠比選A的人多，為什麼？

答：錯覺和知覺都是心理學重要構念，茲依題意說明如下：

(一) **錯覺和幻覺之相關說明**

1. **錯覺**：

(1)是指一種錯誤的知覺。

(2)係指一種扭曲事實現象的知覺。

2. **幻覺**：

(1)是指一種虛幻的知覺。

(2)幻覺依狀況可分為正幻覺及負幻覺，依類型可分為視幻覺、聽幻覺、觸幻覺、嗅幻覺等。

3. **錯覺之實例說明**：繆氏錯覺(Muller-Lyer illusion)屬於一種錯覺現象，其著名範例如下所示：有兩條一樣長度的直線，但若在其兩端點作不同的箭頭方向之處理，則上圖直線看起來會較短，下圖直線則會較長：

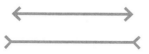

4. **幻覺之實例說明**：以精神分裂症患者而言，其容易看到一些害怕事物的虛幻景象，例如：往生者、地獄等。

(二) 由於個人會因為外在環境因素的影響，而主動建構本身的知覺，但也因此容易產生錯覺，所以當顧客看到B方案係為羅馬假期不附早餐時，再接著看到C方案羅馬假期有附早餐，會產生C方案比B方案還要超值的錯覺，因為顧客已經忽略A方案的存在。

二四、何謂知覺？知覺具有那些特性？知覺如何受到心理因素之影響？

答：知覺為心理學研究的重要課題，茲依題意說明如下：

(一) **知覺的基本概念**：
　1. **定義**：個體根據身體感官接受與辨認環境刺激訊息，由腦針對訊息加以解釋的歷程。
　2. **運作基礎**：個體的心理變化。

(二) **知覺的特性**：
　1. **接近原則**：個體在心理上會將位置相近的刺激統合成一個有意義的知覺經驗。
　2. **相似原則**：個體在心理上會將特徵相近的各刺激，統合成為一個有意義的知覺經驗。
　3. **連續原則**：個體在心理上，會將具有空間連續性的不同刺激，視為具有連續性的關係。
　4. **封閉原則**：當不同刺激間可以閉合成為一個有意義形象時，個體心理上即會將其組合在一起，成為有意義的知覺經驗。

(三) **知覺受到心理因素的影響**：
　1. 學習經驗。
　2. 需求、動機與期待。
　3. 知覺防衛。
　4. 生活經驗。

二五、認知論的主要內涵為何？右圖立方體是一個知覺的主動
　　　過程，它對我們的人際互動有何啟發？請舉例說明之。

：知覺是認知論的重要內涵，茲按照題目規定說明如下：

(一)**認知論的主要內涵**：

　1.**代表學者**：Piaget、Bruner等。

　2.主要探討知識來源問題，以「感覺」、「注意」、「知覺」、
　　「意識」、「學習」、「記憶」等內在心理歷程為研究主題。

　3.注重「學習如何學習」的過程技能。

　4.特別強調「知覺」和「領悟」在學習歷程中的重要性。

　5.主張「學生自己發現事物的知識或概念，是較佳的學習方式」。

(二)**圖中的立方體是一個知覺的主動過程，說明它對我們的人際互動
　　之啟發如下**：

　1.**立方體的相關概念**：

　　(1)立方體代表個人的知覺主動過程。

　　(2)亦即個人從立方體的任一面看，都可得到不同的知覺。

　2.**立方體對人際互動的啟發**：

　　(1)個人在進行人際互動時，要避免刻板印相、偏見、自我中心等
　　　單面向知覺。

　　(2)亦即，個人應從多方面去瞭解他人的特質，以構成完整的他人
　　　知覺。

第4章 意識與意識狀態

依出題頻率分：A頻率高
B頻率中 C頻率低　　頻出度 **C**

命題焦點

1.意識的性質：(1)意識與意識歷程。(2)意識的層面。
2.睡眠：(1)基本特徵。(2)心理學研究。(3)失常。
3.夢與作夢：(1)心理學研究。(2)精神病理學、實驗心理學研究。

↘ 精華摘要

一、意識與意識歷程：意識的含意指的是個人運用感覺、知覺、思考、記憶等心理活動，對自身的身心狀態與環境中人、事、物等變化的綜合認識。此種察覺與認識的過程稱之為意識歷程。

二、意識的層面

(一) **焦點意識**：指的是個人全心貫注於某事物時所得到的清楚明確意識經驗。
(二) **下意識**（subconscious）：在不注意的情形下出現的意識。
(三) **無意識**（nonconscious）：個人對其內在與外在環境一切變化中所知與無所感的情形。
(四) **潛意識**（unconscious）：潛藏於意識層面之下的感情、欲望、恐懼等複雜情緒。
(五) **前意識**（preconscious）：介於意識與潛意識之間的一種意識層面。
(六) **邊意識**（marginal conscious）：對於注意範圍邊緣刺激物所得模糊不清的意識。

三、睡眠的基本特徵

(一) **睡眠的普遍性**：所有的動物都需要睡眠。
(二) **睡眠的必要性**：解釋個體需要睡眠的理論：生物時間與日節律、恢復論與保養論、生物生長的演化論。

四、失眠的種類

(一) **情境失眠**：是由於外在生活情境改變而引發的失眠。

(二) **假性失眠**：因為心理上的因素而導致的失眠稱之。

(三) **失律性失眠**：因為生活程序改變而形成。

(四) **藥物性失眠**：因為吃藥或是外在的藥物而導致的失眠。

五、夢的精神病理學理論

(一) 由個人所陳述的夢是一種象徵性的表達，隱含著另外的一種意義，即：別有所指。

(二) 夢中的所見所聞是一種夢境，夢境深處不為當事人所記憶。

(三) 夢醒之後，所陳述的意識層面是一種潛意識層面潛性夢境。

(四) 夢的主要功能在於使欲望的滿足。

六、催眠的理論與概念：催眠後的心理特徵為：主動性反應減低、注意層面窄化、以往的記憶還原、知覺扭曲與幻覺、暗示的接受性增高、經驗失憶等。

七、意識的相關研究是心理分析學派所關注的課題。

◪ 解釋名詞

程序性知識
（Procedural Knowledge）

程序性知識是指按一定程序理解操作從而獲致結果的知識；諸如駕駛或操作機器，從事科學實驗以及烹調縫紉等均屬之。藉著對知識的分類，教師可據此施行適合的教學方式，以幫助學生有效學習。

REM睡眠期（Stage of Rapid-Eye-Movement Sleep）

REM睡眠期又稱為快速眼動睡眠，人的睡眠分為「快速眼動睡眠」和「非快速眼動睡眠」。當「快速眼動睡眠」時，雖然肢體已經處於休息狀態，但大腦仍在活動，眼球在眼皮下方急速轉動，常有做夢的現象發生。在一般的生理睡眠狀態下，「快速眼動睡眠期」和「非快速眼動睡眠期」交替、同期地出現。每一周期「快速眼動睡眠期」約為10至15分鐘，「非快速眼動睡眠期」約為60至90分鐘，每晚有4至6個周期。

雙聽作業（Dichotic Listening Task）

雙聽作業是用來研究聽力注意力的實驗，實施方法是讓受試者戴上耳機同時接受相同強度的訊息，讓受試者只可以感覺到一種訊息的內容。

社會懈怠（Social Loafing）

社會懈怠又稱為社會撈混、社會閒散等，其係指團體運作的效能會隨著團體人數的增加而降低，其可能產生原因為責任分散與在團體運作中不易看出個人努力與效能的關連性。而影響社會撈混的條件則有工作難度、團體重要性、合作對象等。

效度與信度（Validity and Reliability）

效度（Validity），即正確性，其指測驗能測出其所欲測量的特質或功能的程度；換言之，係指測驗分數的正確性。
信度（Reliability）係指測驗結果的一致性（Consistencey）或穩定性（Stability）；亦指同一群人在同一測驗上數次測量結果的一致性。

嚴選題庫

一、催眠作為一種心理治療的工具，一直備受關注。請說明角色扮演理論和解離理論對催眠的看法，並提出你的批判。

▶**破題分析**：本題為心理學中的意識與意識狀態部分。

答：催眠為一種心理治療的工具，茲依題意說明如下：

(一)**角色扮演理論對催眠的看法與評析**

1. 其倡導者為美國學者Spanos，其認為雖然催眠時意識狀態與正常心理狀態相似，但是受試者意識恍惚存在。

2. 這種現象是因為受試者在接受催眠師催眠前已經自己預先期待催眠的境界，然後再開始催眠後，便進入自己催眠狀態的角色，所以才會出現意識恍惚的狀態。

3. 有些宗教團體，所暗示的聖靈降臨狀況，是否也是一種催眠，這已經超過心理學的領域。

(二)**解離理論對催眠的看法與評析**

1. 其認為催眠可以改變受催眠者的意識，催眠甚至可以代替麻醉劑降低痛的感覺。

2. Hilgard認為催眠會使意識解離，會產生兩種意識，第一種為催眠師的催眠暗示所產生，另一種意識則為受催眠者對真實世界的感受，又稱之為隱藏觀察者。

3. 許多人接受催眠時都會產生上述兩種分離意識。

(參考書目：葉重新。心理學。心理。)

二、集體潛意識（Collective Unconsciousness）

答：集體潛意識為榮格所提出，其認為人的人格應分為：自我、個體潛意識、集體潛意識三部分。三者互相獨立，但又互相影響。其係指人在深層潛意識之中，具有的相同部分。其反映了人類在以往歷史進化過程中的集體生活經歷，乃至世代累積起來的遺傳因素，它是一種為人類一切成員所享有的「人類的記憶」。

三、睡眠的週期變化

：睡眠的週期變化係指個人的睡眠由四～五週期組成，每一個週期約
90~100分鐘左右，其中又包含兩種型態的睡眠，即非快速動眼期睡眠
（NREM）及快速動眼期睡眠（REM）。 非快速動眼期又分為四個階
段，在腦波記錄圖上呈現不同變化：

第一階段	是入睡期，介於清醒與睡眠之間，當你閉上眼睛，全身放輕鬆時，就進入第一階段，此時呼吸有規律，脈搏均勻。
第二階段	為淺睡期，可能做片斷的夢，眼球會慢慢地由一邊轉向另一邊。
第三階段	淺睡期進入熟睡期，此時身體極度放鬆，體溫及血壓開始下降，不容易被喚醒。
第四階段	為熟睡期，人極度放鬆，尿床及夢遊都出現在此期，然後進入快速動眼期。

快速動眼期又稱矛盾型睡眠，大腦是活動的，而身體則是休息的，在
腦波圖記錄上與NREM的第一階段相似，但生理上的狀況卻有很大的
差異。此時，呼吸與脈搏速率皆增加且呈不規則狀態，血壓的波動也
大，大部分的夢都出現在此期，這個時候也比較容易醒來。

四、為什麼海洛因（heroin）等藥物會讓人容易上癮呢？

▶破題分析：本題屬於心理學領域的意識與意識狀態部分，同學可以依次回答題
意的要求即可，最後則提出可行的解決途徑。

答：一般而言，長期使用心理興奮劑的人，在心理上為了想一再獲得感官
與精神上的滿足，乃重複接觸與使用這些藥物，稱為上癮，於此依題
意說明如下：

使用海洛因等藥物容易上癮之成因：

(一)上癮是一種行為現象，自從觀察到了「上癮」這個行為現象，科
學界多年來亟欲探索人類大腦中成癮的通路，以現階段瞭解，上
癮模式的機轉有二：首先，對於這些上癮的物質，如海洛因等藥

物，使用時感覺很愉快，不用時身心會感受到難過、痛苦，因而會一再地重複接觸使用。其次，經過一段時日持續使用之後，在成癮物質的作用下，人會產生很強烈的記憶，並將之烙印於大腦內的記憶中樞之中，進而影響當事人的行為控制、情緒、認知等，甚至外觀上也出現某些症狀，在此種情形下，我們便可以判斷，這個人已經對某種物質上癮了！

(二) 有愈來愈多的研究顯示，上癮正是記憶對大腦的操控影響。科學實驗發現，成癮在大腦裡面的機轉，除了使用後產生一些人體內為數極少，類似海洛因等藥物的立即性神經傳導物質「內啡因」（endorphins），使人產生欣快感之外，還會自然形成一個酬償系統（reward system），每當使用了成癮物質之後，大腦內的酬償中樞（reward center）便會回饋人體愉悅舒適之感，爾後，酬償系統將形成一組記憶迴路，儲存在大腦裡，並經過三番兩次的體驗後，記憶不斷深烙，大腦便會因此改變。

（參考書目：張春興。心理學原理。東華。）

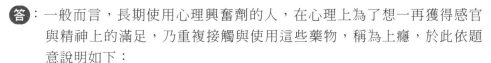

五、試從行為與大腦互動的觀點論述上癮（addiction）的現象，及其可行的介入或處理（intervention or treatment）的方式。

▶**破題分析**：本題屬於心理學領域的意識與意識狀態部分，同學可以依次回答題意的要求即可。

答：一般而言，長期使用心理興奮劑的人，在心理上為了想一再獲得感官與精神上的滿足，乃重複接觸與使用這些藥物，稱為上癮，於此依題意說明如下：

(一) **從行為與大腦互動的觀點論述上癮（addiction）的現象如下：**

　1. 上癮是一種行為現象，自從觀察到了「上癮」這個行為現象，科學界多年來亟欲探索人類大腦中成癮的通路，，以現階段瞭解，上癮模式的機轉有二：首先，對於這些上癮的物質，使用時感覺很愉快，不用時身心會感受到難過、痛苦，因而會一再地重複接觸使用。其次，經過一段時日持續使用之後，在成癮物質的作用下，人會產生很強烈的記憶，並將之烙印於大腦內的記憶中樞之中，進而影響當事人的行為控制、情緒、認知等，甚至外觀上也

出現某些症狀，在此種情形下，我們便可以判斷，這個人已經對某種物質上癮了！

2. 有愈來愈多的研究顯示，上癮正是記憶對大腦的操控影響。科學實驗發現，成癮在大腦裡面的機轉，除了使用後產生一些人體內為數極少，類似鴉片類藥物的立即性神經傳導物質「內啡因」（endorphins），使人產生欣快感之外，還會自然形成一個酬償系統（reward system），每當使用了成癮物質之後，大腦內的酬償中樞（reward center）便會回饋人體愉悅舒適之感，爾後，酬償系統將形成一組記憶迴路，儲存在大腦裡，並經過三番兩次的體驗後，記憶不斷深烙，大腦便會因此改變。

(二)介入或處理上癮的方式：

1. 針對藥物的心理依賴性，可以採用諮商和支持計畫等治療方式。

2. 在家庭方面，父母需和孩子溝通，在溝通的過程中，父母的態度必須「諒解」、「堅持」、「自我監控」，同時保持冷靜、開放、關愛去傾聽孩子的話，而不是只給意見。

3. 對學校教師而言：

   (1)與家長建立一個合作的工作團隊。

   (2)作青少年與其父母間的聯絡人。

   (3)加強親職教育。

4. 學校方面：

   (1)實施生活技能訓練計畫（Life Skills Training Program）。

   (2)實施學生輔助計畫（Student Assistance Programs，SAP）。

   (3)提供青少年正確的藥物資訊。

   (4)教學正常化。

   (5)加強校園巡邏。

5. 針對藥物的生理依賴性，可以使用類似於藥物替代物質來阻斷藥物的所有效果。

（參考書目：張春興。心理學原理。東華。）

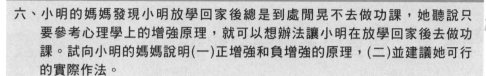

六、小明的媽媽發現小明放學回家後總是到處閒晃不去做功課,她聽說只要參考心理學上的增強原理,就可以想辦法讓小明在放學回家後去做功課。試向小明的媽媽說明(一)正增強和負增強的原理,(二)並建議她可行的實際作法。

答:正增強及負增強可作為改進個體行為之教學策略,試依照題意說明如下:

(一) 正增強及負增強之原理

1. 正增強:
   (1)首先,正增強係指因增強物出現,而增加某種行為反應出現頻率的現象。
   (2)換言之,正增強與獎賞一詞,意義相近,是指個體在某一情境下做某種事情,如果獲得滿意的結果,下次遇到相同情況時,再做這件事的可能率就會提高。

2. 負增強:
   (1)首先,負增強係指因增強物消失而增加某種行為反應出現頻率的現象。
   (2)換言之,負增強乃是透過停止施予學生所厭惡的刺激,或是撤除負向增強物,以增強期望目標行為的出現率。

3. 兩者都是行為心理學派的重要概念,也都是制約學習的現象,也就是有助於制約刺激與制約反應形成聯結的媒介。

(二) 根據上述理論觀點,對小明媽媽可行的實際作法之建議

1. 首先,小明媽媽可以應用正增強的原理,只要小明有乖乖放學回家做功課,就給予其正增強物,例如:物質性獎賞、精神性獎賞,以增加目標行為出現的次數。

2. 再者,小明媽媽可以應用負增強的原理,只要小明放學後直接回家做功課,就停止負增物的給予,例如,停止責罵,以增加目標行為出現的次數。

3. 最後,小明媽媽還有以下的實際作法原則:
   (1)應用消弱的原理,來減少不當行為出現的次數。
   (2)應用塑造的原理,來形成新的行為。
   (3)應用間歇增強的原理,來促使行為的持續。

第5章 語言思考與問題解決

依出題頻率分：A頻率高
B頻率中 C頻率低

頻出度 **B**

命題焦點

1.語言的心理學研究：(1)心理語言學的基本概念。(2)人類語言的發展與學習。(3)動物的語言學習。
2.概念與思考：(1)概念的形成。(2)概念的心理歷程。
3.思考與推理：(1)思考的性質與類別。(2)推理。
4.問題解決：(1)構成問題的條件。(2)問題思考的心理歷程。(3)影響思考的心理因素：心向作用、功能固著、認知結構。

📥 精華摘要

一、心理與符號的關係

(一) 思考、解決問題、創造心理歷程，是人類的複雜行為，是重要行為。在此類行為表現中，最特別的是人類製造了語言符號。因此符號的學習，自然也是心理學上的重要問題之一。

(二) 語言符號所代表者多屬概念，概念的學習是要經過一段抽象的歷程。

二、符號有四大種類

(一) **形象**：包括文字、數字。　　(二) **聲音**：包括口語、人所製造的聲音。

(三) **明暗與顏色**：如旗幟、地圖。　(四) **動作**：如手勢、表情、身體動作。

三、語意差別法：為奧斯谷（Osgood）所創用，以「雙極形容詞量表」為工具，為比較研究個人或團體間語言表達異同的良好工具。

四、單字聯想法：為英國心理學家高爾登（Galton）所創用，方法是向受試者提供某些單字，令其憑個人對每一個單字的認識，儘快說出由說字聯想到的所有其他字詞。

五、個人在默語時，正顯示思考進行時舌部與喉部肌肉活動增加。

六、概念的分類：有的學者將概念分為具體與抽象概念，有的將之分為單一概念與複合概念。單一概念是指概念只有一組共同屬性接合者。複合概念是指有幾組共同屬性接合者。布魯納氏將之分為：

(一) **結合概念：**凡聯結幾個特性而成者。

(二) **分雜概念：**一群要素中至少包括一個要素。

(三) **相關概念：**多個要素之中的一定關係。

七、概念形成的歷程

(一) **演繹：**由已知的概念出發，經由推理而產生一種新的概念。

(二) **歸納：**將某類事物，經多次觀察，瞭解其相同與相異之屬性，而把共同屬性的事物予以類化歸納成新概念。

(三) **從定義學習：**先以文字作成定義或解析，經瞭解形成新的概念。

八、布魯納認為在面對連言概念時會採取四種策略

(一) **同時分析策略：**受試者同時考慮情境中構成連言概念之所有可能。

(二) **依次分析策略：**受試者每一次選取時，只基於一種假設，而後接著進行驗證自己的假設是否正確。

(三) **保守集中策略：**受試者首次選對時，集中對圖片內的某一屬性，維持進攻。

(四) **集中冒險策略：**受試者在時間受限制之下，多採集中冒險策略。

九、對思考的解釋可分為兩種

(一) **主張思考是一種歷程：**魏德邁與杜威為代表。

(二) **主張思考是一種能力：**戈爾福。

十、對創造的解釋

(一) **主張創造為一種歷程：**瓦拉斯將之列為準備期、醞釀期、豁朗期、驗證期。

(二) **主張創造為一種能力：**戈爾福。

十一、杜威在「思維術」一書中，認為思考歷程分為五個步驟

(一) 遭遇疑難。　　　　　　　　　　(二) 分析情境，認知問題關鍵之所在。

(三) 假設可能的解決方法。　　　　　(四) 由假設推理並蒐集資料獲致結果。

(五) 進一步觀察驗證所得結果是否正確。

十二、語言的發展模式

(一) 共同模式

1. 0～4.5month：cooling Stage

2. 4.5～9month：babbing Stage～喃喃學語期

3. 9～18month：one-word Stage＝hologhrasic Stage～全句語言期

4. 18～24month：two-word Stage＝telegraphic Stage～電報期

5. 24～30month：grammer Stage～文法階段

6. 30～42month：multiple Sentences。

7. 6歲：約15000個字彙。

(二) Jenson（行為學派）根據後效強化的觀點

1. S表示Stimulus，v表示Verbal，R表示Response。

2. 1歲：Sv-R，對語言的刺激。

3. 2歲：S-Rv，對外在的刺激有語言的反應。

4. 3歲：Rv-R，對語言的反應有行為的反應。

5. 3、4歲：S-Rv-R。

6. 4歲：S-Rv1-Rv2-R。

7. 4歲以後：語言階層的學習。

(三) Vygotsky

1. 在1歲以前：前心智階段，發展出有意義的單字。

2. 在2歲時：缺乏經驗性、判斷性的階段：詞不達意，不合乎邏輯。

3. 外在符號的主宰階段（外化的語言）：大量使用自我中心語言。（即：自言自語）

4. 內化語言階段（語言發展的最高階段），將過去的經驗整合在現在的經驗之中。

十三、「英國牛津技巧教學計劃」：其提出要解決問題的話，個人要具
有邏輯性思考、批判性思考及創造性思考等能力。

十四、創造性思考

(一) Guilford指陳創造性思考是一種新奇而具有價值的能力，屬於一種擴散性思考。

(二) 創造性思考的特徵：

　　1. 具流暢性：包括「想法的流暢」、「見解的流暢」、「聯想的流暢」及「表達的流暢」。

　　2. 具變通性：包括調適變通性與自發變通性。

　　3. 獨創性。　　　　　　　　　4. 敏銳性。

　　5. 精緻性。　　　　　　　　　6. 重新詮釋問題。

十五、批判性思考

(一) 相關內涵：可用來探討道德。

　　1. 對於事實狀況，有清楚的認識。

　　2. 推論的過程，依據事實的資料來源。

　　3. 推論的方法有演繹法、歸納法來從事價值判斷的歷程。

　　4. 人與人互動交往的技巧。

　　5. Ennis認為其是個體對於事物的關係及價值做一判斷的內在心理歷程。

(二) 相關理論

　　1. Bloom：(1)認知：評鑑層次。(2)情意：評價層次。

　　2. Kohlberg、Gilligan、Dillemma的理論。

　　3. 動態評量。

(三) 特徵

　　1. 對於事物的本質能了解。

　　2. 有足夠客觀角度。

　　3. 進行推論 ┬ 演繹：理性思考。
　　　　　　　　├ 歸納：理性思考。
　　　　　　　　└ 捷徑：創造性思考。

　　4. 推論不會受到說話者地位的影響。

(四) 捷徑推理

　　1.立即可用策略。

　　2.代表性策略：使用大部分人最常用的策略。

　　3.錨式策略：從一個既定想法去推理。

☑ 嚴選題庫

一、試述「符號」與「訊號」的概念。

答：所謂符號是一種刺激，用以代表其他事物的。語言中所用的許多詞都是符號，例如名詞「屋」這一實有的事物。所謂訊號也是一種刺激，用以指示即將發生的某些事件的時間與空間。當然，許多代表事物的信號，也可以說是一符號。因此，符號與訊號實難嚴格劃分。例如，步行街頭遇到紅燈，這是一個符號，代表「停止」一詞和預期的「行動停止」；如果著重在指示此時此地的行動，便是一個訊號。

二、試述語言的外延意義、內涵意義、表面結構、深層結構之意義。

答：語言符號所代表者，不僅是具體的事、物、行動、狀態等，它更能代表抽象的事理或觀念。例如「筆」、「墨」、「書」、「報」等字只代表者為具體的狀態。

　　(一) 語言的外延意義：語言符號所代表的意義，能夠予以指證或察覺者，稱為語言的外延意義。語言的外延意義，也可說是字面的意義，不需要另加解說。

　　(二) 內涵意義：有些字（或詞），除了字面的意義之外，尚帶有「言外之意」。當此類語言符號被用來表示深一層的意義時，它所表達的意義稱為語言的內涵意義。如別人說「你好了不起」，表面上在稱讚你，而內涵意義可能是你很驕傲，不自量力。

　　(三) 表面結構：即雙關語。如不同的單字或不同的字序組織，其所表達者卻為相同的意義，如「孩子們出門以前先把東西收拾好」，這句話可說成「孩子們收拾好東西然後再出門」。

(四) **深層結構**：語句完全不變，卻表達不同的意義。如「我要搭公共汽車去」，單是這句話，也可表達兩種意義，即「搭公共汽車」可為「去」的目的，也可為「去」的手段。

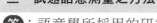 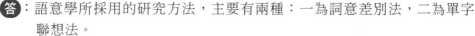

三、試述語意測量之方法。

答：語意學所採用的研究方法，主要有兩種：一為詞意差別法，二為單字聯想法。

(一) **語意差別法**：為美國心理學家奧斯谷（Osgood）氏所創始。目的即在測量語言的內涵意義以及個別的與團體的差異情形。該法所設計的測量語意工具叫做「雙極形容詞量表」。量表的編製，選取相對兩極端的形容詞若干對，平行列在具有七點量表的兩端，然後以某一單字（或詞）做為主題的形式，列於量表之上。施測時，要求受試者按照他自己對主題字的意見，在量表上做「✔」記號。

(二) **單字聯想法**：藉此了解
  1. 各個單字所引起的反應是各不同，如「愛」與「曖」兩字之中，「愛」字能聯想到比較多。
  2. 同一單字或同類單字所得的聯想值與受試之語言複雜度有關。
  3. 聯想值尚可做質的分析。

四、試述測量概念學習程度之多寡的方法種類。

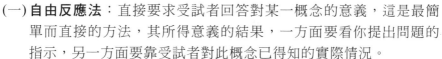

答：測量概念學習程度之多寡，有下列數種較常用的方法：

(一) **自由反應法**：直接要求受試者回答對某一概念的意義，這是最簡單而直接的方法，其所得意義的結果，一方面要看你提出問題的指示，另一方面要靠受試者對此概念已得知的實際情況。

(二) **辨異法**：辨別異同的方法是較為客觀的。它的程序是給受試者顯示各種事物或情況，然後叫他區別各種不同的對象，加以分類或比較，說出某一種概念的意義。

(三) **單字聯想法**：如要測知受試者對於各種概念所表示的意義，尤其要明瞭個人某些與眾不同的特殊概念，可用單字聯想法。進行時提出一單字或詞，叫受試者把個人所想到的立刻說出或寫出。

(四)**語意辨別法**：語意辨別是測量內涵意義之一種方法，其目的就若干有限的意義範圍，比較各不同人群間的差別而分析其概念，例如因國別或語文不同所產生的差別。此法亦可用在態度測量、大眾傳播與人格測量等各方面。

五、影響概念形成的主要因素為何？

答：影響概念形成之因素主要為：

(一)**學習遷移**：學習遷移又有正向的學習遷移與負向的學習遷移之分：

1. 正向學習遷移：係有助於新概念形成之學習遷移。當新事物的屬性及意義，與個人觀有的概念相類似時，則對新事物的概念容易形成。

2. 負向學習遷移：係有礙於新概念形成之學習遷移。當新事物外表上的屬性與個人舊有的概念相類似，甚至相同，但其意義卻有極大的差異時，則對新事物的概念不易形成。

(二)**明顯區別**：事物之共同屬性能否作明確的區別，亦為影響新概念形成的因素。凡事物之共同屬性極為明顯且易於辨別者，則其概念不易形成。如以查中文字典為例，對部首明顯之字易於查閱，如「供」、「他」、「樹」、「語」等字，對部首不明顯之字則不易查閱如「東」、「愛」、「及」、「友」等字。

(三)**具體與抽象**：具體事物的概念容易形成，抽象事物的概念則不易形成。如「樹」、「房子」、「椅子」等事物，極為具體，且用眼可看到，用手可觸到，故其概念易於形成；至如「正義」、「公平」、「勇敢」等事物，極為抽象，既無法用眼作詳細的觀察，亦無法用手觸摸，故其概念不易形成，即使形成概念，其意義也可能不完全相同。

六、試述心像、全現心像、無像思考的概念。

答：(一)**「心像」**（mental image，簡稱image）：是指不憑感官只憑記憶，而使經驗過的事物在想像中重現的一種現象。

(二) **全現心像**：有人看過一幅風景畫能如照像機一樣，把畫中的一切全部記下來，在心像中重現；有人能把滿盤圍棋中棋子的位置全部記下來。像這種人，通常稱他們有「過目不忘」的能力。具有這種能力的人，他的像，稱為全現心像。

(三) **無像思考**：與全像心像相反的，是思考時在記憶中不出現任何心像，此種現象即稱為無像思考。

七、試述「思考」（思維）之意義及其種類。

答：(一) 思考：係指為求解決問題，居於問題情境與實際行動之間的一種心理活動的歷程。

(二) **思考的種類**：

1. 聯想性的思考：如果個人本無固定待解決的問題，其思考的產生係由偶然的意念所引起，既無邊際也無方向的由一個意念引出另一意念，稱為聯想性思考。

2. 導向思考：如有一待解決的問題，個人不但了解問題的存在，而且也知道自己所要尋求的目的；所困擾者只是一時想不出適切的方法來達到目的。在這種情形下的思考，是為導向思考。

   (1) 批評性思考：當個人所處情境是要他對某些事物的善惡、是非等從事價值性的判斷時，他必須找出可資依據的標準或規範，而後始能對該等事物予以分析批評，此類思考稱為批評性思考。

   (2) 推理思考：假如情境中所要求者為根據已有的知識或原理原則從事推理而下結論時，則稱為推理思考。

3. 封閉式思考：由問題所引起的思考是有方向、有範圍的，而且可由已知的或傳統的方法獲致結果的思考方式。

4. 開放式思考：思考既無一定方向，也無一定範圍，個人對引起思考的問題，既可標新，又可立異，在方法上不墨守成規，不因循傳統，海闊天空，從已知的領域去探索未知的境界。

八、影響解決問題的心理因素有那些？

答：影響解決問題的心理因素有二：一為問題情境，二為心向作用。茲分別說明於下：

(一)**問題情境**：所謂問題情境是指個人面對情境中的刺激組型，顯示出異常的特徵，使個人不能以其習慣的行為方式去應付該情境。所謂「異常」，我們可以拿「認知結構」的觀念來解釋；事件之符合個人已有認知結構者為平常，否則為異常。就問題情境中刺激組型與問題難易的關係看，通常可有三種情形：

1. 由刺激組型即可直接找到解決問題所需的條件。

2. 刺激組型中雖具備問題的所需條件，但不能直接運用，必須經由中間介物而後方可利用以解決問題。

3. 刺激組型中的條件不夠，問題要能直接運用，不但需要將刺激間的已有關係做多方面的重組，而且還需要靠推理去形成新的關係。

(二)**心向作用**：心向是指心理傾向而言。個人面對問題情境時，無論情境中所顯示的客觀條件如何，個人總是先以其主觀的經驗和習慣方式處理問題。此種心理傾向乃係長期學習而得的經驗累積。

九、試述解決問題時有效思考的進行之現象有那些？

答：在下列二種情形下的經驗或習慣，不但對解決新問題沒有幫助，甚至成為累贅而阻礙解決問題時有效思考的進行。茲將此二種現象證明於後：

(一)**習慣定向**：在個人的經驗中，如屢次以同樣的方法解決某問題奏效時，會使人對類似問題不作經驗以外的其他嘗試，不尋求創新的更佳方法，以致形成機械式的甚或盲目性的習慣反應傾向，此種現象，稱為「習慣定向」。

(二)**功能固著**：能否變更工具固定用途的固定觀念不易突破，以致可能解決的問題卻不能得到答案。像此種囿於工具或材料固定用途的觀念而限制個人思考的現象，稱為「功能固著」。

十、心理學家瓦拉斯（Wallas）將創造思考活動分成那些階段？

答：瓦拉斯於一九二六年，曾將創造思考活動分為五個階段：

(一) **準備階段**：創造思考並非突如其來，須經過相當時間的準備，蒐集事實與資料，考慮如何解決疑難。思想家常懷疑舊經驗，好觀察探索或推究事理，以求新的知識。

(二) **醞釀階段**：問題的解決有時是不可預測的，經過一段準備之後，有一個相當長時期的醞釀。在意識活動時似乎暫時停止思想，其實不然，而是轉變為一種潛意識的活動。經過此一階段，才能進入統整的觀念。

(三) **豁朗階段**：經潛意識的思想作用之後，對解決問題的資料加以取捨，再增加新的有助的資料，有豁然而悟獲得順利解決的可能。

(四) **驗證階段**：考驗可能解決的方法是否正確。通常某一問題的解決當時認為有效，以後又發現與事實不符，每要從頭再開始。

(五) **修正階段**：問題大體有解決的可能，但須再加考慮補充，或稍加變更，使解決的效果更臻完善。

十一、創造力的意義及其主要特徵為何？

答：(一) **創造力**：經由擴散思考而表現於外的行為，即代表個人的創造能力。

(二) **四個特徵為（Torrance之觀點）**：

1. **變通**：具有創造力的人，其思考能變化多端，可舉一反三，聞一知十，觸類旁通，不易受功能固著的心向作用所桎梏，因而能製造出超常的構想，提出不同凡俗的新觀念。

2. **獨特**：能表現在行為上的是超常；對事物表現出超乎尋常的獨特見解。

3. **流暢**：創造力高者，其心智活動少阻滯，多流暢，能在短時間內表達出較多的觀念；亦即反應迅速而眾多。用以測量獨特能力的題目，也可用來測量流暢（fluency）能力。

4. **精密**：具有慎思能力、思慮周全。

十二、創造力包括的能力及其與智力之關係為何？

答：(一) **心理學家對「創造」有兩種解釋**：其一視創造為一種心理活動的歷程，另一視創造為一種心智能力。此種能力戈爾福認為經由擴散思考而表現於外的行為，即代表個人的創造能力。

(二) **創造力與智力之關係**：若把創造視為一種能力，那麼，它與智力之間的關係如下：

1. 智力與創造力兩者均為個人的能力，兩者間具有互相關係。一般言之，智力高者有創造力較高的傾向，反之亦然。

2. 如不經選擇，以多數兒童為研究對象，智力與創造力兩者間的相關相當高。

3. 如單獨選擇智力高組兒童為對象，然後測量其創造力並分析兩者之相關，或先選定創造力高的兒童而後求其智力的相關，則兩者間的相關較低。

4. 智力與創造力的評定，係根據性質不同的兩類測驗，因而所測到的可能是不同的能力。智力測驗的內容多屬常識性與具有固定答案性的問題，故其所測量者多屬個人記憶和認知的能力。創造力測驗的內容雖簡單，但要求的標準不在於事實性的記憶與認知，而在於獨特、流暢、變通與超越平常的思考力。從學校中向來偏重知識教學的現象推論，學業成績與智力間的相關較高，而與創造力間的相關較低，是可以想像的，因此，教師勢不能根據學生的學業成績去推估其創造力。

5. 智力的可變性較小，而且多係由個人的遺傳因素所決定。創造力的可變性較大，可經由教育方法培養之。

十三、試述發展創造思考的方法。

答：(一) **腦力激盪法**：係以十人左右為一組，利用集體思考方法，促使各成員對每一問題的意見互相激盪，引發連鎖反應，藉以導出創造性的思維。

(二) **屬性列舉法**：其步驟為先列舉出事物的各種屬性（包括名詞、形容詞及動詞方面的各種屬性），次列舉出各種屬性的現有缺點，再舉出應如何改進之點，以便改進。

(三)**強力組合法**：將本不相干的事物結合在一起（如鉛筆與橡皮結合），以產生新產品，以利顧客使用。

(四)**型態分析法**：其步驟為先列舉出有關此一問題的獨立因素，次列出每一因素中之可變元素，再作各種元素的不同組合，即可產生出許多新的觀念。

(五)**類比法**：包括直接類化、象徵類比、擬人類比等。

十四、試述「中介歷程」之涵義。

答：在思考或解決問題時，一個意義可把我們帶到其他事物上去。它是和其他事物的一個環接。它也許連繫到(1)某種的反應，或(2)其他的意義。例如，我要你聽到「屋」字，就對它自由連繫。那麼，你也許想到「家」、「母親」、「父親」、「兒童」等等。在這裏，這個「屋」字的意義便是和一種反應或其他意義相聯繫了。所以意義乃當作聯結心理事件所插入的環接。如果，我們將意義視作一個「環接」，那就是說，意義是一個「中介歷程」，「中介」具有「調停」、「作媒」或「二者間之聯結、環接」的意思。因此，所謂意義乃中介歷程，那就是「意義」可以聯結其他歷程或反應。

十五、請提出可以增進創造力與批判思考能力的教學策略。

答：(一) 腦力激盪法。　　(二)啟發式教學法。

(三) 強迫聯想法。　　(四)放聲思考法。

(五) 合作學習法。　　(六)交互教學法。

(七) 專案研討。

(八)教師善用作業規定、發問引導和考試命題技巧。

(九)掌握語言的意義，避免學生以偏概全。

(十)指定課外閱讀。

十六、關於問題解決的心理歷程，除了Dewey的主張外，是否可以再陳述其它學者的相關見解。

答：(一) Bootzin的「IDEAL」模式：
　　　1. Identity：指出問題所在。　　　2.Definition：確認問題性質。
　　　3. Exploration：探索可行途徑。　4.Act：擇一執行。
　　　5. Look back：回顧整個歷程（即後設認知）。
　　(二)Polya由後設認知的觀點：
　　　1. 了解問題。　　　　　　　　　2.想出問題解決計劃。
　　　3. 實行問題解決計劃。　　　　　4.回顧。

十七、試定義影響記憶的三種因素：序位效應、閃光燈效應和克萊斯托夫效應。再進一步指認下列影響記憶的三種情境各屬於前述三種記憶效應因素的那一個？
　　(一)在一次人數眾多的宴會上，對一位身高190公分賓客的名字較容易記憶。
　　(二)1年過去了，但許多民眾對民國98年八八水災中的小林村事件記憶深刻。
　　(三)一份50個人名的名單在閱讀一遍後，結果發現對前面幾位和後面幾位的名字較容易回憶。

答：茲依題目的規定，說明相關答案如下：
　　(一)**案例一**：在一次人數眾多的宴會上，對一位身高190公分賓客的名字較容易記憶。
　　　1. 本案例為克萊斯托夫效應。
　　　2. 克萊斯托夫效應係指個體對於外在訊息中的最特殊部分，記憶會最為深刻。
　　(二)**案例二**：1年過去了，但許多民眾對民國98年八八水災中的小林村事件記憶深刻。
　　　1. 本案例為閃光燈效應。
　　　2. 閃光燈效應係指個體對於對其本身具有震撼性的事件，記憶力會特別深刻

(三) **案例三**：一份50個人名的名單在閱讀一遍後，結果發現對前面幾位和後面幾位的名字較容易回憶。

　　1. 本案例為序位效應。

　　2. 序位效應係指在不同的時空位置，記憶起來有易有難，序位效應可以分為初始效應與近時效應兩種。

　　3. 初始效應係指接近序列前端較容易記憶，而近時效應係指接近序列後端較易記憶。

十八、何謂擴散性思考（divergent thinking）？為什麼創造力測驗是以擴散性思考的原理來編製的？

答：創造力是一種擴散性思考的展現，茲依題意說明如下：

(一) **擴散性思考之基本概念**

　　1. 定義：個體解決問題時，未必遵循常規，不囿於單一答案，能超越既有知識，同時想到數個可能的解決方式。

　　2. 實例：舉一反三。

(二) **創造力測驗是以擴散性思考的原理來編制的理由**

　　1. 首先，根據創造力之概念：

　　　(1)由Guilford觀點，創造力即是一種包含流暢性、變通性、獨創性與精密性四種心理特徵的能力。

　　　(2)由Sternberg觀點，創造力具有三種思考模式，分別為：批判式思考、創造性思考、情境性思考。

　　　(3)根據Waller觀點，個體創造力的展現，包括：準備期、潛伏期、豁朗期與驗證期等四個歷程。

　　2. 綜言之，創造力係指個體具有流暢性、獨特性、變通性、精緻性、新穎性等高層次認知能力，是屬於開放多元性的思維。

　　3. 換言之，創造力帶有綜合、整體、實用的特質，所以是一種擴散性思考。

　　4. 所以，創造力測驗需要以擴散性思考的原理來編製。

第6章　動機與行為

依出題頻率分：A 頻率高
B 頻率中　C 頻率低　頻出度 **A**

> **命題焦點**
>
> 1.動機的概念：(1)性質。(2)相關概念：均衡作用、需求驅力、本能、誘因、動機的複雜性。
> 2.生理性動機：(1)飢餓的生理因素。(2)肥胖與節食、體重控制。(3)性動機。(4)母性動機。
> 3.心理性動機：(1)成就動機。(2)親和動機。(3)權力動機。
> 4.動機理論：(1)動機理論的演變。(2)自我歸因論。(3)自我效能論。

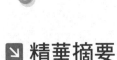

↘ 精華摘要

一、動機（Motivation）與理性、本能、需要（Need）、驅力（Drive）、誘因（Intentive）之區別

(一) **動機**：指引起個體活動，維持已引起的活動，並促使該活動期間某一目標進行的一種內在歷程。

(二) **理性**：個人之行為決定於其理性。

(三) **本能**：人生本就具有之能力，如出生就會吸吮。

(四) **需要**：需要乃是個體缺乏某種東西的一種狀態，通常以生理變化為基礎，如需要水分。

(五) **驅力**：因需求的狀況構成的生理變化，對個體形成一種緊張的內驅力，因而使其表現外顯的活動。

> **小叮嚀**
>
> 需要與驅力可為因果之關係，因需要產生驅力，而後出現行為。

(六) **誘因**：指引起個體動機的刺激或情境。如見食物而食之，食物即為誘因。

二、動機之類別

(一) **生理性動機**：包括飢餓、渴、性、母性驅力等四類，屬於人類共有而又屬原始性的動機，其他生理動機如瞌睡、痛驅力。

(二) **心理性動機**：包括好奇、探索、操弄驅力，成就動機，親和動機。

三、飢餓是組織內營養缺乏達到某種程度所致

一般學者認為飢餓的生理基礎是：

(一) 血糖量降低、內分泌變化及胃收縮導致。

(二) 個體中樞神經系統的下視丘所控制，使自己知道飢餓。

四、與飢餓有關的兩個問題

(一) **偏食**：只對某種食物偏好或飢餓驅力只趨向某一特殊對象的現象。造成偏食原因有三：

　　1. 種族文化所造成。

　　2. 營養的失衡產生某種特殊需要。

　　3. 學習形成的。

(二) **肥胖**：是指身體上有過多的脂肪，並超過應有的體重所形成的不正常現象。心理學的討論只限於與飢餓驅力有關的肥胖，即飲食性肥胖，此種並非由於生理失常，而純係「貪吃」所形成。

五、 對於渴的原因，一般認為是口腔及喉部乾涸所造成的，渴之於飲料也常因學習影響而有所偏好。

六、母性驅力：是雌性個體在某一特殊時間內所獨有的一種強烈的原始性動機。就人類行為言，固然女性的懷孕、生產、乳腺分泌等過程都以生理的變化為基礎，但生產後母親對嬰兒的行為，卻像動物那樣純受母性驅力支配，表現同一行為模式。人類的育兒方式因地區文化的不同而各異，其母子之間的關係是社會性的，而非生物性的。

七、心理性動機：係指一切非以生理變化所形成的需要為基礎的動機。其有三種較重要：

(一) **好奇、探索、操弄**：較具原始性，在好奇驅力之下，嬰幼兒表現出三種活動：

　　1. 感官的探索。　　　2. 動作的操作。　　　3. 口頭的詰問。

(二) **成就動機**：係指個人對自己認為重要或有價值的工作，不但願意去做，而且力求達到完美地步的一種內在的心理歷程。

(三) **親和動機**：在某些社會活動中，存在著一種需要與人親近的內在驅力；能用語文描述者如：需要別人關心、需要友誼、需要愛情等。

八、美國心理學家邁克立倫氏，參照人格測驗中投射測驗的原理，創用「想像作業」的方式，測量個人的成就動機。

九、解釋動機的理論有心理分析論、行為論、認知論、需要層次論等。

十、佛洛依德氏的心理分析論，對人類的動機持有兩種獨特的解釋：

(一) **人類的一切行為導源於「性」與「攻擊」兩種本能的衝動。**

(二) **以潛意識動機來解釋人的行為，其主要有三種形式：**

　　1. 作夢。　　　2. 舌尖現象與潛意識的動作。　　　3. 神經性徵狀。

十一、行為論之懷庭認為人之動機學習歷程是「需要➡驅力➡行為」，懷氏認為人有五種需要導致五種驅力。

(一) 營養的需要➡飢餓。　　　　　　(二) 廢物排泄的需要➡排泄。

(三) 性的需要➡性。　　　　　　　　(四) 被人照顧的需要➡依賴。

(五) 應付挫折的需要➡攻擊。

十二、認知論者認為「動機是個體自己了解的，亦即個體的行為是按其事先的設想與計畫，向預定目標進行的。」主要包括：

(一) **抱負水準**：個人從事某種實際工作之前，估計自己所能達成的成就目標。

(二) **認知失調**：范士庭指認知與行為之不一致會導致動機產生與改變。

(三) **預期價值**：動機促動的行為也是目標導向的行為。預期達到目標的可能，而導致的動機理論，稱為「預期價值論」。

十三、抱負水準之建立與改變受到兩因素影響

(一) **成敗經驗**：人從事類似工作連續成功時，抱負水準逐漸升高。

(二) 團體標準影響：受團體標準及團體組成分子之影響。

十四、馬斯洛之動機需求層次論：包括五個層次，由低而高層級而上。

(一) **生理需求**：如飢餓飲食。

(二) 安全需求：免於被侵犯，而得致保障。

(三) 愛與隸屬需求：親子、同胞、異性等。

(四) 尊重需求：包括他人尊重與自尊。

(五) 自我實現需求：自我導向之能力，發揮能力，對人對事盡心盡力。

十五、Maslow之需求層次圖

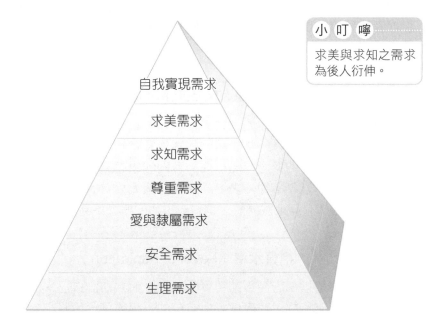

> 小叮嚀
>
> 求美與求知之需求
> 為後人衍伸。

↘ 解釋名詞

月暈效應（Hallo effect）

即主管評定員工考核成績時，常因員工的某種特性（或特質）亦為主管認為重要的特性，而影響主管對員工其他各項特性的客觀評定。

案頭測驗（In-basket test）

是在控制的環境下，向受測者提供的一組標準化的刺激，以所引起的反應，作為代表性行為的樣本，從而對某個人的行為，作為量的評定。

敏感訓練（Sensitivity training）

又稱 T 團體訓練，係根據團體動態的理論而設計。即認為經由團體討論所給予個人態度的影響與轉變，遠比聽一次講演的效果為大，故經由團體討論的學習效果，要比個別學習的效果大。

學習遷移（Transfer of learning）

有正向的學習遷移與負向的學習遷移之分；正向的學習遷移：係指有助於新概念形成的學習遷移。當新事物的屬性及意義，與個人舊有的概念相類似時，則對新事物的概念容易形成。負向的學習遷移係指有礙於新概念形成的學習遷移。當新事物外表上的屬性與個人舊有的概念相類似，甚至相同，但其意義卻有極大差異時，則對新事物的概念不易形成。

抱負水準（Level of aspiration）

所謂抱負水準是指個人從事某種實際工作之前，估計自己所能達到的成就目標。這個既定目標，代表個人對自己的一種願望，與將來參與工作之後所得的實際成就未必是相符的。

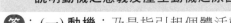 嚴選題庫

一、說明動機之意義及產生動機之原因。

答：(一)**動機**：乃是指引起個體活動、維持該活動、並促使該活動朝向某一目標進行的一種內在歷程。

(二)**動機的產生則由於兩個原因**：一為需求、一為刺激。

1. 動機之起於需求的說法，是把需求看做缺乏的狀態，包括生理的和社會的兩方面。如身體缺乏營養而產生飢餓動機，這是屬於前者的例子；如對事物缺乏了解而有缺乏安全感求知的動機，這是屬於後者的例子。

2. 至於刺激是構成動機的看法，道理也很明顯。遇火灼而縮手的反應，火灼是刺激，但火灼並非引起縮手行為的直接原因。火灼先引起疼痛，因疼痛而縮手，所以疼痛是動機。在這種情形下，疼痛動機是由火灼刺激引起的。另外常說的「見財起盜心」，也是刺激引起動機的例子。

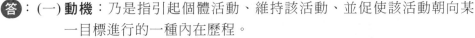

二、說明「動機」與「驅力」、「需求」、「誘因」之區別。

答：所謂動機（motivation），是指引起個體活動，維持已引起的活動，並促使該種活動朝向某一目標的一種內在歷程。被動機引起的行為活動專注於某一對象，而且活動的結果又能多次滿足時，個人將傾向於繼續向同一對象重複活動。此種專趨某一對象活動的內在傾向，即稱為興趣。

在心理學上，對「驅力」（drive）、需求（need或譯「需要」）兩名詞和動機的關係，大致上有兩種解釋：第一種解釋是把三者視為同樣的意義，無論用的是「需求」或是「驅力」，所表達的都是「動機」的意思。另外第二種解釋將此二種與動機有區別：

(一)**動機與驅力**：原則上把驅力視為動機，不過驅力所代表的動機比較原始。例如，飢、渴、性等比較原始性的動機，也常被稱為飢驅力（hunger drive），渴驅力（thirsty drive）和性驅力（sex drive）。

(二)**需求與動機**：至於對需求和動機兩者間關係的看法，一般的解釋是把需求視為形成動機的所因。行為的產生由於動機，而動機的產生則由於兩個原因：一為需求，一為刺激。動機之起於需求是把需求看做缺乏的狀態，包括生理的和社會的兩方面。如身體缺乏營養而生飢餓動機，這是屬於前者的例子；如對事物缺乏了解而有缺乏安全感求知的動機，這是屬於後者的例子。

(三)**誘因（intentive）**：是由外在刺激演變而成的一種引起動機的目的物。如某食物是刺激，取而食之可滿足個體飢餓動機，該食物即成為誘因。又如「見財起盜心」，財物就是誘因：誘人犯法的原因。

三、試述動機分類方式？依學者之看法可分為那幾類？試舉二位學者看法為何。

答：(一)**關於動機之分類，因心理學家所採取之標準不同而異。大致有以下分法：**

1.「原始性動機」（Primary motives）與「衍生性動機」（Secondary motives）。

2.「生物性動機」（Biological motives）與「社會性動機」（Social motives）。

3.「生理性動機」（Physiological motives）與「心理性動機」（Psychological motives）。

4.「原始性動機」（Primary motives）與「學得性動機」（Learned motives）。

(二)**學者的看法：**

1. 吳偉士於一九四七年將人類動機分為三類：

(1)有機需求：包括飢、渴、性、呼吸、排泄、體溫調節、活動與休息等動機。

(2)緊急動機：包括逃避、爭鬥、努力克服、追逐等動機，他並以各個動機分別由不同情境引起，具有一定之目的，且有相當的情緒狀態相伴。

(3)客觀動機：包括探討、操縱、興趣等動機。

2. 心理學家毛根所著心理學導言中，將動機區分為非學習驅力與學習驅力，非學習驅力一稱基本驅力，計可分為：

(1)生理驅力：包括體溫調節、痛、飢、渴、睡眠、性、母性等動機。

(2)一般驅力：包括活動、好奇、操縱、情愛等動機。

學習驅力可稱為次級驅力，乃藉由制約過程而獲得，無論古典制約或工具制約均可解釋之，其間增強作用極關重要，類化與固定性為次級驅力或目標發展之重要過程。

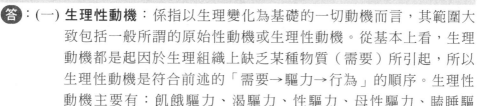

四、何謂「生理性動機」與「心理性動機」？

答：(一) **生理性動機**：係指以生理變化為基礎的一切動機而言，其範圍大致包括一般所謂的原始性動機或生理性動機。從基本上看，生理動機都是起因於生理組織上缺乏某種物質（需要）所引起，所以生理性動機是符合前述的「需要→驅力→行為」的順序。生理性動機主要有：飢餓驅力、渴驅力、性驅力、母性驅力、瞌睡驅力、痛驅力等。

(二) **心理性動機**：係指一切非以生理變化所形成的需要為基礎的動機而言。不過，在這個原則下，我們仍須把心理性動機分為兩個層次。一個層次包括較為原始的三種驅力，即好奇、探索與操弄。屬於這個層次的心理性動機，雖已超越了生理基礎的限制，但仍具有原始性質，不含社會性的意義。另一個層次，包括人類特有的成就動機與親和動機。屬於這個層次的動機，完全是經學習獲得的，而且都與別人有關，所以具有社會的意義。

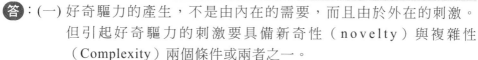

五、兒童之好奇驅力，其表現在行為上的方式及其教育意義如何？

答：(一) 好奇驅力的產生，不是由內在的需要，而且由於外在的刺激。但引起好奇驅力的刺激要具備新奇性（novelty）與複雜性（Complexity）兩個條件或兩者之一。

(二) **在好奇驅力之下，嬰幼兒在外顯行為上通常表現三種方式：**

1. **感官的探索（Sensory exploration）**：遇有新奇事物出現時，嬰幼兒即以視、聽、嗅、味、皮膚等感覺器官，單獨的或聯合的對面對的事物加以探索。

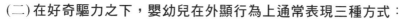

2. **動作的操作**（Motor manipulation）：由感官獲得部分資料之後，進而以動作操弄之。操弄時或以四肢，或以身體，經手抓、腳踩甚至口咬等等動作，企圖對所操弄物體的性質獲得了解或進一步將之「控制」。

3. **口頭的詰問**（Asking question）：幼兒漸長（到幼稚園階段），上述兩種行為常不能滿足他好奇動機，因而就利用他已學到的語言向別人詢問。凡是有經驗的母親或幼稚園教師，都會體驗到，三、四歲幼兒們對周圍物所提出的問題是無所不包的。

(三) **教育上之價值**：教育心理學家近來對人類幼稚期的動機特別重視。從行為發展的觀點或是從教學的觀點言，好奇動機都具有寶貴的價值。個體幼稚期對環境的反應，好奇就是重要的內在驅力。因此，教育心理學家強調，應該善於利用兒童們的好奇動機，一則促進他們知能的發展，二則奠立他們求知的基礎，更則提供他們對事物探索、操弄的機會，使其手腦並用，進而培育他們思考與創造的能力。

六、試述「成就動機」的概念。

答：(一) **成就動機**（Achievement motive）：係指個人對自己認為重要或有價值的工作，不但願意去做，而且力求達完美地步的一種內在的心理歷程。

(二) **個別與團體差異**：成就動機既然是學得的，個人之間與團體之間的差異是可以想像的。綜合各家研究的結果，對成就動機的個別或團體差異，大致可獲得以下幾點認識。

1. 成就動機的高低與兒童期所受家庭教育有密切的關係；父母中之重視子女對工作獨立自主而又能以身作則者，其子女的成就動機也一般地較高。

2. 男子的成就動機一般較女子為高；參加社會性的競爭事務或從事帶有冒險性的工作者，男子較女子為多。

3. 在學校裡，學生的成績與其成就動機具有正向的相關；成就動機強者其學業成績也較高。

4. 個人成就動機的強弱與其對面臨工作的主觀認識有關。個人認為面對工作過難或過易時，都不會產生強烈的成就動機。個人對工作求成最切的情況是，工作難易適中，成敗的可能性各佔一半，因為在這種情況下工作具有挑戰性，但卻無充分把握，欲求成功只有全力以赴。

5. 團體成就動機的強弱與自然環境和社會文化變遷等因素有關。氣候過冷或過熱地區的人民，成就動機較低；最理想的溫度約在攝氏十度左右。至於社會文化環境的影響，據以往研究發展，每當一個國家經驗繁榮的時期，其國民的成就動機就趨向提高；反之，則趨於消沉降低。

七、試述動機理論的派別及要點。

答：心理學家們不但研究動機的性質及其與行為的關係，並且更進一步企圖對個體動機的產生及作用，作系統的、概括的、原則性的解釋，此即所謂動機理論。以下我們要討論的有四種重要的動機理論：

(一) **心理分析論**：以佛洛依德（Freud）為代表。佛洛依德氏的心理分析論，對人類的動機持有兩種獨特的解釋：其一是人類的一切行為導源於「性」與「攻擊」兩種本能的衝動。其二是以潛意識動機（Unconscious motive）來解釋人的行為。

(二) **行為論**：以懷庭（Whiting）為代表。行為論中，以刺激反應的聯結以及制約學習歷程中增強、次增強、消弱、類化等原理，解釋人類動機來自學習，並經由學習歷程而使動機隨個體的成長愈趨分化與複雜。此種以刺激反應關係為基礎的動機理論，稱為動機的行為論。

(三) **認知論**：如范士庭（Festinger）所提出的認知論。此派學者認為動機是個體自己的了解，亦即個體的行為是按其事先的設想與計畫，向預定目標進行的。認知論所討論者，除了個體對自己所作

所為了解之外，主要包括以下三個主題：抱負水準、認知失調、預期價值。

(四)**需求層次論**：人本心理學家馬斯洛氏（Maslow）對人類的動機，持一種整體的看法。他認為人類的各種動機是彼此關連的，各種動機間關係的變化，又與個體生長發展的社會環境具有密切的關係。馬斯洛氏強調，人類的所有行為係

> **小 叮 嚀**
>
> 范士庭認知論對後來有關公平（equality），歸因（attribution）及社會互動（social interaction）的研究影響至深。

由「需求」（need）所引起。需求又有高低層次之分，當較低層次的需求獲得滿足時，較高一層的需求將隨之而生。

八、請解釋抱負水準（Level of aspiration）的意義及個人抱負水準的影響因素。

答：所謂抱負水準，是指個人從事某種實際工作之前，估計自己所能達到的成就目標。它受到兩種因素影響：

(一)**成敗經驗的影響**：個人從事類似工作獲得連續成功時，其抱負水準將逐漸升高；但如連續遭遇多次失敗時，個人的抱負水準即形成不穩定、忽高忽低的情勢。

(二)**團體標準的影響**：所謂成功失敗，總帶有社會的意義，個人的抱負水準，自然受別人的影響，尤其受個人所屬團體的影響。例如：一群大學生接受一種能力測驗並能獲知各自的分數，然後對不同的學生分別提示他一種資料，有的提示他高中學生的平均分數，有的提示他大學生的平均分數，有的提示他研究生的平均分數，同時要他們各自列出自己如果下一次再作同類測驗時，預期能得多少分數。結果發現，凡是自己的分數低於高中生平均分數者，均升高抱負水準；反之，凡自己分數高於研究生平均分數者，則降低抱負水準。

九、「認知失調論」的主要概念為何？試舉一例說明之。

答：(一) 認知失調論的提出人是范士庭（Festinger）。

(二) 從認知的觀點談行為，是指我們不但知道做什麼事，而且知道是為什麼要做這件事。在多數情形下，我們內在的認知與外顯的行為是一致的。但有時候認知與行為未必一致，甚至兩者衝突，這時候即稱為「認知失調」。

(三) 現在我們以吸煙與戒煙為例。某人吸煙已成習慣，如果從來就不知道吸煙與肺癌有什麼關係，而且從未覺得吸煙有什麼不好，那麼他自然心安理得地隨老習慣繼續抽煙。假如有一天他的朋友因得肺癌而死，他聽說肺癌與吸煙有密切的關係，這時候他對吸煙與身體健康關係的認知有了改變，很可能在他每次吸煙時，心理上就起了衝突，此即認知失調。

十、試述需求層次論（Hierarchy of needs theory）之代表人物及主要觀念。

答：(一) **代表人物**：人本心理學家馬斯洛（Maslow）。

(二) **主要觀念**：馬氏對人類動機持一種整體又分層的看法，他認為人類所引起的需求由高而低排為五個層次（如下圖），每一層代表一類需求。其包括三個概念：

1. 他所指的動機是內發性的動機，是人類身心生長發展的內在力量。他認為，人類本來就有積極努力追求向上的內在傾向。

2. 人類各種動機之間有層次的關係，每當較低層次的需求因目的達到而獲得滿足時，高一層次的需求自然產生。

3. 人類的各類需求中，愈是居於低層次者，其普遍性也愈大，其彈性愈小，人與人之間的個別差異也愈少。需求居於高層次者，其變化多，其個別差異也大。

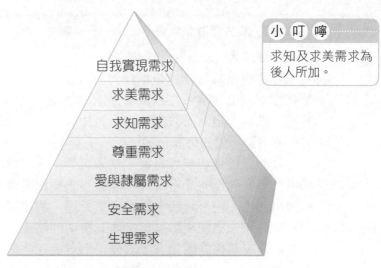

人類需求的層次關係

小　叮　嚀

求知及求美需求為
後人所加。

十一、試述馬斯洛（Maslow）「需求層次論」之內容及其應用。

答：(一) Maslow把人類的需求排列為五個層次，每當較低層次的需求因目
的達到獲得滿足時，較高一層的需求將隨之而生，稱為「需求層
次論」；又因為動機層次的升高是以需求的滿足為基礎，所以他
的理論也稱為「需求滿足論」。

由上題圖所示各層次的需求看，人類最需求者為生理的需求，亦
即飢餓、渴、性等生理性動機，生理需求獲得相當滿足後，安全
的需求隨之發生。個人需要免於威脅、孤獨、希求保障，此一需
求獲得滿足，個人生活才有安全感。有了安全需求，便又追求更
上一層愛與隸屬之需要，在這方面包括親子之愛、異性之愛，只
有此一需求獲得滿足，個人才有愛與被愛、隸屬團體的感受。以
上三個層次的需求獲得滿足，個人的尊嚴與價值因而產生，謂之
尊重的需求。人類動機發展的最高層次乃自我實現需求，由了
解自己而接受自己，更而發揮了自己的才能，對人對事，盡了全
力，負了責任。這種自我實現需求的滿足，乃是人生追求的最高
境界，也是趨向真善美的理想境界。

(二)做為一位人事管理者，應如何來運用馬斯洛的「需要層次論」？
須根據人類需求的高低次序以激發工作動機，提高工作效率，達
成企業整體目標：

1. 首先須滿足較低的需求：這是指較低級的生理方面的需求及心理
   方面的慾望。在員工想到更高級一點的慾望以前，先使他得到基
   本的滿足，人在基本的需求（如吃、喝與安全）本能狀況下，一
   個能滿足他這方面需要的工作，就成為一個強有力的誘因。
2. 工作的穩定性：人不僅要滿足目前的需求，也需要有能夠滿足長
   期需求的保證，若僅能得到現時短暫的溫飽，不兩日便會失業，
   則人必不願繼續這份待遇雖高卻無保障的短期工作。他必須在得
   到長期工作的保證後，基本的慾望有了長期滿足的安全感，才會
   奮發不懈地工作。
3. 增進較高級慾望的滿足：如能提供以前從未能得到的較高級需求
   的滿足，則更能激起工作動機。所以管理部門應在基本需求之
   外，設法調查員工的較高級需求，並設法予以滿足。在現時企業
   中最難以滿足的動機，就是「自我表現」和「地位」二種慾望。

**十二、試述邁克里蘭（Mc. Clellaud）與艾肯遜（Atkinson）的成就動機理
論，及其在教育上之價值。**

答：(一)邁克里蘭稱學生們具有不同的成就需求（need to achieve）。意
　　　　思是說，面對工作情境時，因個人的成就需求不同，故而有的表
　　　　現積極進取，有的表現消極應付。追求成就既然被看做是一種需
　　　　求，所以被稱為成就動機。
　　　　邁氏發現到當個人面臨抉擇情境時，凡是抉擇正確工作表現成功
　　　　的人，他們具有三個共同特徵：

1. 他們都求好心切，儘量把工作做到盡善盡美。
2. 他們在面對不能確定成敗結果的工作情境時，敢於從事適度的冒險。
3. 他們善於利用具體的回饋資料，能夠從成敗經驗中得到教訓。

(二)**艾肯遜的動機理論可歸納以下四個要點：**

1. 個人對事、對物、對人都有一種追求成功的傾向，此種傾向可稱為
   個人的成就動機；而個人成就動機的強弱是從其經驗中學習得來。

2. 每當個人面臨他所追求事、物、人的情境時，有兩種性質相反的動機同時發生：其一是追求成功，另一是避免失敗，形成一種逡巡猶豫的矛盾心理。例如參加一種競爭性的考慮之前，個人就有此種「既想成功又怕失敗」的矛盾心理。

3. 個人成就動機的強弱，將決定於個人對其面臨情境的認知。

4. 成就動機的強弱與個人的性格（人格特質）有關。有的人性格積極樂觀，對事情的看法多從可能成功的一面去想。有的人性格消極悲觀，對事情的看法多從可能失敗的一面去想。

(三) **教育上的價值**：綜觀邁、艾二氏的成就動機理論，在學校教育上至少具有以下三點應用的價值：

1. 成就動機是可經由學習的歷程加以培養的。

2. 教師如能清楚的了解學生的個性，就可以按其成就傾向與失敗傾向的差別，給予個別的輔導，從而培養學生克服困難的信心。

3. 教師應使每一個學生都有成功和失敗的經驗；亦即不使任何人有過多的成功或過多的失敗，而是使教材的難度配合著學生的能力與經驗，只要學生努力就有成功機會，不努力就遭遇到失敗。

十三、試述「社會動機」的形成及類別。

答：人是社會動物，除了嬰兒期生長在家中之外，稍為長大之後便與社會發生接觸，與人相互來往，於是便產生了社會動機。主動的社會動機大體可分為下列數種：

(一) **地位的需求**：這裡所謂地位是指身份、聲望、尊嚴和權勢等而言。

(二) **親近的需求**：人是社會動物，也是群居動物，除了睡眠時間而外，大部分時間都須與人共處，一起生活、一起工作或娛樂，這說明人類有合群的需求。大體又可分為以下幾種：

1. 父母的照顧：人出生後，在幼兒時期，無論衣、食、住、行，時時刻刻都需父母的照顧。稍長之後，雖然身體上照顧的需求稍可減少，但在其他方面，如到何處遊玩，穿多少衣服，仍有賴於父母的幫助。長大進入社會之後，雖然這些需求可以不專仰賴於父母，但「群」的需求依舊難免，只是以另外的對象來代替而已。

2. 友伴的需求：人不能離群獨居，因此長大成人之後，原來對於父母照顧的需求，轉變為對友伴的需求。人如果沒有朋友的切磋琢磨，他的學問，絕不會進步；沒有朋友的鼓勵勸戒，他的人格絕不會完整；沒有朋友的互助合作，他的事業也不會成功。

3. 配偶的需求：這種需求是人類和其他動物一致的趨向。當人出生之後發展到一定階段時，自然產生配偶的需求，若這種需求不能獲得滿足時，他的性格和態度常趨向於孤獨與暴躁，思想觀念每易偏頗而趨向極端，人格與行為發生異常，甚至於危及社會的安寧與秩序。

(三) **安全的需求**：我們在為人處世的過程中，時時刻刻都在尋求精神上和物質上的安全。例如人對事實的選擇；工人為工資問題而罷工；民主政治的競選活動；愛情的糾紛；甚至於國際間的糾紛與戰爭等等，無論直接或間接，現在或將來，其目的無一不在為了安全。就教育而言，學生在學業失敗之後，便會對學校失掉興趣，也就是精神失去了安全感，很容易轉向學校以外尋求寄託和發展。

(四) **抱負的需求**：抱負是一種行為的表現，是瞭解人類行為的方法之一，一個人有無抱負以及抱負的大小，對於他將來之有無成就及成就的大小，關係很大。一個人抱負的建立，與下列因素有關：

1. **個性**：一個人如有抱負和毅力，必能朝著他的目標勇往邁進，並可預期他將來終必成功；至於得過且過，隨遇而安的人，稍遇困難便消極悲觀，心灰意冷，則可預期他將來必無成就。此外，有些人能力有限，但抱負很大，驕矜自持，自視太高，這種人不但無法完成目標，而且遭遇挫折後，很容易失望、消極、悲觀，甚至於精神異常。

2. **自我涉入**：有些人和他人比較時，常自視較他人能力為高，但一旦證明自己能力不如人時，有的可以加強動機，再接再厲，以求達到抱負水準；有的一旦失敗則失去信心，心灰意冷，一蹶不振，自生困擾。

(五) **好奇驅力**：好奇是人類和其他動物一致的趨向，當個體遇到新奇的事物或處於新奇的環境時，常表現出探索、注視或玩弄的行為。曾有心理學者作猴子取食堅果和白鼠學習迷津等實驗，結果證明都有同樣好奇的行為表現。

十四、某公司招考技術性工人時，事先說明「凡無該項工作經驗者」，將優先錄取，能推測其原因否？

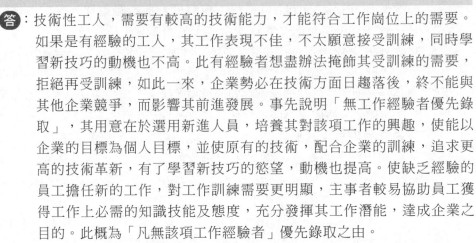

答：技術性工人，需要有較高的技術能力，才能符合工作崗位上的需要。如果是有經驗的工人，其工作表現不佳，不太願意接受訓練，同時學習新技巧的動機也不高。此有經驗者想盡辦法掩飾其受訓練的需要，拒絕再受訓練，如此一來，企業勢必在技術方面日趨落後，終不能與其他企業競爭，而影響其前進發展。事先說明「無工作經驗者優先錄取」，其用意在於選用新進人員，培養其對該項工作的興趣，使能以企業的目標為個人目標，並使原有的技術，配合企業的訓練，追求更高的技術革新，有了學習新技巧的慾望，動機也提高。使缺乏經驗的員工擔任新的工作，對工作訓練需要更明顯，主事者較易協助員工獲得工作上必需的知識技能及態度，充分發揮其工作潛能，達成企業之目的。此概為「凡無該項工作經驗者」優先錄取之由。

十五、舉例說明何謂「預期的自我應驗」（Self-fulfilling prophecy）？

答：預期的自我應驗（Self-fulfilling prophecy）有時也稱比馬龍效應（Pygmalion effect），是1968年美國心理學家羅桑沙與傑柯布遜（R. Rosenthal & L. Tacabson）合著。教室中影像的塑造（Pygmalion in the classroom），討論教師期待問題。老師對學生有什麼看法，這種心理因素或期待，直接影響老師對學生的教學態度及效果，最後老師對這學生印象會真正出現。比如因智力測驗認為某學生智能不足，或學生偷懶、不學好，有此成見後，慢慢影響他對學生教學方式及多方面的態度。學生受到老師影響也就有消極的學習態度，功課表現愈來愈差，且有壞行為的表現，最後老師相信學生的表現印證了他的預言。有時在能力分班之下，將好學生編到壞班，老師對學生有了此種成見，可能導致這位學生變成低能力的壞學生。此外，有些社會現象也是一樣，如果我們認為某種社會現象將會發生，最後果真發生，比如認為「銅板可能會缺少」，大家看到銅板不願意花，放在口袋帶回家放在硬幣箱子裡，自然而然銅板就會從市面消失。所以有許多現象，預想它會發生，最後便真的會發生，這些都是「預期的自我應驗」的例子。

十六、從那些方面可以看出人類有「自我充分發展」的動機？

答：人本心理學號稱為心理學的第三勢力，個人的存在受到了積極的尊重，尤其以羅吉斯（Rogers）及馬斯洛（Maslow）兩人倡導，並創「自我論」及「動機需求層次論」，皆強調一個人有自我成長的潛能及向善向上的意志，其終極目的皆是使每個人成為達到「充分功能」的人。茲將兩人所提之理論列述於下，以明人類具有「自我充分發展」的動機。

(一) **羅吉斯的自我論**：羅氏認為人類具有「自我導向的潛力」（Potential of self-direction），此與「動機」同義，個人不但賴此潛力以維持生存，而且由之促動生長以充分實現個人一切的潛能。因此人類本即具有「自我充分發展」的動機，此種基本動機是與生具有的，這基本傾向促進有機體發展潛能。

(二) **馬斯洛的自我論**：馬氏對人類行為持樂觀看法，其理論要點有二：一方面討論人類動機的發展，另一方面研究自我實現者的人格特徵。馬氏將動機稱為需求，又按需求性質及彼此之間的關係，排列為五個層次，自我實現即是其中需求之一。人類的動機是追求自我實現的層次，使本身潛能得到充分發展。

若從動機理論而言，人類本身即具有「成就動機」，只要個人認為重要或有價值的工作，不但願意去做，而且力求達到完美地步，此動機是一種內在導向的活動歷程。由此可以看出人類具有「自我充分發展」的動機。

十七、教學上要如何兼顧聰明學生和身心障礙學生的不同需求，以使每個學生都得到適性發展？

答：(一) 聰明學生在學習上的可能需求：

1. 聰明的學生較易學習、喜歡發問，但教師為顧及大多數一般生的需求，常使聰明學生受到忽略。
2. 聰明的學生邏輯架構較一般學生敏銳，學習興趣廣泛，教師較難完全滿足聰明學生的需求。
3. 聰明學生在學習上較堅持己見，希冀影響他人，因此在團隊合作學習上顯得較不合群。

(二) **身心障礙學生在學習上的可能需求**：

1. 身心障礙的學生在聽、說、讀、寫、算等能力的習得與運用上都有顯著的困難，因此容易影響學習。

2. 學習障礙可能伴隨其他障礙，如感覺障礙、智能不足、情緒困擾；促使身心障礙學生在學習上遇到困難。

3. 身心障礙學生可能因注意力缺陷、知覺缺陷、視動協調能力缺陷和記憶力缺陷，而在學習上產生閱讀能力障礙、書寫能力障礙、和數學障礙等。

(三) **兼顧兩者需求之教學策略**：

1. 教育主管機關與學校應建立鑑定聰明學生或身心障礙學生之機制，教師宜評量學生學習需求來設計適性教學計劃。

2. 教師與相關教育人員應共同參與篩選聰明學生或與疑似身心障礙的學生、評量學生學習需求與評鑑學生的學習效果等工作。

3. 教師宜參與擬定個別化教育方案（IEP）。

4. 教師宜定期與資優生或身心障礙學生的家長晤談或召開家長座談會。

5. 資優生或是身心障礙學生的教師，宜與普通班教師共同合作瞭解學生及實施有效教學。

6. 教師應協助學生發展自我瞭解、獲得信心與希望來面對與克服自己的障礙。

7. 教師宜以標準化或非正式評量方式測驗學生。

十八、人為什麼會想吃東西？試從驅力（drive）和誘因（incentive）二種動機理論說明之。

答：人想吃東西，可從驅力與誘因兩方面來解釋，試依題意說明如下：

(一) **從驅力之觀點，說明「人之所以想吃東西」之命題**

1. 驅力通常係由行為主義所提出的動機概念，驅力屬於原始性的生理動機，係屬於個體的內在動力。

2. 所以從驅力的觀點來看，人之所以想吃東西，乃是身體本身的生理需求，是一種根本性、原生性的動機，以維持生命發展。

(二) 從誘因之觀點，說明「人之所以想吃東西」之命題

　　1. 誘因通常係指個體的外在動力，亦即係由外在刺激所構成的，其
　　　可以引發個體行為。

　　2. 誘因可以分為正誘因與負誘因，而食物屬於正誘因，所以人之所
　　　以想吃東西，係因為食物具有幫助個體維持生命的外在正誘因。

十九、在認知負荷過量或情緒高漲的情況下，我們常用心智捷徑來幫助決
策，因而容易造成思考的扭曲。當對自己的行為或他人的行為作因果
歸因時，心智捷徑常會造成有偏差的歸因。請條列出三種可能產生偏
差的歸因，逐一說明並舉出實例。

答：茲依題意規定，說明三種偏差歸因之相關概念如下：

(一) 行為者─觀察者誤差

　　1. 係指當吾人為行為者時，對於自己的行為會偏重情境歸因。

　　2. 而當吾人為觀察者時，往往會將他人的行為原因解釋做性格歸因。

　　3. 例如：某生打破杯子，會歸因為杯子太滑，但若某生看到他人打
　　　破杯子，則會認為他人是因為過於粗心。

(二) 自利偏誤歸因

　　1. 其係指將我們的正面行動與成就歸因給自己可以控制之長期、全
　　　面與內在影響，而將負面行動與失敗歸因給自己無法控制的短
　　　期、片面與外在影響的一種傾向。

　　2. 換言之，也就是個人將成功歸因於自己，將失敗歸因於情境。

　　3. 例如：某生數學成績不好，他可能責怪老師題目出不好，這就是
　　　歸因於情境，屬於外在歸因。

(三) 基本歸因誤差

　　1. 係指一般人在詮釋他人行為時，往往會進行性格歸因，而非情境
　　　歸因。

　　2. 這種對他人行為解釋偏重性格歸因，而忽略情境歸因的心理現
　　　象，就稱為基本歸因誤差。

　　3. 例如：某生看到他人打破杯子，只會認為他人是因為不夠細心，
　　　而忽略杯子太滑的情境因素。

二十、歸因（attribution）理論指出，我們在推論一個人行為的原因時，常常容易出現「基本歸因謬誤」、「行動者-觀察者效應」、「自利歸因謬誤」等狀況，請舉例說明這三種錯誤的歸因。

答：試按照題意說明三個社會心理學之概念如下：

(一) **基本歸因謬誤：**
1. 係指對他人行為解釋偏重性格歸因，而忽略情境歸因。
2. 例子：當小明考試獲得最後一名時，吾人之解釋可能為小明能力不足，而忽略小明可能是新移民子女之事實。

(二) **行動者-觀察者效應：**
1. 係指當吾人為社會行為的表現者時，吾人通常會對本身行為作情境歸因，但是若吾人為社會行為的觀察者時，則多會作性格歸因。
2. 例子：當小明考試獲得最後一名時，吾人之解釋可能為小明能力不足，當吾人考最後一名時，卻會責怪考試環境太吵影響作答。

(三) **自利歸因謬誤：**
1. 係指吾人往往將自己的成果進行內在歸因，而對失敗結果進行外在歸因。
2. 例子：當吾人考試第一名時，會說是因為自己聰明及努力，若是吾人考試最後一名，則會責怪考試環境太吵影響作答。

二一、Lazarus曾針對人類因應（coping）行為的認知歷程提出「初級評估（primary appraisal）」與「次級評估（secondary appraisal）」兩個概念。試解釋這兩個概念的意涵，並比較兩者在因應行為認知歷程的異同。

答：Lazarus曾針對人類因應（coping）行為的認知歷程提出「初級評估（primary appraisal）」與「次級評估（secondary appraisal）」兩個概念。茲依題意說明如下：

(一) **初級評估：**
1. 個體會先評估壓力事件對於本身的利害關係或威脅程度。
2. 個體會針對本身所處的情境，評估何者是最重要的，何者是最具威脅性的。
3. 初級評估的功能在於賦予情境意義，並成為個體行為的動機。

(二) **次級評估**：
1. 個體瞭解壓力事件的代表意義後，所決定採取的行動策略。
2. 次級評估主要是個體根據初級評估的結果，選擇適當的行動策略。
3. 次級評估可以視為個體面對壓力的承受度及解決壓力來源的能力。
(三) **初級評估及次級評估在因應行為認知歷程的異同**：
1. 「初級評估」構成人類認知動機。「次級評估」則促成人類表現行為。
2. 「初級評估」及「次級評估」都具有協助個體調適壓力的作用。

二二、請分別依據目標設定理論（goal-setting theory）及期望理論（expectancy theory）來討論如何提升工作動機。

答：目標設定理論和期望理論都是重要的激勵理論，可以作為提升成員工作動機之策略，茲依題意說明如下：
(一) **期望理論和目標設定理論之要義**：
1. 期望理論由Vroom提出，其認為人是具有思想與理性的，因此激勵人採取某項行為的動機之強弱，乃該項行為所產生各種結果的吸引力與期望值乘積之總合。
2. 目標設定理論由Locke提出，其係指因人類行為是有目的和有方向的，當成員意圖完成某一目標，該目標便具有激勵成員的力量。
(二) **據此，說明提升工作動機的可行策略如下**：
1. 領導者能夠重視組織成員的共同目標，讓成員合力為目標邁進，提供組織進步的方向。
2. 領導者可透過對結果、吸引力、期望值與實用性等四個變項的操縱，來激勵成員的工作動機。
3. 領導者必須協助成員提升能力，以提升第一層結果的期望值，強化成員完成工作的動機。
4. 領導者應嚴守對成員的承諾，給予第二層結果應有的報償，充分發揮激勵的作用。

二三、何謂認知失調理論（cognitive dissonance theory）？請舉例說明生活中遇到認知失調的情形為何？減輕認知失調的方法有那些？

答：認知失調理論是認知改變理論的重要理論之一，茲依題意說明如下：

(一)認知失調理論（cognitive dissonance theory）：

  1. 提出學者：范士庭（Festinger）

  2. 理論要點：

    (1)當個人對於某件事的相關認知失衡時，個人就會產生改變認知的驅力，以改變自己的態度。

    (2)用於青少年輔導時，可以營造讓青少年感到認知不協調的情境，以使青少年改變態度。

(二)生活中遇到認知失調的情形：

  1. 個人兩個相關的認知若彼此不諧調時，就會促使個人改變態度。

  2. 所以必須要讓信徒看到動物放生後慘死的一面，讓其和原本信徒的放生認知有所衝突，進而改變放生的態度。

(三)減輕認知失調的方法：

  1. 個人的兩個相關認知若是彼此不諧調時，個人就會產生不安的驅力，促使自己改變態度。

  2. 所以可以透過營造一個讓個人感到與原來認知不協調的認知情境，以改變個人態度。

第3篇 教育心理學

第7章 發展心理學

依出題頻率分：A 頻率高
B 頻率中 C 頻率低　頻出度 **A**

命題焦點

1. 身心發展研究的基本概念：(1)遺傳與環境的交互作用。(2)發展的特徵與模式。(3)發展心理學的研究方法：縱貫法、橫斷法、後續法。
2. 幼兒期的身心發展：(1)影響發展的主要因素。(2)心理發展：皮亞傑的認知發展理論、社會發展、影響心理發展的因素。
3. 青年期的身心發展：(1)發展特徵。(2)身體發展。(3)心理發展。
4. 成年期的身心發展與生活適應：(1)生理發展。(2)心理發展。(3)生活適應。
5. 認知發展。　　　6. 社會發展。　　　7. 道德發展。

⤵ 精華摘要

一、身心發展的概念

(一) **身心發展來自於遺傳與環境的交互作用**：個體在出生前的主要發展受到遺傳因素的影響，出生後的階段則受到遺傳與環境交互作用的影響較大，個體發展至一定程度後受環境因素的影響較大。

(二) **發展的過程中有階段性的現象**：發展歷程中各階段的行為有其關鍵期。關鍵期是指在個體成長的某一個階段中，其成熟度適合某一行為的發展。

(三) **共同模式下有個別差異**：個體在成長發育的過程中雖然有一模式可循，但是共同模式下仍有個別差異。

二、發展心理學的主要研究方法

(一) **縱貫法（longitudinal method）又稱之為縱貫研究**：其主要方法為以一個個體或一組學生為對象，就其某一方面的發展探究其年齡增長與身心變化二者的關係。

(二) **橫斷法（cross-sectional method）又稱之為橫斷研究**：其主要方法是以不同年齡之個體或團體為對象，以某方面行為發展為主，研究不同組別或族群個體的主要差異。

(三) **後續法（sequential method）又稱之為橫斷後法**：是一種以橫斷法開始而後續加縱貫法的綜合研究方式。

三、身心發展階段

年 齡	階段名稱
0歲之前	出生前
0～3歲	嬰幼兒時期
3～6歲	前兒童期
6～12歲	後兒童期
12～18歲	青少年期
18～45歲	壯年期
45～65歲	中年期
65歲之後	老年期

四、身心發展的特徵

(一) 人類的發展具有共同模式。

(二) 但是在共同模式下，具有個別差異性。

(三) 早期發展是後期的基礎。

(四) 發展包括身、心兩方面的發展，且受到遺傳與環境兩方面的影響。

(五) 發展具有關鍵期：

　　1. 關鍵期係指在某個年齡階段，發展某一行為特徵，將是最恰當的時刻。

　　2. **判斷指標**：

　　　(1) 個體表現出極大的興趣。

(2) 興趣具有持久性，直到行為達成。

(3) 個體在行為學習上有很好的表現，不斷表現出進步。

五、認知發展論之相關論述

(一) Piaget提出興趣主義，個體在一個興趣情境之下，將更能夠進行有意義的學習。

(二) 基本概念

1. **認知結構**：個體與外在環境交互作用的知識系統。

2. **基模（Schema）**：個體同化訊息或是對訊息產生回憶的一種行為組型。

3. **運作（Operation）**：個體改變外在環境知識，或對外界刺激施予動作反應的內在心理歷程。

4. **組織（Organization）**：連結兩個或以上的非連續基模，以形成較高認知層次基模的歷程。

5. **適應（Adaptation）**：個體和環境進行互動，並有預測和控制的持續歷程。

6. **同化（Assimilation）**：當原有的基模接收新刺激，可以將其融入既有基模之中，達成認知的平衡。

7. **調適（Accommodation）**：當原有的基模接收新刺激時，需要做大幅度的改變，甚至要放棄舊基模，以建立一個新基模，來解釋新刺激。

8. **平衡化（Equilibrium）**：係指當個體原有的認知結構與外界新訊息不一致時，就會產生失衡，之後運用同化或調適，使認知結構與新訊息一致之歷程。

六、認知發展階段（Piaget觀點）

(一) **感覺動作期（0~2歲）**

1. **意義**：係指個體藉由自身感官，來探索外在事物，並獲得知識的過程。

2. **特徵**：

(1) 發展出具目的性的行為。

(2) 具物體恆存性之概念。

(3) 不可見的模仿。

(二) 前運思期（2～7歲）

1. 其又可分為二到四歲的自我中心期，以及四到七歲的直覺期。
2. 特徵：
    (1) 守恆的失敗。例如高深的杯子和矮闊的杯子放同量的水，孩子會以為前者水較多。
    (2) 自我中心主義，只能集中一個向度去觀察。
    (3) 延宕的模仿。
    (4) 自我中心語言。
    (5) 不可逆性的思考邏輯。

(三) 具體運思期（7～12歲）

1. 守恆的成功為此階段最重要的特徵，包括一致性、互補性與可逆性。依前例，此處孩童可判斷兩者水一樣多。
2. 此外，涵化的概念、去集中化的思考向度以及保留的概念形成都是具體運思期的重要特徵。

(四) 形式運思期（12歲以上）

1. 此時期的個人能對抽象事物進行合乎邏輯的思考。
2. 邏輯性推理的思考包括假設演繹推理、命題推理及組合推理。

七、認知發展階段（Bruner觀點）

(一) 動作表徵期。　　(二) 形象表徵期。　　(三) 符號表徵期。

八、社會發展論中，最重要的便是依附的概念

(一) 依附形成階段（0～1.5歲，為依附發展期）

1. 0～3個月：前依附階段，即尚未產生依附，個體並無法分辨熟悉者或是陌生人。
2. 7～8個月：依附形成階段，即個體會開始分辨，並且願意親近熟悉者。
3. 一歲半後：依附完成階段，會將熟悉者按親密程度排序。

(二) 依附的種類

1. 安全依附。　　2. 不安全依附。　　3. 無組織、無目標的依附。

九、道德發展論

(一) Piaget之觀點

1. **0～4歲**：無律期，自我中心傾向。
2. **4～7歲**：他律期，權威服從傾向，為道德現實主義。
3. **7～12歲**：自律期，具可逆性思考，為道德相對主義。
4. **12歲後**：自律期，以公平正義為依歸，為道德相對主義。

(二) Kohlberg之觀點

期　別	發展階段
前習俗道德期（九歲以下）	避罰服從取向
	相對功利取向
習俗道德期（十到二十歲）	尋求認可取向
	遵守法規取向
後習俗道德期（二十歲以上）	社會法制取向
	普遍倫理取向

⬊ 解釋名詞

關鍵期（critical period）

關鍵期的意義係指個體在某種年齡階段內對於某種行為發展特別重要，若錯過學習機會則事倍功半。以人類來說，嬰兒期與兒童期的發展是個體發展的基礎（0～6歲是兒童發展歷程中的一個特殊階段），這也說明了教育應以兒童為中心的重要性。

近側發展區（the zone of proximal development）

近側發展區係由Vygotsky所提出的觀點，係指個體的實際認知發展層次到他可能認知發展水準之間的差距。Vygotsky指稱：透過成人、教師或有能力同儕，可以幫助學生達到可能認知發展水準，即達到最佳發展區。在教育應用上，教師可以透過合作學習、適時回饋輔導、動態評量等，幫助學生達到認知的最佳發展區。

> ### 質量守恆概念（conservation）
>
> 質量守恆概念係由Piaget所提出的認知發展概念，其係存在於個體的具體運思期，約為9～10歲階段的認知特徵，當個體可理解質量守恆概念之後，有助其進入形式運思期，進行抽象思考。

◢ 嚴選題庫

一、縱橫研究法、橫斷研究法：

答：發展心理學家最常用的方法有三即：橫斷研究法、縱橫研究法與回溯法。

(一)**縱橫研究法（longitudinal approach）**：旨在由發展歷程中獲得連續性資料內探求個體行為發展的模式，此法重視連續性與前因後果關係。其優點是順乎行為發展的原則，並且符合行為發展研究的目的。其缺點是實施困難，時間與金錢皆不經濟，研究對象常變動或流失。例如：研究五至十五歲兒童的發展特徵即屬於縱橫研究法。

(二)**橫斷研究法（cross-sectional approach）**：旨在求取發展歷程中某一階段內行為特徵的常模性資料，目的在蒐集各階段中具有代表性的行為特徵。其優點是經濟，可在短時間獲得多量的概括性的行為發展資料。其缺點在於資料並非來自同一組對象，故不易發現行為發展的前因後果關係。例如：研究五歲兒童的行為特徵即屬於橫斷研究法。

（補充參考資料）張春興著：心理學，台北：東華

二、試述「遺傳」與「環境」兩個因素對發展的影響。

答：(一) 影響人類行為發展的因素有遺傳、環境、成熟、學習等四個因素。

1. **遺傳（heritage）**：人類自從母體受孕開始，就接收了來自雙親的特質與潛能，在受精作用時，由於遺傳基因的組合，遂決定了三件事即：

(1)男、女性別方面的決定。

(2)單、複胎的決定。

(3)個體行為基本特徵的決定。

2. **環境（environment）**：是個體在受孕後，一個對個體所能影響的外在情境。環境因素又可分為內環境與外環境。內環境如器官的功能及腺體的分泌等。外環境又包括產前環境及產後環境。

(二) 遺傳與環境對行為的發展，具有交互的影響力，兩者都是很重要的因素。遺傳對個體行為的發展設定了基礎，不限制賦予發展的潛能。環境因素則可以使發展潛能顯現或改變。因此，遺傳只是可能性，而環境則影響個體發展與發展潛能能否實現。

（補充參考資料）張春興著：心理學，台北：東華

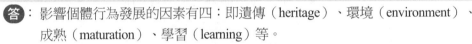

三、個體發展跟成熟、遺傳、環境都有關，試說明何者重要，其故何在？

答：影響個體行為發展的因素有四：即遺傳（heritage）、環境（environment）、成熟（maturation）、學習（learning）等。

(一) **遺傳與環境**：個體自生命開始，即攜帶著父母的遺傳在生存的環境中生長發展，終其一生皆如是。因此，遺傳與環境兩個因素，對個體的影響自始至終都發生交互影響的作用。遺傳對個體行為的發展奠定基礎，及限制賦予發展的潛能，然而環境可使這些存在的潛能顯現或改變，遺傳只是可能性，而此種可能性，端賴環境因素而定。

(二) **成熟與學習**：成熟與學習，是發展上兩個互相關聯的因素，二者相輔相成。成熟供給學習的原料，也決定個體更廣泛的行為組型及前後發展的順序，由於人類各有其特殊的學習能力，所以，個體間的差異是可能的。成熟限制了個體的發展，在成熟未達某種程度之前，學習的效果不大，甚至沒有效果。

由上述可見，遺傳、成熟、學習與環境等因素影響個體的發展甚大，且各個因素相輔相成，缺一不可，因此各個因素對個體發展均相當重要。

（補充參考資料）楊國樞等著：發展心理學，台北：桂冠書局

四、請說明行為發展的重要理論，並比較其異同。

▶**思考索引**：本題應先說明行為發展的意義，再舉出重要的理論，並比較其異同。

答：(一) 行為發展理論是指心理學家綜合各項研究心得，對個體行為隨年齡改變的主要歷程。

(二)**重要理論**：

1. **認知發展論**（cognitive theory of development）：強調個體發展過程中智能與思考能力的發展。以皮亞傑（J. Piaget）與布魯納（J. S. Bruner）為主。皮亞傑的認知發展理論有二個重要的意義即：
   (1)個體智能的高低是遺傳與環境交互作用的結果。
   (2)兒童智能的發展除了知識數量的增加，同時是行為上品質的改變。
   皮亞傑並以「感覺動作期」、「運思預備期」、「具體運思期」、「形式運思期」說明個體智能發展的情形。布魯納認為兒童心智能力的發展是經由「動作表徵期」、「形像表徵期」、「符號表徵期」等三種表徵方式。

2. **心理社會論**（psychosocial theory of development）：以社會適應的觀點探討個體人格發展的歷程。由美國心理學家艾瑞遜（Erikson，1963）倡議，艾氏指出每個人的身心發展特徵與社會文化的要求有關。每個時期皆有其關鍵存在，每個人如能表現出符合該時期的社會要求，就能順利成長，否則就會出現「心理衝突」或「心理危機」。心理社會論者指陳成長的兩個主要意義：
   (1)個體人格的發展是社會文化的產物。
   (2)個體人格發展乃是循序漸進的。

3. **發展任務論**（theory of development tastks）：主要觀點是個體行為發展的程度與方向，離不開生存的社會環境。如果個體身心發展正常或良好，乃是在此一階段中表現出符合社會的要求，發展任務論以美國教育心理學家赫威斯（Havighurst，1952）為主。認為個人要能在社會上生存，則須受教育，教育的效果要達到某種標準才能符合社會方面的要求。

(三)**行為發展論的異同**：

1. **同處**：認知發展理論、心理社會論與發展任務論三者皆強調個體
發展的階段性與系統性。認為個體的發展是循序漸進而非一蹴可
成的，前一個時期成熟了才會導引下一個時期或階段。

2. **異處**：認知發展理論是從智能與思考能力的發展來解釋個體的行
為發展。心理社會論則是從社會適應的觀點探討人格發展的歷
程。發展任務論者是從行為發展、社會期待及教育需要各方面著
眼解釋個體的發展。

　　　　（補充參考資料）張春興、林清山：教育心理學，台北：東華

五、說明發展任務論之意義及青少年階段（12～18歲）之發展任務。

答：(一)**意義**：在某一個社會裡，個體達到某一年齡階段時，社會期待他在
行為發展上應該達到何種程度，稱為發展任務（development task）。
發展任務一詞係由美國教育心理學家赫維斯氏1952年所倡用。意
指個體在年齡上成熟到何種水準，在心智能力上理應與之配合，
也發展到什麼水準。臻於應具水準者，是為發展順利，以後仍可
順利發展，年齡已屆而心智發展尚未臻水準者，是為發展障礙，
以後發展將益形困難。

(二)**青少年階段的發展任務**：赫氏將人的發展任務以具體的行為來表
示，分別列出幼兒期、兒童期、青少年期、成年期、中年期、老
年期等各時期中符合社會所期待的行為。茲述青少年階段（12-18
歲）之發展任務如下：

1. 能夠表現體操活動中的動作技能。

2. 能夠與同儕遊伴相處。

3. 能扮演適度性別角色。

4. 學到基本的讀、寫、算等能力。

5. 了解自己是成長的個體。

6. 繼續建立自己的道德觀念與價值標準。

7. 開始有獨立傾向。

8. 漸具民主傾向的社會態度。

9. 學到日常生活中所需的重要概念。

六、論述Piaget認知發展論對教育的意義。

答：**(一) 負面意義**

1. 啟示性大於實用性，因為主張自然預備度，不主張揠苗助長，也就是自然學習。

2. 未能正確評估各年齡層的發展：低估兒童期的認知發展，未正確評斷成人期的認知發展。

3. 獨重認知發展，而忽略了社會性的發展。

4. Piaget忽略教育跟文化對於個體表現的影響。

(二) 正面意義

1. 提供適合兒童發展的環境。

2. 課程編製，教材編選需配合兒童認知發展。

3. 實施以活動為主的教學。

4. 善用認知衝突。

5. 運用互動原則。

6. 指出任何活動均有同化、調適➡教師要對學童表現情意的支持。

七、請論述比較小學與青少年各領域發展階段之特徵？

答：小學與青少年階段的身心發展階段與特徵皆有所不同，於此依題意闡述如下：

(一) 在身體發展層面的差異：

1. **小學階段：**

(1)能自由支配自己的身體，能夠維持自己身體運動時的平衡。

(2)在學校體育活動中，體操、游泳、球類與舞蹈都能夠學習。

(3)在動作技巧方面，都能達到手眼調和和從事精細的活動。

2. **青少年階段：**

(1)此時期的身高體重發展比國小要迅速，稱為生長陡增現象。

(2)男女的性徵開始出現，稱為性生理成熟，開始具有生育的能力。

(3)身體發展遠比心理發展為快。

(二)在心理認知層面階段：

1. 小學階段：

(1)由Piaget的觀點來看，此時期為具體運思期，主要特徵包括能根據具體經驗思維來解決問題、能瞭解可逆性與守恆的道理。

(2)根據Bruner的觀點，此階段為形象表徵期，指學童可以利用心像來獲得知識。

2. 青少年階段：

(1)根據Piaget的觀點，此時期屬於形式運思期，其主要特徵為能進行抽象的思維，能夠按照假設驗證的科學法則解決問題。

(2)根據Bruner的觀點，此階段為符號表徵期，指青少年可以運用符號、語言文字為依據的求知方式。

(三)在人格與社會發展層面的差異：

1. 小學階段：

(1)依據Freud性心理發展觀點，此階段為潛伏期，亦即此階段的人格發展較為風平浪靜。

(2)此時期的道德發展為相對功利與尋求認可取向。

2. 青少年階段：

(1)依據Freud的觀點，此階段為兩性期，青少年開始對異性產生興趣，開始產生想談戀愛的衝動。

(2)此時期根據Kohlberg的道德發展論為遵守法規取向。

八、Erikson對於心理社會發展理論的基本主張是什麼？並引用他的看法闡述成人期（青春期之後）的心理社會發展。

答：Erikson的心理社會發展論中，以連續的後成原則，說明人類發展歷程，茲依題意說明如下：

(一)Erikson的心理社會發展論之基本主張

1. 依據Erikson的心理社會論之觀點，青春期位於自我認同與角色混淆的心理社會危機階段。

2. Erikson心理社會發展分期表：

	時間	心理發展
第一期	出生到 18 個月	信任對不信任
第二期	18 個月到 3 歲	獨立對懷疑
第三期	3 到 6 歲	主動對內疚
第四期	6 到 12 歲	勤勞對自卑
第五期	12 到 18 歲	自我認同對角色混淆
第六期	成年前期	親密對孤獨
第七期	成年中期	積極對頹廢
第八期	成年後期	完美對絕望

(二)成年期的心理社會發展之說明

1. 根據Erikson之觀點，成年期可分為成年前期、成年中期、成年後期。
2. 成年前期的發展任務與危機為：親密對孤獨。
3. 成年中期的發展任務與危機為：積極對頹廢。
4. 成年後期的發展任務與危機為：完美對絕望。

九、請經由行為動機及典型反應的觀點，列表說明柯爾堡（Kohlberg, L.）道德發展的三個層次。

答：Kohlberg的道德發展理論，將道德發展分作三期六階段，茲依題意規定由行為動機及典型反應之觀點說明如下：

(一)前習俗道德期：

1. 行為動機：只根據行為的結果作道德判斷。
2. 典型反應：
   (1)避罰服從取向：只從表面看行為後果的好壞，盲目的服從權威，而目的在逃避懲罰。
   (2)相對功利取向：按行為後果是否能夠滿足需求來判斷行為的好壞。

(二)**習俗道德期**：
1. **行為動機**：以習俗作為道德判斷的標準，已經將習俗規範加以內化。
2. **典型反應**：
　(1)尋求認可取向：尋求他人的認可，只要是他人讚賞的，自己就認為是對的。
　(2)遵守法規取向：遵守社會規範，且認為規範中所訂定的事項是不能改變的。
(三)**後習俗道德期**：
1. **行為動機**：超越社會規範，而以公平、正義為依歸。
2. **典型反應**：
　(1)社會法制取向：瞭解社會規範是為了維持社會秩序而經大家同意所建立的，只要大家有共識，規範是可以被改變的。
　(2)普遍倫理取向：道德判斷是以個人的倫理觀念為基礎，而個人的倫理觀用在判斷是非時會具一致性與普遍性。

十、請比較「外在動機」（extrinsic motivation）與「內在動機」（intrinsic motivation）的不同，並舉例說明在教學上如何應用。

答：動機可以是為人類行為的動力，於此按照題目說明如下：
(一)**「外在動機」（extrinsic motivation）與「內在動機」（intrinsic motivation）之相關說明**
1. 內在動機指的是純粹為了活動本身的樂趣而去參與活動的動機，因為個體感覺活動是有趣的、參與的、滿足的或挑戰個人的自我極限。
2. 外在動機指的是為了達到工作本身以外的某些目標才去參與活動的動機，例如，欲得到預定的獎賞、贏得某競賽、或達到某要求。
(二)**舉例說明「外在動機」與「內在動機」在教學上的應用**
1. 實例：某老師指導學生製作科展作品，教師列出可能的範圍，由小組學生選擇喜愛的題目，教師與學生共同規劃進度表，學生依據計畫設定分段進度，並隨時檢核，若進度明顯落後，教師將從旁給予改進的建議及學生喜歡的獎品，鼓勵學生再嘗試。
2. 內在動機：是學生自己喜愛的科展題目。
3. 外在動機：教師提供學生喜歡的獎品。

十一、試述皮亞傑（J. Piaget）的道德認知發展論。

答：皮氏的道德認知論從兩方面來探討：

(一)**特徵：**

1. 道德表現於對是非的判斷；判斷需要智能，智能是隨年齡增長的，故而道德也是隨年齡與智力並行發展的。

2. 人類智能表現在面對問題時的思考方式，而思考方式則隨年齡的增長而有質與量的變化。

3. 思考方式隨年齡增長而呈階段性，各階段又呈一定的順序，不能因外力使之踰級或躐等。

4. 每一階段的思考表現，均係以前所有階段心智發展總和統整的結果。此結果代表了個體現在的成熟程度以及過去經驗的累積。

(二)**從道德發展來看，是二期論：**

1. **他律期（Heteronomous stage）：** 此時期大約出現在五歲到八歲之間。這個年齡的兒童在團體活動時，接受權威指定的規範，服從權威，很少表示懷疑。他們判斷行為的對或錯，只根據行為的後果，不能顧到行為的動機或意向。所以這個時期的道德原則又稱「道德現實主義」（Moral realism）。

2. **自律期（Autonomous stage）：** 開始於八、九歲，約當小學的中年級。道德發展到第二階段，兒童們不再盲目地接受權威，也不再無條件地遵守紀律，他們開始選擇、判斷規範的適切性與可行性，注意到人我之間的互惠條件，而且除行為後果之外，他們也考慮到行為的動機。按皮亞傑觀察所見，道德自律期始自八、九歲，但一直到十歲判斷仍不成熟。對道德觀念真正能夠達到辨是非、判善惡的獨立思考程度，那要在十一、二歲之後。道德成熟的標準是獨立判斷，所以道德自律期也稱「道德獨立」，它在道德行為上的特徵是：認為規範合理時就應遵守，不合理時就應修改或重訂規範，以適應事實的需要。

十二、試述郭爾堡（Kohlberg）的認知發展道德理論。

答：郭氏依多年實際觀察研究，提出其認知發展道德理論：三期六段論，茲敘述如下：

(一) **道德成規前期**：道德成規前期（Pre-conventional level）大約出現在學前幼稚園及小學低中年級階段。此一時期的特徵是，兒童們遵守規範，但尚未形成自己的主見。此時期又分兩個階段：

第一階段：避罰服從導向。尚缺乏是非善惡觀念，只因恐懼懲罰而服從規範。

第二階段：相對功利導向。行為的好壞按行為後果帶來的賞罰而定，得賞者為是，受罰者為非，自己並沒有主觀的是非標準。

(二) **道德循規期**：道德循規期（Conventional level）大約出現在小學中年級以上，一直到青年、成年。此一時期的特徵是，個人由了解和認識團體規範，進而接受、支持並實踐規範。

第三階段：尋求認可導向。順從傳統要求，附和大眾意見，冀求別人讚許而表現從眾行為。

第四階段：順從權威導向。服從團體規範，嚴守公定秩序，尊重法律權威，判斷是非時有了法制觀念。

(三) **道德自律期**：道德自律期（Post-conventional level）或稱道德成規後期，是指個人思想行為發展到超越現實道德規範的約束，達到完全獨立自律的境界。

第五階段：社會法制導向。有強烈的責任心與義務感，尊重法制但不囿於法條，相信法律是人訂的，其不適於社會時應予修正。

第六階段：普遍倫理導向。有其個人的人生哲學，對是非善惡有其獨立的價值標準。對事有所為有所不為，其取決不以現實的規範為限。

十三、心理學家發現，人生早期的依附（attachment）關係會持續影響成人階段的發展，請討論兒童期形成依附關係的原因，以及依附對個人發展的後續影響，並舉例說明兒童在「安全」、「逃避」、「抗拒」等三種類型的依附關係中的行為表現？

答：心理學家發現，人生早期的依附（attachment）關係會持續影響成人階段的發展，茲依題意說明如下：

(一)**兒童期形成依附關係的原因，以及依附對個人發展的後續影響：**

1. **形成原因：**

(1)動物行為論的觀點：所有的生物與生具有依附的行為，稱為銘印。

(2)學習論的觀點：個體的依附行為源於獎賞刺激與反應的連結。

2. **依附對個人發展的後續影響：**

依附關係	幼兒氣質	親子互動	成年後
安全依附型	易照顧型	呈現親密互動	會發展相互信任、互助合作之親密關係。
抗拒型	磨人精型	充滿抗拒	會發展具有強烈控制欲的親密關係。
逃避型	慢吞吞型	親子互動冷漠	易產生不安全感及不信任感，不易建立正常的親密關係。

(二)**兒童在「安全」、「逃避」、「抗拒」等三種類型的依附關係中的行為表現：**

1. **「安全依附型」**：幼兒信任母親，當母親離開會顯得悲傷，當母親回來則會顯得喜悅。

2. **「抗拒型」**：幼兒對母親具備抗拒情感，當母親離開時會顯得焦慮，是當母親回來時，卻會予以反抗。

3. **「逃避型」**：幼兒與母親之間保持冷漠，當母親離開與回來時，幼兒都顯得冷靜及事不關己。

十四、何謂「依附（attachment）」？請分別就動物行為論（ethological theory）與學習論（learning theory）解釋之。

答：依附是重要的個體心理現象，茲依題意說明如下：

(一) **依附的相關概念：**

1. **代表學者**：包比（J. Bowlby）、哈洛（H. Harlow）。
2. **經典實驗**：恆河猴實驗。
3. **依附類型**：

    (1)安全依附型（Secure attachment）：與父母親有親密的依附關係，可以獲得協助支持。

    (2)焦慮矛盾型（Anxious-ambivalent）：具低自我認同，雖想尋求同儕接納，卻難以和同儕建立親密關係。

    (3)逃避型（Anxious-avoidant）：忽視母親的存在，通常自尊較低。

    (4)無系統型（Disorganized attachment）：不穩定的人際關係及反應行為。

(二) **動物行為論的依附觀點：**

1. **基本假設**：所有的生物與生具有依附的行為，稱為銘印。
2. **例如**：鴨子、雞、人等。

(三) **學習論的依附觀點：**

1. **基本假設**：個體的依附行為源於獎賞刺激與反應的連結。
2. **例如**：母親哺乳會引發嬰兒的正向反應（需求滿足、開心等），久而久之，兩者便形成一種刺激反應連結。

十五、Vygotsky的認知發展理論是近代認知心理學中最重要的理論之一。請說明Vygotsky理論的特色與鷹架理論（scaffolding）的意涵。

答：Vygotsky的認知發展理論是近代認知心理學中最重要的理論之一，茲依題意說明如下：

(一) **Vygotsky的認知發展理論之要義：**

1. 人從基本心理功能轉化為高級心理功能之歷程，認為社會環境是影響認知功能的重要因素，而語言是促進個體認知發展的工具。
2. 語言與認知發展關係密切，個體的語言發展依序為社會語言、自我中心語言、內在語言。

　　3.心理功能類型：
　　　(1)基本心理功能：人類與動物共有，包括感覺、知覺、辨別與記憶等。
　　　(2)高級心理功能：人類獨有，包括語言、邏輯推理、思維等，是社會文化歷史發展的產物。
　(二)**鷹架理論（scaffolding）的意涵**：
　　1.鷹架作用是從近側發展區發展出來，近側發展區是指介於兒童自己實力所能達到的水平，與經他人給予協助後所可能達到的水平，兩種水平之間的差距。
　　2.鷹架作用則指從兒童實際表現水準到潛在發展水準間，由成人或較優秀的同學提供的協助力量。
　　3.在教育上的啟示，學生的表現水準是有一區間的，故教師應提供適合每個學生的協助，引導學生達到最佳的水準。

十六、在說明青少年階段的統合危機（identity crisis）時，Marcia曾提出四種統合的應對模式，請問這四種統合應對模式為何？

答：在說明青少年階段的統合危機（identity crisis）時，Marcia曾提出四種統合的應對模式，茲依題意說明如下：
　(一)**馬西亞（Marcia）曾以艾里克森的理論為依據，用危機（crisis）及投入（commitment）兩個要素提出人格發展類型如下**：
　　1.**迷失型統合**：個人在自我認同追求的歷程中，既不考慮現在，也不考慮未來。
　　2.**未定型統合**：個人在自我認同追求歷程中，尚未確定人生方向。
　　3.**定向型統合**：個人在自我認同追求歷程中，擁有自主性、自我概念、自我理想，並具有確定的人生目標。
　　4.**早閉型統合**：個人在自我認同追求歷程中，並未經過自我統合危機的考驗，往往受到父母的控制。
　(二)**Marcia之統合狀態分類在教育上之意義**：
　　1.教師應具備輔導專業知能，以幫助學生試探本身性向，並做好人生規劃，以發展定向型統合。
　　2.應加強大學教育之功能，以幫助學生在迷失中找到方向。
　　3.應加強學生社會經驗的獲得與累積，以促進學生自我發展。

十七、Piaget的認知發展理論是近代認知心理學中最重要的理論之一。請問該理論包含那四個認知發展階段？其相對應的年齡層又各為何？

答：Piaget的認知發展理論是近代認知心理學中最重要的理論之一，茲依題意說明如下：

感覺動作期 （0-2 歲）	1.基模的運作基礎為感覺與動作。 2.發展出物體恆存性的概念。 3.由本能性反應發展至目的性活動。 4.不可見的模仿。
前運思期 （2-7 歲）	1.個體能使用語言表達概念。 2.自我中心傾向。 3.思維不合邏輯，但能用簡單符號代表實物。 4.知覺集中傾向。 5.守恆的失敗。
具體運思期 （7-11 歲）	1.具守恆與分類觀念。 2.能理解可逆性的問題。 3.能根據具體經驗思維以解決問題。 4.去集中化。
形式運思期 （11 歲以上）	1.能進行合乎邏輯系統的思考推理。 2.能夠進行假設演繹推理、命題推理與組合推理。 3.能進行抽象思維。 4.具實驗能力。

十八、柯爾堡（L. Kohlberg）與吉莉根（C. Gilligan）對道德發展的主要爭論點為何？請舉一實例說明其爭論點的差異；其次，並提出你對此爭論點的評論。

答：柯爾堡（L. Kohlberg）與吉莉根（C. Gilligan）對道德發展的主要爭論點係為心理學研究重要課題，茲依題意說明如下：

(一)**柯爾堡（L. Kohlberg）對道德發展的看法：**
1. 道德係個體用來判斷是非善惡的標準
2. 採用習俗（即社會上公認的行為標準）觀念，作為道德判斷的依據。
3. 使用兩難故事，進行道德討論教學。

4. 道德認知教學採取「加一原則」，提供學生道德認知發展的適當情境。

5. 三期六段的道德發展論：

層次	階段
前習俗道德期	避罰服從取向
	相對功利取向
習俗道德期	尋求認可取向
	遵守法則取向
後習俗道德期	社會法制取向
	普遍倫理取向

(二)**吉莉根（C. Gilligan）對道德發展的看法**：

　　1. 提出女性主義的道德發展觀點，透過訪談法，針對種族及社經地位異質的女性，進行研究。

　　2. 批判過去的道德觀點充滿男性自我中心主義，低估女性的生活經驗脈絡，包括：佛洛伊德、皮亞傑、柯爾伯格。

　　3. 男性和女性道德觀產生差異的原因在於後天社會文化。

　　4. **女性的道德發展階段**：(1)過度強調自我（自我生存道德觀）。(2)過度強調他人（自我犧牲道德觀）。(3)適切的人我關係（自我及他人不受傷害道德觀）。

(三)**個人評論**：柯爾堡（Kohlberg）並未否定吉莉根（Gilligan）對其理論的擴充，其在晚年所提出的仁慈規準，似乎也受到吉莉根（Gilligan）強調的關懷、愛與責任的影響。

十九、試述多階段理論（multistage theories）之內涵，並請以柯柏格（L. Kohlberg）之道德發展理論加以說明之。

答：柯柏格的道德發展理論是一種多階段理論的觀點，於此依照題目規定說明如下：

(一)**多階段理論的相關內涵**：

　　1. 心理學的發展理論有一種多階段理論的觀點，而階段的劃分，不同學者有不同見解，例如：年齡、性別、認知表徵、需求滿足、習俗、社會任務等。

2. **著名的多階段理論，包括：**

(1)Bruner的認知表徵發展論。

(2)Piaget的認知發展論。

(3)Kohlberg的道德發展理論。

(二)**Kohlberg係以認知心理學為基礎，採用實徵方式，並採用習俗作為階段劃分依據，來發展道德發展理論，其要義如下：**

1. **道德成規前期：**

(1)避罰服從導向：個體對於道德判斷係指以避罰服從為依據，所以常只看行為表面結果是否會帶來處罰，來決定是否表現道德行為。

(2)相對功利導向：個體對於道德判斷係按照行為結果的相對利益來決定。

2. **習俗道德期：**

(1)好男好女導向：個體對於道德判斷係指是否可以得到他人肯定，只要可以得到他人肯定那就是對的行為。

(2)遵守法規導向：個體認為道德判斷應合乎社會規範，且社會規範是不能夠改變的。

3. **道德自律期：**

(1)社會法制導向：個體瞭解社會法制係經由大眾共識所建立，所以只要透過大眾的理性溝通，社會法制是可以改變的。

(2)價值觀念建立導向：個體對於道德判斷係根基於個人的倫理觀念，其帶有普遍性與理想性。

4. **Kohlberg道德發展論在道德教育上之啟示：**

(1)首先，教師應根據學生的道德認知發展階段，善用加一原則，以有效促進學生道德認知發展。

(2)再者，教師可以善用道德討論法，透過設計兩難式的教學情境，讓學生透過理性討論與自我反省，以進行道德認知發展。

(3)最後，教師應營造開放自由的班級情境，並鼓勵學生自由表達本身價值觀念，且給予學生適性回饋，以協助學生獲得全人發展。

二十、請分別從心理分析學派（psychoanalytic approach）、人本學派（humanistic approach）與社會認知學派（social cognitive approach），說明性格（personality）的結構。性格發展如何受到遺傳與環境之影響？

答：性格係為發展心理學的重要研究課題，於此依照題目規定說明如下：

(一)**精神分析論對於性格的相關主張：**

1. **精神決定論**：人無法按照自己意志支配自己行為。

2. **個體行為產生的原因**：人類本能（求生避死）、潛意識。

3. **性格結構**：

　　(1)本我：受快樂原則與潛意識支配。

　　(2)自我：受現實原則與意識支配。

　　(3)超我：包括自我理想與良心兩個部份，受完美原則支配。

4. 五歲以前的經驗就決定個人性格，性格決定於遺傳及早期個人經驗。

5. **性格發展：**

分期	名稱	固著行為
0～1歲	口腔期	貪心依賴、具攻擊行為
1～3歲	肛門期	固執吝嗇、具有潔癖
3～6歲	性器期	男生有戀母情結、閹割恐懼，女生則有戀父情結、陽具妒羨。
6～12歲	潛伏期	平靜期
12～18歲	兩性期	身心發展失衡

(二)**人本學派論對於性格的相關主張：**

1. 自我實現為性格本質，自我是性格的核心。

2. 採用完形心理學的現象場概念，解釋個人主觀知覺到的心理世界。

3. 當人的真實自我與理想自我沒有衝突的時候，稱為和諧，當不和諧時，就會產生心理異常。

4. 解決心理異常方法：無條件積極關注、真誠一致、積極傾聽。

(三)**社會認知學派對於性格的相關主張：**

1. 個人會經由自我觀察、自我評價、自我強化的歷程，來培養自律的行為。

2. 個人行為係經由環境與個人交互作用而產生。

　　3. 自我效能係指個人對自己性格特質的綜合評價。

　　4. 強調楷模（重要他人）對個體性格發展的重要性。

　　5. 模仿學習：直接模仿、綜合模仿、象徵模仿與抽象模仿。

二一、試論述少數族群（如新住民）青少年在成長發展過程中，可能發生之自我認同的危機。

答：少數族群（如新住民）青少年在成長發展過程中，可能發生自我認同的危機，茲說明如下：

(一) **馬西亞（Marcia）觀點**：

　　1. 馬西亞（Marcia）曾以艾里克森的理論為依據，用危機（crisis）及投入（commitment）兩個要素提出人格發展類型

　　2. 青少年在成長發展過程中，可能發生自我認同的危機：

　　　　(1)迷失型統合：個人在自我認同追求的歷程中，既不考慮現在，也不考慮未來。

　　　　(2)未定型統合：個人在自我認同追求歷程中，尚未確定人生方向。

　　　　(3)早閉型統合：個人在自我認同追求歷程中，並未經過自我統合危機的考驗，往往受到父母的控制。

(二) **艾里克森（Erikson）觀點**

　　1. 重視個人一生的連續性發展，不同於精神分析學派（Freud）只探討至兩性期

　　2. 人生可以分為八個階段，每個階段都有發展危機，青少年的發展危機為角色混亂：

　　　　(1)混淆的時間觀。　　　　(2)自我懷疑。

　　　　(3)無所事事。　　　　(4)兩性混淆。

　　　　(5)無法辨認服務與領導。　　(6)意識信念形成困難。

二二、柯柏格將道德發展理論分為三期六段，其中第三期是道德成規後期（或稱後習俗道德期，postconventional level of morality），這個時期的道德觀為何？我們要運用那些方法來提升個人的道德觀？

答：柯柏格將道德發展理論分為三期六段，不管是在道德教育理論或實務都有其重要價值，茲依題意說明如下：

(一)柯柏格道德發展理論的重要概念：
1. 道德係個體用來判斷是非善惡的標準
2. 採用習俗（即社會上公認的行為標準）觀念，作為道德判斷的依據。
3. 使用兩難故事，進行道德討論教學。
4. 道德認知教學採取「加一原則」，提供學生道德認知發展的適當情境。
5. 三期六段的道德發展論：

層次	階段
前習俗道德期	避罰服從取向
	相對功利取向
習俗道德期	尋求認可取向
	遵守法規取向
後習俗道德期	社會法制取向
	普遍倫理取向

(二)道德成規後期的道德觀：
1. 社會法制導向：個體瞭解社會法制係經由大眾共識所建立，所以只要透過大眾的理性溝通，社會法制是可以改變的。
2. 價值觀念建立導向：個體對於道德判斷係根基於個人的倫理觀念，其帶有普遍性與理想性。

(三)提升個人道德觀的可行策略：
1. 首先，教師應根據學生的道德認知發展階段，善用加一原則，以有效促進學生道德認知發展。
2. 再者，教師可以善用道德討論法，透過設計兩難式的教學情境，讓學生透過理性討論與自我反省，以進行道德認知發展。
3. 最後，教師應營造開放自由的班級情境，並鼓勵學生自由表達本身價值觀念，且給予學生適性回饋，以協助學生獲得全人發展。

第 8 章 學習原理及其應用

依出題頻率分：A 頻率高
B 頻率中 C 頻率低

頻出度 A

命題焦點

1. 學習的性質：心理學的學習界定。
2. 古典制約學習：(1)巴夫洛夫的理論。(2)古典制約學習理論。(3) 古典制約的推論原則。
3. 操作制約學習：(1)桑代克、斯肯納的理論。(2)操作制約學習的 理論與原則。
4. 認知學習：(1)頓悟學習、方位學習。(2)觀察學習、潛在學習。 (3)學習歷程。
5. 三大取向的學習心理學。

⬎ 精華摘要

一、學習之意義：

(一) **意義**：學習是一種經由練習、使個體在行為上產生較為持久的改變歷程。

(二) **條件**：

1. 經過練習。　2. 產生改變。　3. 改變是持久性的。　4. 學習是一種歷程。

二、對學習歷程的解釋，最主要有兩大學派；一為聯結論（行為學 派），二為認知論（認知學派）。

(一) 聯結論把學習解釋為刺激與反應的聯結歷程。刺激與反應之能否聯結， 端視練習次數、時間距離、增強作用三大因素而定。在聯結論中，按行 為改變方式的不同，又分古典制約與工具制約兩種學習歷程。

(二)認知論把學習解釋為個體對學習情境認識、理解、思考和解決問題的歷程。認知學習的產生與否，繫於個體知覺結構的改變與重組。

(三)以前認知論與聯結論是彼此不相容的。現在的看法是這兩種理論可以分別用來解釋不同的事實。

三、古典制約學習歷程： 在控制的情境下，將一個原不能引發個體某種反應的制約刺激，伴隨另一個能夠引發該反應的非制約刺激多次出現後，終能使制約刺激與該反應之間建立起新的聯結關係，而能單獨引發該種反應。

四、桑代克對學習現象之解釋： 桑代克以貓為對象所作的著名迷籠實驗，對學習現象解釋：

(一)學習是經由嘗試與錯誤或選擇與聯結之歷程。

(二)刺激與反應聯結之強弱，受三大定律影響：

　　1. **練習律（Law of exercise）**：刺激與反應間的聯結，隨練習次數的增加而加強。

　　2. **準備律（Law of readiness）**：刺激與反應間的聯結，隨個體本身的準備狀態而異，個體在準備反應的狀態下發出反應，則感滿足，滿足自會使其繼續反應。

　　3. **效果律（Law of effect）**：若個體反應後，獲得滿足的效果，則刺激與反應間之聯結加強。效果律為桑氏理論的重心，影響往後的學習理論。

五、操作制約的學習歷程： 在「某一刺激」的情境下，由於個體自發性的（非由該一刺激所引起）反應帶來的結果，而導致該反應強度的增加，並終能與「某一刺激」間建立起新聯結關係的歷程。

六、 在學習情境中出現之任何事件（人、事、物等），只要它有助於某刺激與某反應之聯結者，概可稱為增強物；而增強物之設置、安排以及發生作用的歷程，即稱為增強或增強作用。

七、次增強與高層制約的原理，對人類複雜行
　　為的了解具有極重要的意義。有很多事例顯
　　示，次增強物對人類行為的支配力甚至大於
　　原增強物。生活中如金錢、名譽、地位、獎
　　狀（正增強物）、傳票、罰單、警告（負增
　　強物）等均對生活造成影響。人們生活中各
　　個行為的支配力量極大。

> **小　叮　嚀**
> 現今酒駕重罰的議題受到重視，重罰亦是負增加的一例。

八、制約學習歷程中之要項

(一) **增強**：以增強物導引動物某種行為受到強化。
(二) **次增強與高層制約**。
(三) **消弱**：只重覆制約刺激而不伴隨增強刺激時，這已形成的制約反應強度將逐漸減低，最後減到不再反應的地步。
(四) **自發性恢復**：制約學習過程中，消弱現象發生後，使個體有一段休息時間，然後再單獨出現制約刺激，此時本已停止的制約反應可能又恢復出現。
(五) **類化**：在制約刺激可單獨引發制約反應之後，與該制約刺激相類似的其他刺激，雖然從未在制約過程中伴隨增強刺激出現過，但也可以引起個體的制約反應。
(六) **辨別**：係指個體能夠對不同的刺激做不同的反應，或是在多種刺激中選取某一刺激去反應。

九、對增強時間的安排有

(一) 同時制約作用。　　　　　　(二) 延宕制約作用。
(三) 痕跡制約作用。　　　　　　(四) 倒向制約作用。

十、對增強之分配

(一) **連續增強**：每當個體在學習中有正確反應或適當反應時，均予以增強方式。
(二) **間歇增強**：每間隔一段時間，或在個體有了幾次反應之後，才予增強。

十一、技能學習的歷程

(一) 經練習而成習慣。　　　　　(二) 由回饋矯正錯誤。
(三) 線索由分化而簡化。

十二、聯對學習： 是指將原本未必有關的兩種事物配對，經強行記憶方式
　　　聯結在一起，如記首都之於國名。

(一) **序列學習：** 把多個單字（詞）按順序聯在一起的多重聯結學習稱之。
(二) 在實驗室內，研究聯對學習與序列學習常用的儀器為記憶鼓。

十三、提出方位學習的是托爾曼。

十四、聯結論與認知論對學習解釋不同，但有兩點共同認識：
(一) 兩派學者以不同類屬的個體及不同型態的行為變化為研究對象，所得原
　　　理原則自難概括的用以說明普遍的事項。
(二) 兩派對「事項雖同，解釋各異」的現象，正說明了研究心理學困難之處。

十五、以制約論解釋行為： 學校裡有很多學習行為，都可採用制約學習
　　　來解釋。近年發展出來的編序教學，就是根據制約學習的原理。

十六、在學校教學上： 凡屬思考、理解的科目教學，都可用認知論的觀點
　　　來解釋。例如啟發式教學法，就是根據認知論的原理原則。

十七、接近論者認為學習是反應與刺激接近的結果： 行為的形成固賴
　　　聯結，但經接近即可成功，以華森和葛斯瑞為代表。

十八、場地論是完形心理學家勒溫所倡： 他用空間的概念來說明一切
　　　心理的事實。

十九、行為取向的學習心理學
(一) 特徵
　　　1.學習是經由訓練所改變的。　　2.並非全然具有目的的。
　　　3.個體的改變具有持久性。　　　4.並非全然具有價值的。
　　　5.學習是一項歷程，而並非結果。

(二) 基本概念

1. 學習程度（Degree of Learning）：正確反應的程度。
2. 過度學習（Over learning）：當學習已到達100%的正確反應程度時，再多練習50%～100%，以加強學生的學後保留。
3. 整體學習V.S.部分學習。
4. 集中學習V.S.分散學習。

(三) 學習特點

1. 強調循序漸進的學習。　　　　2. 強調反覆地練習。
3. 重視補救性教學，強調診斷性處方教學。
4. 主張立即增強與回饋。

二十、認知取向的學習心理學

(一) 其認為學習是經由經驗，使個體在知識或行為產生持久性變化。Ausubel 把學習分為：

1. 抽象符號學習。　2. 語文概念學習。　3. 敘述學習。　4. 發現學習。

(二) 學習的特徵

1. 學習是一種訊息處理的過程。
2. 學習的重點是以既有認知結構為基礎，對於新刺激的一種領會歷程。
3. 個人的學習是呈現目標導向的。
4. 學習者的先備知識和經驗十分重要。

(三) 要點

1. 強調教師在學生學習歷程的重要性。
2. 注重學習策略的重要性。
3. 重視學生的內在動機。
4. 注意整體學習的重要性。
5. 強調人際互動及情境對認知的影響。
6. 力主有意義的學習。
7. 主張使用網際網路來探討人類的智慧。

二一、人本取向的學習心理學

(一) 學習模式

1. Rogers的學生中心教育理論。　2. Combs的情意教育理論。
3. Maslow需求階層理論。

(二)**實施原則**

　　1.教育內容應以學生為中心，充滿人文關懷。

　　2.課程設計要符合真實性、生活性、銜接性及統整性等。

　　3.要提供教師在職進修管道，促進教師專業發展。

(三)**特色**

　　1.著重自學生經驗角度進行教學。

　　2.著重全人教育與開放教育的實施。

　　3.重視學生需求的滿足。

　　4.注重培養學生的自我概念。

　　5.重視每個學生的存在價值。

二二、三大取向的代表人物與相關學說

項目 取向	代表人物	相關學說
行為取向	Pavlov、Skinner、Bandura	編序教學、精熟學習、個人化教學法
認知取向	Ausubel、Köhler、Piaget、Tolman、Vygotsky	交互教學法、合作學習法、協同教學法、認知師徒制
人本取向	Maslow、Combs、Hamacheck、Rogers	道德教育、開放教育（open education）、全人教育

↘ 解釋名詞

替代懲罰（vicarious punishment）

替代懲罰係指從社會學習理論的觀點，學習者對於觀察對象會產生觀察學習的效果，若是對觀察對象的行為進行懲罰，學習者便不易模仿觀察對象的行為，這種施予觀察對象的懲罰，對於學習者來說，就稱為替代懲罰。

前導組體（advance organizers）

前導組體的提出者為Ausubel，其強調教導學生新知識之前，先以學生的既有知識、經驗為基礎，對學生作引導式的說明，有助於新知識的學習。換言之，前導組體係指結合學生舊新概念結構的教學歷程。教師可運用前導組體，呈現學習材料，並進行講解式教學，讓學生進行有意義的「接受學習」。

精緻複誦（elaborative rehearsal）

精緻複誦是一種將短期記憶儲存為長期記憶的有效策略，係指個體可以分析認知訊息，並和長期記憶中的相關訊息進行串連，達成長期記憶。

🔃 嚴選題庫

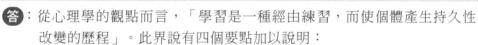
一、學習的意義：從心理學的觀點說明。

答：從心理學的觀點而言，「學習是一種經由練習，而使個體產生持久性改變的歷程」。此界說有四個要點加以說明：

(一) **學習需要經過練習**：學習過程中，必然使行為發生改變，但只看行為改變現象卻又未必都是學習，單因成熟因素，也會使個體行為改變，因此學習的行為是僅因為練習而改變之行為。

(二) **學習必需經過改變**：所謂改變，則包括舊有行為的新變化，或新行為的產生，也可能是兩者的交互作用。無論如何改變，它本身都不代表任何價值的意義。從學習心理學的觀點看，由好變壞或由壞變好，同樣都是「學習」，並無優劣之分。

(三) **改變是持久性的**：就「行為變化」來說，這裏所謂行為變化，係指較為持久的變化，而非指暫時性的變化。

(四) **學習是一種歷程**：學習是指行為改變的歷程（process），而非僅指學習後行為表現的結果。例如學習數學，會解答某些數學試題是學習的結果，不能稱為學習。學習乃是指原來不會數學，到後來學會了數學之間所經的全部歷程。

二、試述學習理論派別之代表人物及其學說內容。

答：學習理論，大致上可歸納為兩類：一類為刺激反應理論，另一類為認知理論。在刺激反應理論中，又以聯結論較為一般人所接受，在認知理論中，以符號完形論較為普遍，茲分別說明如下：

(一) **聯結論**：

1. 代表人物：俄國的巴夫洛夫（Pavlov）、美國的桑代克（Thorndike）、及史金納，又譯斯肯納（前者較常用）（Skinner）。
2. 主要內容：S-R論者強調刺激與反應間的關係（Stimulus-response relationship）。此派學者認為學習就是建立新的刺激與反應的聯結，亦即形成特定的行為組型（Behavioral pattern）。這種刺激反應間聯結的歷程就是學習。此派以制約作用（Conditioning）的實驗為其理論基礎。

(二) **認知論**：

1. 代表人物：庫勒（Köhler）、托爾曼（Tolman）。
2. 主要內容：認知論的學者，則認為學習不是刺激與反應的聯結，而是個體在情境裏對於各種事物間關係的認知的歷程。此派強調領會（understanding）的重要性，認為個體如果未能認知情境中各變因間的關係，則沒有學習的產生。所以，此說常以頓悟（insight）來解釋學習行為。

三、古典制約學習之代表人物及其對學習歷程的解釋為何？

答：(一) 古典制約學習代表人物為巴夫洛夫（Powlor）。

(二) **學習歷程**：巴氏用狗從事消化實驗，發現唾液反應現象以解釋學習歷程。其歷程為：在控制的情境下，將一個原不能引發個體某種反應的制約刺激，伴隨另一個能夠引發該反應的非制約刺激多次出現後，終能使制約刺激與該反應之間建立起新的聯結關係，而能單獨引發該種反應。以下再以圖解說明此種古典制約學習的歷程。

由以下圖解，我們可以了解古典制約學習的歷程，正是刺激與反應間關係的改變；亦即利用它們之間已有的舊關係，建立一個前所未有的新關係。

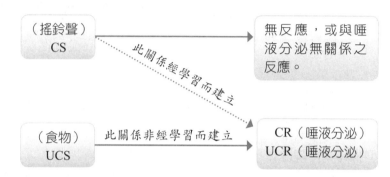

四、試述桑代克（E.L.Thorndike）的嘗試錯誤說。

答：桑代克以貓為對象，做了迷籠實驗。他將一隻飢餓的貓置於籠中，貓初進籠裡表現許多混亂的動作。偶然碰到手把，打開門走到外面吃到魚（增強物）。將貓再放進籠內，表現與第一次相仿。桑氏讓貓繼續練習，發現貓的活動，錯誤次數慢慢減低，最後貓竟學會開啟籠門的正確動作。每當放入籠中，即能探索或轉動把手，跑出籠外取食（聯結現象完成）。桑氏依據實驗的經過及結果，對學習歷程做了以下的結論。他認為動物之學習是經由試誤（Trial-and-error）的歷程而建立的，亦即是一種選擇與聯結（Selecting and connecting）的歷程。經由這種歷程，建立刺激與反應的聯結，終於學習到正確的反應。

五、桑代克之學習理論為何？

答：(一) 學習是經由嘗試與錯誤（Trial and error）或選擇與聯結（Selecting and connecting）的歷程。

(二) **學習歷程的建立，即為某一刺激與某一適當反應之聯結，而其間聯結之強弱，又受以下三個原則所支配：**

1. 練習律（Law of exercise），刺激與反應間的聯結，隨練習次數的增多而加強。

2. 準備律（Law of readiness），刺激與反應間的聯結，隨個體本身的準備狀態而異，個體在準備反應的狀態下聽其反應，則感滿足，滿足自會使其繼續反應。

3. 效果律（Law of effect），若個體反應後，獲得滿足的效果，則刺激與反應間之聯結加強。效果律即為桑氏理論的重心，也由此而導致史金納氏的操作制約實驗，並成為他學習理論的主要依據。

六、試述斯肯納（B.F.Skinner）的操作制約（工具制約）學習。

答：斯氏用白老鼠為對象，設計了斯肯納箱（Skinner Box），成為他建立操作制約理論之基礎。

(一)**斯肯納的操作制約學習實驗**：本實驗於進行時，實驗者將飢餓的老鼠放進斯肯納箱（Skinner Box）裏，這時老鼠顯得非常興奮，四處走動，在偶然中壓動槓桿時，實驗者即由食物洞送一顆食物粒給老鼠吃。由於食物粒的獲得，老鼠壓槓桿的動作得到酬賞，經過多次的練習後，老鼠學會壓動槓桿取食物的行為。這個實驗過程，就是操作制約作用的理論依據。

(二)**逃離學習與迴避學習**：這類實驗是讓動物操作，以終止某些痛苦或不愉快的刺激。茲就屬於此類學習的典型例子介紹於後：

1. 逃離學習：所謂逃離學習是使個體學習操作某種裝備或表現某種活動，以終止不快而逃離刺激情境。

2. 迴避學習：所謂迴避學習是指個體學會在某種不快的刺激呈現之前，做出一些活動，以逃避該痛苦情境而言。

七、試述古典制約學習與操作制約學習過程中之主要現象。

答：在制約學習的實驗過程中，發現一些基本現象。這些現象與制約學習有密切關係，茲說明如下：

(一)**增加**：在制約學習實驗中，出現之非制約刺激（食物）等，有助於刺激與反應之間的聯結，使動物學習到一種新的行為，此乃為增強。

(二)**消弱**：制約學習形成之後，這新建立的刺激反應關係未必十分牢固，若只重複制約刺激而不伴隨增強刺激時，這已形成的制約反

應強度將逐漸減低，最後感到不再反應的地步。這種現象叫做「消弱」（Extinction）。

(三) **高層次制約作用**：在古典制約學習的實驗中，曾經發現能夠以一種制約刺激，來建立另一種制約反應。這種現象，稱為高層次制約作用（Higher-order conditioning）。例如在狗的實驗中當鈴聲受食物多次增強，而引起流唾液的反應後，再進行「高層次」階段的實驗，即在鈴聲之前，將繪有黑方塊的卡片放置在狗面前。這樣經多次配對呈現後，則繪有黑方塊的卡片雖然從未伴隨著食物，也可引起流唾液的反應。

(四) **自發性恢復**：在制約學習過程中，消弱現象發生後，使個體有一段休息時間，然後再單獨出現制約刺激，此時本已停止之制約反應可能又恢復出現，此現象稱為自發性恢復（Spontaneous recovery）。

(五) **類化**：在制約刺激可單獨引起制約反應之後，與該制約刺激相類似的其他刺激，雖然未在制約過程中伴隨增強刺激出現過，但也可以引起個體的制約反應。這種現象稱為刺激類化（Stimulus generalization）或簡稱類化（Generalization）。

(六) **辨別**：指個體能夠對不同的刺激做不同的反應，或是在多種刺激中選取某一刺激去反應。此種現象稱為刺激辨別（Stimulus discrimination）或簡稱辨別（Discrimination）。

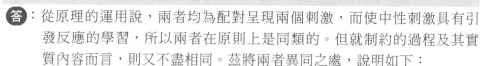

八、請將古典制約學習與操作制約學習的理論，比較說明之。

答：從原理的運用說，兩者均為配對呈現兩個刺激，而使中性刺激具有引發反應的學習，所以兩者在原則上是同類的。但就制約的過程及其實質內容而言，則又不盡相同。茲將兩者異同之處，說明如下：

(一) **共同現象**：古典制約作用的一些基本現象，如刺激分化與類化、反應之消除、自然恢復以及高層次制約等，在工具制約的學習中也可以觀察到。

(二) **相異點**：

　1. **就刺激呈現次序而言**：在古典制約學習中，總是非制約刺激（UCS）在前，非制約反應（UCR）在後；而且後者乃係前者所引起。但在操作制約學習中，卻是制約反應（CR）在前，非

制約刺激（UCS）在後。非制約刺激之後固也引起非制約反應（UCR），但非制約刺激的出現，卻是由於制約反應的結果，而制約反應是個體自發的，非由任何外界固定刺激所引起。

2. **就反應性質而言**：在古典制約學習中，制約反應與非制約反應在性質上是相同的（均為唾液分泌）；但在操作制約學習中，兩者相異，制約反應為壓桿，非制約反應為吃食物。

3. **就學習性質而言**：基於以上兩點分析，可見古典制約學習乃是一種刺激代替的歷程，即制約刺激代替了非制約刺激，而引起非制約刺激原來所引起的反應（稱制約學習為交替學習者即據此理）。在操作制約學習歷程中並無刺激代替現象。

4. **就行為的發生而言**：在古典制約學習中，個體的反應是被誘發的行為，其反應常是被動的，即所謂反應的行為。但在工具制約學習中，個體的反應是自發的行為，是主動的參與，即所謂操作的行為。

九、增強時間的安排方式。

：在形成制約反應上，時間因素是一個關鍵問題。非制約刺激與制約刺激孰先後，抑或同時，均會影響到制約反應的建立，故有不同制約程序的名稱。茲介紹四個不同的制約歷程如下：

(一) **同時制約作用**：即制約刺激與非制約刺激同時出現，以形成制約反應。例如同時給出現食物與鈴聲的刺激，最終單獨使用鈴聲也能引起唾液分泌的反應。

(二) **延宕制約作用**：即先呈現制約刺激，直至非制約刺激出現，以形成制約反應。例如先響鈴聲，延至食物出現，以引起唾液分泌的反應。

(三) **痕跡制約作用**：即先給予制約刺激，等制約刺激完全消失後，再呈現非制約刺激，以形成制約反應。例如先響以鈴聲而後停掉，過數秒鐘後，再呈現食物，利用鈴聲在腦中留下的遺跡，以引起流唾液的反應。

(四) **倒向制約作用**：即先給予非制約刺激，再呈現制約刺激，以形成制約反應。例如先給以食物，再響鈴聲，以引起分泌唾液的反應。

十、「增強」的疏密對增強效果很有影響，「增強的分配」有那幾種？

答：制約作用的增強，可分連續增強與部分增強。所謂連續增強是每當個體在學習中有正確反應，或適當反應時，均予以增強的方式；而部分增強係每間隔一段時間，或在個體有了幾次反應之後，纔予增強。這種方式又稱間歇增強。因經由部分增強所得的反應，在時間上較為持久，且遺忘的較少，因此部分增強仍被普遍的採用。歸納起來，部分增強又可分成如下四種形式：

(一) **固定時距式**：即每隔一段固定的時間，予以一次增強。例如斯肯納箱裏的老鼠每隔五分鐘，操作槓桿就獲食一次。

(二) **固定比率式**：即在固定的幾次反應之後，才給予增強乙次。例如老鼠在斯肯納箱中，壓桿三次後，才給予食物一次。

(三) **變異時距式**：即以不固定的時間間隔內給予增強。前述固定時距式是每隔五分鐘，即給予一次增強，但變異時距式，則可在三分鐘時，或可在七分鐘後，依增強時間變異不定。例如老鼠獲食乙次後隔三分鐘，可能再獲得一次，也可能在七分鐘後，始再獲一次。

(四) **變異比率式**：即不按一定的反應比率實施增強。固定比率式是每隔一定次數的反應，即予一次增強。但變異比率式，則可能在反應二次後，也可能在反應四次後或七次後，才獲得增強。上述四種不同的增強方式，對個體的反應效果不一。一般而言，變異式較固定式效果為優；變異式中又以變異比率式較變異時距式為佳。

十一、「增強」、「增強物」及「正增強」、「負增強」等名詞之意義。

答：(一) **增強**：在古典制約中非制約刺激伴隨制約刺激出現，而逐漸加強制約刺激能夠單獨引發，非制約刺激所引發反應的實驗程序，稱為增強作用。

(二) **增強物**：在學習情境中出現之任何事件（物、事、人等），只要它有助於某刺激與某反應間之聯結者。

(三) **正增強**：一種刺激之所以對個體的反應發生增強作用，主要是它能夠適合或滿足個體的需要。因此，食物之於個體某種反應，等於是酬賞或獎勵的性質；對某種反應愈加獎勵，其反應強度愈增

強，所以二者的關係是正向的。像以食物作為訓犬的增強刺激物，稱為正增強刺激。

(四) **負增強**：有二種意義：一是對已有反應懲罰、阻止的意思，另一是對新建反應加強的意思。懲罰者乃是安排一種情境，提供可使個體產生痛苦的某種刺激，阻止其已有的某種反應出現，以養成其不對某種刺激反應的習慣。例如訓犬是增強物不用食物而改用喝斥，已建立的反應即行停止。

另一種意義是加強某種反應：既然負增強刺激會使個體產生痛苦，當然，所謂增強者絕非個體已進行之反應；而是個體在此時能自動出現並停止負增強刺激的反應。

十二、「次級增強物」的重要性如何？

答：(一) 食物或電擊之類的刺激原本具有增強力量，獲得食物後，能使曾出現過的反應重複出現，受過電擊後，可使逃避電擊的反應加強，因此這類刺激稱之為原增強物。除了這些原增強物外，另有許多本不具增強力量的刺激，由於它常伴隨原增強物出現，終究也具有類似的增強力量。例如，奶水對飢餓的嬰兒言是原增強物，但因每次餵哺時母親必然伴隨出現，久而久之，母親單獨出現也會同樣使嬰兒感到滿足，像這類原本不具有增強力量，因與原增強物相伴出現而獲得增強力的刺激，稱為次增強刺激或次增強物。

(二) 次增強與高層制約的原理，對人類複雜行為的了解具有極重要的意義。有許多事例顯示，次增強物對人類行為的支配力甚至大於原增強物。且看金錢、名譽、地位、獎狀（正增強物）、傳票、罰單、警告（負增強物）等對人們生活中各個行為的支配力量有多大，就可想而知。

十三、試述增強的種類。

答：增強按其性質，可分為原級增強（Primary reinforcement）、次級增強（Secondary reinforcement）和高層次增強（higher-order reinforcement）三類，茲分別說明如後：

(一) **原級增強**：所謂原級增強是指由原增強物引起的增強效應而言。凡增強刺激其本身具有引發反應的效用，而毋須經過訓練者，即為原級增強物（Primary reinforcer）。一般具有減低個體生理驅力者都屬於此類刺激物，諸如食物、水等。例如在巴夫洛夫的實驗中，食物即可引起狗分泌唾液。

(二) **次級增強**：由次級增強物（Secondary reinforcer）所造成的增強效應，即為次級增強。所謂次級增強物係指與原級增強物配對制約後，具有引發原有反應的刺激而言。這些刺激物並不能直接滿足生理需求，但可引發原有反應。例如在古典制約學習的實驗裡與食物配對出現後的鈴聲，即具有引起狗分泌唾液的效應。

(三) **高層次增強**：以次級增強物為基礎，另以其他刺激為制約刺激所形成的增強效應，即為高層次增強。具有高層次增強效應的刺激物，即為高層次增強物。例如以制約刺激的鈴聲為次級增強物，再以黑方塊卡片為制約刺激，以引發狗分泌唾液的反應，即為高層次增強。在此過程中，黑方塊卡片即為高層次增強物。

十四、頓悟學習實驗過程的主要意義為何？

：頓悟學習有四點意義：

(一) **學習的成就是頓悟的結果**：個體必須能夠洞識情境中各個事項的關係，才能有解決問題的反應。

(二) **學習是經由一些類似行為假設的探索練習而成**：例如猩猩用竹竿把另一根竹竿推向放香蕉的地方，就是勾取動作的一些前奏。

(三) **頓悟學習的成效，可以保持很長的時間**：例如猩猩在某次實驗中學會某種行為反應後，在任何一次實驗裏，均能再表現該行為。

(四) **頓悟學習與動物的智力有關**：不同的種屬之間，能力高低不一，智力較低的動物，只能靠試誤的偶然學習（如桑代克迷籠裏的貓）。但較聰明的靈長類之行為，可由領悟而來。同時，同一種屬之間，亦因個別差異的關係，在頓悟的能力方面，有所不同。

十五、影響頓悟學習之主要因素為何？

：影響頓悟學習的變項，其一般要點可歸納如後：

(一)頓悟依靠問題情境的安排。適當的過去經驗雖屬必須，但不能保證問題已解決，只有在問題解決的關鍵上，使受試者能認知其中的關係，才易於頓悟。

(二)一旦用頓悟解決了一項問題，便立刻可以重複進行。逐漸解決似乎是嘗試錯誤學習的規律，突然解決則是頓悟學習的規律。

(三)用頓悟得到的解決方式可用於新情境。在頓悟學習中所學得的不是一項特殊的刺激：反應序列，而是一個手段與一個目的之間的認知關係。因此，一個工具可以代替另一個工具。

十六、試述托爾曼（Tolman）對學習歷程的解釋。

答：托爾曼用白老鼠做實驗：走迷津，獨稱為「方位學習」，其對學習歷程的解釋，大致可歸納為以下四點：

(一)個體的行為是有目的，學習即產生於有目的的活動歷程之中。在學習情境中，個體的行為總是朝向一個目的去活動，他表現的反應，只為達到此目的所選擇的手段。

(二)托爾曼以符號學習的理論代替古典制約學習的理論，解釋最基本的學習歷程。托爾曼認為，個體在情況中所學到的乃是連續出現的各刺激（或符號）之間的關係。就古典制約學習的情境言，因為制約刺激與非制約刺激連續出現，久而久之，個體便學到兩者之間的關係，制約刺激出現即表示目的物（食物，亦即非制約刺激）將出現，或可說制約刺激即為導向目的的指標（符號）。因此他認為個體是學到了S1-S2之間關係的認知，而非S-R關係的建立。

(三)托爾曼把個體在學習歷程中的反應，視為其達到目的的手段。

(四)托爾曼強調在學習歷程中，個體有一種期待（Expectancy）的內在狀態，此種狀態是形成上述認知傾向和認知地圖的基礎。情境中的刺激會使個體產生一種內在的期待，期待另一情境的出現。

> **小 叮 嚀**
> S-R請參閱本書第一章。

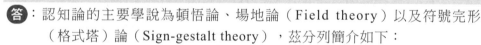

十七、試述有關認知論的主要學說及代表人物。

答：認知論的主要學說為頓悟論、場地論（Field theory）以及符號完形
（格式塔）論（Sign-gestalt theory），茲分列簡介如下：

(一)**頓悟論**：頓悟論係早期完形心理學派最主要的學習理論。這個學
派是由魏德邁、卡夫卡、庫勒等人共同建立的。庫勒所創導的頓
悟論，就是完形心理學派在學習理論上的具體表現。庫氏表示，
動物的學習有賴於頓悟，並非依靠嘗試錯誤。亦即動物必須了解
整個情境中各個刺激變項間的關係，突然頓悟了解自己達到目的
的手段，學習始可成功。

(二)**場地論**：此說係勒溫所創。他借用拓蹼學的空間觀念來解釋個體
在心理生活空間的活動傾向。勒氏所指的心理生活空間，乃個體
情況與外間環境所構成的「心理力場」。這個「力場」是意識
的、動態的，人人不同的。例如同在一間教室上課，甲生想到明
天那場球賽要如何才能獲勝，乙生則想到假日該約誰去郊遊好；
其他同學則認真上課。同在教室上課，這些同學持有的心向狀
態，即為其特殊生活空間。

(三)**符號格式塔論**：托爾曼在1932年出版動物
與人類的目的行為，發表了他的學習理論。
他認為我們並不僅對刺激反應，更朝著信念
方向，向目標活動。動物的學習也是有其方
向，辨識情境中的具體符號，構成「認知地
圖」，到達最終目標。這種看法是把行為與目的聯結在一起，著
重客觀行為，非僅只是意識的經驗，但又從行為整體的格式塔觀
點，去尋求其客觀性，所以他的理論叫做「目的行為論」。又因
托氏認為個體所學到的是符號刺激關係，並非如聯結論者所認為
的反應聯結，所以他的理論也稱為符號格式塔論。

> **小　叮　嚀**
>
> 「格式塔心理學派」
> （Gestalt School of
> Psychology）：又稱
> 「完形心理學派」。

十八、聯結論與認知論立論之不同何在？

答：聯結論者把學習視為刺激與反應新關係的建立與習慣的形成，因而強調制約學習的歷程。認知論者把個體對情境中刺激間關係的了解，視為構成學習的基本要素，因而強調認知與領悟在學習歷程中的重要性。從兩派學者的理論與實驗的分析，可以獲得兩點認識：

(一)兩派學者以不同類屬的個體及不同型態的行為變化為研究對象，所得原理原則自難概括的用以說明普遍的事項。

(二)兩派學者以不同理論對同一事項作不同的解釋。聯結論者把最簡單的學習歷程解釋為刺激的代替，並名之為古典制約學習。另外對稍複雜的動作學習及語文學習，也以刺激反應的觀點解釋。認知論者看法不同，其符號學習的理論解釋為刺激與刺激間關係的期待與認知。此兩派學者對迷津學習之同一事項也作不同之解釋：聯結論者解釋為反應連鎖化形成的習慣，而認知論者則認為係個體對整個情境的了解，而形成了認知地圖的關係。此種「事項雖同，解釋各異」的現象，對研究心理學的人來說，是一個重要啟示；這不但說明研究心理學的困擾之處，也正標示出心理學確為有深度且值得研究之學問。

十九、試說明「代幣酬賞制」（Token Economy）的意義。

答：「代幣酬賞制」的意義，可以用心理學家考爾斯（Cowles）用黑猩猩所作的「代酬學習」實驗解釋。先教一隻黑猩猩學會使用一架自動販賣器，令其學會投入一枚代幣，掀動按鈕，而後獲得送出的葡萄。接著教牠使用另一種機器，即拉動一條附有強力彈簧的拉桿，桿的另端放有葡萄，猩猩必須用大力拉動，始能獲得葡萄，等這個動作熟練後，桿的另端放置代幣以代替葡萄，結果發現，猩猩用如前同樣的力量拉動彈簧以獲得代幣，然後用代幣向自動販賣器取得葡萄，有時候在換取葡萄之前，猩猩甚至會將代幣儲藏起來。代幣是一種次級增強物，其價值不在它的本身，而在於能以之換取葡萄，因而產生了一種「代酬」作用，終而對個體有了增強的價值，這就所謂「代幣酬賞制」之意義。

二十、編序教學和電腦補助教材對教學效果有效的主要特徵為何？

答：編序教學和電腦補助教材之所以有效的主要特徵至少有三項：

(一) **積極參與（Active participation）**：學習者積極地與課程材料交互作用。「由做中學」：使學習者主動的參與練習並熟練教材，這和講演式教學法中，所進行的消極被動的學習成為強烈的對照。

(二) **訊息的回饋（Information feedback）**：立即的回饋在某些工作中甚為重要：從動物的操作制約中，立即的增強產生較有效的學習，在人類接受的語言學習中，提供學習結果的訊息可獲得相似的效用。在這種電腦補助教材和編序教學中，不論題目答對與否，學習者可以毫不遲延的發現它，這樣就可以對錯誤作立即的更正。

(三) **教學的個別化（Individualization of instruction）**：學得快的人，可以很快地在材料上獲得進步；而學得慢的人，則進展的較慢，直到熟練了基本概念為止。並且學習者也可以經由分道計畫的教材，選擇適合自己興趣和能力所設計的途徑把材料學會。因此學習者可以按照自己的速度向前進行，達到教學個別化的效果。

> **小 叮 嚀**
>
> 「從做中學」（Learning by doing）是教育學家 J．Dewey的教育哲學重心。

有些人以為電腦應用在教育中，會妨礙人類的個性發展，但事實上卻是相反，電腦補助教學為個人的潛能提供了較大的發展機會，它能解除不適合學生性向和需要之教材的壓力。

二一、試述場地學習理論與聯合學習理論要點。

答：(一) **場地論**：是認知論學派的一支，乃勒溫氏所創導，其理論是由完形心理學中演變而來的，他接受了完形心理學重視整體的原則，但進一步著重動機在學習中的價值。他認為每一個人都是生存在一個「力場」之中，這個「力場」對每個人來說就是他的生活空間。在個人的生活空間內，不但包括了身外環境中的一切事物，同時也包括著個人內在的一切活動（如思維、想像，甚至一切生理變化等）。因此個人內在的力，對個人來說都是心理性的，而非物理性的。學習的產生是由於認知結構的改變，其改變的原

因，一方面是由於認知場地本身起了變化，另一方面是由於內部的需要或動機發生了變化。改變的方式可能是突然的，也可能是經由重複而漸進的。

(二)**聯合學習論**：是刺激反應論的一支，乃桑代克氏所創導。他發現在學習情境中，個體的學習是經由一種「嘗試與錯誤，偶然的成功」的方式，這種學習方式即後來常為大家所說的嘗試與錯誤的學習。在這種方式下，個體經過對刺激的多次反應，終會使其兩者間建立一個聯結或結合；因此，他的理論被稱為聯結論。桑氏認為刺激與反應間的聯結就是學習，而聯結又受以下三個原則所支配：(1)練習的多寡。(2)個體自身的準備狀態。(3)反應後的效果。這三個原則即桑代克氏著名的學習三定律：練習律、準備律、效果律。練習律是指個體對某一刺激反應時，練習的次數愈多，則刺激與反應間的聯結愈強。準備律是指個體在準備反應的狀態下，聽其反應，則感滿足，滿足自會使其繼續反應。效果律是桑代克氏學習理論的重心，其主要內容在強調刺激反應間聯結的強弱要靠反應後的效果來決定。若反應後使個體獲得滿足的效果，則刺激反應間的聯結加強，反之，則其聯結便減弱。事實上，桑氏所說的準備律，即大家熟知的機動原則，而效果律所指的就是動機的是否滿足。

二二、試述獎懲在心理學上之意義及實際運用時，應注意的要項。

答：(一)1.獎勵：從心理學觀點來看獎勵時，獎勵的目的在使員工獲得願望的滿足，此種願望的滿足，一方面是代表員工辛勤工作的代價，另一方面可鼓勵員工對組織提供更多的貢獻。如給予員工的獎勵並不能滿足其願望時，則員工不但感到並未獲得辛勤的代價，更不會發生積極的與再次的鼓勵作用。

2. 各組織對員工的獎勵，為期發揮效率，在運用時宜注意以下各點：

(1)及時獎勵：獎勵必須及時，及時的獎勵不僅可發揮獎勵的功效，更可增加員工對獎勵的重視。逾期或遲來的獎勵，不僅失去獎勵的意義，更會使員工感到獎勵的多餘，甚至對獎勵產生漠視的心理。

(2)配合員工的願望與需要：如所採取的獎勵措施，能滿足員工的願望與需要，則表示員工的行為已達到目的，對員工的行為已有酬償，如此可激發員工產生更高層次的需要與願望，在行為上表現出向組織提供更多的貢獻。

(3)獎勵須機動選用或並用：所謂獎勵的動機，係指獎勵須因員工願望與需要的不同而不同，根據心理學家的意見，員工不但有個別差異，且差異甚大，因此員工的願望與需要不會完全相同。

(4)獎勵的程度仍須與員工的貢獻相當：員工的優異事蹟或工作績效，對組織之貢獻愈大時，應給予員工程度愈高的獎勵。如不論員工的貢獻大小，均給符合員工願望與需要的獎勵，則不是獎勵過於吝嗇，就是獎勵過於寬濫，均有失獎勵的意義。

(二) 1.懲處：各組織對違規失職的員工，常須依照有關規定予以懲處。但從心理學觀點看，對員工的懲處卻另含有下列意義：

(1)員工的動機受到挫折。

(2)員工的行為受到挫折。

(3)員工均有逃避挫折及抗拒挫折的心理。

(4)員工受懲處後亦可能產生類似心理。

2. 各組織對表現不法或不當行為的員工，必須採取懲處行動時，須先考慮某些因素，不宜遽予懲處，以免發生懲處不良後果。須考慮的因素包括：

(1)考慮行為的原因與動機：員工表現不法或不當行為的原因與動機，有的是非常值得同情與可原諒的，有的是使人非常痛恨的，所表現的行為雖屬同等的不法或不當，但對情有可原的，自宜從輕懲處，對頑劣成性的自應從重懲處。

(2)考慮行為目標：若所表現的行為屬同等的不法或不當，但對目標可嘉的自應從輕懲處，對目標不法的自應從重懲處。

(3)是否必須懲處：一般而言，採取員工懲處的措施，須以「如不懲處則將影響優良風紀」者為限，如非為維護員工優良的風氣所必須，則無採取懲處的必要。

(4)考慮給予何種懲處：如認為需予懲處時，則應考慮給予何種懲處。對一般的懲處措施而言，寧可失之於寬，因為從寬的懲處，

易使員工感到內疚，可降低逃避或抗拒心理，較易產生奮發的作用，如無充分的理由而給予過嚴的懲處，將會弊多於利。

(5)考慮如何給予懲處：除嚴懲頑劣，且為維護風紀所必要者，可以公開並書面方法採取懲處措施，使其他員工有所警惕外，宜以口頭勸說私下進行，希望受懲處員工自己有所警惕，知過而能改即可，不需使其他員工週知，以免增加受懲員工的挫折感。

二三、請陳述分散學習的優點。

答：(一) 可避免個體學習的疲勞。

(二) 可發揮差別遺忘論（miscon ception）的優點。

(三) 因為短期記憶容量是有限的，所以分散學習可以幫助個體提升學習品質。

(四) 凝固論（consolidating）：當我們在思考時，會引起神經衝動；藉由分散學習可以促進我們進行思考的頻率。

(五) 在不同時間複誦資料，保留效果較好。

二四、試陳述認知取向的相關教學策略。

答：(一) **新皮亞傑式教學法**

1. 提倡者為Slavin、Joyce與Weil等學者。

2. **實施步驟為：**

(1)設計一個可引起學習者注意的問題情境。

(2)引發學習者的行為反應，並且適時提供與學習者相反的看法，使學習者得到反思的機會。

(3)提供相關作業，幫助學生學習遷移。

(4)將認知發展層次高的學生安排在一起，使認知發展層次較高的學生，可以去協助認知發展層次較低的學生。

(二) **Bruner的發現學習論**

1. 理論基礎為表徵系統論。

2. **教學設計原則：**

(1)結構原則：形式性、有力性、經濟性。

(2)順序原則。

(3)動機原則：好奇心、好勝心、認同感、互惠感。

(4)增強原則。

3. **相關特色：**

(1)其認為語言是刺激與反應間的媒介。

(2)認為語言有助於認知的發展。

(3)強調直覺思維是發現學習的前奏。

(三)**Ausubel的講解式教學法**

1. 基本概念包括前導組體、含攝、層級學習、內在聯結。

2. **實施步驟：**

(1)考慮學習者的起點行為。　　(2)呈現前導組體。

(3)以漸進分化原則來呈現教材。

(4)釐清教學內容的相似點、相異點，使學生得到有意義的學習。

3. **講解式教學法的優點：**

(1)教學時間較為經濟。

(2)學生容易獲得完整有系統的知識。

(3)符合「有意義學習」的精神。

(四)**維高斯基（Vygotsky）的社會歷史學說和環境中心教育**

1. **內容：**

(1)人類活動需要工具或訊號的中介作用。

(2)以發生式或發展性的觀點來分析學習的心理現象。

(3)高層次的心智能力是個人與社會互動之中逐漸形成的。

2. **ZPD（Zone of Proximal Development）近似發展區：**

(1)其係指在教師的協助或有能力的同儕協助之下，學生所表現出的問題解決能力將超越單獨時，所表現出的發展層次。

(2)其相關概念包括鷹架作用等。

> **小　叮　嚀**
>
> 著名的「建構式數學」之設計，即立基於鷹架理論。

3. **教育意義：**

(1)強調師生互動和同儕合作。

(2)適時輔導學生是有效學習的不二法門。

(3)教學評量是認知建構的歷程。

(4)強調情境認知。

(5)學得的知識必須和生活經驗習相關。

(五)**認知情境論**

1. **理論基礎**：

(1)Dewey的實驗主義：Learning by doing。

(2)Lave與Wenger的認知人類學。

(3)Vygotsky的社會歷史學說。

2. **相關應用實證**：

(1)認知師徒制（Congnitive Apprenticeship）。

(2)ZPD。

(3)合作學習。

(4)情境的學習：重視分佈的認知學習。

(六)**知識建構論**（Constructivism）

1. Discoll將建構主義分為二種。

2. **Gardner**：其主張「unschooled mind」（未教化心靈），係指學生在未經學習之前是未教化心靈（代表教育可能性）。

3. **Wiggins**：其主張教師應允許學生有憑其力量探索的觀點，亦即教師提供學生一個情境去探索。

4. **個人建構主義中心概念**：

(1)知識是由個體主動建構的。（主動原則）

(2)知識建構的目的是為了適應新環境。（適應環境）

(3)知識建構的歷程是個人經驗合理化的結果。（主觀）

(4)知識建構的結果受到其行動有無達到目標所影響。（再平衡）

5. **社會建構主義中心概念**：

(1)社會文化有助認知。　(2)語言影響認知。　(3)情境認知。

6. **來源**：

(1)Piaget的發生知識論。　(2)Vygotsky的ZDP。

7. **設計原則**：

(1)主動原則：主動學習，為自己行為負責，與舊經驗相聯結。

(2)適應原則。

(3)發展原則：高層次發展建構於低層次發展。

8. **學習假設**：

(1)學習是對於「經驗」建構的「歷程」。

(2)學習是對於經驗的詮釋，亦即是一種主觀、客觀交互作用。

(3)學習是以既有的經驗為基礎。

(4)知識本身是由不同的觀點融合而成,所以個體須持續的與他人互動(合作學習),以改變既有的知識詮釋,而獲得成長。

(5)學習要發生在與真實世界相仿的脈絡情境當中,學習的內容與「生活經驗」有關。

(6)評量並非單獨的活動,而是與完整的學習內容,過程有關。

9. **建構主義的教學模式(Drive & Oldham):**

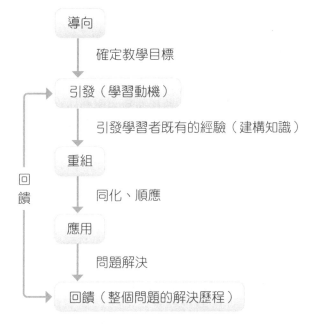

10.**教學設計原則:**

(1)以生活經驗的情境做為佈題依據。

(2)鼓勵師生同儕之間進行人際互動。

(3)學生中心教育。

(4)教師角色,為佈題者、促進者、資料提供者。

(5)以問題解決為主要教材內容。

(6)以科際統整為課程組織的原則。

(7)重視學習的建構歷程。

(8)多元化評量。

(9)小班教學。

11.**教學方法**：
  (1)合作學習。   (2) 交互教學法。
  (3)新皮亞傑式教學法。 (4) 啟發式教學法。
  (5)探究法。   (6) 認知師徒制。
  (7)協同教學法。

12.**建構主義的優缺點**：
  (1)優點：
    A. 強調學生的主體性。
    B. 強調多元文化，且是當今教育的主流。
    C. 重視建構「歷程」而非結果。
    D. 有助於培養批判性思考。
  (2)缺點：
    A. 每個人的建構歷程均不同。
    B. 缺乏客觀的評量工具。
    C. 容易因善而害真。

(七)**主題式教學法**：
 1. **主題來源**：
  (1)來自學生經驗。   (2) 師生討論。
  (3)教學小組。   (4) 學習較好學校主題。
 2. **特色**：
  (1)建構式教學：自我導向式學習。
  (2)契約式教學：合作學習。
  (3)評量與教學相符合。
 3. **實施原則**：
  (1)強調學習發生於真實情境中。
  (2)學生是課程設計的參與者。
  (3)課程統整以概念與原則獲得為學習重點。
  (4)學生為提問者，教師為引導學生解決問題者。
  (5)重視技能認知、情意的統整，建立學生自我價值觀。

二五、試述陳述合作學習法之相關概念。

答：(一) 提出者為Artzt與Newman所提出。

(二) **目標：**

1. 培養正向互賴：
   (1)目標互賴：達到結果。　(2) 工作互賴：歷程。
   (3)獎勵互賴。　　　　　　(4) 組間互賴。
   (5)材料互賴。　　　　　　(6) 資料互賴。
   (7)環境互賴。

2. 提供面對面互動：代表情意滿足。

3. 提升個人績效，與團體績效做結合。

4. 合作學習可培養人際互動技巧：
   (1)形成技巧：團體一開始所需的技巧。
   (2)運作技巧：代表角色的分配。
   (3)形式化技巧：團體結束使用的技巧。
   (4)發酵技巧：解決衝突的技巧。

(三) **影響學習因素：**

1. 組織結構：組內異質，一組3～5人，以一年或一學期為單位。
2. 作業內容：是否足以引發學習者的互賴。
3. 團體激勵方式：透過代幣、正負增強物的運用。

(四) **採取多元評量，並且營造溫暖接納的班級氣氛。**

(五) **合作學習相關模式：**

1. Johnson & Johnson模式。　　2.Cole的PDSA模式。
3. Slavin的STAD模式。　　　　4.小組競賽法（TGT模式）。
5. 拼圖法。

二六、試陳述協同教學法之相關概念。

答：(一) **協同教學法（team teaching）：**係指由不同專長教師與教學助理，組成教學小組，擬定教學計畫，依照計畫教學，再由教學小組評量學生（共同），最後教師間亦互相評鑑的一種教學策略。

(二)**特徵**：
1. 強調策略多元化。　　　　　　2.學生組群多元化。
3. 空間多元化。　　　　　　　　4.時間多元化。
(三)**影響協同教學法成敗因素**：
1. 教師專長。　　　　　　　　　2.有沒有教學助理。
3. 學習空間是否為開放。　　　　4.課程是否彈性化。
5. 學習機會的提供。　　　　　　6.學生要混齡編班。
(四)**實施原則**：
1. 配合學校本位課程。　　　　　2.與家長、老師理念溝通。
3. 形成教學小組。
4. 學校宜事先擬定教學設計程序與準則。
5. 教學設計的準則、教學計畫。
6. 依教學設計所擬定的教學計畫，進行教學及評量。
7. 課後須回顧，做課程及教學設計評量。

二七、何謂全語言教學？

答：全語言教學是指在開放、自由的學習氣氛中，藉由教師的引導、啟發
　　和協助，以促進學生從週遭生活的經驗脈絡中，去汲取學習語言的教
　　材，以構建自己的語言體系。其理論基礎為「建構主義」，故其重視
　　學習者主動建構知識的能力，而教師所扮演的角色亦十分多元，所以
　　教師的專業能力是否足夠，是全語言教學能否成功的關鍵因素之一，
　　且亦必須考量應採用何種評量方法才能提升教學效能與品質。

二八、何謂腦相容教學？

答：腦相容教學：
　　(一)其最先由Leslie A, Hart（1983）所提出，他主張根據人腦如何處
　　　　理訊息的研究結果，以及觀察人類自然學習行為的模式中，我們
　　　　應設計與人腦運作模式與學習傾向相容之課程與教學。

(二) **發現腦相容教學理論依據如下：**
　1. 豐富的學習環境及有意義的學習將有助於學習。
　2. 自信且有興趣之學習動機的情緒反應將有助於學習及記憶。
　3. 人腦以平行且多元的方式處理訊息。
　4. 建立知識與學科之關聯性，應符腦神經網路連結機制。
　5. 人類重要的基本能力，都是以整體而自然的方式習得的。

二九、試陳述Ausubel之思想大要？

答：Ausubel之思想大要：
(一) Ausubel為認知心理學派的代表學者，其認為學習者在學習前根本無法知道自己要學什麼，因此他認為教學應該是學習必須仰賴外在的力量，以獲得認知結構的改變。
(二) 強調有意義學習，且提出學習的四種類型：
　1.抽象符號學習。　　　　2.概念學習。
　3.敘述學習。　　　　　　4.發現學習。
(三) 他提出教學理論為講解式教學法或稱為解釋性教學法（expository teaching），其教學步驟如下：
　1. 呈現前導組體。
　2. 教學前提供新、舊的學習內容銜接。
　3. 呈現學習資訊。
　4. 聯結前導組體與學習資訊。
　5. 應用評量。

三十、試述「實作評量」（performance assessment）的內涵，並評論其教學應用之得失。

答：實作評量係為動態的評量觀，於此按照題目說明如下：
(一) **實作評量的相關內涵**
　1.實作評量就是呈現工作或問題給學生，要學生能以口頭、寫作、完成作品或解決問題方式的一種評量方法。

2. 實作評量可以評量學生在某領域的知識和技能，而非僅是回憶知識或知道如何做而已，可用來測量學生較複雜且高品質的教學目標，如分析、綜合、評鑑等的能力。

3. 實作評量的目的在於評量知識、理解化為行動的能力，強調學生善用有用的技能與知識，讓學生經由計畫、建構及表達原始反應來評定學習結果。

(二) **實作評量在教學應用方面的得與失**

1. **優點：**

(1)兼重教學的過程與結果，有助瞭解學生真實能力。

(2)實作評量的特質在於強調實際生活的表現、著重較高層次的思考與解決問題技巧、重視學生學習的個別差異、促進學生自我決定與負責、講求評分標準與人員的多元化、兼重評量的結果與歷程等。

2. **限制：**

(1)實作內容與所欲測量教學目標的切合性，可能會影響實作評量的效度。

(2)實作工作的指導說明之具體性，可能會影響實作評量的效度。

(3)由於實作評量的實施通常需較多的時間，所以實作工作項目比較少，不容易推論學生的學習成就，導致實作評量的效度令人懷疑。

(4)在信度方面，評分者間評分的一致性通常不高。

(三) **提升實作評量信效度的方法**

1. 可以透過雙向細目表，使實作評量的工作內容切合所欲測量的教學目標，以提升實作評量的內容效度。

2. 對接受實作評量的學生，應盡可能簡明完整的說明實作工作的內容與步驟，以提升實作評量的效度。

3. 應將實作評量的評分標準，清楚向每位評分者說明，以提升評分者信度。

小叮嚀

雙向細目表：作為編擬成就測驗題的設計藍圖，以教學目標為縱軸，教材內容為橫軸，畫出的二向度分類表。

三一、(一)試解釋古典制約學習的效應是如何發生的？(二)類化、消弱、自發性恢復等現象又如何解釋？(三)古典制約學習對怎樣的行為建立或學習效果較有幫助？

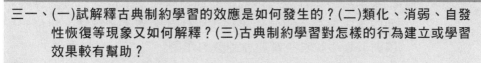

答：巴夫洛夫在1900年時，根據研究狗的唾腺分泌實驗，提出了古典制約理論，茲依題意說明如下：

(一) **古典制約學習的效應之相關說明**

1. 巴夫洛夫在1900年時，根據研究狗的唾腺分泌實驗，提出了古典制約理論，其核心概念包括無條件刺激、無條件反應、條件刺激與條件反應等。

2. 其實驗本來只侷限在動物身上，但後來的行為主義心理學者，如華生等人，不但用以解釋動物的學習行為，而且也用來解釋人類的學習行為。

3. 其理論最主要的內容就是在闡述刺激與反射之間的聯結關係。

4. 古典制約所強調的學習原理是刺激連結。

(二) **類化、消弱、自發性恢復之相關說明**

1. **類化**：刺激反應間發生聯結之後，類似的刺激也將引起同樣的反應。

2. **消弱**：在古典制約學習中，刺激反應間發生聯結之後，如果原有的增強停止，制約反應之強度將逐漸減低，最後終將停止反應之現象。

3. **自發性恢復**：在消弱現象出現之後，休息一段時間，然後單獨呈現制約刺激，仍然會使個體再度引發制約反應。

(三) **古典制約學習對行為建立或學習效果的助益之相關說明**

1. **古典制約學習可用以改變當事人的不適當行為：**

   (1)心理治療方面，使用最多的就是行為矯正，行為矯正之目的在於使個體在某種情境下的不適當行為，透過強化或消弱，而消失。

   (2)而後，又發展出代幣法的心理治療，以幫助個體得到適當的學習行為。

2. **古典制約學習可用以解釋懼學症的產生：**

   (1)若根據古典制約理論的觀點來進行分析，本來學生是不會害怕學校的，亦即學校原本對於學生而言，是一個中性刺激。

(2)但是由於學生在學校中的不愉快經驗或是害怕受到責罰等嫌惡性刺激，讓學生將其與學校這中性刺激產生了聯結，連帶使學校對於學生也具有嫌惡性刺激的作用。

(3)由於上述原因學生會產生恐懼上學心理，而導致學生得到懼學症。

三二、何謂觀察學習？它和制約學習有何異同？

答：於此按照題意詳細說明如下：

(一)**觀察學習之相關概念**

1. 觀察學習係由Bandura所提出。

2. **觀察學習則包括**：學生產生注意、學生進行刺激訊息保留、學生順利重現動作、維持學生持續產生學習行為之激勵動機等四個階段。

3. **觀察學習在教學上之應用**：

(1)教師應以身作則，兼具人師與經師之功能，並給予學生正向教師期待與適性回饋，以讓學生順利展現學習行為。

(2)教師可善用合作學習、角色扮演法、示範教學等，讓學生獲得觀察學習，也可透過表揚重要他人的優良表現，讓學生獲得楷模學習。

(3)教師在班級經營中，應善用社會性增強策略，並且給予學生適時增強，以讓學生進行自我調整學習。

(4)社會學習論可以做為培養學生自律行為的理論基礎，透過社會學習論之應用，可讓學生藉由自我觀察、自我評價、自我強化等過程，展現本身自律行為。

(二)**制約學習之相關概念**

1. 代表學者為Pavlov、Skinner，代表理論包括古典制約、操作制約、社會學習論等。

2. 強調只要透過適當增強，就可以使個體展現預期行為，換言之，個體行為是刺激與反應的聯結。

3. **相關概念包括**：「無條件刺激」、「無條件反應」、「條件刺激」、「條件反應」、「後效強化」、「分類」、「辨別」、「模仿」、「觀察學習」等。

4. **制約學習在教學上之應用：**
   (1)強調教師為教學中心，應透過具體教學目標的設計，透過適當增強策略，形塑學生理想行為。
   (2)目標導向及成果導向的教學評鑑，重視在教學過程後的教學目標達成程度，也強調教學效率與效能，重視學生的基本能力之養成。
   (3)量化取徑的教學研究，主張只要控制好教學變項之關係，就能達到理想的教育願景。

三三、何謂Bandura的「相互決定論（reciprocal determinism）」？它可以如何運用於教育行政工作裡？

 答：Bandura為重要的心理學者，茲依題意說明如下：

(一)**Bandura的「相互決定論（reciprocal determinism）」之要義：**
   1. 學習得自觀察與模仿，學習行為的發生是環境因素、個人對環境的認知以及個人行為三者，彼此交互影響而決定的。
      (1)觀察學習可分四階段：注意、保持、再生、動機。
      (2)楷模學習：模仿別人的行為。
      (3)替代學習：透過他人的成功或失敗來學習。
      (4)自我調整學習：人會觀察自己的行為，然後依據自己的標準來做判斷，給予自己增強或懲罰。
   2. 模仿具有不同的方式，包括直接模仿、綜合模仿、象徵模仿、抽象模仿等。
   3. 重要他人係為最能引起兒童模仿的楷模，包括：父母親或相同性別的同儕等。

(二)**相互決定論在教育行政工作上的運用：**
   1. 教育領導者應以身做則，兼具人師與經師之功能，並給予組織成員正向期待與適性回饋，以讓組織成員順利展現正向的組織行為。
   2. 教育領導者可善用合作學習、角色扮演法、示範等，讓組織成員獲得觀察學習，也可透過表揚重要他人的優良表現，讓組織成員獲得楷模學習。
   3. 教育領導者在組織管理及經營中，應善用社會性增強策略，並且給予組織成員適時增強，以讓組織成員進行自我調整學習。

三四、何謂「比馬龍（Pygmalion）效應」與「習得無助感（learned helplessness）」？它們可以如何運用於教育工作之中？

答：比馬龍效應和習得無助感都有其重要的教育意義，茲依題意說明如下：

(一) 比馬龍效應的相關概念：

1. 比馬龍效應係指指導者心中希望被指導者成為什麼，透過常常告訴他「希望」你成為什麼，也常指導他達成指導者心中預期的「方法」，如此一來，被指導者常會達至指導者的希望。

2. 應用在教育上，象徵教師必須對學生抱持高教師期待，以使學生發展其潛能，完成理想的健全發展。

3. 「比馬龍效應」對學生的影響，屬於潛在課程。

(二) 習得無助感的相關概念：

1. 提出者為Seligman，係指因為受到許多生活挫折，導致個人產生哀莫大於心死的心理狀態。

2. 換言之，個人在心理上，會認為自己不具成功可能性，在情緒認知上，則充滿負向消極，且不具有動機及自我效能。

3. 支持「習得無助感」的經典心理學實驗：Seligman將兩隻小狗關在同一個籠子裡面，且設計好當燈泡亮起時，籠子的地板就會通電，但是甲狗會發現可以關掉電的方法，但是乙狗則不會，所以當每次燈光亮起通電時，甲狗不會被電到，乙狗則每次都要承受電擊痛苦，且會從掙扎到不逃避。於是，Seligman將乙狗行為稱為「習得的無助」。

4. 從動機理論的學習觀點，當學生把學習失敗結果歸因於一般性的、固定的、內控的因素；將學習成功結果歸因於特殊的、變動的、外控的因素時，便會產生「習得無助感」之心理現象。

5. Abramson等人將歸因理論與「習得無助感」理論相結合，認為樂觀的歸因方式可以阻止「習得無助感」，而悲觀的歸因方式則會加重個體「習得無助感」。

(三) 比馬龍效應和習得無助感在教育工作中的運用：

1. 教師必須要滿足學生的基本需求，讓其在生理、安全、隸屬感、尊榮感等基本需求，都獲得滿足。

2. 教師要讓每個學生都擁有適切的學習成功經驗，並鼓勵學生進行求知及求美的行動，以得到自我實現及自我超越的高峰經驗。

3. 教師應協助學生建立合理歸因，且避免學生產生習得無助感。

4. 教師應給予學生正向的教師期待及教學回饋，並可透過同儕作用的鷹架支持，提升學生的認知發展層次及學習動機。

5. 教師可以透過後效強化及觀察模仿等歷程，來使學生獲得學習動機。

6. 教師應給予學生正向期待及適性回饋，以幫助學生產生自我應驗預言，或是產生比馬龍效應。

7. 教師應引導學生建立學習目標，培養學生的內在學習動機，並且培養學生的重要感、有力感及成就感。

8. 教師應給予每位學生適性的成功及失敗經驗，以提升學生的成就動機及自我效能。

三五、人們常說生活中處處皆學習，請先分別解釋何謂正統條件化學習（classical conditioning），操作條件化學習（operant conditioning）及觀察學習（observational learning），並舉一生活實例做說明。同時也請論述這三者之間的差異。

答：正統條件化學習（classical conditioning），操作條件化學習（operant conditioning）及觀察學習（observational learning）都是重要的心理學理論，於此按照題意論述如下：

(一) 正統條件化學習、操作條件化學習及觀察學習的定義及生活實例

1. 正統條件化學習：
   (1)定義：個人的學習行為是刺激及反應的聯結。
   (2)生活實例：學生懼學症的產生。

2. 操作條件化學習：
   (1)定義：個人的學習行為是後效強化的結果。
   (2)生活實例：教師運用代幣法來讓學生展現目標行為。

3. 觀察學習：
   (1)定義：個人的學習行為是透過觀察模仿所習得的。
   (2)生活實例：教師透過模範生的選拔讓學生見賢思齊。

(二) 正統條件化學習、操作條件化學習及觀察學習的差異

	正統條件化學習	操作條件化學習	觀察學習
代表學者	Pavlov	Skinner	Bandura
學習原則	類化、區辨、消弱、自然恢復	立即增強、連續增強、正增強、負增強	直接模仿、綜合模仿、象徵模仿、抽象模仿
學習歷程	刺激與反應的聯結	後效強化	注意、保持、再生、動機

三六、某甲看到蟑螂就很害怕，請問如何以「系統減敏法」（systematic desensitization）協助他克服對蟑螂的恐懼呢？

答：系統減敏感法為常見之行為治療法，茲依題意說明如下：

(一) **系統減敏法之相關意涵：**

1. 系統減敏法係由古典制約原理發展出來，是由Wolpe 所倡導。

2. **基本假設**：焦慮反應是學習而來，是制約後的產物，可以藉著相反的替代活動來消除，即反制約作用。

3. 系統減敏法係指先令當事人產生焦慮刺激，而後訓練其作肌肉鬆弛運動，如此將刺激重覆與鬆弛狀態配對出現，直到這些刺激與焦慮反應之間的連結消除，此法乃以鬆弛狀態來體驗引起焦慮的情境，經系統作處理後而消除。

(二) **使用系統減敏法協助某甲克服對蟑螂的恐懼：**

1. 首先，諮商師可以先分析某甲對於蟑螂的恐懼成因及程度。

2. 再者，諮商師可以先讓某甲學會肌肉放鬆運動。

3. 而後，諮商師讓某甲想像遇到蟑螂的情境，並逐步要求某甲想像一隻蟑螂到很多隻蟑螂，同時也要某甲透過肌肉放鬆運動，調適恐懼情緒；直到某甲蟑螂刺激及恐懼反應之間的連結關係消除為止。

三七、請說明古典制約（classical conditioning）與操作制約（operant conditioning）的運作特性？如何以認知觀點解析兩種制約？

答：古典制約與操作制約都是行為心理學的重要理論，茲依題意說明如下：

(一) **古典制約的運作特性**：

1. 提出學者為Pavlov，於1900年根據狗的唾腺分泌實驗，提出古典制約理論。

2. 實驗本來只侷限在動物身上，但後來的行為主義心理學者（華生），也用來解釋人類的學習行為。

3. 最主要的理論內容就是在闡述刺激與反射之間的聯結關係

4. 古典制約作用的組成要素包括「非制約刺激」、「非制約反應」、「制約刺激」與「制約反應」。

(二) **操作制約的運作特性**：

1. 代表學者為Skinner，提出「操作制約」，主張環境決定論的學習觀點，且認為後效強化是學習的重要關鍵。

2. 教學乃是藉著適當增強物的應用，使學習者學習到一些對他將來有用的行為。

3. **操作制約之教學原則**：

(1)應用正增強的原理，來增加目標行為出現的次數。

(2)應用消弱的原理，來減少不當行為出現的次數。

(3)應用塑造的原理，來形成新的行為。

(4)應用間歇增強的原理，來建立行為的持續性。

(三) **從認知觀點解析古典制約**：因為古典制約的核心概念是制約刺激與非制約刺激的聯結，換言之，若從認知觀點，制約刺激及非制約刺激的出現時間要相近，才可能會對個體有制約作用。

(四) **從認知觀點解析操作制約**：因為操作制約的核心概念為後效強化，所以，從認知觀點而言，其涉及到個體認知的預期性，亦即個體對於增強物的出現有預期認知，才會產生相關的反應行為。

三八、教師如何避免或減輕學生「習得無助感」（learned helplessness），試就教學原則及方法加以說明之。

：「習得無助感」（learned helplessness）有其重要的教學應用價值，於此依照題意說明如下：

(一) 習得無助感的相關概念：

1. 提出者為Seligman，係指因為受到許多生活挫折，導致個人產生哀莫大於心死的心理狀態。

2. 換言之，個人在心理上，會認為自己不具成功可能性，在情緒認知上，則充滿負向消極，且不具有動機及自我效能。

3. 支持「習得無助感」的經典心理學實驗：Seligman將兩隻小狗關在同一個籠子裡面，且設計好當燈泡亮起時，籠子的地板就會通電，但是甲狗會發現可以關掉電的方法，但是乙狗則不會，所以當每次燈光亮起通電時，甲狗不會被電到，乙狗則每次都要承受電擊痛苦，且會從掙扎到不逃避。於是，Seligman將乙狗行為稱為「習得的無助」。

4. 從動機理論的學習觀點，當學生把學習失敗結果歸因於一般性的、固定的、內控的因素；將學習成功結果歸因於特殊的、變動的、外控的因素時，便會產生「習得無助感」之心理現象。

5. Abramson等人將歸因理論與「習得無助感」理論相結合，認為樂觀的歸因方式可以阻止「習得無助感」，而悲觀的歸因方式則會加重個體「習得無助感」。

(二) 教師避免學生產生習得無助感的教學策略：

1. 教師必須要滿足學生的基本需求，讓其在生理、安全、隸屬感、尊榮感等基本需求，都獲得滿足。

2. 教師要讓每個學生都擁有適切的學習成功經驗，並鼓勵學生進行求知及求美的行動，以得到自我實現及自我超越的高峰經驗。

3. 教師應協助學生建立合理歸因，且避免學生產生習得無助感。

4. 教師應給予學生正向的教師期待及教學回饋，並可透過同儕作用的鷹架支持，提升學生的認知發展層次及學習動機。

5. 教師可以透過後效強化及觀察模仿等歷程，來使學生獲得學習動機。

三九、請以學習理論說明以下各種情形是如何學來的：(一)「久入芝蘭之室，不聞其香」；(二)怕吃某種食物；(三)記得回家的路；(四)怕遭同學霸凌而不敢去上學。

答：茲從各學習理論觀點，回答題目問題如下：

(一)「久入芝蘭之室，不聞其香」-反映出社會學習論的學習觀點：

1. 「久入芝蘭之室，不聞其香」的全文為「與善人居，如入芝蘭之室，久而不聞其香，即與之化矣」。

2. 所以，延伸之意，「久入芝蘭之室，不聞其香」的產生原因在於個體學習會有觀察學習的效果。

(二)怕吃某種食物-反映出操作制約的學習觀點：

1. 「怕吃某種食物」，例如，小華怕吃魚，是因為曾經被魚刺噎到，所以是一種負增強的結果，小華便減少吃魚的頻率。

2. 所以怕吃某種食物，反映出操作制約的學習觀點。

(三)記得回家的路-反映出桑代克聯結主義的學習觀點：

1. 根據桑代克觀點，記得回家的路是一種試誤學習的結果。

2. 換言之，因為個體經過效果律及練習律，而可以有效記得回家的路。

(四)怕遭同學霸凌而不敢去上學-反映出古典制約作用的學習觀點：

1. 若根據古典制約理論的觀點來進行分析，本來學生是不會害怕學校的，亦即學校原本對於學生而言，是一個中性刺激。

2. 但是由於學生在學校中的霸凌經驗等嫌惡性刺激，讓學生將其與學校這中性刺激產生了聯結，連帶使學校對於學生也具有嫌惡性刺激的作用。

3. 所以便會產生恐懼上學心理，而導致學生得到懼學症。

四十、請舉兩種學習理論說明一般人對動物（蟑螂、蛇、老鼠等）的畏懼症（Phobia）是如何發展出來的？請根據這兩種學習理論所發展出來的行為治療策略，說明對動物（蟑螂、蛇、老鼠等）的畏懼症之治療過程。

答：畏懼症是一種焦慮症，按照題目規定說明如下：

(一) **行為主義觀點：**

1. **畏懼症的成因：**
   (1)本來個體是不會害怕動物的，動物原本對學生而言，是一種中性刺激。
   (2)但是由於個體受到嫌惡性刺激，讓個體將其與學校這中性刺激產生了聯結，連帶使動物對於個體也具有嫌惡性刺激的作用，便產生畏懼症。

2. **畏懼症的治療方法-洪水法：**
   (1)係指經飽足原則而消弱害怕的心理，即讓個案長期面對自認會引起恐懼的事物，卻未有恐懼的結果發生，至該行為會降低出現率。
   (2)實例：為了降低小芳對於蟑螂的恐懼，在短時間內把許多蟑螂呈現在小芬週遭，使她漸漸地習慣蟑螂，不再感到害怕。

(二) **精神分析觀點：**

1. **畏懼症的成因：**
   (1)畏懼的對象與個體的潛意識及早期經驗有關。
   (2)畏懼症的產生原因也可能因為個體的超我與本我不斷的衝突。

2. **畏懼症的治療方法：**
   (1)以「夢的解析」、「自由聯想」等方式鬆弛當事人的精神。
   (2)謹慎處理當事人的抗拒作用，並藉此探討其潛意識的作用。
   (3)透過諮商員的解釋，促使當事人逐步擴大自我了解的層次，重新展現適當行為。
   (4)對於當事人移情作用、抗拒或潛意識壓抑的經驗，常透過詮釋的技術分析。

：自我調整學習理論模式是近年頗受重視的教學理論，茲說明如下：

(一) **自我調整學習理論模式的重點：**

　1. 自我調整學習理論模式最早提出者為Bandura，自我調整學習係指學習者朝向獲得知識、技能的行動與過程，其間涉及學習者的行動、目標與工具性知覺。

　2. 自我調整學習是一個回饋的循環歷程，學生監督其學習方法的有效性，並做各種改變，以回饋其學習，可說是學習者後設認知落實於學業的具體表現。

　3. 換言之，自我調整學習可幫助學生學會如何自我監控自己的認知學習歷程。

(二) **自我調整學習理論模式的具體做法：**

　1. 首先，Butler提出策略內容學習（SCL），希望可促進學生在課程學習過程中的認知、動機與意志自我調整，並協助學生建構可支持其後續自我調整的知識與信念。

　2. 再者，其實施程序包括：支持學生分析作業任務、界定成功表現之標準、協助學生設定適切學習任務目標、鼓勵學生使用並評估既有策略，以找出可達到目標的策略、依靠教師支持，讓學生學會監控策略使用，並形成自我回饋等。

　3. 此外，學生可以運用提升自我效能、自我控制、自我觀察、自我監控、自我省思等，將心智能力轉化為學業技巧的自我引導過程。

　4. 最後，其對學生之價值在於：促進學生有意義學習、支持學生自我調整學習、鼓勵學生後設認知思考、促進學生建構後設認知知識之能力等。

四二、試以班杜拉（Bandura）（1986）的觀察學習（observational learning）之四個階段，解析為何學生在多年的英文學習後，仍無法開口對外國人講英文之理由。

答：觀察學習是社會學習論的重要內涵，按照題目規定說明如下：

(一) **觀察學習的相關重點：**

1. 觀察學習係由Bandura所提出。

2. 觀察學習則包括：學生產生注意、學生進行刺激訊息保留、學生順利重現動作、維持學生持續產生學習行為之激勵動機等四個階段。

3. **觀察學習在教學上之應用：**

(1) 教師應以身做則，兼具人師與經師之功能，並給予學生正向教師期待與適性回饋，以讓學生順利展現學習行為。

(2) 教師可善用合作學習、角色扮演法、示範教學等，讓學生獲得觀察學習，也可透過表揚重要他人的優良表現，讓學生獲得楷模學習。

(3) 教師在班級經營中，應善用社會性增強策略，並且給予學生適時增強，以讓學生進行自我調整學習。

(4) 社會學習論可以做為培養學生自律行為的理論基礎，透過社會學習論之應用，可讓學生藉由自我觀察、自我評價、自我強化等過程，展現本身自律行為。

(二) **從觀察學習觀點，說明學生在多年英文學習後，仍無法開口對外國人講英文的原因：**

1. 學生平時缺乏觀察學習的楷模。

2. 學生缺乏再生英語會話行為的動機及相關獎勵。

3. 學生無法保留習得的英文會話訊息。

四三、請說明增強作用的內涵為何？一所高職的舍監經常為了維護宿舍的整潔而和住校生發生衝突，如何採用增強作用改善目前衝突的狀況？

答：透過增強作用的理解及運用，可以有效處理許多教育實務問題，茲依題意說明如下：

(一)**增強作用的內涵：**

1. **增強作用**：因增強物的提供，而使個體某種行為反應經過強化而保留的活動歷程。
2. **正增強**：因增強物出現而增加某種行為反應出現頻率的現象。
3. **負增強**：因增強物消失而增加某種行為反應出現頻率的現象。
4. **類化**：刺激反應間發生聯結之後，類似的刺激也將引起同樣的反應。
5. **消弱現象**：刺激反應間發生聯結之後，如增強停止，制約反應之強度將逐漸減低，最後終將停止反應。

(二)**高職舍監可採取的增強作用策略：**

1. **正增強**：
   (1)因增強物出現而增加某種行為反應出現頻率的現象。
   (2)當住校生主動撿垃圾或保持環境整潔，可給予住校生喜歡的獎勵，例如：公開表揚。
2. **負增強**：
   (1)因增強物消失而增加某種行為反應出現頻率的現象。
   (2)當住校生主動撿垃圾或保持環境整潔，可拿走住校生不喜歡的增強物。

第 **9** 章　記憶與遺忘

依出題頻率分：**A** 頻率高
B 頻率中　**C** 頻率低　　頻出度 **A**

命題焦點

1. 記憶的性質：(1)記憶的類別：短期記憶、長期記憶、感官記憶。
   (2)記憶的歷程：編碼、儲存、檢索。(3)記憶的測量：回憶法、再認法、再學習法。(4)影響的因素。
2. 感官記憶的研究：(1)編碼。(2)儲存。
3. 短期記憶的研究：(1)特徵。(2)編碼、儲存、檢索。
4. 長期記憶的研究：(1)特徵。(2)編碼、儲存、檢索。
5. 遺忘的原因：影響記憶的因素。
6. 增進記憶的方法。

精華摘要

一、記憶的測量方法

(一) **回憶法（再生法）**：提供部分線索，以供受測者去聯想而引出記憶中有關的經驗。如問答題、簡答題。

(二) **再認法**：測量學習經驗中是否「認得」，如選擇題。

公式：
$$再認分數 = 100 \times \frac{答對題數 - 答錯題數}{總題數}$$

(三) **節省法（再學習）**：通常再學習時，所需的練習次數較初學習時為少。

其公式：
$$節省的百分數 = 100 \times \frac{初學習時練習次數 - 再學習時練習次數}{初學習時練習次數}$$

二、學習曲線、遺忘曲線

(一)**學習曲線**：在學習歷程中，學習成績常隨練習次數的增多而變化，這種變化通常視為學習的進步。若把學習進步的情形，按照數學的原理，以橫坐標代表練習次數，縱坐標代表學習成績，即可繪成一條曲線，這種曲線，即稱為學習曲線，又稱為記憶曲線。

(二)**遺忘曲線**：學習曲線是代表學習進步的情形，若把進步到達的最後階段，視為100％的學習，過一段時間不再練習，學習的成績就會產生遺忘現象。時間過得愈久，遺忘的也可能愈多，亦即所保留下來的可能就愈少，若把學習之後保留量隨時間加長而產生變化的情形，繪成一條曲線，即稱為保留曲線，又稱遺忘曲線。繪保留曲線時，縱坐標代表保留的百分數，橫坐標代表學後經過的時間。（保留曲線即遺忘曲線）

三、記憶的類別

(一)**短期記憶（STM）**：從練習結束到記憶之間的時間長度是以分秒為單位計算的。

(二)**長期記憶（LTM）**：記憶在時間上都是以幾小時、幾天、幾週甚至幾個月為單位計算的。

四、遺忘的原因（理論）

(一)記憶痕跡的消逝。　　(二)儲存資料的干擾。　　(三)動機情緒的影響。

五、從實驗心理學的觀點言，儲存資料的干擾可分為

(一)**倒攝抑制（retroactive inhibition）**：新學習的經驗干擾對舊經驗的回憶。

(二)**順攝抑制（proactive inhibition）**：舊經驗干擾了對新學習經驗的回憶。（即學習遷移之負遷移）

六、心理分析學派認為遺忘的原因：是個人不願意去回憶以前的事，是主觀的把學得之經驗掩埋。

七、學習遷移：是指舊學習影響了新學習，產生擴展性現象。

可分為正遷移與負遷移，正遷移又可分為：

(一)**水平遷移：**把個人所學得的經驗推廣應用到其他類似且難度相同的情境去，使知識範圍擴大。

(二)**垂直遷移：**指個人能把學得的經驗因情境而重組，形成比舊經驗高一層次的學習，使學習能力提高。

八、學習遷移的原理具代表性的

(一)**形式訓練論：**官能心理學者提倡，認為身體某一部分器官經過特別訓練後，其強度與功能會格外發達。

(二)**同元素論：**桑代克所提倡，新舊學習兩種學習間具有共同的元素。

(三)**共原則論：**賈德所提倡，在經驗中學到的原理原則，才是形成對以後學習遷移的重要原因，又稱轉換論或關係論。

九、運用遷移原理促進正遷移之方法

(一)建立連續性的學習目標。

(二)從學習中獲得概念、原則與思考能力。

(三)活用經驗並隨情境需要而變通。

十、宜用整體法者：若學習材料較短，較有意義、有系統，或學習者能力強，宜用整體法。

十一、過度學習：學習為了熟能生巧，宜適度的「過度學習」：在學到100%之後又多加幾次練習，此種多加幾次的練習，稱之。

十二、影響學習與記憶的心理因素為：動機、心向、注意。

十三、教學機之運用：乃是基於聯結論之原理。

十四、編序教學：是指將準備作為學習內容的複雜行為組型或知識技能（即教材），先經分析為簡單的元素或細目，繼而按照預期行為建立過程的先後，將此等元素或細目編為合理的順序，然後以自動化控制

系統（教學機或電腦）或類似的方式，由簡而繁，由易而難，由具體說明到抽象原理，終而形成預期的行為。編序教學的主要特徵則在於教材的「編序」，即循序漸進。

十五、起點行為：若把開始學習某單元之前的經驗，也用問題和解答問題的行為標準表示，稱之。

十六、終點行為：將資料確切的分條列舉，希望經過訓練者在動作或行為上產生如此的改變。

十七、美國愛荷華大學創用之SQ3R原則：

S Survey｜瀏覽　　**Q** Question｜質疑　　**3R** Read 閱讀
Recite 回憶
Review 複習

十八、美國康乃爾大學創用OK4R促進讀書技術：

O Overview｜瀏覽　　**K** Key ideas｜要點　　**4R** Read 閱讀
Recall 回憶
Reflect 反應
Review 複習

十九、加強印象：閱讀時為了標明要點與加強記憶，常要圈點畫線，其原則為：

(一) 對內容有了概念之後再畫線。　(二) 畫線在精不在多。
(三) 線用手畫不用直尺。　(四) 不買畫過線的舊書，不照別人的書畫線。
(五) 畫線用筆要選擇。

二十、影響閱讀速度的因素

(一) 閱讀目的。　(二) 讀物性質。　(三) 讀者能力。　(四) 閱讀習慣。

二一、增進閱讀速度的方法

(一) 改除口誦或唇動的習慣。　(二) 擴大認知廣度。　(三) 閱讀意義單元。

二二、如何保持記憶

(一) **嘗試回憶法**：將課本或其他閱讀材料，閱讀數遍，以後即行嘗試回憶。
(二) **在應用中練習**：使領悟真正意義。
(三) **聯想的記憶**：如生命線電話之後四個號碼為9595（救我救我）之意。
(四) 善用記錄法和工具。

二三、記憶效應

(一) Restorff Effect。　(二)Flashbulb Effect。　(三)Serial Effect。

二四、遺忘的相關理論

(一) 痕跡論（Trace theory）　　　(二)不用論（Disuse theory）
(三) 干擾論（Interference theory）　(四)質變論（trait theory）
(五) 壓抑論（Repression）

二五、增進記憶的策略

(一) 持續性覆誦。
(二) 葉杜二氏法則（Yerkes-dodson Law）。
(三) 理解監控策略。
(四) 精緻化策略。
(五) Chunking Strategy。

> **小 叮 嚀**
> 葉杜二氏法則視壓力與成就間存在一種倒U關係，適度壓力可使成就達到最佳狀態。

二六、後設認知（Meta cognition）

(一) 後設認知是指個人對自己的認知歷程進行認知監控的能力。

(二) Flavell曾將後設認知分為：

1. 後設認知知識。　2. 後設認知技能。　3. 後設認知經驗。

(三) 培養後設認知的教學原則：

1. 提示學習者不同的學習活動需要不同的學習方法。

2. 提醒學習者學習材料中有重要的線索。

3. 提醒學習者注意自己的學習特性。

4. 教師教導一些基本的認知策略。

5. 由教師或有能力的同儕示範。

6. 逐漸減少指導語。

7. 實施全人教育。

(四) 後設認知在教育上的意義

1. 要求學生學到後設認知並非易事，學成之後卻非常有用。

2. 教師必須先對教材有後設認知。

二七、閱讀理解教學策略

(一)交互教學法。　　(二)延伸法。　　(三)考核法。

(四)放聲思考法。　　(五)重點標示法。　　(六)自我閱讀法。

◹ 解釋名詞

PQ4R讀書法

PQ4R讀書法係由SQ3R讀書法所發展而來，其步驟如下：

| Preview 預習 | Question 提問 | Read 精讀 | Reflect 反映 | Recite 回憶 | Review 複習 |

SQ3R讀書法

SQ3R讀書法是一種認知取向的學習策略，其包括

Survey（瀏覽）	學習者透過概略性的閱讀，來掌握學習材料的重點。
Question（發問）	學習者提出瀏覽過後的問題。
Reading（精讀）	學習者能夠掌握學習材料的重點，並追求真正的瞭解，包括概念定義及脈絡性意義。
Recite（重複）	採用自己的記憶策略來重複學習材料重點。
Review（複習）	進行系統化的複習。

學習曲線

在學習歷程中，學習成績常隨練習次數的增多而變化，這種變化通常視為學習的進步。若把學習進步的情形，按照數學的原理，以橫坐標代表練習次數，縱坐標代表學習成績，即可繪成一條曲線，這種曲線，即稱為學習曲線，又稱為記憶曲線。

保留曲線（遺忘曲線）

學習曲線是代表學習進步的情形，若把進步到達的最後階段，視為100%的學習，過一段時間不再練習，學習的成績就會產生遺忘現象。時間過得愈久，遺忘的也可能愈多，亦即所保留下來的可能就愈少，若把學習之後保留量隨時間加長而產生變化的情形，繪成一條曲線，即稱為保留曲線，又稱遺忘曲線。繪保留曲線時，縱坐標代表保留的百分數，橫坐標代表學後經過的時間。

高原現象

學習進步到某一階段，可能停滯不前，在學習曲線上呈現一段近似水平的直線形式，練習繼續進行，然後再進步，這種現象稱為高原（Plateau）現象。

起伏現象

學習進步無論是正加速或加速變化，所構成的學習曲線都不會是平滑的，而是呈起伏狀態，稱為學習的起伏現象。

☑ 嚴選題庫

一、試述學習、記憶與遺忘之關係。

答：(一) 研究學習行為問題時，因為學習歷程的本身屬中間變項，其產生與否，不能直接觀察測量，所以只好借助於行為改變結果去推估已否產生學習。行為改變的結果通常以學習者能表現於外的反應為依據，此類學得而又能表現的反應，事實上也就是通常我們所說的記憶。雖然記憶不等於學習，但記憶是唯一的學習表徵。沒有學習自然不會有記憶，沒有記憶也無法了解學習。

(二) 與記憶具有密切關係的另外一種心理歷程是遺忘。遺忘與學習是兩個性質相反的歷程，前者是某種行為的建立，後者是某種行為的消失。不過，學習與遺忘有兩點是相同的：其一，同樣屬於行

為改變（前者變多，後者變少）的歷程，因而同樣不能直接觀察測量；其二，學習由記憶而表現，遺忘也必須由記憶而表現，只有靠測得的記憶的量，才有可能去推估遺忘的量。基於以上的分析，可見學習、記憶與遺忘三者是相互依存不可分離的。

二、記憶的意義及其範圍為何？

答：(一) **記憶的意義**：所謂記憶即過去經驗的復生，是一切學習的基礎。學習的結果，有賴記憶以保存經驗。如果沒有記憶，便無學習可言。如兒童以腳踢狗，被狗咬傷，倘若此項經驗不能保持，以後仍會以腳隨便踢狗再被咬傷。所以記憶與學習的關係，至為密切。

(二) **記憶包括四部分**：

1. **記識**：記識就是記住的意思。學習的活動，第一步工作就是要能記住所學的材料，所以記識是一種有意識的學習活動。

2. **保持**：所謂保持就是把學習得來的經驗保存起來，以待回憶。它是經驗的持續，是學習的一種結果。在學習過程中，保持並不是被動的貯存，而是一種重組的歷程。

3. **回憶**：回憶是記憶的重生，它是基於有關刺激以恢復原學習情境之反應活動。如有健全的記識和保持，而沒有良好的回憶的話，遇事勢必重新學起，費力多而收效少，所以良好的回憶，甚為重要。

4. **辨認**：所謂辨認就是指對於已經學過的材料，能夠認識出來。例如對於面前一群人中，能夠指認出一週前認識的人。辨認與回憶不同，辨認是種知覺活動，係對當前人、事、物的認識；回憶則為聯想的意象的活動，所以回憶的對象不在眼前，須追索歷史，因此辨認比回憶容易。

三、試述測量記憶的方法。

答：測量記憶的方法很多如下：

(一) **回憶法**：所謂回憶法係指個體就過去所學得者，憑藉最少的線索，予以再生的一種方法。這種方法是測量記憶常用的一種方法，有時也稱為再生法。

(二) **辨認法**：辨認法在客觀測驗中，使用得最多。常見的選擇法，就是辨認法的應用。辨認法是要個體對於呈現在眼前的資料，予以確認，學習者能夠再認多少，便是保留的份量，所以這個方法比回憶法容易，使用回憶法，回憶時如無線索，全憑空思，確實很難。辨認法則線索已經呈現，只要指認即可。例如要我們回憶小學一年級同學的姓名較難，而要我們從一串列的姓名中，指認何者為熟人便較為容易。

(三) **節省法**：節省法是心理學者研究保留問題中，最常用的一種方法。這種方法是就個體再學習先前學過的材料，到達與原學習同樣熟練的程度，所須花費的次數或時間，以與原學習者相比，其間所得差異的量數，即為節省的份量，也就是學習保留的份量。例如學習者初記一篇古文，所需次數為廿遍，經過一個月之後，不能全篇回憶，於是再以同樣方式進行學習，惟經十遍，即可熟誦，如此與初次相比，第二次學習節省練習次數十遍，亦即學習保留五○％，所以又叫「重習法」。

四、記憶歷程的理論為何？

答：記憶的歷程，到目前為止，學者大致同意訊息處理論的看法；即個體將感官收受到的刺激，經處理而轉換成為訊息，先輸入而成為短期記憶，再經過處理而形成長期記憶。在訊息處理論中，各家的解釋也未盡一致：

(一) **選濾論**：此論為英國心理學家布洛賓氏所首創；用以解釋記憶的歷程，並將之區分為前後兩類，是為短期記憶與長期記憶區分研究之始。所謂訊息，係指憑感覺器官對外在世界所感受到的一些刺激或消息；舉凡眼之所見、耳之所聞，皮膚之感覺等均可視為經感官獲得的外界訊息。外界訊息首先輸入短期系統內暫作停留，假若這時候輸入的訊息不再進一步處理，很快就會消失。因此，若想長期貯存，則需於短期記憶中，經選擇再轉入長期記憶。某種訊息之被選而加以進一步處理，可能由於兩種原因：其一是該訊息重要或符合個人需要；其二是與長期記憶中已存的經驗有關。因為布氏的理論特別強調選濾過程，就好像收音機的選

擇器一樣，在某一頻率上只能收取某家電台所廣播之消息，因此他的理論又稱選濾論。

(二) 緩衝論：此論是美國心理學家艾肯遜等人倡議，持此論者也是把記憶區分為短期與長期兩類，與選濾論所不同者是強調在短期記憶內的緩衝作用。凡是未經複習緩衝的短期記憶，不能變成長期記憶，所以很快即被繼續輸進的資料排除而消逝，是為遺忘。只有經過復習緩衝的資料，才被送入長期記憶中。

五、請解釋遺忘的重要理論。

答：學習者對遺忘所提的解釋頗多、茲就其中較為重要者說明如下：

(一) **痕跡論（Trace theory）**：痕跡論者對於遺忘原因的說明認為個體經過學習後，便在大腦留下一種痕跡；這種痕跡是我們在學習之前，所未曾有過的生理上的變化，就叫做記憶痕跡（memory trace）。由於時間的消逝，大腦正常的新陳代謝過程，便使這種痕跡消失，所以產生了遺忘的現象。

(二) **不用論（Disuse theory）**：當記憶不加重複或使用時，將會很快地消失，尤其個體在以後無意加以使用時更加如此。雷頓（Layton）研究有關初等代數的遺忘情形，發現一年不使用時，便忘記了三分之二的代數知識。

(三) **干擾論（Interference theory）**：反應聯結論的心理學，把遺忘現象解釋為學得經驗的干擾，彼此產生抑制；干擾作用有情緒與智能的兩方面。例如情緒的困擾及焦慮，對於大學生或小學生，都是學業失敗的最大因素。有些智力很高的學生不能閱讀，其原因在於過分的焦慮。因為他們對於個人的問題過分關切，以致不能集中學習。一個人往往因情境所引起的焦慮（失敗感）而無法記憶。

(四) **質變論（Trait theory）**：質變論以為我們所記憶的內容，不僅隨時間的消逝引起遺忘，而且會產生歪曲的現象。我們所回憶的內容，會引起質與量的變化。例如幾天以前的事，現在憶起時，有的事情發生於前的，而記憶中以為發生於後；有的原本沒那回事，而記憶中卻很確定的是有其事。

(五)**壓抑論（Repression）**：壓抑是心理分析的基本理論，認為人們傾向於遺忘所感到不愉快的事。我們日常生活中所遺忘的平凡例子，有若干是由於壓抑的結果。例如你不喜歡吃豬肝，而你到了菜市場時，可能忘了家人要你買豬肝的事。還有對於自己不喜歡的人，也常有忘記其姓名的傾向。心理分析學者認為把這種不愉快的事，壓抑到潛意識的傾向，並非完全忘掉，因它有時會在意識較弱之夢中，或在自由聯想中出現。

六、學習的干擾論為何？

答：所謂干擾，有廣狹兩種意義：狹義言之，它是指學習活動與學習材料之間的彼此干擾；廣義言之，除此之外也指個人心理狀態所產生的干擾。聯結論者最初倡議的干擾論，只限狹義的解釋。狹義的干擾論主要是以「學得經驗彼此干擾而導致遺忘」的假設為基礎。此一假設的驗證方式，就是以下兩類實驗：

(一)**倒攝抑制**：先後學得舊的與新的兩種經驗，當你要回憶舊經驗時，新的經驗產生干擾作用，叫做倒攝抑制（retroactive inhibition）。換言之，倒攝抑制是因為從學習後到回憶前一段時間之內，又產生了新學習，新學習存在於記憶中，影響了對原來舊學習的記憶。

(二)**順攝抑制**：先後學得舊的與新的兩種經驗，當你要回憶新經驗時，舊經驗產生的干擾作用，叫做順攝抑制（proactive inhibition）。在我們日常生活中，順攝抑制的事例很多。例如朋友搬家換了地址電話，要記他的新電話時，常受其舊電話號碼的干擾。

七、試述記憶的型式及其差別。

答：從時間上看，記憶可分為短期及長期二種：

(一)**短期記憶（Short term memory簡稱STM）**：所謂短期記憶或即時記憶，係指資料在腦中的暫時保存，為時約幾秒鐘。例如電話接線生在收到撥話號碼後，存進腦裏，即予轉撥，過後不留痕跡，稱之為短期記憶。

（二）**長期記憶**（Long term memory簡稱LTM）：所謂長期記憶乃指腦中長時間的保存資料，為時數天、數年甚至終生之久。例如自家電話號碼經常記住。又如學習本國史地，時時記住人名、地名等，以備應用。

（三）**此二者之間的差異有**：第一、短期記憶是由活動的神經歷程所支持，而長期記憶是由神經系統的永久構造的變化所支持。第二、短期的記憶痕跡是自然衰退的，而長期的記憶痕跡，則能抗拒自然衰退。最後一點就是短期記憶的貯存能力非常有限，且受制於干涉作用，而長期記憶的容量較多，也較能抗阻干涉。

八、「學習遷移」的意義及種類為何？

答：（一）**學習遷移**：舊學習效果影響了新學習，產生擴展性的現象，亦即是先一學習對次一學習的影響效果。

（二）**種類**：

1. 正遷移：舊學習效果有助於新學習，如刺激類化。
2. 負遷移：舊學習效果阻礙新學習時，如順攝抑制。

九、試分別說明有關學習遷移的理論有那幾種？

答：（一）**形式訓練論**：十八世紀中葉，在英法兩國流行一種官能心理學（Faculty psychology），該心理學謂人之心係由許多不同的官能（faculties）所組成；這些官能包括注意、意志、記憶、知覺、想像、推斷、判斷等。因為人心的官能一經訓練之後，就會得到充分的發展；發展完善的官能，就具有一種普遍遷移的能力，這種能力就可解決與其性質相屬的一切問題。

（二）**同元素論**：同元素論為美國教育心理學家桑代克所首倡。此一理論主張，舊學習之所以對新學習有遷移效果，主要是由於新舊經驗兩種學習情境中具有相同的元素；兩者之間相同元素愈多，則遷移的分量也愈大。

（三）**共原則論**：美國心理學家賈得（Judd）以實驗證明經驗中學到的原理原則，是形成新學習情境中產生遷移的主要因。

(四)**轉換論**：轉換論為完形心理學家所倡議。強調行為或經驗的整體性，認為每一行為或經驗皆自成一個特殊的型態，並各具特徵。學到的前一個經驗，能否遷移到後一個新經驗的學習，端賴後者是否具有前者的型態或特徵，被認為學習遷移的原因，不在於共同元素之存在，而在於了解整個情境。

(五)**能力論**：新近有些心理學家（Klausmeier & Ripple），把遷移解釋為能力的增加。從能力的觀點看，將基於：

1. 新學習中需要些什麼能力。

2. 舊經驗中學到了些什麼能力。假若新學習中所需要的能力，早在舊經驗中已經學到了一部分，則遷移的效果是可以預期的。

十、試述運用學習遷移的原理以促進學習效果的方法。

答：(一) **建立連續性的學習目標**：任何學習都不是孤立的，而是連續性的；從學習遷移的觀點而言，假如我們希望在連續的學習活動過程中，前一學習的經驗有助於後一學習，那最好是在學習開始時，即建立起連續的學習目標。所謂「連續性」的學習目標，是指在學習之初即能了解現在要學的是什麼？以後要學的是什麼？將來要學的是什麼？前後各階段的學習之間有什麼關係？每一階段的學習需要達到的標準是什麼？這樣在長程目標之下又有分段的短程目標，分段目標的達成即為長程目標的實現。

(二) **從學習中獲得概念、原則與思考能力**：遷移有兩種方式：一為水平遷移，一為垂直遷移。無論何種方式，只要是遷移，就不單純是學得行為的重複表現，而是學得經驗的擴大或重組。

(三) **活用經驗並隨情境需要而變通**：所謂「活用」與「變通」，是在新的學習情境中，不但能迅速的聚合有關的很多經驗，而且又能迅速的從中選取適當的經驗，同時放棄不適當的經驗。

十一、影響學習的個人因素為何？

答：(一) **智力**：智力對於學習的影響，最為密切。一般而言，智力高者學習新教材較快。不過很多事例顯示，學習成就的多寡與智力的高低並不一定成正比。例如學校中名列前茅者，並非盡為智商優異者。

(二) **年齡**：語文學習能力與實足年齡有關。兒童約五歲起，語文的能力一直增強，繼續至十七歲或二十歲左右，以後便保持平衡狀態，繼續而略微下降，直到五十歲以後學習新材料的能力，即急速下降。

(三) **動機**：動機是學習的原動力，無動機的學習，則往往毫無效果，所以學習情境最應注意動機的引發。

(四) **學習的技巧**：另一重要的因素是個體學習的技巧。學習如何將先前學習的經驗，有效的影響以後學習的情境，當為學習有無成效的關鍵因素。

(五) **情緒**：經實驗發現，情緒處於激動狀態時，學習成果便顯現不出來。例如學生在考前，功課溫習得很熟，因為緊張過度，致使遺忘答案內容，但走出考場冷靜下來，又回憶起來，這是屢見的事實。一般來說，情緒穩定者的學習成績多比不穩定者為優。

十二、試說明「整體學習」與「部分學習」的概念。

答：學習材料有相當的長度（如一篇文章有五段），學習時可將材料的整體從頭至尾一遍又一遍的練習，也可將之分段進行，等第一段熟練之後再進行第二段，然後再進行第三段。像前一種不分段的練習法稱為整體法（Whole method），後一種分段法稱為部分法（part method）。使用時機如下：

(一) 若所學習的材料較短且較有意義、有系統組織者（如散文、詩歌等），宜採用整體法；若所學習者為機械的、分散孤立的（如單字、人名、地名等），則宜採用部分法。

(二) 採用分散練習法學習，較整體法、部分法為宜時。

(三) 如學習者的能力較強，而且對所學已具有相當基礎時，較宜採整體法，反之宜採部分法。

(四) 在實際練習時，不宜太拘泥於那種方法。在學習之初宜先採整體法練習，稍後如發現整體中有些部分特別困難時則改採部分法，特別對某些部分加強練習。一般的現象是，在稍具長度的材料中，最前端的部分學後較易記憶，這叫做「初始效應」（primary effect）；最後端的部分學後最容易記憶，這叫做「時近效應」（recency effect）。居於系列中間位置的材料，學習起來總覺得格外困難。此類現象總稱之為「序列效應」（Serial-position effect）。因此，居於中間的材料應特別以部分法加強練習。

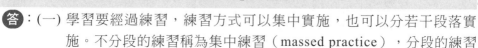

十三、試述「集中練習」與「分散練習」的概念。

答：(一) 學習要經過練習，練習方式可以集中實施，也可以分若干段落實施。不分段的練習稱為集中練習（massed practice），分段的練習稱為分散練習（spaced practice）。

(二) **依學者研究多數發現分散練習較佳，其原因有兩種理論解釋：**

　1. 凝固論（Consolidation theory）：認為任何學習活動都引起生理上神經系統的變化，變化的結果需要相當的時間，使記憶產生凝固作用以便於貯存；分散練習留有休息時間，因而便於凝固作用之形成。

　2. 差別遺忘論（differential forgetting theory）：認為在學習過程中除正確反應外，也出現一些錯誤反應；正確反應經重複練習及增強作用而保留，錯誤反應則逐漸減弱。若練習停止，正確反應與錯誤反應都會產生遺忘，只是錯誤反應因練習次數較少，所以遺忘較快。因此，分散練習等於是供給錯誤反應有較多的遺忘機會。

十四、試述「過度學習」的概念。

答：為了避免學後迅速遺忘，常在學到100%之後又多加幾次練習，此種多加的練習，即稱為「過度學習」（overlearning）。如練習五遍即達到100%，如練習十遍等於另外增加100%的過度學習。

十五、增進記憶的主要原則為何？

答：能增進記憶的一般原則，大致如下：

(一) **興趣**：興趣對於記憶的幫助甚大。

(二) **選擇**：正如我們在看風景一樣，我們只看其中顯著之處，我們的學習亦然。我們無法把任何學科的所有細節都記得很清楚，我們

只要集中於某些要點及最有意義的事實就可以了。我們在許多日常生活的活動中，必須做適當的選擇。

(三) **注意**：為了記憶事物，必須學習注意；閱讀須要思考與記憶，學習亦然。

(四) **理解**：理解的學習，對於較複雜而有變化的工作較好。有意義的學習比機械的學習保存得更多。一個人如無重複練習，無法把無意義的字記得很久。

(五) **心向**：一個人的心理傾向可以影響記憶。對於一件事，我們有意去記住，總比我們僅憑觀察、聽或讀的事情容易回憶得多。

(六) **信心**：我們若僅有意要記住，而對記憶無信心，也無法在競賽中贏得勝利。

(七) **自我涉入**：人類最有興趣的課題就是他自己。只要是屬於他自己的，就可以記得久。一個人的世界就是建立在他自己心理的構想上，他是那世界的創造者。

(八) **有意義的連合**：記憶最好的人，就是能回想他的經驗而有系統的加以連合，或連接他的思想的人。

(九) **組織**：一個良好的記憶，正如一個好的組織及良好的檔案系統。當一件新的事實出現，首先就要決定它的取捨。如決定收取，就須和歸檔的類似事物連合，把有順序的資料貯存在有順序的腦子裏是很少遺失的。

(十) **睡眠前的學習**：根據實驗結果發現，睡眠後的回憶情形比工作後的回憶情形要好得多。

(十一) **過度學習**：學習材料要保存得久，需要過度學習。所謂過度學習，就是學習到能回憶後，仍續加學習的意思，例如記誦詩文，到能背誦它後，再加學習若干次，就是若干次過度學習。

(十二) **重複應用增強印象**：亦即對於所要學習的材料，一再地重複學習，使其印象不斷增強而增加記憶。

十六、影響記憶的學習材料因素有那些？

答：(一) **材料的長度**：當學習材料超過記憶廣度時，其長度的增加與所引起的學習困難，呈「超正比」增加的現象。

(二) **材料的難度**：一般言之，簡易的材料較之艱難的材料容易學習，但學習之後卻未必一定易於記憶。固然，學習材料過於艱難而超過了學習者的能力，學習者只有失敗，沒有成功，因而喪失學習興趣，自然不會有良好的學習。

(三) **在序列中的位置**：學習一序列性的材料時，排列在序列首末二端的部分，較排在中間者容易記憶。

(四) **意義性**：所謂意義性，係指所學材料與學習者個人經驗間的關係而言，二者間關係愈密切，即表示對個人愈有意義。

十七、試述「編序教學」之意義及教材編序的原則為何？

答：(一) **編序教學**：係指將準備作為學習內容的複雜行為組型或知識技巧（即教材），先經分析為簡單的元素或細目，繼而按照預期行為建立過程的先後，將此等元素或細目編為合理的順序，然後以自然化控制系統或類似的方式，由簡而繁，由易而難，由具體說明到抽象原理，循序漸進，終而形成預期的行為。其主要特徵乃在於教材的編序。

(二) **教材的編序所遵循的原則有二**：

1. 分析教材內容，並按單元細目之間的關係編為順序。
2. 分析終點行為與起點行為，並確立評量行為的標準。

十八、試述「起點行為」與「終點行為」的概念。

答：(一) 在教學之始，學生能否接受由教材轉化而成的基層問題，那要看他們是否已具備了適足的經驗。如把開始學習某單元知識之前的經驗，也用問題和解答問題的行為標準來表示，就可以稱其為「起點行為」。

(二) 在一套編序教材中所有問題的總和，就代表該單元教學的預期目標，亦即教學目標。因為在編序教學的設計下，教學目標達成的標準在於預期行為的改變，所以教學後希望學生改變成的行為即為「終點行為」。

十九、試述OK4R及SQ3R的概念？

答：心理學家們曾研究過讀書技術的問題，而且也已發展出幾種有效的原則；其中最具代表性的是康乃爾大學創用的OK4R原則與美國愛荷華大學創用的SQ3R原則。

(一)OK4R：代表的意義是瀏覽（O＝overview）、要點（K＝key ideas）、閱讀（R＝read）、回憶（R＝recall）、反應（R＝reflect）、複習（R＝review）。

(二)SQ3R：代表的意義是：瀏覽（S＝survey）、質疑（Q＝question）、閱讀（R＝read）、回憶（R＝recite）、複習（R＝review）。

二十、試述(一)反遺忘現象。(二)遺忘率。(三)眼停留的主要概念。

答：(一) **反遺忘現象**：反遺忘現象又稱復生，亦就是保存的東西喚到意識來。平常學習某事物後，經過的時間愈久，遺忘的便愈多，而反遺忘現象則恰相反，第一次學畢測量之，得一成績，經一段時間後再測量之，其成績反比第一次所測者為佳，此種現象稱之為反遺忘現象。

(二) **遺忘率**：遺忘為保存的反面，亦稱學習結果之喪失。任何學習的結果，若經過相當時期廢置不用，則逐漸遺忘。遺忘的多少可以用遺忘率表示出來，遺忘率的計算方法為：

$$遺忘率＝\frac{原學習時間－重學習時間}{原學習時間}$$

(三) **眼停留**：就是在閱讀過程中，眼睛停留的時間。眼停留時，始能閱讀，但眼停留過久，則影響閱讀速率。

二一、試輔以實例說明情節記憶（episodic memory）、語意記憶（semantic memory）和程序記憶（procedural memory）。

答：情節記憶、語意記憶、程序記憶皆屬於長期記憶，茲依題意說明如下：

(一) **情節記憶、語意記憶、程序記憶之相關說明**

1. **情節記憶**：

(1)其以影像形式符碼來儲存，與記憶事件發生的地點或時間等有關線索，都有助長期記憶的提取。

(2)有關個人經驗的記憶，以影像形式貯存於大腦皮質。

(3)實例：個人以照片加強長期記憶。

2. **語意記憶：**

(1)其以概念基模來加深加廣長期記憶，若是概念架構不明，則長期記憶的提取路徑就會消失，也就無法順利提取長期記憶。

(2)包含所知道的事實和一般性的訊息，貯存於大腦皮質。

(3)實例：個人透過心智圖或筆記來加強長期記憶。

3. **程序記憶：**

(1)是一系列訊息刺激和反應配對的記憶儲存形式。

(2)係指「知道如何」的記憶，以刺激反應配對的形式貯存於小腦。

(3)實例：即使多年未騎，當在騎乘腳踏車時，仍可以根據腳踏車的重心，做出平衡反應，其儲存於小腦中。另一例為學會游泳後，終生不忘。

(二)**增進記憶的有效方法**

1. 應使用生動的畫面、圖片或是遊戲等印象深刻的影像符碼，來加深情節記憶。

2. 應盡量擴充自己的概念基模，例如：利用大綱、架構圖等，以便在獲得新訊息時，能迅速同化入自己的概念基模。

3. 在增進程序性記憶時，一開始便必須要學習正確的動作，並且反覆練習至自動化程度。

4. 應提供可引發個人學習動機的真實情境，以讓個人願意積極參與，提升長期記憶的效果。

5. 尚可以藉由有計畫的練習、軌跡法、字鉤法、關鍵字法、主觀組織法等來增進長期記憶。

一二、試引用Alan Baddeley的觀點，說明工作記憶（working memory）的意涵與其運作方式，並說明工作記憶對於日常活動的重要性。

答：工作記憶又稱短期記憶，容量有限且保留時間在20秒鐘內，茲依題意說明如下：

(一)**從Baddeley之觀點說明工作記憶之相關意涵及運作方式**

1. Baddeley所提出的工作記憶模式，係主張工作記憶結構可以區分成「語言」、「視覺」與「中央控制部門」等三種結構。

2. 在工作記憶模式中，「中央控制部門」負責篩選、檢視、監控個人認知歷程中的相關訊息。

3. 「語言」結構中，係指將認知訊息以語音形式加以儲存，以強化短期記憶。

4. 「視覺」結構中，係指將認知訊息以空間記憶形式加以儲存，以強化短期記憶。

(二)**工作記憶對於日常活動的重要性**

1. 個人若工作記憶過度負荷，將導致：

(1)無法進行立即的複習，導致遺忘。

(2)無法有效處理外在訊息。

(3)無法進行意元集組之心理運作。

2. 工作記憶可強化個人的短期記憶，並有助將有用訊息儲存於長期記憶中。

3. 可作為教師教學設計之基礎，透過多元編碼方式，讓學生提升學習效能。

二三、請回答下列幾個記憶的問題：
(一)請由認知學派的觀點說明記憶的歷程。
(二)請說明長期記憶的遺忘干擾論。
(三)請由Loftus的研究說明證人記憶可能出錯的原因。

答：記憶與遺忘皆為認知心理學之重要研究課題，茲依題意一一說明如下：

(一)**由認知學派的觀點，說明記憶的歷程**

1. 記憶是指個人經由身體感覺器官，接收外界訊息後，保存訊息的心理現象。

2. 記憶形成過程基本上必須要經過感官收錄、注意、短期記憶、複習、長期記憶等階段，且各階段之間會產生輸入、輸入編碼、貯存、解碼、檢索、輸出等心理表徵作用。

(二)**長期記憶的遺忘干擾論之說明**

　1. 遺忘係指個體對於其所學習的訊息無法加以保存之現象。

　2.**「遺忘干擾論」**：過去的經驗與新經驗之間互相干擾，抑制了記憶功能的正常運作，是導致遺忘的主要原因，例如：順攝抑制、倒攝抑制。

　3. 此外，遺忘之原因尚包括：

　　(1)產生遺忘的原因是由於在停止練習後，隨著時間的消逝，因為大腦新陳代謝的作用，造成記憶痕跡的模糊與衰退。

　　(2)生理性因素遺忘、動機性遺忘、編碼不當等。

(三)**由Loftus之研究說明證人記憶可能出錯之原因**

　1. 證人之記憶可能會受到因為將注意力集中在某焦點，而忽略其他細節之記憶，導致證詞有誤。

　2. 證人之記憶會受到壓力之扭曲影響，且也有可能產生創傷性壓抑記憶之情況。

　3. 證人之記憶會因為壓力而導致儲存訊息單位急速減少，導致記憶出錯。

二四、試說明增進長期記憶的策略並舉例說明之。

答：長期記憶是重要的心理學概念，茲依題意說明如下：

(一)**長期記憶的相關概念**

　1.**情節記憶**：

　　(1)其以影像形式符碼來儲存，與記憶事件發生的地點或時間等有關線索，都有助長期記憶的提取。

　　(2)有關個人經驗的記憶。以影像形式貯存於大腦皮質。

　　(3)實例：個人以照片加強長期記憶。

　2.**語意記憶**：

　　(1)其以概念基模來加深加廣長期記憶，若是概念架構不明，則長期記憶的提取路徑就會消失，也就無法順利提取長期記憶。

　　(2)包含所知道的事實和一般性的訊息，貯存於大腦皮質。

　　(3)實例：個人透過心智圖或筆記來加強長期記憶。

3. 程序記憶

　(1)是一系列訊息刺激和反應配對的記憶儲存形式。

　(2)係指「知道如何」的記憶。以刺激反應配對的形式貯存於小腦。

　(3)實例：即使多年未騎，當在騎乘腳踏車時，仍可以根據腳踏車的重心，做出平衡反應，其儲存於小腦中。另一例為學會游泳後，終生不忘。

(二) 增加長期記憶的策略

1. 應使用生動的畫面、圖片或是遊戲等印象深刻的影像符碼，來加深情節記憶。

2. 應盡量擴充自己的概念基模，例如：利用大綱、架構圖等，以便在獲得新訊息時，能迅速同化入自己的概念基模。

3. 在增進程序性記憶時，一開始便必須要學習正確的動作，並且反覆練習至自動化程度。

4. 應提供可引發個人學習動機的真實情境，以讓個人願意積極參與，提升長期記憶的效果。

5. 尚可以藉由有計畫的練習、軌跡法、字鉤法、關鍵字法、主觀組織法等來增進長期記憶。

二五、記憶（memory）與人類生活及學習關係相當密切，請說明記憶的歷程及個人為何會產生遺忘的現象？

答：記憶和遺忘都是重要的認知心理學課題，於此按照題目規定說明如下：

(一) 個人的記憶歷程：

1. 一個人記憶歷程包括：感覺記憶、短期記憶及長期記憶。

2. 根據訊息處理理論的觀點，個體會透過感官接收外在訊息後，形成感覺記憶，儲存時間非常短，不到兩秒。

3. 當感覺記憶經過注意及辨識的心理作用，儲存時間將可保留到20秒之內，這時稱為短期記憶。

4. 短期記憶是介於感覺記憶與長期記憶之間的中介記憶，又稱為工作記憶或運作記憶，記憶容量約是5～9意元的記憶單位，若教學環境中的外在訊息過多，便會造成學生短期工作記憶過度負荷。

5. 長期記憶係指保持訊息長久不忘的永久記憶，當短期記憶經過適時複習，就可以轉化為長期記憶。

6. 長期記憶可分為程序性記憶、情節記憶與語意記憶，情節記憶是以影像形式符碼來儲存，與記憶事件發生的地點或時間等有關線索，都有助長期記憶的提取；語意記憶則以概念基模來加深加廣長期記憶，若是概念架構不明，則長期記憶的提取路徑就會消失，也就無法順利提取長期記憶。程序性記憶是一系列刺激和反應配對的儲存形式，其儲存於小腦中。

(二) **遺忘的產生原因：**

1. 「**消逝論**」：

   (1)此為完形心理學派之觀點，係指個人在接受外在訊息刺激時，會在腦中留下記憶痕跡。

   (2)當記憶痕跡消退時，則會產生遺忘之現象。

2. 「**干擾論**」：

   (1)此為行為心理學之觀點，係指個體會受到新舊經驗彼此之間的干擾，而導致產生遺忘現象。

   (2)常見的遺忘現象包括：「順向抑制」與「倒向抑制」，順向抑制是指舊的學習經驗干擾新學習內容的記憶；倒向抑制是指新的學習經驗干擾舊學習內容的記憶。

3. 「**編碼不當**」：

   (1)在長期記憶裡，大多數的語文學習，編成形碼、聲碼與意碼之後，儲存在腦海裡。

   (2)若是在編碼過程中，注意力不集中的話，就容易造成編碼錯誤，以致在回憶時造成遺忘。

4. 此外，遺忘的原因尚包括了檢索困難、生理性因素遺忘、動機性遺忘等。

第10章 社會行為與態度

依出題頻率分：A頻率高
B頻率中 C頻率低 頻出度 **A**

命題焦點

1. 社會知覺：(1)第一印象。(2)行為的歸因。(3)社會認知。(4)自我應驗。
2. 人際關係：(1)人際關係。(2)友誼、愛情與婚姻。
3. 社會影響：(1)角色與規範。(2)從眾與心理反應。(3)態度的形成與改變。(4)助人行為。
4. 團體行為：(1)團體決策。(2)團體作業。(3)領袖與領導。(4)心理學的研究。

↘ 精華摘要

一、所謂社會行為，是指個人與別人或個人與團體之間交互影響的行為。

二、**社會化（Socialization）**：是指個人的行為在社會因素影響下改變的歷程。在此歷程中，由於受到別人行為的影響，個人逐漸學到符合社會要求的行為。社會化事實上也可以說是學習的歷程，簡單的行為多經過外制的社會增強作用，複雜的行為則經由內發的模仿與認同。

三、**社會增強作用（Social reinforcement）**：個體所追求的是社會性的目的物，因此引起他做這些反應的傾向叫做社會增強作用。社會性增強物有很多種，如：讚美、點頭、微笑。

四、**為什麼個人選擇某人去模仿認同呢？有四種理論來解釋：**

(一) **焦慮消減論**：心理分析論者認為，兒童模仿與認同成人行為的原因乃由焦慮消減所致。按照佛洛依德的解釋，幼兒期（3～6歲）由於對父母

中之異性別者的「戀親情結」，潛意識的「性」衝動受到抑制（閹割恐懼）而生焦慮，此種焦慮因兒童轉向對父母中之同性別者親近、模倣、認同而消滅。

(二) **社會權力論**：由馬克比（E. E Maccoby）等人所主張。所謂社會權力，是指個人對他人的行動所具有社會影響力或支配力；凡是影響力或支配力愈大者，權力也就愈大。社會權力說認為，兒童模仿父母是因為他們覺得父母在家庭中的權力大的關係。

(三) **社會學習論**：個人向某一握有社會權力或具有優越身分者去模倣（行為），結果獲得滿意的報酬，模倣的行為即將加強，以後在同類情境中將有重複出現的傾向。

(四) **類似特質論**：模倣者根據自我觀念，認識到楷模不但與自己具有類似的特質，而且在同類特質上又較自己略勝一籌。

五、以個人在社會組織中所具有的身分或所分擔的任務來顯示他社會行為的功能時，即指扮演的社會角色。社會角色是個人經社會化的歷程與學習而來的。

六、從個人社會化的觀點而言，角色行為具有兩種意義

(一) **社會規範**：每一種角色都有一套規範性的角色行為。

(二) **角色期待**：社會中的人常以該角色所具備的行為來評鑑其行為。

七、瞭解對「人知覺」（社會知覺）多從兩方面著手

(一) **第一印象**：對初次見面的陌生人所獲得的印象，稱為「第一印象」。第一印象會影響以後的長期印象。影響第一印象形成的因素大致可分為兩類：

　　1. 對初次晤面的人，事前一無所知時，第一印象的形成主要受其外表或容貌的影響。

　　2. 如果在晤面陌生人之前，已獲知此人的某些資料，這些間接的資料將是形成第一印象的重要因素。

(二) **刻板印象**：一個人對某人或對某團體知覺的形成，只靠一些間接資料，這些資料獲得的印象，卻固執不移。這種既不以直接經驗為根據，又不以事實資料為基礎，單憑偏見或道聽塗說而對某人或某團體形成的印象，稱為刻板印象。從心理歷程看，刻板印象有三個特徵：

1. 對社會上人群的分類根據的行為特徵過分簡化，甚至只取其一，忽略其他。
2. 同一社會文化或團體中，刻板印象具有相當的一致性。例如「美國人是天真的」。
3. 刻板印象多與事實不符，甚至是錯誤的。

八、影響人際吸引的因素，可能是由於彼此間相似，也可能是由於彼此間互補，情形因人而異。據心理學家研究發現，初交時相似的因素較為重要，深交後互補的因素較為重要。

九、從友誼到愛情而婚姻過程，形成三部曲

第一部曲	初交往時，社會性的相似面顯得重要；諸如相同的生活圈，這是友誼的理性階段。
第二部曲	深交後，個人性格的相似面顯得重要；諸如興趣、態度、價值觀念等相似與否，都是構成深厚友誼的基礎。這可以說是友誼的感情階段。
第三部曲	長期友誼或愛情的維持，雙方在人格特質上的互補顯得重要，彼此依附，相輔相成。

十、榮格認為，人際間人格特質的互補，是吸引雙方彼此相愛的主要原因。他認為個人都有一個潛意識「理想對象」，此一「對象」的人格特質與個人自己是相補的。假如在人與人之間交往時，有機會遇上了具有此類特質的人，也就是等於遇見了自己的「理想對象」，這時候就會不自覺地受他吸引而生愛慕。

十一、態度（Attitude）

(一) **意義**：個體對人對事所持有的一種具有持久而又一致的行為傾向。

(二) **組成之因素**：

1. **認知成分**：某人對早睡早起有益於身體健康的道理知之甚詳。
2. **情感成分**：某人的生活習慣是喜歡早睡早起。
3. **行為成分**：某人日常生活都是早睡早起。

(三) **社會態度**：我們通常會對我們所認識的人、事、物或觀念作一些認知面的敘述，假如一個認知陳述含有贊同或反對的意味在內，則為一種態度的表現。這種由社會事物所引起的複雜而有組織的心理活動歷程，就是社會態度。

(四) **態度之測量方法**

1. **態度量表法**：係由若干題目所組成，每一題目均係對某一社會事件的陳述。態度量表雖有各種不同形式的題目，但其功能則均係根據個人對題目所做反應，給予分數，以代表他對該社會事件所持態度的強弱程度。態度量表的形式，通常分為：

   (1) 塞斯通式：由測驗學家塞斯通（Thurstone）創始。
      例：
      （　　）同意　　（　　）不同意
      在某些情形下，為維護正義，戰爭是必要的。

   (2) 李克特式：由李克特（Likert）創始。
      例：
      無論是對是錯，我們都應志願為國家的榮譽而戰。

非常同意	同意	無所謂	不同意	非常不同意
⑤	④	③	②	①

      > **小 叮 嚀**
      > 又稱「李克特氏五等量尺」。

2. **自由反應法**：最常用的是開放式的回答題。例如，你對於異族通婚一事持什麼態度？另外一種常用的方法是語句完成法。例如：我認為異族通婚……

(五) **態度形成與改變之歷程**

1. **順從**：指個人的態度在社會影響下，只在外顯行為上表示與別人一致。
2. **認同**：凱爾曼從人知覺與人際吸引的觀點來說明認同與態度形成的關係。個人之所以主動地受某人或某團體的影響而改變了自己的態度，主要是因為個人喜歡某人或某團體，而產生向其認同的情形。

3. **內化**：內化可以說是個人經情感作用所認同的態度，再與自己已有的態度與價值觀等協調統整的歷程。總之，個人態度如果先由順從，後經認同，再經內化三種歷程，這時態度即成為其人格的一部分，將持之經久，不易改變。

影響態度形成與改變之因素有：(1)家庭父母之影響；(2)同輩團體之影響。

(六) **態度改變之技術**：態度改變可分為兩類：一種是個人主動地改變，另一是受外在的影響而被動地改變。心理學家在這方面的研究，主要以傳播為手段，以期對接受傳播者發生「說服」的作用。社會心理學家研究發現，以下兩種因素是其中最重要的。

1. **傳播者的條件**：傳播者對不同事情的傳播所發生的說服效果不同。例如勸導民眾注射疫苗，由著名醫生所做的宣傳，當比警員的傳播有效。

2. **傳播資料內容**：傳播者所提供的傳播資料，在內容、組織、提供順序與方法等各方面，對資料接受者的態度，將有不同的影響。綜合關於這方面的研究，可歸納為三點結論：

   (1) 單面論證與雙面論證：屬於爭議未決的事清，傳播可以只提供與自己觀點有利的單面論證，也可以同時提供關於該問題利弊得失的雙面論證。研究結果發現，雙面論證對個人態度的影響大於單面論證。

   (2) 初始效應與時近效應：提供資料的時間和順序，也會影響說服的效果。正反兩面的資料在時間上前後連接提供時，宜先提正面後提反面，以便利於正面資料產生「初始效應」。如果正反兩種資料提供時間相隔較長時，宜先提反面後提正面資料，以便利於正面資料產生「時近效應」。

   (3) 選擇的自由：研究結果發現，在一般情形下，提供具有選擇自由的資料時，較容易被人接受，強迫性的說服常給人情緒上的威脅。

(七) **態度改變之歷程**：范士庭所倡的認知失調論解釋，態度的改變，主要是因個人對態度對象的認知成份與其行為成份失去協調所致。

十二、實驗心理學家早已發現，個人在團體中確有從眾傾向，甚至在缺乏參
　　　照資料時表現盲從傾向。

十三、領導行為
(一) 領袖之功能
　　1. 達成團體活動的目標。　　　　　　2. 維繫成員間的人際關係。
(二) 領袖之類別
　　1. **依領袖功能劃分：**
　　　(1) 工作領袖：領袖的領導只限於工作目標的達成。
　　　(2) 情緒領袖：領袖的功能只限於成員們對他情感的依附。
　　2. **依領導方式劃分：**
　　　(1) 獨裁領袖：集決策、執行、考核、賞罰等事務於一身。
　　　(2) 民主領袖：一切取決於團體中成員的公議。
(三) 領袖產生之原因
　　1. **偉人論：**主張領袖是天生的。在封建時代，貴族生而為統治者的觀念
　　　甚為普遍，這也是貴族政治下的一種愚民政策，即英雄造時勢。
　　2. **時代論：**主張領袖是後天培養的，是應運而生的，在民主社會中人人
　　　可以為總統。
(四) 領導之意義：所謂領導是指影響一個組織團體的活動過程或行動，這些
　　　行為促使整個團體建立其共同追求的目標，並完成團體的成就。

十四、團體行為與工作效能
(一) 團體決議
　　1. **意義：**民主社會中團體議事的一種基本歷程。在此歷程中，經由團體
　　　討論的方式獲致決議，對整個團體的或某些成員的行為予以某種程度
　　　的限定。

2. **步驟**：
　(1) 由主席（通常為團體領袖）提出議案（問題），並附帶提出擬議之說明及解決的辦法。
　(2) 聽取成員們對問題的看法及正反兩面的意見。
　(3) 對成員中的反對意見，在決議之前，暫予接受。
　(4) 應尊重成員的要求，必要時提供有關議案的資料。
　(5) 鼓勵成員參加討論，並儘量消除彼此間的反對意見。
　(6) 討論過後，要求成員對擬議中的辦法（或行動）決定是否支持。
　(7) 讓成員們有機會了解，有多少人表示同意。

(二) **團體工作效率**

1. **腦力激盪**：奧斯邦（Osborne）所創始，即團體解決問題的技術。開始時由主席提出待解的問題，接著鼓勵成員們儘量提出可能解決的意見，意見愈新穎、愈具創造性、愈多變化者愈好。無論成員間所提的意見是一致的或是相左的，均不予批評，也避免討論，且每個意見要受到尊重。

2. **競爭與合作**：一團體內競爭與合作的問題，大致得到以下四點結論：
　(1) 如果工作比較簡單，而且團體中每一成員都能獨立完成工作所需的全部程序時，在個人競爭下的工作成績將較團體合作為優。
　(2) 如果工作比較困難，而且有部分成員不能各自獨立完成工作全部時，團體合作的工作成績將較個人競爭為優。
　(3) 如果團體中成員的態度與感情是屬於團體取向，而且又有明確的團體目標時，團體合作的工作成績將較個人競爭為優。
　(4) 如果成員的態度與感情是屬於自我取向。而且工作本身又缺乏內在興趣時，個人競爭的工作成績將較團體合作為優。

↘ 解釋名詞

社會知覺（social perception）

社會知覺係指個人在社會情境中，對於種種社會行為所產生的記憶、分類、思考、判斷等複雜心理歷程。根據庫利（C. Cooley）與米德（M. Mead）的觀點，個人的社會認知與社會經驗密切關聯。

角色

每一個社會位置都有一組特定的行為（包括價值觀念、態度反應的模式等），以表現該位置的社會功能。

角色衝突

有時一個人在社會結構中會占有幾個位置，若是其中有些功能的表現不能兩全，或彼此衝突，就引起角色衝突。例如一個已為人母的職業婦女，當她要善盡為母之責時，可能不能符合職業上的本份；反之，又可能有虧母親的職守，引起她內心的歉疚。

角色行為

社會所賦予某種角色的某些社會行為。角色行為因文化傳統與社會背景的不同而異。從社會的觀點言，角色行為可能是團體制訂的，也可能是約定俗成的；從個人的觀點言，則是經由社會化而學習到的。

社會角色

在社會組織或社會團體活動中，每個人都具有某一種身分，居於某一種位置，或分擔某一部分任務。如家庭中之兄、弟、姊、妹。學校中之校長、教師、學生。

嚴選題庫

一、「社會化」的意義，在社會化歷程中，主要包括那兩大學習歷程？

答：人類的社會行為是經由社會化的歷程而建立。所謂「社會化」
（Socialization），是指個人的行為在社會因素影響下改變的歷程；
在此歷程中，由於受到別人行為的影響（無形的交往與有形的教
育），使個人逐漸學得符合社會要求的行為。在此等符合社會要求或
為社會所許可的行為中，社會角色（Social role）、社會態度（Social
attitude）、社會規範（Social norms）、社會刻板印象（Social
stereotype）四者是其中最重要的。

在社會化的歷程中，主要包括以下兩大學習歷程：

(一)**社會增強作用**：從學習原理的觀點言，在社會學歷程中支配學習
行為者，當為社會增強作用（Social reinforcement），所謂社會
增強作用，是指使用於人際間授受關係中的「增強物」具有社會
性的意義，而其功能則對某社會行為具有加強的作用。

(二)**模仿與認同**：在操作制約學習歷程中，社會增強作用給予個體行
為改變的影響，多屬「外制」的。社會化的最後階段，個人的社
會行為，必須由外制經過「內化」而變為「內制」；而模仿與認
同兩種學習方式，正是此內化的主要歷程。

二、試述「社會學習」之意義及其特質。

答：社會化的過程是由一連串的學習活動所構成，因為此等學習所涉及的
刺激與反應都是社會性的，所以常被稱為社會學習。此一學習屬工具
式學習，在工具式學習的過程中，個體為了獲得某種目的物以滿足其
需要，乃能學會某種動作或形成某種習慣。此個體所追求的目的物是
社會性的，因此其工具性反應傾向的增加叫做社會性增強作用。社會
性的目的物為數甚多，大自父母的呵護，師長的讚譽，以致他人的點
頭、微笑及注意等莫不屬之。

三、試述社會化過程中幾種主要的學習現象。

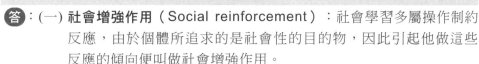

答：(一) **社會增強作用**（Social reinforcement）：社會學習多屬操作制約反應，由於個體所追求的是社會性的目的物，因此引起他做這些反應的傾向便叫做社會增強作用。

在社會化過程中，操作學習占有十分重要的地位。父母、師長等之所以能夠「教育」兒童，使他逐漸成為一個社會人，就是因為他們掌握了兒童所需要的目的物（如關心、照顧和撫養等）。這些具有增強作用的刺激，如果能適當地運用，可以使兒童逐漸學到成人所期望的行為和習慣。

(二) **模仿與替代學習**（Imitative learning & Vicarious learning）：模仿學習是社會化學習中十分普遍的現象。模仿行為也是經由學習獲得。班都拉和瓦特茲（Bandura. A. & Walters. R. H.）認為模仿學習在社會行為的塑造與個人人格的發展具有其重要性。

(三) **認同作用**（Identification）：對某一模仿對象（model）的整個人格所發生的全面性、持久性的模仿學習便稱為認同作用。最常見的認同現象是兒童對父母的認同，不但模仿父母的衣著和動作，而且吸收父母的觀點、想法及態度。通常男孩以父親為認同的對象，而女孩則以母親為認同對象。這種對父母的認同方式，可以幫助男女兩性人格的發展。

四、何謂社會化過程？

答：人類的行為大都是經由學習而來。個體自出生開始就生活在一種人的環境裡，時刻在不知不覺中學習著他人的行為。隨著年齡的增長，他在行動、思想、感覺以及對事物的看法上，逐漸近似他人，最後乃能變成一個家庭及社會所接受的社會人。此種經由社會薰陶與訓練而從自然人變成社會人的過程，便稱為社會化過程。

五、動物的社會行為與人類的社會行為主要差別何在？

答：(一) 在基本上動物的社會行為與人類的社會行為最大的差異，在於動物缺乏使用符號的能力。因此動物之間沒有語文的溝通，不能產生文化，它們的活動也只限於直接的時空之內，只有對具體的情境產生反應。

(二) 動物不能通力合作，如庫勒有一個實驗是個別地訓練猩猩把三個箱子疊起來，然後站在上面去取得掛在籠子頂上的香蕉。每隻猩猩單獨做得很好，然而把這些受過訓練的猩猩關在一個籠子裡，每隻猩猩都要像單獨時候那樣做，就會彼此打鬥，而一再失敗。

(三) 動物的分工是由於生物的特殊分化，而不是學習形成的。可是人類社會生活所形成的文化，則包含信仰、價值觀念、行為模式等，代代相傳，對人類行為具有連綿的影響。

(四) 動物之社會行為是生物因素占優勢，屬於生物社會的行為組型；人類社會行為學習因素占優勢，是屬於心理社會的行為組型。

六、試述人知覺（Person perception）的意義。

答：人在生活環境中，經由感官接受兩類刺激，一類是屬於物的，個人對這方面感覺資料加以組織與解釋的心理歷程，稱為知覺。環境中另一類刺激是屬於人的，個人將其對他人的感覺資料加以組織與解釋的歷程，稱為「人知覺」。用日常用語說，人知覺就是人對人的印象，可以說是構成人際交往的社會行為基礎。因此廣義言之，人知覺也稱「社會知覺」（Social perception）。心理學研究人知覺多從兩個基本問題著手：

(一) **第一印象**：對初次晤面的陌生人所獲得的印象（即人知覺）。

(二) **刻板印象**：即不以直接經驗為根據，又不以事實資料為基礎，單憑一偏之見或道聽塗說，而對某人或對某團體形成的印象，稱為「刻板印象」。

> **小 叮 嚀**
> 人知覺又稱為「社會知覺」。

七、第一印象的意義及其影響因素為何？

：(一) 第一印象，即是對初次晤面的陌生人所獲得的印象。一般社會交往都承認第一印象異常重要，甚至承認其能影響以後的長期印象。

(二) 然而，對一個陌生人的第一印象的形成，是根據些什麼知覺資料？或問，有那些因素影響第一印象的形成？對此類問題，不容易找到肯定的答案。就實際研究發現的結果看，大致可歸納為兩個結論：

1. 對初次晤面者的個人資料事前一無所知時，第一印象的形成主要受其外表或容貌的影響而定。

2. 如果在會晤陌生人之前，對他獲知某種間接資料，此種間接資料將是形成第一印象的重要因素。

八、試說明刻板印象的意義。

：(一) 刻板印象是，不以直接經驗為根據，又不以事實資料為基礎，單憑一偏之見或道聽塗說，而對某人或某團體形成的印象。「刻板」是指固定不變之意，對社會上的人，只要合於刻板中類型的一個條件，個人就給予籠罩上一個概括而固定的印象。因刻板印象屬於社會性的人知覺之一種，故也稱為「社會刻板印象」。

(二) 例如有人說大學教授性格怪異，商人重利而狡猾，黃種人勤奮，黑種人懶惰，猶太人吝嗇等等。說這種話的人，可能從未與黑人或猶太人有過任何直接交往，但從間接資料中學來的概念，卻使他對這種人的印象固執不移。

九、試述刻板印象的特徵。

答：從心理歷程看，刻板印象有三個特徵：

(一) 刻板印象是對社會上人群的一種分類方式，只是用作分類根據的行為特徵過份簡化，甚至只取其一，忽略其他。

(二) 在同一社會文化或同一團體中，刻板印象具有相當的一致性。例如「日本人小氣」這話儘管未必符合事實，但多數中國人是同意的。

(三) 刻板印象多與事實不符，甚至是錯誤。其原因一方面是印象過份籠統，忽略團體中的個別差異；另方面可能，是基於一種團體感情，因刻板印象的分類多趨向兩個極端，不是偏好，就是偏惡，這可能與社會教育有關。

十、試述「次級文化」之意義，及其所構成的文化體系特徵為何？

答：所謂次級文化是指在一定的社會結構中（如社會階段、社會團體或組織），個體互助而產生的特定行為結果。包括生活各方面的處理及各種觀念，如技術、態度、信仰、價值等。各種次級文化構成整個文化體系的特徵，各類文化體系可由三方面表現出來：

(一) **語言及習俗**：各民族有其各自的語言，語言使人能彼此溝通意見，也算是一種習俗的表現。習俗是對人、事、物的一組社會習慣，也是一組特定的行為標準。

(二) **器物的製造**：對工具的製造及使用，是人類征服及利用環境的必然結果。從原始的弓箭到氫彈的製造，由油燈到電燈，由馬車到噴射飛機，種種技術的創造與運用，成為文化的主要部分。

(三) **信仰與價值系統**：這是一套觀念，包括是非善惡的看法、倫理與道德的標準、人生哲學、政治制度、處世原則等。

十一、試舉例說明「邊緣人」之意義。

答：所謂「邊緣人」是指一種處於文化衝突中的人。例如在美國有許多來自各國的移民，這些人承襲著他們祖國原有的文化傳統，且以之教育

子女，他們的子女就會面臨到文化衝突的情況。一方面接受家庭的傳統，另一方面又得與同伴認同，他們好像處在兩個社會的邊緣，陷於文化的衝突之中，往往產生不適應感。

十二、試比較說明人際吸引中相似與互補兩種因素的重要性。

：(一) 友誼的形成是由於雙方有相似之處，也有時是由雙方具有互補之處。如在成語中的「惺惺相惜」與「剛柔相濟」，正可以用來說明人際間的親和關係是不相同的。

(二) 所謂相似（Similarity），其間包括的事項很多，諸如年齡、學歷、興趣、態度、嗜好、容貌等條件的相似是屬於個人方面的；再就社會方面看，同種族、同行業、同社會經濟地位的人，因在工作上或業務上接觸的機會，也容易交成朋友。相似有助於相交，可以從心理學的觀點給予以下解釋：

1. 具有相似興趣和嗜好者，多趨於參加類似的社會性活動。例如：弈棋。

2. 在交往時如當事者發現彼此態度相同或意見一致，對雙方都產生一種社會增強作用。如「英雄所見略同」的感覺，因而彼此維護，並提高了雙方的自尊。

3. 凡同興趣、同態度、同年齡、同行業、同教育背景者交往時，彼此意見易於溝通，較少因意見傳達困難而造成誤會或衝突。

除相似的因素使人容易接近外，「相補」或「互補」也是構成人際間密切關係的重要因素。

十三、詳述「態度」（Attitude）的意義。

：態度，其涵義係指個體對人對事所持有的一種具有持久而又一致性的行為傾向。此一界說可從下述四點說明來補充：

(一) **態度只是一種行為傾向，而非指行為的本身。**

(二) **態度必有其對象**：態度的產生必有對象。態度的對象可能是人，可能是事，也可能是物。

(三) **態度具有一致性與持久性**：態度具有一致性，凡對在公共汽車上吸菸持反對態度者，不但反對別人在公共汽車上吸菸，甚至也勸阻

別人在公共汽車上吸菸。態度也具有持久性，凡對電視主張歸國家
經營者，今天態度如此，明天也是如此，可能明年也是如此。

(四) **態度是有組織的，其組成成分有三：**
　1. **認知性成分**：包括個人對人、事、物的了解，屬於思想或理智的
　　部分。
　2. **情感性成分**：包括個人對人、事、物的好惡，帶有情緒的傾向。
　3. **行為性成分**：包括個人對人、事、物的實際反應或行動。

十四、試述決定態度的因素。

答：決定態度的因素：
　(一) **能否滿足個人的願望**：人均有其願望，對於有助於個人願望或直
　　接能滿足個人願望的人及事物，都會產生好感；對有礙於個人願
　　望的達成或滿足的人及事物，則多會感到厭惡。
　(二) **知識**：知識不但會形成個人的態度，也會改變個人原有的態度。
　　個人對人及事物的態度，常受著對該人及事物所獲得的知識的影
　　響，同時個人對某人及事物的既有態度，會因對該人及事物獲得
　　新知識的結果而改變。
　(三) **個人的人格特質**：人由於遺傳、家庭、教育、社會等因素的不
　　同，而陶冶出有個別差異的人格。
　(四) **個人所屬的團體**：團體對成員常有某種專業知識的傳授，成員在
　　社團活動期間有關各種問題的意見交換，均足以影響某種態度的
　　形成與塑造，因此凡屬同一團體的成員，對某些事物多會產生出
　　同樣的態度。

十五、試述「態度調查」的意義及常用的態度調查方法。

答：(一) **態度調查**：指主動設計某種方法或量表，以調查個人對某人及事
　　物的態度。而所謂人及事物的範圍，則包括各種人物、各種團體
　　與機關、各種制度，及各種社會問題等。
　(二) **常用之態度調查方法有如下：**
　　1. **面談**：由調查者與個人舉行面談，從個人面談時之口頭陳述及其
　　　表情，以推斷及瞭解該個人對某人及事物的態度。

2. 觀察：指調查者只從旁觀察個人對某人或事物有關問題所發表的言論、文字或舉動，以為推斷及瞭解其態度之依據。

3. 有關資料的統計：如平時對個人日常生活行動的情形，均列有資料，則從資料的統計也可推斷及瞭解個人對某人或事物的態度。

4. 問卷調查：或稱書面調查。應用此種方法作態度調查，其好處為經濟，能在短時間內對多數人作調查。而其缺點則為調查表格不易設計，尤其具有高度的信度與效度的調查表更難設計。書面調查，依其答覆方式之不同，可分為(1)選擇法；(2)自由表達法。

十六、試依社會心理學家凱爾曼（Kelman）之看法，說明態度形成與改變的歷程。

答：社會心理學家凱爾曼氏認為，任何一種態度的形成或改變，都須經過三階段，即順從、認同與內化。這三階段也可說是個人行為受社會影響的三個層次。凱氏理論簡略說明如下：

(一) **順從（Compliance）**：是指個人的態度在社會影響下，只在外顯行為上表示與別人一致。

(二) **認同（Identification）**：凱爾曼氏的解釋，是從人知覺與人際吸引的觀點來說明認同與態度形成的關係。個人之所以主動的受某人或團體的影響而形成一種態度，或改變了自己的態度，主要是因為個人喜歡某人或某團體，而視之為楷模並向其認同所致。

(三) **內化（Internalization）**：可以說是個人經情感作用所認同的態度，再與自己已有態度與價值觀等協調統整的歷程。認同只基於個人的情感表示好惡，而內化則是基於個人的理智辨認是非，多屬於態度的認知性成份。

十七、傳播者（Communicator）在提供傳播資料，試圖說服別人時，應注意的方法有那些？

答：傳播者所提供傳播資料，在內容、組織、提供順序與方法等各方面，對資料收受者的態度，將有不同影響。綜合此方面之研究，可歸納為三點結論：

(一)**單面論證與雙面論證**：資料所涉及的問題屬於爭議未決的事項時，傳播者可以提供於自己觀點有利的單面論證（one-side argument），也可以同時提示關於問題利弊得失的雙面論證（both-side argument），但傳播目的仍在加強有利於自己一面的論證。

(二)**原初效應與時近效應**：如果傳播者提供的資料有正反兩面，並企圖以正面資料發生影響時，應注意資料提供的時間和順序。假如兩面資料在時間上前後連接提供時，宜先提正面後提反面，以便利於正面資料產生「原初效應」（primacy effect）；此中原理可按記憶與遺忘理論中順攝抑制的原理得到解釋。但如正反兩種資料提供相隔較長時，宜先提反面資料後提正面資料，以便利於正面資料產生「時近效應」（recency effect）。

(三)**有否選擇的自由**：傳播者提供的資料有時可以使收受者有選擇的餘地，但也有時給收受者嚴格的限制，使之毫無選擇。

十八、試述社會從眾傾向的意義。

答：在團體的情境下，個體往往因為受到團體的壓力，而在知覺、判斷、信仰或行為上與團體中的多數人趨於一致。此種個體依從團體的行為傾向，便叫做社會從眾傾向。

十九、試述影響從眾行為之因素。

答：影響從眾行為的因素有：

(一)**個體被社會接納的慾望**：每個人都希望被別人稱讚和喜愛，但他必須表現與大眾期望符合的行為和態度，始能得到社會讚許而不受指責或遭受拒絕。

(二)**團體成員意見分歧程度**：若是團體中個人的意見缺少支持者，則感受的團體壓力較大，而從眾傾向就比較強；若是團體中大多數人意見並不一致，則個人的從眾傾向就大為降低。

(三)**團體對個人的吸引力**：若是一個體能使團體感到非常滿意，或者團體本身對他具有極大的吸引力，則他屬於團體的慾望甚強，其從眾傾向就較強烈。

(四) **個體本身人格特徵的影響**：有些人具有較高的從眾傾向，這種人智力較平庸，情緒較不穩定，有較多的焦慮感。從眾者的自我觀念也較傾向於自卑，在人際關係方面，有過分重視他人及依賴他人的傾向，且多具有受制型人格特質，亦即較墨守成規和重視道德。

二十、何謂腦力激盪法（Brainstorming）？

答：在五十年代，正值精神醫學方面盛行團體治療的時候，紐約市一廣告公司的廣告心理學家奧斯邦（Osborne）氏，創用了一種團體解決問題的技術，叫做「腦力激盪法」。此後在商業上及軍事上，這種技術即被廣泛採用。腦力激盪法事實上也是一種以團體討論解決問題的方式，不過與一般團體討論不同。

開始時由主席提出待決問題，然後鼓勵成員儘量提出可能解決的意見，意見愈新穎、愈具創造性、愈多變化者愈好。無論成員間所提意見是一致的或是相左的，均不予批評，也避免討論。換言之，運用腦力激盪法的基本原則是，讓團體成員儘快「產生」意見，而不是按傳統會議方式逐一討論成員的建議。

按奧斯邦氏的假設，在採用腦力激盪法的情境下，每一成員因受到其他成員所提出意見的刺激（作為思考的線索），可能在同樣時間內「產生」出兩倍於他自己獨自思考時的意見數量。

二一、競爭與合作是影響團體工作效率因素之一。其使用時機為何？

答：從個人與團體行為的效能看，競爭（Competition）與合作（Cooperation）是在團體活動所完成的工作之後需要評定其結果者，競爭或合作的工作歷程，自然就成為一項重要的考慮。心理學家一直在嘗試，企圖找出競爭與合作的工作方式與工作效果的關係。以往的研究多從兩種情境入手：一種情境是，在同一團體內，研究成員們競爭與合作對工作效果的影響，另一情境是在不同團體之間，研究競爭與合作對工作效果的影響。

同一團體內，競爭與合作的問題大致可得到以下四點結論：

(一) 如果工作比較簡單，而且團體中每一成員都能獨立完成工作所需的全部程序時，在個人競爭下的工作成績將較團體合作為優。

(二)如果工作比較困難，而且有部分成員不能各自獨立完成工作全部時，團體合作的工作成績將較個人競爭為優。

(三)如果團體中成員的態度與感情是屬於團體取向（Group-oriented），而且又有明確的團體目標時，團體合作的工作成績將較個人競爭為優。

(四)如果成員的態度與感情是屬於自我取向（Self-oriented），而且工作本身又缺乏內在興趣（Intrinsic interest），不靠外在誘因時，個人競爭的工作成績將較團體合作為優。

二二、試述預防團體間發生衝突的可行方法？

答：預防團體間發生衝突的可行方法，主要有：

(一)**設立共同外敵**：具有衝突的團體，如能設立共同的外敵，即會緩和團體間的衝突，而促使團體共同對付外來的敵人。

(二)**訂定高級的目標**：如訂定為具有衝突的團體所共同追求的目標，則各團體會從原有的衝突趨於緩和或消除。

(三)**加強團體間的溝通**：如能設法加強競爭團體間的意見溝通，人員的相互訪問，工作人員的相互調任或工作輪換，以增加對對方團體與成員的認識，亦有助於衝突的緩和與消除。

(四)**避免區分勝負**：如對競爭的團體，不區分勝負，獎賞不以優勝的單位或個人為限，如此可緩和競爭的緊張程度，進而緩和或消除團體間的衝突。

(五)**重視整體效率**：須予以獎勵時，應以各單位對整個組織的貢獻為依據，或以各成員對整個單位的貢獻為準，而不以個別單位的成就或個別成員的成就，作為評定獎勵的依據。

(六)**培養高一層次的整體觀念，發揮高一層次的團隊精神**：訓練成員培養起高一層次的整體觀念，可以消除各競爭團體的本位主義；發揮成員高一層次的團隊精神，可增進各競爭團體成員間的相互合作，均有助於團體衝突的緩和。

二三、人在團體中的表現會比獨自一人的表現更好嗎？試從社會助長（social facilitation）、社會懈怠（social loafing）和去個人化（deindividution）三種效應說明之。

答：社會助長、社會懈怠及去個人化係為社會心理學之重要概念，茲依題意說明如下：

(一) 社會助長之概念分析

1. 係指個人因為受到團體影響，而表現出較佳行為的現象。
2. 係指個人因為受到團體影響，導致行為效率降低的現象。

(二) 社會懈怠之概念分析

1. 又稱為社會撈混、社會閒散等，係指團體運作的效能會隨著團體人數的增加而降低。
2. 可能產生原因為工作難度、團體重要性、合作對象、責任分散等。

(三) 去個人化之概念分析

1. 去個人化係指在團體中，個人容易因為具備匿名性或是個人意識的消弱，而以團體行為與目標取代了個人意識與需求。
2. 產生原因為責任分散與自我覺知減弱等影響，所以容易產生順從或是團體極化之現象。

(四) 對於「人在團體中的表現會比獨自一人的表現更好嗎」之己見

1. 團體行為係指團體內個人受到團體影響所表現出的行為，亦可指由團體所表現的集體性行為。
2. 當人在團體中的表現出現社會助長效果時，則人在團體中的表現會比獨自一人的表現更好。
3. 但是，當人在團體中的表現出現去個人化或是社會懈怠時，則人在團體中的表現會比獨自一人的表現更差。
4. 所以，在團體行為中，應避免出現團體極化現象。

二四、「推敲可能模式」（elaboration likelihood model）（由Petty，Cacioppo等人提出）以及「捷思系統模式」（heuristic-systemic model）（由Chaiken等人提出），它們分別是如何地說明態度改變的過程？並請舉出一個態度改變的例子，援引它們的觀點，說明應該如何促進例子中的態度改變。

答：推敲可能模式與捷思系統模式可用以說明個體態度改變之過程，茲依題意說明如下：

(一) **推敲可能模式之相關說明**

　1. **提倡學者**：Petty及Cacioppo。

　2. **態度改變模式**：「peripheral route」及「central route」。

　3. **「peripheral route」**：

　　(1)個人只注意零碎切割的片面資訊，而無法對事件情況進行全盤瞭解。

　　(2)以這樣的態度改變歷程，效果較為短暫，因為並非為經過個人慎思選擇的結果。

　4. **「central route」**：

　　(1)個人透過慎思的認知歷程來全盤考量外在資訊，並進行選擇與判斷。

　　(2)這樣的態度改變歷程，效果較為持久，且可以內化為個人的內在認知架構。

(二) **捷思系統模式之相關說明**

　1. **提倡學者**：Chaiken。

　2. **態度改變模式**：系統途徑及捷思途徑。

　3. **系統途徑**：當個人具有高動機時，會採取之態度改變模式。

　4. **捷思途徑**：當個人不具動機時，會採取之態度改變模式，偏向自動化歷程。

二五、社會群體生活對個人有正面和負面的影響。(一)社會支持是許多正面
　　影響之一，從Carl Rogers人本治療學派的觀點，一個助人工作者要
　　展現出那五種人際互動的特質才能讓當事人得到支持和信任的感受？
　　(二)偏見（prejudice）、群體極化（group polarization）和群體思維
　　（group thinking）是負面的影響，請逐一說明這三個概念，以及如何
　　消除或預防？

：茲依題意依序說明如下：

(一)根據人本治療學派觀點說明助人工作者的人際互動特質

　　1. 聰穎性，具備想像力與創造力。

　　2. 情緒穩定性。

　　3. 外向性，具有高社交性與活動性。

　　4. 友善性，具備親和力。

　　5. 嚴謹自律性，具備自我節制能力。

(二)偏見、群體極化、群體思維之相關說明

　　1. **偏見：**

　　　(1)對他人的態度中，情感成分遠大於認知成分，具有正負兩種偏
　　　　見取向。

　　　(2)是指一種絕對地喜歡或討厭一群具有某種特徵的人，其特徵不論真
　　　　實的或是想像的，諸如種族、族群團體、性別、宗教或職業等。

　　　(3)換言之，偏見即個體對個人或現象先入為主的概念。其產生的
　　　　原因源自先前經驗，可由學習或經歷獲得。

　　2. **群體極化：**

　　　(1)根據許多社會心理學家的研究，團體所做的決定不是趨於中
　　　　庸，而往往是趨於極端，這種現象稱為群體極化。

　　　(2)若是團體成員在討論問題時，多數人傾向激進，則他們容易做
　　　　出冒險的決定，這種現象稱為「冒險偏移」。

　　　(3)反之，若多數人傾向保守，則比較容易做出謹慎的決定，這種
　　　　現象稱為「謹慎偏移」。

　　3. **群體思維：**係指團體決策往往是經過團體成員無異議通過的現象。

　　4. **預防上述現象之可行作法：**

　　　(1)直接接觸：雙方增加彼此接觸的機會，擴充溝通的管道，自然
　　　　可以增加彼此的了解，而減少衝突的發生。

(2)包容對方：了解對方的文化背景脈絡，有利消除偏見的產生。

(3)打破團體間的界線：讓各個團體成員分工合作，分享彼此的文化、語言與價值觀，也有助於消除偏見。

(4)合理分配團體成員的職責，並減少領導者的權威。

(5)讓成員可以匿名表達自己的意見，並且要鼓勵沒意見的團體成員一定要講出自己的看法。

二六、何謂情境領導理論？是那位學者提出的？其內涵為何？

答：於此按照題目規定說明如下：

(一) Hersey & Blanchard的情境領導理論之要義

1. 認為成功之領導者須配合成員之成熟度，成熟度係決定於成員承擔該項工作的意願與能力。

2. 該理論主張以領導者給予之指導與指示、領導者給予之社會情緒支持、成員在執行某一特別工作、任務或目標的準備三者之交互作用為基礎，即是以任務行為、關係行為、成員成熟度為基本架構。

3. 認為基本上隨著成熟度的降低時，應加強任務取向，隨著成熟度之提高，關係取向的領導會逐漸取代任務取向成為理想的方式，若成熟度已達頂點，則以低工作低關係取向為最佳選擇。

(二) 在教育行政領導方面，應用情境領導理論之可行途徑

1. 以發展性視導配合權變領導，針對教師之發展階段對視導方式做彈性調整，協助教師成熟度往更高層次發展。

2. 做好學校知識管理，有利於成員之間知識之交流互動及轉化分享，有助於本身專業素養之提升。

3. 可運用催化領導、轉型領導、文化領導、延續領導等策略，來塑造教育行政組織為學習型組織及教導型組織，以提升教育行政組織運作效能及品質。

4. 宜發展更健全之教育行政評鑑機制，以掌控對組織成員的成熟度評估之正確客觀性。

二七、人類的攻擊行為大致可區分為「主動性攻擊（proactive aggression）」與「反應性攻擊（reactive aggression）」。請說明這兩類攻擊行為的特性，並比較兩者的異同。

答：人類的攻擊行為大致可區分為「主動性攻擊（proactive aggression）」與「反應性攻擊（reactive aggression）」，茲依題意說明如下：

(一) **主動性攻擊之相關概念：**
　　1. 攻擊行為的產生是源於解決問題的需求。
　　2. 攻擊行為的目的在於獲得實質利益，包括：物質性和精神性的利益。

(二) **反應性攻擊之相關概念：**
　　1. 攻擊行為的產生是帶有敵意的，也是具有報復性的。
　　2. 攻擊行為的目的在於傷害他人，又稱為敵意性攻擊。

二八、小明的人際關係很好，請分別以Rotter的社會學習理論（social learning theory）和Kelly的個人建構論（personal construct theory）的觀點來解釋可能的原因。

答：人際關係係為心理學研究的重要課題，茲依題意說明如下：

(一) **根據Rotter的社會學習理論，說明小明人際關係很好的原因：**
　　1. 根據Rotter的社會學習理論，小明屬於一種高人際信賴的人。
　　2. **小明人際關係很好的原因在於：**
　　　　(1)誠實待人，不會做出欺騙行為或說謊。
　　　　(2)願意給別人第二次嘗試的機會。
　　　　(3)尊重他人。
　　　　(4)具有宗教信仰。

(二) **根據Kelly的個人建構論，說明小明人際關係很好的原因：**
　　1. 願意去信任他人。
　　2.願意去瞭解他人的需求。
　　3. 願意去瞭解他人的構念系統運作。

二九、請以社會心理學的角度解釋為何群眾運動容易失控？若要防止失控，有何策略具體可行？並請說明這些策略背後的理論意涵。

答：群眾運動常常容易失控，茲依題意說明如下：

(一)**從社會心理學觀點說明群眾運動容易失控的原因：**

1. 從社會心理學觀點，群眾運動容易產生失控的原因在於產生冒險偏移的團體極化。

2. **產生的原因：**

(1)責任擴散理論：因為團體決定係由所有成員共同承擔，所以個人對於失敗的恐懼便會減少，而導致產生團體極化現象。

(2)情境熟悉理論：團體成員對於決策情境較為熟悉，而導致產生團體極化現象。

(3)受團體領導者的影響：若團體領導者具有非常大的影響力，並傾向做出極端的決策，則會產生團體極化現象。

(4)說服理論：受到其他成員的理由說服。

(5)團體價值理論：成員表現出符合團體價值的決策行為，可以受到稱讚，則容易產生團體極化現象。

(二)**避免群眾運動失控的可行策略：**

1. 合理對團體成員進行權責區分，並減少領導者的權威。

2. 透過共同參與及理性溝通分析，來提升團體決策的合理性。

3. 讓團體成員可以匿名表達自己的意見，並且要鼓勵沒意見的團體成員一定要講出自己的看法。

三十、生活中充滿衝突，請先解釋何謂衝突，然後舉例說明人們生活中最常見的四種衝突型式。

答：生活中充滿衝突，茲依題意說明如下：

(一)**衝突的基本概念：**

1. 衝突係指個人、團體或組織間，因為目標、認知、情緒和行為之不同，而產生矛盾和對立的互動歷程。

2. **造成衝突的深層原因如下：**

(1)個人人格因素：組織成員在年齡、教育背景、人格需要等差距越大，則衝突的可能性越高。

(2)人際互動因素：例如非正式組織的反功能與人際溝通的不良情況。

(3)組織因素：例如工作互依性高、法令與程序的僵化、責任區分不明確、組織氣氛的不當影響。

(二)人們生活中，四種常見的衝突形式：

1. 角色與人格的衝突：個性內向的人被指派當眾表演歌唱。

2. 角色與參照團體間的衝突：教師面對要求常態教學的校長和要求能力分班的家長所產生的衝突。

3. 角色內在衝突：身為教師，面對不同學生所產生的內在衝突。

4. 角色間的衝突：工作忙碌的教師面臨教師角色與父親角色的衝突。

三一、請說明刻板印象（stereotype）如何形成與維持？刻板印象與偏見（prejudice）、歧視（discrimination）的關係為何？臺灣社會中常見的刻板印象為何？其所造成的影響為何？如何加以化解？

答：刻板印象、偏見、歧視都是社會心理學的研究主題，茲依題意說明如下：

(一)刻板印象形成與維持的相關機制說明：

1. 受到社會化影響，個人受到文化傳統的制約。

2. 個人呈現我族中心的心態，且過度主觀專斷。

(二)刻板印象、偏見與歧視之相關說明：

1. 刻板印象：

(1)因個人認知偏差或不周全，而影響態度的心理現象。

(2)例子：教師認為女生的數理表現較差，所以只選擇男學生當數學小老師。

2. 歧視：個人在社會情境中，對他人所表現出的排斥行為。

3. 偏見：

(1)對他人的態度中所表現出的正向或負向之情感。

(2)一種絕對地喜歡或討厭一群具有某種特徵的人，其特徵不論真實的或是想像的，諸如種族、族群團體、性別、宗教或職業等。

(3)形成原因：月暈效應、正向評價誤差、自我知覺效應、初始效應等。

(三)以「國小社會科教科書」為例，說明臺灣社會中常見的刻板印象：

1. 過去國小社會科教科書充滿男尊女卑的性別刻板印象，且歷史人物楷模也都以男性為主。

2. 但現今九年一貫課程版的國小社會科教科書，逐漸增加歷史人物楷模的女性比例，許多課程研究也都對於國小社會科教科書中的性別意識型態進行探索及提出改進建議。

3. 教師亦逐漸破除本身的性別刻板印象，透過身教、境教、言教與制教，來幫助學生擁有正確的性別價值觀。

三二、何謂團體迷思（groupthink）？避免團體迷思的方法為何？

答：團體迷思是心理學研究的重要課題，團體迷思的提出者為Janis，係指在團體作決定的過程中，團體的成員過於追求共識，而缺乏對於問題解決策略的真正瞭解，導致教育決定的品質不佳。茲依題意說明如下：

(一)**團體迷思的相關概念**：

1. 團體迷思係指個人受到團體規範或行為的影響，而導致整個團體決定產生極端化的現象，反而無法周全思考問題。

2. **團體的決策容易產生團體極化現象**：(1)冒險偏移：團體決策結果偏向激進。(2)謹慎偏移：團體決策結果偏向保守。

3. **團體極化現象產生的原因**：

　(1)責任擴散理論：因為團體決定係由所有成員共同承擔，所以個人對於失敗的恐懼便會減少，而導致產生團體極化現象。

　(2)情境熟悉理論：團體成員對於決策情境較為熟悉，而導致產生團體極化現象。

　(3)受團體領導者的影響：若團體領導者具有非常大的影響力，並傾向做出極端的決策，則會產生團體極化現象。

　(4)說服理論：受到其他成員的理由說服。

　(5)去個人化：在團體中，個人容易因為具備匿名性或是個人意識的消弱，而以團體行為與目標取代了個人意識與需求。

(二)**避免團體迷思的方法**：

1. 首先，應建立自由無宰制的教育行政溝通情境，且培養教育相關人員具有批判反省能力，以成為具有自覺意識及自決行動能力之主體。

2. 再者，領導者應具備第五級領導、道德領導、動盪領導等能力，且透過多元參與決定，提升團體決定之合理性。

3. 最後，團體決定應合乎程序正義與實質正義，並且建立健全之教育評鑑機制，以獲得改善依據。

三三、個人在團體中的表現與獨自工作時有何差異？個人的決策與團體的決策又有何不同？請說明之。

：團體對於個人的行為與決策，會產生若干影響，於此按照題目規定說明如下：

(一) **個人在團體中的表現與個人在獨自工作時的差異之相關說明：**

1. **社會助長效應之觀點：**
   (1)個人面對熟悉任務時，會因為有其他人在場或其他人共同競爭，而產生欲表現優越的心理作用及行為。
   (2)但是當個人面對不熟悉任務時，則必須要沒有人在場，才會產生表現優越的動機與行為。
   (3)可視為一種壓力影響情緒，進而影響行為表現的社會心理現象

2. **舉例說明社會助長效應：**
   (1)當學生表現已經習得的才藝，例如：心算，則將因為觀察者效應或是合作者效應，而表現比平常更為優越。
   (2)當學生面對不熟悉的才藝表演，例如：唱歌，若沒有其他人在場，會較不容易有失常現象。

3. **個人受到團體的影響，而影響行為的現象：**
   (1)社會助長：個人因為受到團體影響，而表現出較佳行為的現象。
   (2)社會浪費：個人因為受到團體影響，導致行為效率降低的現象。

(二) **個人的決策與團體的決策之不同處**

1. 個人的決策係由自己做為決策者，而團體的決策，必須要和他人進行互動，經由團體運作才能完成決定。

2. **團體的決策容易產生團體極化現象：**
   (1)冒險偏移：團體決策結果偏向激進。
   (2)謹慎偏移：團體決策結果偏向保守。

3. **團體極化現象產生的原因：**
   (1)責任擴散理論：因為團體決定係由所有成員共同承擔，所以個人對於失敗的恐懼便會減少，而導致產生團體極化現象。
   (2)情境熟悉理論：團體成員對於決策情境較為熟悉，而導致產生團體極化現象。
   (3)受團體領導者的影響：若團體領導者具有非常大的影響力，並傾向做出極端的決策，則會產生團體極化現象。
   (4)說服理論：受到其他成員的理由說服。

三四、請介紹Meichenbaum的壓力免疫法（stress inoculation）及執行此策略的三個過程。

答：Meichenbaum的壓力免疫法（stress inoculation）是一種有效的減輕個體壓力的心理治療策略，按照題目規定說明如下：

(一)Meichenbaum的壓力免疫法相關概念：

1. 屬於一種認知行為治療法，屬於透過認知重建來改變個體行為的壓力因應模式。

2. 基本假設在於個人行為會受到自我語言、內在認知、行為本身等因素的交互作用。

3. 認知結構的改變過程包括吸收（absorption）、置換（displacement）、整合（integration）。

(二)壓力免疫法的三個過程：

1. 自我觀察：

(1)幫助個體正確認識壓力來源及性質。

(2)協助個體建立新的壓力認知內在架構。

2. 新的自我對話

(1)協助當事者學會處理壓力所需的認知及技能，達到認知重建的結果。

(2)例如：認知控制策略協助個體能夠保持專注力於工作任務。

3. 運用和練習

(1)協助當事者可以將相關的壓力因應技巧在現實生活中進行運用及練習。

(2)也可以透過設置由淺至深的壓力情境，讓個體可以有效練習。

三五、何謂社會助長作用（social facilitation）？請舉例說明生活中那些社會助長具有正面的力量？那些社會助長是會產生負面的影響？

答：社會助長作用是社會心理學的重要課題，茲依題意說明如下：

(一)社會助長作用的相關概念：

1. 個人面對熟悉任務時，會因為有其他人在場或其他人共同競爭，而產生欲表現優越的心理作用及行為。

2. 但是當個人面對不熟悉任務時，則必須要沒有人在場，才會產生表現優越的動機與行為。

3. 可視為一種壓力影響情緒，進而影響行為表現的社會心理現象

(二)**社會助長作用具正面力量之實例：**

1. 係指個人因為受到團體影響，而表現出較佳行為的現象。

2. 當學生表現已經習得的才藝，例如：心算，則將因為觀察者效應或是合作者效應，而表現比平常更為優越。

(三)**社會助長作用具負面影響之實例：**

1. 係指個人因為受到團體影響，導致行為效率降低的現象。

2. 當學生面對不熟悉的才藝表演，例如：唱歌，若沒有其他人在場，會較不容易有失常現象。

三六、一般來說，刻板印象（stereotype）與偏見（prejudice）往往會造成人們對某些團體成員產生歧視（discrimination）。試問何謂「刻板印象」？請說明如何形成刻板印象（stereotype formation）？

答：一般來說，刻板印象（stereotype）與偏見（prejudice）往往會造成人們對某些團體成員產生歧視（discrimination），茲按照題目規定說明如下：

(一)**刻板印象的相關概念：**

1. 因個人認知偏差或不周全，而影響態度的心理現象。

2. 是指一種於人內心中對某種事物的先入為主認知。

3. 例子：教師認為女生的數理表現較差，所以只選擇男學生當數學小老師。

(二)**刻板印象的形成原因：**

1. 受到社會化影響，個人受到文化傳統的制約。

2. 個人呈現我族中心的心態，且過度主觀專斷。

3. 刻板印象及其難消除之原因

(1)受到社會化影響，個人受到文化傳統的制約。

(2)個人呈現我族中心的心態，且過度主觀專斷。

第4篇 臨床心理學

第11章　情緒與生活

依出題頻率分：A頻率高
B頻率中 C頻率低　　頻出度 **C**

命題焦點

1. 情緒的性質：情緒與動機的關係。
2. 情緒表達：(1)心理學研究。(2)面部表情。(3)肢體語言。(4)情緒經驗的形成。
3. 情緒理論：(1)詹郎二式論。(2)坎巴二式論。(3)斯辛二式論。(4)相對歷程論。
4. 生活壓力與情緒：(1)性質與來源。(2)身心反應。(3)生活壓力與健康。

↘ 精華摘要

一、情緒是個體受到某種刺激後所產生的激動狀態，此種狀態雖為個人自己所體驗，但不為其所控制。

二、人類情緒的發展大致遵循兩個原則

(一) 情緒表現的基本方式主要是生來的，其後隨年齡而分化。

(二) 情緒表現的時機是學習的。

三、心理學家布蕾妮（K. M. B. Bridges）對六十二個從初生到兩歲嬰兒情緒發展作觀察研究。該研究的主要發現為：初生嬰兒除了恬靜的狀態之外，所謂情緒，只不過是一種激動狀態而已。此後逐漸分化，約在三個

月內，始從激動狀態中分化為苦惱與愉快兩種基本情緒。在三至六個月之間，從苦惱分化為憤怒、厭惡、恐懼三種情緒。在六至十二個月之間，從愉快的情緒中，再分化為得意與喜愛兩種情緒。

四、情緒與工作效率有密切關係：據一般研究顯示，只有在適應緊張的情緒狀態下，才會產生最好的工作成績。

五、情緒的長期緊張將不利於身心健康，即謂「心身性疾病」，多由長期性不能適應所引起。

六、情緒理論包括三個歷程

(一) **知覺的歷程**：了解刺激情境的意義與性質。

(二) **生理的歷程**：呼吸、循環、肌肉、腺體等隨情緒狀態而變化。

(三) **感覺的歷程**：主觀的情調（feeling-tone）感受，是恐懼，是悲傷，是愉快等。

七、在心理學上，情緒理論尚不成熟。現有的詹郎二氏論、康巴二氏論以及歸因論等，都不能系統地說明有關情緒的全部事實。

八、詹郎二氏論：詹姆斯與郎奇對情緒的歷程提出系統的解釋。

(一) 先有引起個體反應的刺激；

(二) 該刺激引起個體生理反應；

(三) 由於生理反應而產生的情緒經驗。

九、康巴二氏論：康南（W. Connon）與巴德（P. Bard）主張先有身體生理反應而後產生情緒經驗，認為外界刺激引起的神經衝動先傳送到腦部的視丘與下視丘，由該二處再同時發出神經衝動，一方面上達大腦，另方面下達交感神經，情緒經驗的產生即由於這兩方面神經活動交互作用的結果。

> **小叮嚀**
> 康巴二氏論又稱「應急論」。

十、歸因論：斯凱特（Schachter）認為個人對自己情緒狀態的認知性解釋是構成情緒的主要因素，經刺激所激動的生理變化是構成情緒的次要因素。

十一、情緒障礙之處理策略

(一) 減少壓力來源。　　　(二) 個別輔導。　　　(三) 親子諮商。
(四) 家族治療。　　　　　(五) 藥物治療。

▣ 嚴選題庫

一、試述「情緒」（Emotion）的意義。

答：情緒是個體受到某種刺激後所產生的一種激動狀態；此種狀態雖為個體自我意識所經驗，但不為其所控制，因之對個體行為具有干擾或促動作用，並導致其生理上與行為上的變化。這個界說內容包含以下四個要點：

(一) 情緒為刺激所引起。　　　　　(二) 情緒是主觀的意識經驗。
(三) 情緒具有動機的作用。
(四) 情緒表現於個體生理上與行為上的變化。

二、何謂「情緒的動機作用」？並比較情緒與動機之差異。

答：(一) 從情緒與行為兩者的關係看，情緒不單干擾正在進行中的動機性行為，有時候也能促動個體產生一種新的行為。因此，就情緒對行為的關係而言，它又具有動機的作用。例如，在受到某種刺激而生起不愉快的情緒狀態下，個體常呈現一種緊張狀態，此種狀態有驅使個體脫離該刺激情境的傾向。個體因刺激而引起的極端緊張狀態，常稱為恐懼；恐懼又被視為動機之一。

(二) **情緒雖具有動機的性質，但兩者仍有幾點差異：**

1. 動機的起源，可由於刺激，也可由於需要，但情緒卻總是由刺激所引起。

2. 動機常具有外在的誘因，誘因獲得後，常因動機滿足而使其強度降低（或消失），終而使因動機而生的活動停止。情緒雖由刺激所引起，但所引起的情緒性行為，並不像動機那樣須得滿足才使活動停止。

三、試述情緒變化時，在生理上引起的重大變化。

答：情緒變化的生理現象有三，茲分述如下：

(一)**膚電反應現象**：在情緒變化時，由於汗腺的分泌增加，因而使皮膚表現的電阻發生變化，其變化情形可在電流計上顯示出來。

(二)**腦電反應現象**：當個體在情緒輕鬆安靜狀態時，腦枕葉與頂葉所導出的alpha波呈現規則而有節律的活動。但是當個體情緒緊張或激怒狀態時，原有的律動現象，即行消失，一變而為振幅減小頻率增多的現象。

(三)**腺體反應現象**：當個體情緒轉變為憤怒時，唾腺的分泌量減少，產生口乾現象，汗腺的分泌較平時增加，並且腎上腺大量分泌腎上腺素，產生下列生理現象：

1. 心跳加快。
2. 血壓增高。
3. 唾腺及胃腺分泌受到抑制而減少。
4. 血液多流向皮膚表面，使皮膚充血。
5. 促使肝臟多量分泌血醣，改變血液的化學成分。
6. 瞳孔放大，眼睛變得更明亮。
7. 因皮膚充血，肌肉的力量增強。
8. 若因爭鬥，身體受傷出血時，血液的凝固加快。

四、試述情緒的發展及其分化經過之階段。

答：人類情緒的發展與其他行為的發展一樣，受個體生長成熟的程度與環境中學習的條件二個因素的影響。其發展遵循二個原則：

(一)情緒表現的基本方式主要是生來的，隨個體的生長逐漸分化，由簡單趨複雜。

(二)情緒表現的時機與情緒的動機作用所產生的行為，則多受學習因素的影響。

根據研究，嬰兒自初生到二歲期間，其情緒發展縱有個別差異現象，但其發展的基本模式大致都符合分化過程。一般認為人類幼稚期基本情緒的發展，多受生長與成熟因素的支配。所謂情緒的遺傳因素，只是限於基本情緒的分化歷程與表現方式而已。任何情緒狀態的構成，必須同時考慮1.刺激情境、2.身體變化、3.情緒經驗三方面的因素。

五、試述焦慮與工作效率之關係。

答：綜合各家學者對「焦慮與學習的關係」的研究結果，可得以下幾點結論：
(一)一般言之，焦慮程度與學習效率兩者關係，如以曲線表示，大致呈拋物線的形式。焦慮甚低或甚高時，均不能表現良好的成績，亦即只有在焦慮程度適中時，才能發揮最高的學習效率。
(二)若考慮焦慮的個別差異，一般的情形是，平常焦慮較低者，其學習效率較焦慮高者為優。
(三)就學習情境的壓力與焦慮高低個別差異的關係言，一般的情形是，低焦慮者可因情緒的壓力而提高學習效率，但高焦慮者的學習效率則因受壓力的影響而降低。
(四)就學習情境的壓力與學習工作性質兩者的關係言，一般的情形是，簡單的工作常因情緒壓力而提高效率，但複雜的工作則常因情緒壓力而使效率降低。

六、焦慮常會影響工作效率，那麼我們是否應當使工作者完全沒有焦慮，以提高工作效率？

答：所謂焦慮，是一種由緊張、不安、焦急、憂慮、恐懼等感受交織而成的複雜情緒狀態，焦慮的產生多由於個人動機性行為受到挫折。挫折後產生的焦慮，不只是留給個人痛苦的經驗，更為重要的是影響個人對未來懷有恐懼。因對過去挫折未能克服，就等於失敗，經多次失敗經驗後，再面對類似情境時總會減低或喪失個人的自信心，因而可能

導致更多的失敗。因此，在日常生活中經常多次失敗的人，對自己的未來都有莫可名狀的恐懼感。無論是由於何種原因，焦慮的情緒總是不愉快的，甚至是痛苦的，因此，個人從經驗中學習遇到挫折儘量避免或減低焦慮的發生，防衛自己免於受到焦慮的痛苦。由此可知，焦慮是會影響工作效率的，所以，我們應當使工作者完全沒有焦慮，以提高工作效率。

七、試述情緒理論。

：情緒反應時包括三個歷程：

(一) **知覺的歷程**：了解刺激情境的意義與性質。

(二) **生理的歷程**：呼吸、循環、肌肉、腺體等隨著情緒狀態而變化。

(三) **感覺的歷程**：主觀的情調（feeling tone）感受，如恐懼、悲傷、愉快等。

所謂情緒理論，廣義言之固然在求對人類情緒行為作原則性或系統性的解釋，但狹義言之即係對上述三種歷程之間關係的說明。以下所介紹者，只是三種最主要的情緒理論：

(一) **詹郎二氏論**：對情緒的整個歷程作如下之解釋：第一，先有引起個體反應的刺激；第二，個體向該刺激反應；第三，由於反應而引起情緒經驗。

換言之，個體的情緒經驗，不是起於刺激，而是由反應時所生的生理變化所引起。

(二) **康巴二氏論（應急論）**：康南（W. Cannon）與巴德（P. Bard）認為情緒反應時的身體變化與情緒經驗係同時發生，亦即外界刺激引起感覺器官的神經衝動，一方面上達大腦而生情緒經驗，一方面下達交感神經系統及體幹神經系統，使身體立即「緊急動員」進入一種應急應變的「準備狀態」。

(三) **歸因論**：為斯凱特（Schachter）所主張。即個人對自己情緒狀態的認知性解釋是構成情緒的主要因素，經刺激所激動的生理變化是構成情緒的次要因素。

八、情緒與動機的主要關係為何？

答：從情緒與行為的關係看，情緒不但干擾正在進行的動機性行為，而且有時候也能促動個體產生一種新的行為，因此，情緒又具有動機作用。情緒狀態時新產生的內在激動，對個體形成一種驅力。例如，在因某種刺激陷入激動的情緒狀態時，個體為了保持內在的平衡，即有逃離該刺激情境的傾向。恐懼的情緒就是如此，恐懼情形存在時，導使個體逃離刺激。所以恐懼（fear）一事，在心理學上有時被視為動機，有時被視為情緒，其原因就是它既具有情緒的性質，又具有動機的作用。

九、解釋並區分下列各題：
(一)情緒雖是動機性質，但兩者並不相同，區別何在？
(二)動物的社會行為與人類的社會行為最大差異為何？
(三)增強是否為刺激與反應聯結的主要原因？
(四)錯覺和幻覺的區別何在？
(五)良好的適應與不良適應區別何在？

答：(一) **情緒雖具有動機的性質，但兩者並不相同，其差異為：**
　　　1. 動機的起源，可由於刺激，也可由於需要，但情緒多是由刺激所引起。
　　　2. 動機常具有外在的誘因，誘因獲得後，常因動機滿足而使其強度降低（或消失），終而使因動機而生的活動停止。情緒雖由刺激所引起，但所引起的情緒性行為，並不像動機那樣須得滿足才使活動停止。
　　(二) 基本上，動物的社會行為與人類的社會行為最大的差異，在於動物缺乏使用符號的能力，因此動物之間沒有語文的溝通，不能產生文化，它們的活動也只限於直接的時空之內，只有對具體的情境產生反應。
　　(三) 促使刺激與反應間聯結加強的歷程，稱為增強或增強作用，凡具有使此種聯結加強效果的刺激，稱為增強物。增強作用有正增強和負增強兩種，無論其為正、為負，均可使個體某一反應的可能性增加。由此可知，增強是為刺激與反應聯結論的主要原因。

(四) **錯覺和幻覺的根本差異有三：**
 1. 一般人都常常經驗到錯覺，但很少會經驗到幻覺，唯有精神疾病患者，或受到藥物影響的人較易經驗到幻覺。
 2. 錯覺的發生，往往有顯著的外界刺激，但幻覺有時候沒有明顯的外界刺激也會發生。
 3. 同樣的情境每易引起同樣的錯覺，但是幻覺則不然，在特殊情境所引起的幻覺，常因人、因地而有差異。
(五) 良好適應與不良適應之區別，常以個體能否與環境取得和諧的關係而定。

十、內分泌與情緒的關係為何？

：在個體的情緒變化時，體內的各種分泌腺，也隨之發生變化。由此可知，內分泌與情緒有著密切的關係，當在情緒狀態發生變化時，內分泌腺的作用改變尤為顯著。例如，在憤怒時，個體的腎上腺即大量分泌出一種腎上腺素，此種腺素經血液運送至身體各部，因而產生以下各種生理作用：
(一) 心跳速率增加，血液運行加快。
(二) 血壓增高。
(三) 唾腺及胃腺的分泌受到抑制而減少，因而消化作用停止。
(四) 血液多流向皮膚表面，使皮膚充血。
(五) 促使肝臟多量分泌血醣，因而使血液之化學成分改變。
(六) 瞳孔放大，眼睛變得更為明亮。
(七) 因皮膚充血，肌肉的力量增加。
(八) 若因爭鬥身體受傷出血時，血液的凝固作用較快。要言之，情緒激動時之生理變化，實際上是由於交感神經興奮所致。

第12章　挫折、焦慮與適應

依出題頻率分：A頻率高
B頻率中 C頻率低　　頻出度 **B**

命題焦點

1. 焦慮症與體化症：(1)焦慮症與恐慌症。(2)恐懼症。(3)強迫症。(4)體化症之成因。(5)心理成因：精神分析論、行為主義、認知論的解釋。
2. 解離症與性心理異常。
3. 情感性疾患：(1)憂鬱症。(2)躁鬱症。(3)情感性的心理成因：精神分析論、行為主義、認知論。
4. 精神分裂症：(1)成因。(2)遺傳因素。(3)心理成因。
5. 人格違常：(1)反社會人格的行為特徵。(2)三大類型：A類、B類、C類。(3)心理成因：精神分析論、行為主義、認知論。

↘ 精華摘要

一、凡是阻礙或干涉個體動機性行為的情境，都稱為挫折。因此，外在的環境與內心的衝突都是構成挫折的原因。

二、造成挫折情境之因素

(一) **客觀**：凡是自然環境與社會環境加諸個人的困難與限制等均屬之。

(二) **主觀**：凡是由於個人條件的限制而無法達到目的的情形均屬之。

三、挫折的情境可分為

(一) **自然環境**：受自然環境（如水災）限制使人不能達到目的（動機滿足）。

(二) **社會環境**：社會性的挫折情境是人為的，它不但阻礙個人的行動使人達不到目的，而且使人因失敗而感到愧疚而傷損自尊。例如，有才識之君子遭權勢小人陷害不能施展其抱負時，都是社會環境中的挫折。

(三) **個人因素**：兩方面：
1. **個人所具備的條件**：例如，色盲者想成為美術家。
2. **動機的衝突**：在很多種情形下，個人所要追求的目標不只一個，可是，由於事實的逼迫，不得不對某些自己喜愛的人、事、物忍痛放棄。

四、對於挫折，即使客觀的挫折情境相同，但對不同的個人所生的主觀心理壓力卻未盡相同。有的人堅忍不拔，有的人卻一蹶不振。心理學家們乃有挫折容忍力的研究。挫折容忍力乃是指個人遭遇挫折時免於行為失常的能力，亦即個人承受環境打擊或經得起挫折的能力。挫折容忍力可以說是個人適應環境的能力之一，它與個人的習慣態度等行為相似，是學習來的。

五、挫折以後的反應主要有四種

(一) **攻擊**：當個體遇到挫折、動機受阻，常由憤怒的情緒而表現攻擊行為。
1. **直接攻擊**：直接攻擊是最原始反應方式，如果你奪走幼兒手中的玩具，他會以直接攻擊的方式來回應你。
2. **轉向攻擊**：即代罪羔羊，轉向攻擊通常在兩種情況下表現出來，當個人覺察到對方不能直接攻擊時，轉向把情緒發洩到其他的人或事物上去。
(二) **冷漠**：冷漠的反應方式，在表面上看來，似乎對挫折情境漠不關心，表示冷淡退讓，但當事人內心的痛苦可能更甚。造成冷漠之原因：
1. 經驗到攻擊無效，甚至更痛苦。
2. 挫折情境對個人壓力過分嚴重，如戰俘都面目無情。
(三) **幻想**：係指個人遭受挫折後，退縮脫離挫折情境，把自己置於一種想像的境界，企圖以非現實的虛構方式來應付挫折或解決問題。幻想的常見方式之一即白日夢，借此暫時脫離現實，自己想像而虛構的夢似情境中去尋求滿足。
(四) **退化**：係指個體遇到挫折時表現的行為較其應有行為（如按年齡）幼稚而言，是一種反常的現象。例如，一般四五歲的兒童，基本生活習慣如大小便等生活能力，大致均能自理，如此時家中添一新生嬰兒，由於父母把注意力轉向照顧嬰兒，可能形成較長兒童的挫折，使他出現退化式的行為如尿床。

此外，有些學者將「固著現象」也列入反應之一，固著行為是一種表現重覆的、固執的行為傾向。當重覆的挫折困住一個人時，他就喪失了彈性，而一再地用同一種方式嚐試，即使經驗已經證明這個方式無效。

六、動機之衝突是挫折構成原因之一，衝突主要形成有四種

(一) **雙趨衝突**（Approach-Approach Conflict）：當有兩個並存的目標，而且對個體具有同樣的吸引力或引起同等強度的動機。當事人因客觀事實限制無法得兼，產生「魚與熊掌」難作取捨的衝突情境。

(二) **雙避衝突**（Avoidance-Avoidance Conflict）：兩個目標可能都具備有威脅性，在這種情形下所引起的反應，自然是兩者都想躲避了。但是如果事實不允許，個人必需接受其一才能避免另一個，即「兩害相權取其輕」。

(三) **趨避衝突**（Approach-Avoidance Conflict）：這種情況之下，個體對單一目標同時具有趨近與躲避兩種動機，形成所謂既好之又惡之，欲趨之又避之的矛盾現象。如向女友求婚又怕遭到拒絕。

(四) **雙重趨避衝突**（Double Approach-Avoidance Conflict）：個體的活動可能同時具有兩個（或多個）目標，每一目標對他都形成趨避衝突的情勢；即所謂「雙重趨避衝突」。例如想爭取好成績博得女友歡心，但怕成績不好；想追求女友又怕被拒絕。

七、在挫折的情境下，個人的動機不能獲得滿足，因而產生焦慮。

個人為求減輕因焦慮而生痛苦的壓力，故而改用其他反應方式去對付這個情境，此即所謂適應。對付挫折的適應行為，在性質上是防衛自己安全的，故一般稱為防衛方式。

八、防衛方式（防衛機轉）有那些？

(一) **文飾作用（合理化）**（Rationalization）：為了減低因動機衝突或失敗挫折所生焦慮的痛苦並維護個人的自尊起見，個人總是對自己所想的或所作的，給予一種「合理」的解釋。可能是自圓其說的「好理由」，但如就事實真象言，卻不是「真理」。像此種為掩飾自己以期達到維護個人自尊的行為方式，稱為文飾作用。如吃不到葡萄說它酸，吃了檸檬說它甜。文飾作用表現在行為上面有：

1. **好惡**：自己所作所為的結果違背了自己的願望，非但不願意坦白承認自己的缺短，反而以「好」或「惡」為理由以掩飾自己而達到維護其自尊的目的。如「酸葡萄」與「甜檸檬」的自我解嘲的方式。
2. **抱怨**：把自己的過失歸咎於自身以外的原因或推卸責任以減輕內疚的一切適應方式。學生考試失敗了，說試題太難。
3. **需要**：個人將自己所作所為中之不盡合理者，儘量解釋為「事實上的需要」，目的在使人覺得他確有「不得已」的苦衷，可邀得別人的諒解與同情，又可保持個人的自尊。

(二) **投射作用（Projection）**：個人有一種否認自己具有該種特質並以之加諸他人的潛意識傾向。此種潛意識傾向，稱為「投射作用」。其目的是將「缺點」加諸他人，藉以保護自己，以此作為自己行為的辯護。

(三) **壓抑作用（Repression）**：個人在日常生活中，經歷到一些痛苦的經驗。因而在生活適應上，一方面要時刻防止痛苦經驗的再度發生，另一方面也儘量把記憶中的痛苦經驗從意識中予以排除。此種心理作用，稱為「壓抑作用」。

(四) **反向作用（Reaction formation）**：個人自我防衛時，其所表現於外的行為，有時卻與其內在的動機，在方向上恰成對比；對自己極為需要的東西，反而在行為上極力排斥。像此種內在動機與外在行為不一致的現象，稱為「反向作用」。例如一個表面上極力反對同性戀的人，很可能是因為他潛在地對同性吸引具有較強的性衝動。

(五) **理性作用**：指個人以理性的態度去適應帶有情感的情境，藉以避免涉及情感之後的焦慮與痛苦。如醫護人員以理性面對常發生之生死苦痛場面。

(六) **認同作用（Identification）**：指個人在現實生活中無法獲得成功或滿足時，即模仿甚至將自己比擬為其他成功的人，或比擬為幻想中成功的人，藉此在心理上分享成功者的愉快，以消減個人因挫折而生焦慮的痛苦。

(七) **昇華作用（Sublimation）**：將不為社會所認可的動機或欲望加以轉化，並以符合社會標準的行為表現時，稱為「昇華作用」。如所愛的人限於倫理道德不能相愛時，他可能將受挫折的動機轉向於寫情書、小說等文藝作品的表現，藉以發抒其被壓抑的感情。

(八) **補償作用（Compensation）**：個人所追求的目的受挫折或因個人的缺陷而遭失敗時，改變方向以其他能獲得成功的活動來代替，藉以彌補因失敗而喪失的自尊與自信。

小 叮 嚀

有學者將昇華與補償作用合稱為「代替作用」。

九、防衛機制之相關論述

(一) **認同作用**：把自己想成自己理想中人物的行為特徵，進而提高個人之價值感的心理歷程。

(二) **合理化作用**：例如吃不到葡萄說葡萄酸。

(三) **補償作用**：在某一方面失敗失去自信時，另一方面追求成功以滿足需求的心理歷程。

(四) **投射作用**：把自己認為不為社會接受的動機或缺點加諸在別人身上而減輕自己焦慮的一種潛意識傾向。

(五) **壓抑作用**：把某些足以引起焦慮、恐懼、罪惡感的情境加以遺忘或在意識中加以排除的心理作用。

(六) **白日夢**：以幻想方式滿足個人動機的心理歷程。

(七) **退化**：由於遇到生理或心理上的挫折，一個人的行為表現變得比他年齡顯著幼稚的反應。

十、酗酒（Alcoholism）

(一) **意義**：飲用過量，個人失去自制，反而為飲酒的習慣所控制。飲酒的不良習慣到此地步時，即稱為酗酒。

(二) **為何會養成酗酒習慣**：傑林奈（Jellinek）解釋酗酒習慣形成為三個階段：

　　1. **第一階段——酗酒前期**（prealcoholic stage）：飲者由初次或數次飲酒的經驗，發現酒後能減輕個人情緒的緊張、能驅除因挫折而生的焦慮、能使人暫時擺脫現實中失敗的痛苦，因而使人在片刻中重獲自信和勇氣去應付社會的壓力。

　　2. **第二階段——前驅症狀期**（prodromal stage）：飲者不但沉湎於杯中物，而且對於酒已逐漸由愛好物變為一種藥物，成為酒的俘虜。此一階段，個人對酒形成心理上的依賴，或情緒上的依賴。

　　3. **第三階段——嚴重期**（crucial stage）：此一時期，飲酒已成為強迫性行為。飲酒無度，正常生活中飲食起居的秩序大亂，已形成對酒的生理上的依賴。

(三) **酗酒之人格特質**：較不成熟、較被動、依賴、生活缺乏現實目標、對挫折忍受力差、冀求逃避現實。

(四) **酗酒之種類**：美國心理學家查菲茲將之分為：
  1. **s反應性酗酒**：酗酒的惡習是學習來的，由於生活環境的關係，初始借酒排除情緒的緊張，減低焦慮的痛苦，久而成癮，無法自拔。這一類的酗酒者多是以飲酒作為防衛挫折焦慮的方式。
  2. **毒癮性酗酒**：毒癮性酗酒者的惡習，可能為遺傳的因素。自幼即不務正業，求學不成，就業失敗，酗酒成為他生活的一種方式。這類酗酒者治療極為困難，多數窮苦潦倒，病困而死。

十一、吸食毒品
(一) **危害**：危害個人身心健康，且常與犯罪行為如販毒、偷竊、賣淫相關。
(二) **種類**：鴉片、海洛因、嗎啡、大麻煙、強力膠等。
(三) **吸食者之人格**：比較內向、缺乏挫折容忍力、注意力不易集中、生活缺乏方向、目標、成就動機低。

十二、防衛方式與生活效用
(一) **防衛方式的消極效用**
  1. 以防衛方式固然可以減低焦慮與維護自尊兩方面收一時之效，但挫折失敗之問題依然存在。
  2. 個人使用防衛方式過多，形成習慣，難免喪失自己真實的能力。
  3. 使用投射方式作為防衛方式時，有可能因而造成不和諧的人際關係。
  4. 以酗酒、吸食毒品來麻醉自己，暫時擺脫現實，但容易因此誤事、失職、作奸犯科。
(二) **防衛方式之積極效用**
  1. **緩衝作用**：使挫折所帶來之攻擊性行為得到緩衝，可維護個人自尊心，留下餘地去尋求解決問題的途徑。
  2. **提供新的適應方式**：
    (1) 昇華使自己不為社會接受之動機轉向得到滿足。
    (2) 補償使自己以所長補己之所短而獲得成功。
    (3) 文飾作用亦有積極效用，由於對事情分析獲得解決問題的線索或途徑。

↘ 解釋名詞

反移情（Countertransference）

反移情係為精神分析治療法的一個重要構念，其係指在諮商進行時，諮商者對於當事者所產生的情緒反應，可以分為正與負的反移情。

解離性認同疾患（Dissociative Identity Disorder）

解離性認同疾患係指患者具有多重角色認同的情形，也就是俗稱的人格分裂，其特徵在於患者的每一個人格都具有完整的個性與思考模式。

反社會人格（Antisocial personality）

反社會人格疾患係指個人的人格異常之病症，其在行為表現上，會呈現違反社會道德規範之傾向，且不會對自己反社會行為產生愧疚，反社會人格疾患通常會表現出極端自我中心、冷漠、無羞恥心等。

創傷後壓力症候群（Post Traumatic Stress Disorder）

創傷後壓力症候群，又稱為「災難症候群」，通常源於經歷重大災難事件後的存活個體，患者常會出現過度緊張、焦慮、惡夢連連、不安等症狀，可以透過系統減敏感法、洪水法等，進行心理治療。

心理劇療法

心理劇療法的提出者為Moreno，係指透過表演的方式來治療當事者的心理異常現象。心理劇療法的實施階段包括：暖身、表演、分享等。

反向作用（reaction formation）

反向作用屬於精神分析學派觀點中的一種防衛機制，係指個體表現出和本身真正價值觀或態度相反的行為，例如：小華以自大掩飾自卑。

認同作用（Identification）

認同作用屬於精神分析學派觀點中的一種防衛機制，係指個體把自己想成具有他理想中人物的行為特徵而提高個人之價值感的心理歷程，例如：小孩常喜歡將自己打扮成蝙蝠俠、超人、小飛俠等來幫助弱小的人。

☑ 嚴選題庫

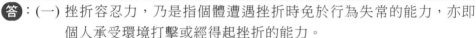

一、試述「挫折容忍力」的意義。

答：(一) 挫折容忍力，乃是指個體遭遇挫折時免於行為失常的能力，亦即個人承受環境打擊或經得起挫折的能力。

(二) 挫折容忍力顯然與個人的人格統整具有密切的關係。一般言之，挫折容忍力低者，幾經挫折的打擊，其人格將失去統整性，甚至趨於分裂，而形成人格失常或心理疾病。

(三) 挫折容忍力可以說是個人適應環境的能力之一，它與個人的習慣態度等行為相似，是學習來的。因此，無論是家庭中的父母或是學校內的教師，不但應該教育兒童們接受容忍日常生活中的挫折，鼓勵他們由失敗中獲得經驗，而後再接再厲地克服困難，而且也有必要提供適度的挫折情境以鍛鍊兒童的挫折容忍力。

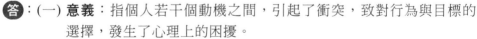

二、試述心理衝突的形式。

答：(一) **意義**：指個人若干個動機之間，引起了衝突，致對行為與目標的選擇，發生了心理上的困擾。

(二) **心理衝突約有下列四種型式：**

　　1. **雙趨衝突（Approach-Approach Conflict）**：這是指兩個具有同等吸引力的目標在同時存在時所產生的心理衝突。例如，一個學生既想參加女友的約會，又很想跟他的男同學去游泳，而兩者恰在同時發生。

　　2. **雙避衝突（Avoidance-Avoidance Conflict）**：這是指同時出現兩個具同等排拒力的目標，使個人感到左右兩難所產生的衝突。例如，學生既不喜歡開夜車，又怕不開夜車考試不及格。

3. **趨避衝突**（Approach-Avoidance Conflict）：這是指在單一目標的情境下，個人同時受其吸引而趨近但也厭惡而逃避時所生的衝突。例如，在學校裡，兒童一邊想討好老師，可是一方面卻又怕老師會不喜歡他。

4. **雙重趨避衝突**（Double Approach-Avoidance Conflict）：在實際生活中，動機衝突的情形複雜。個體的活動可能同時具有兩個（或多個）目標，每一目標對他都形成趨避衝突的情勢；此即所謂「雙重趨避衝突」（Double Approach-Avoidance Conflict）。例如一個高中學生，一方面意欲符合自己父母的期望努力用功爭取高的學業成績，但又擔心自己無法與同學競爭遭到失敗（趨避衝突）。

三、試述「退化」的意義。

答：退化是指遇到挫折時所表現的反應回到了幼稚、原始的行為模式，是一種反成熟的倒退現象。退化有兩種解釋：一種解釋就是在不安全中個人試圖回到過去安全的時期。另一種解釋，是緊接著挫折之後而來的幼稚行為，只不過是一種比較原始的行為，並非實際上回到早期的行為。這種行為我們稱為「原始化」（Primitivation）。因此，習慣了文明行為限制的成人，即使他在兒童時代沒有打過架，可能會因受到挫折而動火，以致失去控制而打起來。

四、試述心理分析論與社會學習論對焦慮的解釋為何。

答：(一) **心理分析論**：佛洛依德相信神經焦慮乃是本我衝動（主要為性和攻擊）與自我和超我所加予的約束之間的一種潛意識衝突的結果。許多本我衝動對個人所造成的威脅，是因為它們與個人價值矛盾，或因為他們與社會所能容許的相對立。

(二) **社會學習論**：社會學習論認為焦慮經由學習而聯結到某些情境。恐懼是學習而來的。初生的嬰兒並不能區分何種情境會產生焦慮，只有當飢餓、大聲音等無法忍受的刺激存在時，才產生恐懼焦慮。

五、試述防衛的意義及其主要方式為何？

：(一) **防衛**：個人在生活經驗中學到某些應付或適應挫折與減少焦慮的行為方式。這些適應方式在性質上是防衛自己安全的，防衛自己免於受到焦慮之苦。

(二) **防衛方式最常見的有以下幾種：**

1. **文飾作用（Rationalization）**：文飾作用也稱「理由化」，是指個人以一種較易為社會所接受的理由來解釋自己的行為。即使自己的行為未必合理，但在解釋上總顯得似乎合理。這樣，無形中可幫助個人緩和不能達到目標時的失望。例如，學生考試不及格說是老師出題不當。

2. **認同作用（Identification）**：認同作用是把自己想像成為一個具有他理想中人物的行為特徵，從而提高個人價值感的心理歷程。通常被認同的對象，多是在某方面特別成功而又為個人所歆慕的人。例如，兒童看電視或閱讀故事時，他常想像自己變成電視或故事中的王子或英雄。

3. **補償作用（Compensation）**：這是指在某一方面失敗而失去自信時，在另一方面努力追求成功以滿足需求的心理歷程。這樣將自己的失敗或缺點加以彌補，就可使自己免於感到自卑的痛苦，例如，一個在體育方面失敗的學生，在其他學科方面加倍努力以求贏得同學們的重視，並藉以維護其自尊和社會地位者。

4. **壓抑作用（Repression）**：這是把某些足以引起恐懼、焦慮和罪疚感的情境加以遺忘或自意識中加以排除的心理作用。如此，在不知不覺中不承認有焦慮的動機和記憶存在。例如，有一個學生因不願意記憶喪弟之痛，久之居然忘記了有關他死去的弟弟的一切情形。

5. **投射作用（Projection）**：這是指將自己認為不為社會接受的動機或缺點加諸別人而減輕自己焦慮的一種潛意識傾向。例如，一個有強烈欲望想要在考試作弊的學生，反而抱怨別的同學常常考試時作弊。

6. **白日夢（Daydreaming）**：這是指以幻想的方式來滿足個人動機的心理歷程。例如一個被淘汰了的運動員，可能幻想自己當選參加世界運動會的選手，代表國家出賽，並且得了金牌凱旋回來。

7. **退化現象（Regression）**：這是指由於動機的挫折，一個人的行為表現變得比他年齡顯著幼稚的反應。例如孩童在發現小弟弟出生後父母的注意力集中在弟弟身上而對自己冷淡時，他可能又恢復尿床、說嬰兒話、咬指甲等較幼稚的行為。因為，此類幼稚行為可能會再度引起父母對他的注意。

8. **轉換反應（Coversion Reaction）**：這是指個人在遇到困難時，將心理上和情緒上的緊張痛苦，轉變為生理的症候；例如頭痛、視力萎縮、聽力減退、甚至麻痺癱瘓等均為可能的現象。

9. **反向作用（Reaction formation）**：基於自我防衛的緣故，所表現的行為方向恰與動機（需要）的方向完全相反者，稱為反向作用。

> 小叮嚀
> 昇華及補償作用可合稱「代替作用」。

10. **昇華作用（Sublimation）**：將不為社會所認可的動機或欲望加以改變，以符合社會標準的行為。

六、請說明酗酒的意義，及酗酒習慣是如何養成的？

答：(一) **意義**：飲酒過量，個人失去自制，反而為飲的習慣所控制。飲酒的不良習慣到此地步，即稱為酗酒（alcoholism）。

(二) **依傑林耐之說酗酒習慣的形成分為三階段：**

1. **第一階段為酗酒前期（prealcoholic stage）**：在此期飲者由初次或數次飲酒的經驗，發現酒後能減輕個人情緒的緊張，驅除因挫折而生的焦慮，使人暫時擺脫現實中失敗的痛苦，因而使人在片刻中重獲自信和勇氣去應付社會的壓力。

2. **第二階段為前驅症狀期（prodromal stage）**：此時期，飲者不但沉湎於杯中物，而且對酒已逐漸由愛好變為藥物。個人即成為酒的支配者，成為酒的俘虜。

3. **第三階段為嚴重期（crucial stage）**：到此期，飲酒已成為強迫性行為。個人不但飲酒無度，正常生活中飲食起居秩序大亂、工作效能喪失、社會關係破壞，而且缺飲即呈病態，無法支持。此時對酒已形成生理上的依賴。

七、試述「變態行為」的意義及常態與變態的區分。

答：(一) 所謂「變態行為」（abnormal behavior）自然是指個人在行為上失卻常態構成變態而言。

(二) 至於所謂「常態」與「變態」也只是相對的，卻並非絕對的；換言之，兩者間只有程度之分，而無種類之別。心理學者們對於常態的區分，多從以下四方面入手：

1. **統計的研究**：有些心理學者採用統計學上常態分配的概念來區分常態與變態。人類的某些特質，大多數人近於平均數者為常態，居於兩極端者為變態。

2. **社會的標準**：凡是符合社會規範、道德標準與價值觀念等為社會所接受者為常態，否則即為變態。此種觀念雖符合一般常識的看法，但不能作為普遍應用的原則。

3. **生活的適應**：所謂「適應」（adjustment）與「不適應」（maladjust-ment）之間沒有客觀的劃分標準。例如就學生們的生活適應言：學校教師們對學生行為適應與否的觀點，就未必與心理學家完全一致。

4. **主觀的感受**：從個人主觀的感受去尋求常態與變態的劃分。因為既經診斷為行為失常者，多是感到情緒緊張、身體無端疼痛、失眠、胃口不開、肢體無力、無由的恐懼等等。此等主觀感受，多屬變態的徵狀，通常所謂的「心理疾病」（mental illness）或「心理失常」（mental disorder）即指具有此種徵狀而言。

八、試述心理健康的特徵。

答：(一) **真切與務實**：個人生活在現實社會裡，無時無刻不與他周圍的人、事、物交往接觸，因此，一個正常的人不但能知道自己應該做些什麼，別人以及社會對自己要求些什麼，而且也能妥善地處事待人以達成現實環境對自己的要求；既不存有過多的幻想，遭遇困難時也不致逃避現實。

(二) **自知且自勵**：一個良好適應的人，不但能了解自己的能力、條件，而且還了解自己的情緒與動機。因為按照自己條件與能力去

安排自己的生理與職業，將可增加成功的機會；了解自己的情緒與動機，將可使自己的行為更為合理，免受幼稚的衝動而構成不符合社會標準的結果。

(三) **自動與自制**：正常人的行為，多是獨立自主的，能做到有所為與有所不為。這樣的人，他自己有明確的行為標準；自己認為是好的就主動去從事、去參與，自己認為是壞的就自我管制，縱有外誘亦不為所動。

(四) **自重與自尊**：謙虛雖屬美德，但謙虛而不卑方為適度。心理健康者不但欣賞自己、接納自己、體認自己的價值，而且在社會活動中也要與別人居同等的地位，表現出不退縮、不畏懼的心理。

(五) **情感與友愛**：心理正常者常在情感生活上表現的特徵是：既對別人施予感情，也能欣賞並接受別人的感情。因而有良好人際關係，與人保持深厚友誼，均為心理健康的標誌。

(六) **積極且努力**：心理正常者，無論待人處事求學都積極而且努力，特別是樂於工作並能欣賞工作後的成果。這樣的人，工作對他不是負擔而是樂趣。因此，他對繁忙事務不隨便抱怨，身心也不易疲勞，而且與同事合作無間融洽愉快。

九、試述行為失常的意義。

答：所謂行為失常是指個人在行為上失去常態，而呈現變態之意。然而在常態與變態之間，很難作明顯的劃分，因為他只不過是程度不同而已，當個體有顯著的不安，極度的焦慮；或個體的行為已構成危害他人的安全時，吾人才認為變態。由於個體有他獨特的生活經驗，此經驗就形成個體對其所處環境反應的行為組型（behavior pattern），倘若個體的行為組型是社會文化所認可者，即為常態行為；反之，若為社會文化所不能容受者，則為變態行為。

十、試述「強迫反應」之意義，並說明心理神經病患者屬於強迫反應的種類。

答：凡是個體不由自主的去思考一些不合實際的事情，或表現不合常情的行為者，均稱為強迫反應。此種反應可分為強迫意念與強迫行為兩種。

(一) **強迫意念**：凡是違反個人的意志，而被迫呈現在意識上的一種觀念稱為強迫意念。患者如果想將此觀念排除，則愈感不能擺脫，而造成心理上的不愉快與痛苦。

(二) **強迫行為**：凡是在日常生活中，表現不合常情的反覆行為稱為強迫行為。此種行為多數是不受個人意識所控制，雖個人知其不合理，但如不去做，則無法自持，一般認為強迫行為，乃是患者受潛意識的支配，企圖擺脫內心的焦慮所表現的行為。

十一、試述精神病的意義及其分類。

答：神經病如繼續惡化就可變成精神病。精神病患者的行為較之神經病患者更為紊亂，更缺少統整性，而二者最顯著的區別，則表現在對環境的適應上。神經病患者只是為了避免或減輕因挫折、衝突而生的焦慮，過度地使用防衛方式以適應其環境。精神病患者則不同，他們已放棄了對焦慮的防衛，從現實中退卻，並自圍於一幻想世界中，其所表現之行為並不以自身周圍的人、事、物為對象，所以他們的一切行為完全脫離了現實。按發病原因的不同，可分為二種：

(一) **精神分裂症**：是所有精神病中發病率最高而且又最難治療的一種精神病。所謂「精神分裂」是指患者的行為與現實分離，思維歷程與情緒分離。

(二) **情感性失常**：是指患者在病症上表現激動、興奮、憂傷、抑鬱等情緒反應的一類精神病。此類精神病的主要徵狀是情緒極端失常，不是極端的激動或興奮，就是極端的憂傷或抑鬱。患者病發時，有在徵狀上具有二個極端者，稱為躁鬱性精神病；也有在症狀上只具有抑鬱一個極端者，則稱為精神質抑鬱反應。

十二、試述人格失常的意義。

答：人格障礙，或人格（性格）疾患／異常／違常（Personality disorders）。是精神疾病中，對於一群特定擁有長期而僵化思想及行為病患的分類。這類疾患常可因其人格和行為的問題而導致社會功能的障礙。要能符合人格違常診斷的最低標準是疾患本身必須已干擾到個人、社會、或職業功能。

根據美國精神科醫學會所定精神疾患診斷及統計手冊第四版，人格疾患可分為三大群：

A 型 （奇怪型或異常型疾患）	B 型 （戲劇型或情感型疾患）	C 型 （焦慮型或恐懼型疾患）
1. 妄想型人格違常 2. 類精神分裂型人格違常 3. 分裂病型人格違常	1. 反社會人格違常 2. 邊緣型人格違常 3. 戲劇化人格違常 4. 自戀型人格違常	1. 畏懼型人格違常 2. 依賴型人格違常 3. 強迫型人格違常

十三、錯覺與幻覺有何差異？

答：錯覺與幻覺的根本差異有三：

(一) 一般人都常常經驗到錯覺，但很少會經驗到幻覺。唯有心理失常，或受到藥物影響的人才會經驗到幻覺。

(二) 錯覺的發生，往往有顯著的外界刺激，但幻覺有時候沒有明顯的外界刺激也會發生。

(三) 同樣的情境每易引起同樣的錯覺，但是幻覺則不然，在特殊情境所引起的幻覺，常因人、因地而有差異。

十四、請引用「生活事件」（life events）與「日常生活麻煩」（hassles of daily life）的研究發現，說明壓力（stress）的特性。又，壓力對於工作表現有何影響？

答：壓力為每個人都會經歷之感受，茲依題意說明如下：

(一) 由「生活事件」與「日常生活麻煩」之角度，說明壓力的特性

1. Lazarus及 Folkman 提出「生活事件」與「日常生活麻煩」會造成個體壓力。其中，生活事件包括轉學、家庭離異等，日常生活麻煩則係指學校作業、親子衝突等會引發個體煩惱與挫折之事件。

2. 生活事件所形成的壓力特性，係因為個體必須要調適新的生活環境。

3. 日常生活麻煩所形成的壓力特性，則係指個體日積月累的不舒服感受。

(二)壓力對於工作表現之影響

1. 每個人對於壓力都具有不同的容受力,而壓力情境又是每個人都會面臨到的事件,所以如何培養能承受高壓力的人格特質,是現代人的發展任務之一。

2. 壓力情境與人格因素都會影響個人健康狀況,而個人健康狀況也會決定其壓力容忍度的大小。

3. 個人的壓力來源十分複雜,大致包括生活改變、生活瑣事、心理因素、創傷所遺留下來的後遺症等。

4. 壓力會對個人的心理、生理與行為造成相當大的影響,使得個人產生工作倦怠感,降低工作品質。

5. 適度的壓力有助提昇個人的工作效率。

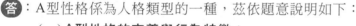

十五、何謂A型性格(Type A personality),具有那些行為特徵呢?它與心臟病的關係為何呢?請詳加說明之。

答:A型性格係為人格類型的一種,茲依題意說明如下:

(一)A型性格的定義與行為特徵:

1. A型性格的提出學者為Friedman及Rosenman,和所謂的B型性格具有完全不同的行為特徵。

2. **A型性格的行為特徵包括:**

(1)個性競爭。　　　　　　　(2)充滿進取心。

(3)行事慌張。　　　　　　　(4)個性冒失。

(5)對人較沒有耐心及容忍力。(6)具有攻擊性的行為或態度。

(7)容易充滿敵意。　　　　　(8)老是覺得自己沒有時間。

(二)A型性格與心臟病的關係:

1. A型性格與心臟病之間關係的相關研究,被視為行為醫學研究的濫觴。

2. 因為A型性格的人,具有完美主義、長期處於激動狀態、自我否定的失敗歸因類型等,經過大規模的實證研究,發現A型性格的人,比較容易得到冠狀動脈硬化等心臟病。

3. 所以A型性格的人,也稱之為心臟病性格。

十六、憂鬱（Depression）被認為是人類心理不健康的行為，請就認知、情緒、動機、生理等方面說明其症候。

答：憂鬱被認為是人類心理不健康的行為，茲依題意說明如下：

(一)**憂鬱的認知症候：**
1. 具有強烈的自我否定感。　　2.具有強烈的自卑感。
3. 具有強烈的絕望無力感。

(二)**憂鬱的情緒症候：**
1. 長期處於情緒低落。　　2.想要透過自殺遠離人間。
3. 對所有人際互動皆不感興趣。

(三)**憂鬱的動機症候：**
1. 習得的無助感。　　2.沒有進行任何事情的主動動機。

(四)**憂鬱的生理症候：**
1. 睡眠障礙。　　2. 食慾降低。　　3.疲倦無力。

十七、何謂情感性疾患（mood disorders）？請以心理學的觀點說明情感性疾患的成因？如何加以治療？

答：情感性疾患係為一種心理異常，茲依題意說明如下：

(一)**情感性疾患之相關概念：**
1. 情感性疾患係指個體存在一種極端的情緒現象，是一種常態性的、連續性的狀態。
2. **情感性疾患的類型：**
(1)憂鬱症：一個人如果長期陷入情緒低潮，就會出現憂鬱症的症狀，其原因是造成個體困擾的情緒無法獲得排解。
(2)躁鬱症：躁鬱症又稱為兩極化情感症，也就是有時極端狂躁，有實則極端憂鬱。

(二)**以心理學的觀點說明情感性疾患的成因：**
1. **行為主義觀點：**情感性疾患的產生原因係指個體在現實生活中，缺乏正增強，缺乏適性的成功經驗。
2. **精神分析論觀點：**情感性疾患的產生原因在於現實生活的不順，引發個體在潛意識或早期經驗中的失落感。

3. **認知心理學觀點**：情感性疾患源於個體對於生活採取一種消極的認知態度。

(三) **情感性疾患的治療方式**：

1. 採用抗憂鬱藥物，有助於恢復患者腦部正常功能，在使用抗憂鬱藥物時，應注意患者的過往病史，並且注意患者是否有藥物過敏之現象，此外，亦需結合其他抗憂鬱之方法，以協助憂鬱症患者順利康復。

2. 給予情感性疾患正向支持，並給予適性的稱讚與認同。

3. 採用移情分析、自由聯想、認知行為等心理治療策略來轉移當事者的負向情感及想法。

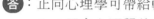

十八、學者提倡正向心理學（positive psychology）之背景為何？其內涵為何？其在輔導之應用為何？

答：正向心理學可帶給輔導領域許多新啟示，茲依題意說明如下：

(一) **正向心理學的興起背景**：

1. 早期的心理學學者多關注病態人格的諮商與治療，強調變態心理學、病態心理學等。

2. 於是，有許多的心理學者，開始提倡應該要關注人類生活的正面意義，心理學研究應該帶有一種積極、樂觀、正面的意義。

3. 正向心理學的主要目的在於協助個人尋找生活事件及內在心理的正面部分，包括：正向意義、正向情緒、正向特質、正向組織等。

(二) **正向心理學的內涵**：

1. **正向情緒**：

(1)個人具有正向情緒將可以有效防阻負向信念，並保持身心健康。

(2)正向情緒可以說是一種心理上的幸福感。

2. **正向特質**：

(1)個人具有正向的人格特質，可以確保個人向上發展的可能性。

(2)正向的人格特質包括：勇氣、正義、人道關懷、自我超越、智慧等。

3. **正向組織**：

(1)營造正面的環境，有助個人發展正向的價值觀、信念及行為。

(2)正向組織包括：家庭、學校、社區、社會等。

(三) **正向心理學在輔導方面的應用：**

1. 諮商者本身必須具有正向思考的能力，且營造安全接納的諮商環境，和當事者可以建立正向的信任關係。
2. 良好的輔導網路，必須整合家庭、學校、社區、社會等相關力量及資源，以讓每個當事者可以健全發展。
3. 應認可每個當事者都具有向上向善發展的可能性。

十九、何謂情緒（emotion）？情緒的內涵為何？Schachter-Singer的情緒兩因素論（two-factor theory of emotion）如何解析情緒的產生？

答：情緒是發展心理學的關注課題，於此依照題目規定說明如下：

(一) **情緒的定義：**

1. 情緒會產生生理反應狀態與心理反應。
2. 情緒是外在刺激所引起的。
3. 情緒是主觀的意識作用。
4. 情緒具有動機的作用。
5. 情緒表現於個體生理與行為上的變化。
6. 情緒具有經驗性及認知性。

(二) **情緒的內涵：**

1. **詹姆斯-郎格（James-Lange）情緒理論：**
   (1)情緒的產生歷程係是先引起生理反應，由生理變化再產生情緒經驗。
   (2)所以，情緒是個體生理反應的結果。

2. **坎農-巴德（Cannon-Bard）情緒理論：**
   (1)反對詹姆斯-郎格情緒理論之觀點。
   (2)情緒的心理反應與生理反應視為同時發生。

3. **拉札勒斯（Lazarus）情緒理論：**情緒的產生歷程源於個體認知評估的結果。

4. **艾里士（Ellis）理性情緒治療理論：**情緒源於個人的本身信念、理念與想法。

(三) **沙克特-辛格（Schanchter-Singer）情緒兩因素論的情緒觀點**：
1. 情緒是個體認知與生理反應之結果。
2. 個體解釋在情緒原因時，會兼重生理反應及參考引起情緒反應外在情境中的認知訊息性質。

二十、精神分裂的原因有那些？脫離現實是精神分裂症主要症狀之一，它有何特性？現實治療法常用的策略為何？

答：精神分裂係指患者已經喪失自主生活的能力，無法控制自己的情緒，也缺乏與他人社交及工作之能力，茲依題意說明如下：
(一) **精神分裂的原因**：
1. 遺傳因素。
2. 心理因素（幼年不愉快經驗）。
3. 大腦內部神經化學物質不正常（多巴胺活動量過高）。
(二) **精神分裂的脫離現實症狀特性**：
1. 自己活在虛擬情境中，聽到不真實的聲音或看到不真實的影像。
2. 心理思考脫離現實，產生被害妄想症。
3. 個體行為與現實脫節。
(三) **現實治療法的治療策略**：
1. 諮商者應透過教導方式，讓當事人了解「正確」與否的標準。
2. 應積極協助當事人發展責任感、接受現實、發展成功認同、滿足自我需求。
3. **設限**：要讓當事人知道所有情境都具有種種限制。
4. **跟進**：諮商者隨著當事人的反應，以緊密的問題持續追問當事人，以使當事人可掌握實際情況。
5. **建設性爭論**：諮商者藉由爭論，讓當事人可以自我反省，達到價值澄清。
6. **語言震驚法**：諮商者以諷刺、嘲笑等語氣，刺激當事人從不同角度思考。

二一、情緒激動時常會產生那些生理反應？我們要如何察覺個人的情緒特徵？如何有效的調適個人的情緒行為？

答：個人情緒激動時常會產生特定生理反應，茲說明如下：

(一)**個人情緒激動時的生理反應類型：**

1. 個人情緒激動時，生理反應會受到交感神經系統的影響。

2. 常見的生理反應如下：

(1)血壓上升、心跳加速。

(2)瞳孔放大、肌肉緊張。

(3)汗液增加、唾液減少。

(4)感覺噁心、身體發抖。

(5)暈倒，身體產生雞皮疙瘩。

(二)**察覺個人的情緒特徵之方法：**

1. 觀察每個人的臉部表情，但是要注意臉部回饋假說。

2. 觀察每個人的肢體語言及非肢體語言。

3. 觀察每個人的生理變化。

(三)**有效調適個人情緒行為的途徑：**

1. 重要他人應給予當事者正向回饋及期待，並教導當事者多進行自我肯定，向良好楷模學習，建立高自我價值。

2. 協助當事者擁有社會技巧及認知策略，包括：認識自己情感、表達自己情緒等。

3. 教導當事者調整自己的生活作息，例如：充足睡眠、適度運動等。

4. 教導當事者學會正面思考及時間管理，以避免因為未完成工作所帶來的負面情緒及壓力。

二二、壓力對個人生理和心理造成那些影響？生活中的壓力源有那些？面對壓力的調適方法有那些？你／妳最常使用的是什麼方法？效果如何？

答：壓力是每個人都會面臨的心理困境，按照題目規定一一說明如下：

(一)**壓力對個人生理和心理的影響：**

1. **生理方面：**

(1)失眠、昏厥。　　　　　　(2)血壓升高、心跳加速。

2. 心理方面：
　(1)憂慮。　　　　　　　　(2)工作倦怠感。

(二) 生活中的壓力源：
1. Lazarus 及 Folkman 提出「生活事件」與「日常生活麻煩」會造成個體壓力，其中，生活事件包括轉學、家庭離異等，日常生活麻煩則係指學校作業、親子衝突等會引發個體煩惱與挫折之事件。
2. 生活事件所形成的壓力特性，係因為個體必須要調適新的生活環境。
3. 日常生活麻煩所形成的壓力特性，則係指個體日積月累的不舒服感受。

(三) 面對壓力的調適方法：
1. 「問題取向」壓力因應策略：係指以問題解決為核心的壓力因應策略，亦即當個體自我評估可以有效解決壓力之問題來源時，常採用的壓力因應策略。
2. 「情緒取向」壓力因應策略：係指調整個體面對壓力情境時的情緒反應為核心的壓力因應策略，亦即，當個體覺得壓力環境不易改變時，所採用的壓力因應策略。

(四) 個人最常使用的方法，效果不錯，可有效減輕自己壓力-Meichenbaum的壓力免疫法：屬於一種認知行為治療法，屬於透過認知重建來改變個體行為的壓力因應模式。
1. 自我觀察
　(1)幫助個體正確認識壓力來源及性質。
　(2)協助個體建立新的壓力認知內在架構。
2. 新的自我對話
　(1)協助當事者學會處理壓力所需的認知及技能，達到認知重建的結果。
　(2)例如：認知控制策略協助個體能夠保持專注力於工作任務。
3. 運用和練習
　(1)協助當事者可以將相關的壓力因應技巧在現實生活中進行運用及練習。
　(2)也可以透過設置由淺至深的壓力情境，讓個體可以有效練習。

第13章　心理治療與身心健康

依出題頻率分：A頻率高
B頻率中 C頻率低　　頻出度 **C**

命題焦點

1. 精神分析治療法：(1)佛洛依德：自由聯想、夢之分析、移情分析、抗拒分析、闡釋。(2)新精神分析治療。
2. 行為治療法：(1)共同特徵。(2)系統減敏法、厭惡治療法、代幣法、生理回饋法。
3. 認知治療法：(1)理情治療法。(2)心理異常。(3)治療的目的。
4. 人本治療法：(1)當事人中心治療法。(2)心理治療的要件。(3)心理治療的程序。
5. 心理治療的效果：效果的評鑑。
6. 健康心理學研究的新方向。

⬇ 精華摘要

一、過去，一般的社會人士對心理病患者的態度，不外是迷信或漠視，甚至對患者施以百般的凌辱和虐待，其能獲得人道的待遇和深切的了解者，得歸功於本世紀的心理衛生運動。此一運動不僅喚醒了人們對心理病患者的了解，以及給予醫學和精神上的幫助，而且也知道心理疾病的發生，必有其致病的原因，故對心理疾病的預防，更重於致病後的矯治。而心理衛生的工作，不僅是精神病學家單方面的責任，還有賴於多方專業的團隊合作，如社工師、護理師、職能治療師等。

二、**醫學上常說**：「預防重於治療」，目前世界各先進國家，除對行為失常者予以治療外，並在國民健康教育方面，盡量普及心理健康或心理衛生的知識，務期經由教育的途徑達到預防重於治療的目的。站在個人的立場談心理健康的維護時，應同時從兩方面著眼：從消極方面言，應糾

正對行為失常的偏差觀念，以建立對心理疾病的基本知識；從積極方面言，應主動培養個人的心理健康。

三、心理衛生的意義與目的

(一)**意義**：矯治心理失常，或保持心理健康的一種科學或藝術。

(二)**目的**

　　1.**消極的目的**：矯正不良的適應和治療各種心理疾病。

　　2.**積極的目的**：在供給各種適當的環境，發展健全之身體的和心理的習慣，並指導個人在各種生活情境中能避免衝突，抵禦困難，並能作良好的適應。

四、對心理疾病之正確認識

(一)**心理疾病是可治療的**：心理疾病具有很大的「不藥而癒」的可能。患者自己的了解、信心與毅力及堅定遵從心理治療者的指導，有將來總會痊癒的信心。

(二)**心理疾病是可以預防的**：父母或教師者，如能善於輔導兒童適應環境，對其健全人格的發展有極大的幫助。

(三)**心理疾病並非可恥之病**：若患者自以為恥，時時對人防衛、懷疑、恐懼等，則將加重失常的程度。

五、良好適應與不良適應常以個體能否與環境取得和諧的關係決定。

六、良好的適應標準

(一)個人心理情境與實際情境相吻合。

(二)所見的實際情境，應隨時調節其反應。

(三)個人和環境必須互相協調以求適應。

七、心理健康的特徵（即良好適應的特徵）

(一)自知之明。　　(二)自尊。　　(三)安全感。　　(四)能愛人也被人所愛。

(五)完整。　　　　(六)情緒穩定。

八、心理不健康的特徵（即不良適應的特徵）

(一)極度不安寧。 (二)認知失敗。 (三)心因性心理症候。 (四)社會不適應。

九、維護個人心理健康的方法

(一)**了解並接受自己**：了解自己的優點、缺點、能力、興趣等，這些都是個人在其生活環境中為學、作人、做事成敗的重要關鍵。

(二)**認識並面對現實**：必須對現實環境中的一切獲得充分的認識，而後才能在環境中應付裕如。

(三)**工作與休閒並重**：工作與職業對個人有兩點重要的意義：
1. 表現出個人的價值，獲得心理的滿足。
2. 個人在團體中表現自己，以提高個人自我接納程度。

(四)**主動參與社會活動**：凡是心理失常者，都與別人失去和諧的關係，因而在行為上多表現退縮，甚至對人表現仇視、懷疑、畏懼、憎恨等態度。從預防的觀點看，主動參加社會活動，並與人建立良好的人際關係，自然是維護心理健康的最好方法。

十、心理治療，廣義地說也包括藥物治療，狹義地說則限於不使用藥物，只採用心理學原理原則，改變失常者行為，使之恢復常態。

十一、心理治療的學派

　　根據Corey, G（1996）的說法，心理治療的學派，大致可分為四大類九大學派：

(一) **第一類是分析取向，包含**：精神分析治療法、阿德勒學派治療法。

(二) **第二類是體驗和關係取向，包含**：存在主義治療法、個人中心治療法、完形治療法。

(三) **第三類是行動治療法，包含**：現實治療法、行為治療法、認知行為治療法。

(四) **第四類是系統觀**，例如家庭系統治療法。

（參考書目：Corey, G。諮商與心理治療的理論與實務。揚智。）

十二、心理分析法：以四種方法配合運用，將壓抑於患者潛意識之動機予以揭露，並由之發現焦慮之來源，啟發患者的自我意識，使其在現實的環境中，對自己的價值、能力、短缺等獲得重新的認識，以期能恢復其統整的人格。

(一)**自由聯想：**先了解患者個人資料，然後開始自由聯想。實施時，在特設之診療室內，患者安靜舒適地躺於特設之躺椅上，治療者坐於患者後方，令患者袪除一切內心之戒備，使其身心皆處於安詳舒暢之狀態，然後鼓勵其將心中所想的任何問題，均無拘無束地盡情傾訴出來，對所說的一切，不必顧及語句的倫次與組織。由自由聯想獲得之資料，經分析整理後，可逐漸顯示出患者內心癥結之所在及其所抑制的問題。

(二)**夢之分析：**心理分析論者，認為個人夢中情境為其潛意識內資料的象徵性顯現。由對夢的分析，即可獲得其潛意識內所抑制的問題或線索。

(三)**解釋：**心理分析治療的主要目的，是一方面對患者個人的一切獲得了解，並在另一方面對他作詳細解釋，使他獲得自我了解而恢復其正常的現實生活。

(四)**移情作用：**治療者與患者之間和諧的社會關係是治療成敗的關鍵。與心理分析者相處時間甚久，患者會對之產生一種情緒上的反應，患者將以前對別人的感情轉移到分析者身上，此種現象稱為移情作用。

十三、個人中心治療法：個人中心治療法為Carl Rogers所創，其治療法的演變是由非指導性諮商，轉為當事人中心治療法，最後又轉變為個人中心治療法。Rogers主張治療者應具備真誠一致（congruence）、無條件積極關懷（UPR）、同理心（Empathy）三項特質，同時並提供一個溫暖、安全的環境，則當事人便有能力自我成長，進而能產生建設性的改變。

（參考書目：Corey, G。諮商與心理治療的理論與實務。揚智。）

十四、行為治療法（學習治療法或行為改變技術）

在理論上採取學習心理學的原則，在方法上採用制約學習實驗之方法。

(一)**基本假設：**認為變態行為，乃是學得的不良習慣或對平常情境的失常反應。根據學習原理，安排實驗性的情境，就可以使患者對某種刺激失常反應改變（制約）為正常反應。

(二) **方法**：

1. **系統脫敏法**：創始人沃爾樸（Wolpe）又稱系統減敏感法、交互抑制法。運用古典制約學習歷程中刺激代替、增強、消弱等原理設置一種情境，使個體同時產生兩種互不相容或不能並存的反應；該兩種反應，一為原有的失常反應，另一為要建立的正常反應。因為兩種反應不能同時並存，故設法使正常反應加強，失常反應消弱，以達到治療的目的。

2. **厭感制約法**：採用古典制約學習歷程中負增強作用，對已有反應由懲罰而阻止的原理，消除原有的不良行為。

3. **操作制約法**：主要使已有的變態反應得不到增強而消弱時，使用另一正增強物以加強患者自發的正常反應，並配合使用「連續漸進」或「行進塑造」的技術，終而使新建立的正常反應代替了舊有的變態反應。

4. **倣傚法**：運用學習理論中社會性增強作用使行為失常者有機會觀察別人的正常行為，或是經由與別人社會性的交往，模倣別人（楷模）的正常行為，終而取代其不適應行為。

5. **團體治療法**：行為失常者情緒的困擾表現在與人不能和諧相處，如遭人拒絕、寂寞、敵對，甚至對人攻擊。想為患者解除此類痛苦，必須幫助他在日常生活中重新建立與人相處的和諧關係。為了達到此一目的，先讓患者習慣參與團體活動，參與團體活動本身就等於是一種心理治療的手段。

十五、個人中心治療法與心理分析法之異同

(一) **相同點**：治療時不以患者所表現的外顯症狀為對象，而只是藉外顯症狀為線索以探求其潛隱的問題。同時，兩種方法都類似的假定，即認為患者潛隱的問題一旦被揭露，而且患者能自己接受與了解之後，其心理失常的原因即可能解除而獲得痊癒。因此，心理分析治療法與患者中心治療法有時也被稱為「領悟時治療法」。

(二) **相異點**：患者中心治療法雖由心理分析法演變而來，但兩者有顯著的區別。雖兩者都重視患者的自述，但患者中心法並不企圖引導患者傾訴其某一困難問題，或鼓勵其回憶早年的生活經驗（自由聯想則是）。患者中心治療法較為重視患者目前的困難與表現的行為，而不注重對患者以往經驗作個案研究。

十六、心理分析法與患者中心治療法的相同之處，都希望經由對患者的幫助而達到自知、自助、自癒的目的，所以在理論上講，這兩種方法都是由內而外的；行為治療法的構想則是由外向內，企圖就患者行為的本身加以改造。

十七、自閉症的特徵為

(一) 人際關係的障礙。　(二)語言和溝通障礙。　(三)行為的同一性。

十八、幫助自閉症學生克服學習困難的方法主要有

(一) 應用行為分析（Applied Behavior Analysis，簡稱ABA）。

(二) 結構化教學模式，例如可推行「自閉症及有相關溝通障礙兒童的治療與教育」計畫（簡稱TEACCH）。

(三) 視覺策略（Visual Strategies）。

(四) **相關的教學方法**

　　1.圖片交換法（Picture Exchange Communication System，簡稱PECS）。

　　2.社交故事（Social Stories）。

　　3.生活療法（Daily Life Therapy）。

　　4.心智解讀（Mind-read）。

↘ 解釋名詞

錯覺（Illusion）

知覺的錯誤現象，雖然很普遍，但是只有一些較為典型的，或較顯著的錯誤知覺，在心理學上始稱錯覺。意即錯誤的知覺組織。

幻覺（Hallucination）

是一種缺乏適當的外在刺激的情境下所產生的一種知覺經驗，亦即以想像的經驗來代替真實的知覺經驗。

妄想（Delusion）

單憑不合情理、毫無事實根據的幻想，虛構而成某些自以為是的觀念，此等觀念是為妄想。

錯覺和幻覺的不同點在於：

(1)一般人都常常經驗到錯覺，但很少會經驗到幻覺。精神病患者、或受到藥物影響的人較會經驗到幻覺。

(2)錯覺的發生，往往有顯著的外界刺激，但幻覺有時候沒有明顯的外界刺激也會發生。

(3)同樣的情境每易引起同樣的錯覺，但是幻覺則不然，在特殊情境所引起的幻覺往往因人、因地而異。

興趣（Interest）

興趣乃是對於事物、某動作或某姿勢在心裡具有的一種好奇心似的喜愛感。

性向（Aptitude）

若所根據的個人實際能力是單方面的或是特殊的，則所推估的能量就代表個人的特殊能力，這種特殊能量或特殊能力又稱為個人的特殊性向，或簡稱性向，乃是個人對於各項事物之學習的潛在能力。

成就（Achievement）

係指個人對於自己所認為重要或是有價值的工作，去從事，去完成，並欲達到的標準而言。

一般而言，具有某種性向的人，都必定具有與尚未見到之潛存性性向相似的興趣。

需求（Needs）

個體缺乏某種東西的狀態。所缺乏者，可為個體內部維持心理作用常有某種保持平衡狀態的傾向，此種傾向稱為均衡作用。

驅力（Drives）

乃是指引起個體活動，維持該種活動，並導使該種活動朝向某一目標進行的一種內在歷程。

誘因（Incentives）

在個體的某種驅力業已發生的情況下，能夠減除個體該種驅力的外在刺激物，稱為誘因。

消弱（Extinction）

條件學習形成後，若非條件刺激一直不再伴隨條件刺激出現，亦即不繼續增強，則條件反應強度將逐漸減低，最後減到反應不再發生的程度，稱為消弱。

懲罰（Punishment）

懲罰者乃是安排一種情境，提供可使個體產生痛苦的某種刺激，阻止其已有的某種反應出現，以養成其不對某種刺激反應的習慣。

負增強（Negative Reinforcement）

負增強有兩種意義，一是對已有反應懲罰阻止的意思。另一是對新建反應加強的意思，既然負增強刺激會使個體產生痛苦，當然所增強者絕非個體已進行之反應，而是個體在此時能自動出現並停止負增強刺激的反應。

厭惡制約（Aversive Conditioning）

乃是採用古典制約學習歷程中負增強作用對已有反應由懲罰而阻止的原理，消除原有的不良行為。此種治療法在臨床上業經證明用於戒酒、戒毒等均屬有效。

去敏感訓練（Desensitization）

就是運用古典制約學習歷程中刺激代替、增強、消弱等原理設置一種情境，使個體同時產生兩種互不相容或不能並存的反應；該兩種反應，一為原有的失常反應，另一為要建立的正常反應。因為兩種反應不能同時並存，故設法使正常反應加強，失常反應消弱，以達到治療的目的。

短絀動機（Deficiency Motives）

又稱缺乏動機，簡稱 D 動機，是由個體有所缺乏而引起，在各種基本需求來獲得滿足，此時個體的行為具有支配作用。

存在動機（Being motives）

又稱發展動機，簡稱 B 動機，存在動機的作用則是在「缺乏動機」均已滿足之後才會發生作用，也只有在這時，個體才有機會充分發展其潛能，達到顛峰狀態。

內外控（Internal & External Control）

內控者相信他的行為是否得到強化，是操在自己手裡。
外控者相信他的行為是否能獲得成功，多半是受命運、權勢外力的控制。
依據社會學習理論，個體對他的行為是否會產生獎賞或懲罰的信念會影響他對獎懲的期待，內外控取向就是一種美化了的期待，也是個體對他行為與其後果之間的信念。

內外向（Introversion & Extraversion）

人類的心的活力，有外向（即向外作用）與內向（即向內作用）兩種，向外的稱為「外向性」，其成為習慣的則稱為「外向型」；反之，向內的稱為「內向性」，其成為習慣的則稱為「內向型」。

自我實現（Self-actualization）

自我實現是代表個體發展的最終目標，他相信人是在不斷地進步，想從一個發展不甚完美的情況，進入比較完美的階段，在自我獲得充分實現時，個人人格的每一方面都有最良好的表現，並且能互相協調，使整個個體達到最高的發展。

自我認定（Ego identity）

意即個體認定了自己是「誰」而言。

E.E.G

即腦波儀（electroencephalograph）之簡稱，在測量腦電反應，腦部神經組織的細胞，經常在不斷地活動，由於細胞的活動，也會產生微弱的電位（potential）。當個體在情緒狀態時，此種電位即發生變化；其變化情形可由腦波儀測量出來。測量方法是將兩個（或數個）電極黏貼於表皮上，將腦部之微弱的電流導出，經由擴大器（amplifier）將之擴大，然後再由墨描振盪記錄器（ink-writing oscillograph）作成紙帶記錄，即成為腦電圖或稱腦波紀錄。

G.S.R

即膚電反應（galvanic skin response）之簡稱。在皮膚表面，有微電壓存在，如將兩個電極接觸於皮膚之上（如手掌上）並與一電流計相連時，即可測出這種電壓的存在。在情緒狀態時，由於汗腺的增加，因而使皮膚表面的電阻發生變化，其變化情形即可在電流計上顯示出來。此種因刺激所引起的皮膚表面的電流變化，即稱為膚電反應。測謊器的構造，主要即根據膚電反應的原理。

感覺閾限（absolute thresholds）

又稱絕對覺閾，刺激之所以引起反應，必須具有最低限度的強度，在此強度以下，不能引起反應，達到或超過此種強度，乃能引起反應，此種引起反應所需最低限度的刺激，即稱為絕對覺閾。

辨別閾限（difference thresholds）

辨別兩種刺激時，所需要的最低限度的差異量，即稱為差異覺閾。

證據導向心理治療（evidence-based psychotherapy）

證據導向心理治療係指心理治療者必須透過具有實徵研究基礎的工具，來進行心理治療與評估，其有助於強化心理治療之科學性與效益性。但是在臨床情境中，證據導向心理治療卻容易導致形成以心理治療者為中心的治療模式，而忽略當事人的真正問題與感受。

抗憂鬱藥物

抗憂鬱藥物係指可用以治療憂鬱症的藥物，現有SSRI及SSNI兩型，其有助於調整患者腦內分泌。在使用抗憂鬱藥物時，應注意患者的過往病史，並且注意患者是否有藥物過敏之現象。此外，亦需結合其他治療方式，如心理治療，以協助憂鬱症患者順利康復。

學者症候群（savant syndrome）

學者症候群係由Treffert所提出，係指某些個體雖然在認知方面具有缺陷，但是在繪畫、推理、音樂等方面，卻是資賦優異。換言之，這說明每個人都具有不同的多元智能及擅長能力，理想的教育實踐應在於促使每個人適性發展，開展自己的最佳潛能。

↘ 嚴選題庫

一、試述心理健康的特徵。

答：怎樣才是心理健康（Mental Health）的人？這問題固然尚無肯定答案，但以下六原則是一般心理學者們一致同意的：

(一) **真切與務實**：個人生活在現實社會裡，無時無刻不與他周圍的人、事、物交往接觸，因此，一個正常的人不但能知道自己應該做些什麼，別人以及社會對自己要求些什麼，而且也能妥善地處事待人以達成現實環境對自己的要求；既不存有過多的幻想，遭遇困難時也不逃避現實。

(二) **自知且自勵**：一個良好適應的人，不但能了解自己的能力、條件，而且還了解自己的情緒和動機。因為按照自己能力與條件安排自己的生活與職業，將可增加成功的機會；了解自己的情緒與動機，將可使自己的行為更為合理，免受幼稚的衝動而構成不符合社會標準的結果。

(三) **自動與自制**：正常人的行為，多是獨立自主的，能做到有所為與有所不為。這樣的人，他自己有明確的行為標準；自己認為是好的就主動地去從事、去參與，自己認為是壞的就自我管制，縱有外誘亦不為所動。

(四) **自尊與自重**：謙虛雖屬美德，但謙而不卑方為適度。心理健康者不但欣賞自己、接納自己、體認自己的價值，而且在社會活動中也要與別人居同等地位，表現出不卑不亢的態度。

(五) **情感與友愛**：心理正常者在情感生活上表現的特徵是：既對別人施予感情，也能欣賞並接受別人的感情。因而有良好人際關係，與人保持深厚友誼，均為心理健康的標誌。

(六) **積極且努力**：心理正常者，無論待人處事求學都積極而且努力，特別是樂於工作並能欣賞工作後的成果。這樣的人，工作對他不是負擔而是樂趣。因此，他對繁忙事務不隨便抱怨，身心也不易疲勞，而且也易與同事合作無間融洽愉快。

二、試述心理不健康的特徵。

答：心理不健康（即不良適應）的特徵：

(一)**極度的不安寧**：有些人經常會感到憂慮或抑鬱，他們憂慮自己的健康、職業、財產、社會地位，以及過去或未來的一切問題，事實上卻找不出任何值得他們憂鬱的理由。

(二)**認知的失效**：有許多人對一切客觀的事物諸多曲解，而不能作清晰的辨認，或當他們學習各種技能（包括社交的技能和職業的技能）的時候，常會引起一種被迫的情感並發生適應的困難。

(三)**心因性生理症候**：個人在適應上的困難，或發生情緒的困擾，都足以引起身體機能的擾亂，甚至使身體組織受到傷害或導致死亡。最普通的心因性生理的症候（Psychosomatic symptoms）是：食慾不振、高血壓、偏頭痛、長期的腹瀉、胃潰瘍、十二指腸潰瘍以及其他內部的疾患。

(四)**社會的不適應**：有許多人因不能遵守社會的法則，而在行為上發生嚴重的越規行動，由於這些行動足以危害社會的安全，故常按情節的輕重予以法律的制裁。

三、試述「心理治療」之意義，及其方法。

答：所謂心理治療，是應用心理學的原則與方法，去解決病人在情緒和心理的問題。心理治療的方法如下：

(一)**指導性的心理治療**：在早期，主持心理治療的人大都採用指導的方式，以支配病人的行動。診療者等於是一個有權威的發號施令者，他要代替病人作種種的安排或建議，使其在各方面都能有所改善。

(二)**心理分析**：心理分析的基本理論，認為個人不良適應的傾向乃因幼年期某些不幸的經驗或某些衝突的慾望，被壓入潛意識所致。故此派的主要目的在幫助病人了解其不良適應的根源，而對自身的各種神經性的症候，如無謂的焦慮、不適應的防衛方式等等，都能有深切的了解，進而幫助他解決問題。此法以治療心理精神病為主。

(三)**行為治療**：行為治療（Behavior therapy）的基本假定，認為個人行為錯亂的行為大都經由學習而來。只需採用幾種適當的訓練技

術，就能消滅或減弱其原有的反應，或學習一種新的反應去代替錯誤的反應。學習治療只重視行為的本身，而否認有所謂潛在的動力，故個人若能從其環境方面獲得較多的滿足，就能改變其行為，以加強適應的程度。

(四) **以當事人為中心的治療**：診療者設計一些很自然的情境，使病人在這些情境中能很自然地表露其態度或情感。這就是最流行的一種非指導性的治療方式，就是以當事人為中心的治療。其目的不在設法解決病人某些特殊的問題，而在利用一種機會，使病人能發展各種進步的方法，去作良好的適應。

四、試述心理分析法所使用的心理治療法。

答：心理分析法（psychoanalysis）係由佛洛依德氏所創用，其基本方法有以下四種：

(一) **自由聯想**：當主持治療者對患者有關個人資料及一般身體狀況了解之後，即可開始自由聯想。實施時，在特設之診療室內，讓患者安靜舒適地躺於特設之躺椅上，治療者坐於患者後方，令患者袪除一切內心之戒備，使其身心皆處於安詳舒適之狀態，然後鼓勵其將心中所想的任何問題，均無拘無束地盡情傾訴出來。自由聯想獲得之資料，經分析整理後可逐漸顯示出患者內心癥結之所在以及其所抑制的問題。

(二) **夢之分析**：心理分析論者認為個人夢中情境為其潛意識內資料的象徵性顯現。由對夢的分析，即可獲得其潛意識內所抑制的問題或線索。

(三) **解釋**：心理分析治療的主要目的，是一方面對患者個人的一切獲得了解，並在另一方面對他作詳細解釋，使他獲得自我了解（self-understanding）而恢復其正常的現實生活。

(四) **移情作用**：心理治療本含有社會性的意義，即治療者與患者之間和諧的社會關係是治療成敗的關鍵，此種社會關係在心理分析上尤其重要。因為與心理分析論者相處時間甚久，遲早患者會對之產生一種情緒上的反應，亦即患者將以前對別人的感情轉移到分析者身上，此種現象稱為移情作用或轉移作用。

五、試述一般較常使用的行為治療法有幾種？

答：茲將幾種行為的治療方法，略述於下：

(一) **對抗的制約法**：所謂對抗的制約法，就是使病人在一種舒適或愉快的情境中減輕其恐懼或焦慮的情緒。

(二) **相對抑制法**：有許多心理狀態可以互相抑制，例如哭與笑，鬱悶與喜悅，緊張與鬆弛，彼此都能發生抑制的作用。

(三) **工具學習法**：工具學習主要的學習步驟就是當一個人發生某一適當的活動以後，即刻就能得到一種獎勵，以促使該活動再度發生。例如學生做完家庭作業以後，家長即刻給予獎勵，則學生以後對家庭作業就更感興趣，也將更加努力。我們在日常生活裡也常利用這種方法來培養學生良好的習慣。

(四) **系統脫敏法**：創始人沃爾樸（Wolpe）運用古典制約學習歷程中刺激代替、增強、消弱等原理設置一種情境，使個體同時產生兩種互不相容或不能並存的反應；該兩種反應，一為原有的失常反應，另一為要建立的正常反應。

(五) **團體治療法**：多數行為失常者在情緒上有很大的困擾，而情緒的困擾又表現在與人不能和諧相處，輕則感到遭人拒絕、寂寞、孤獨、恐懼、焦慮，重則對人仇恨、敵對、甚至對人攻擊。要想為患者解除這種痛苦，必須幫助他在日常生活中重新建立與人相處的和諧關係。

六、試述「行為改變技術」對建立一種新行為的方法為何？

答：行為改變技術對建立行為的方法有：

(一) **行為強化**：行為強化的主要原則是：當好的行為表現出來時，就給予增強。例如對不用功的孩子，父母可以安排一誘發情境，使孩子能作出「用功」或與「用功」有關的行為，當他做這些行為時，給予獎賞或稱讚。而在誘發情況以外的時間，如果孩子也作出用功的行為，父母更應給予獎賞或稱讚，以逐漸建立孩子的用功行為。

(二) **模仿（Imitation）**：依據替代學習（Vicarious Learning）的理論，模仿也是一種行為治療的方法。例如想要使怕狗的小孩子們與狗玩，可以讓他們看一部與他同年紀同性別的小孩與狗玩耍的

影片。影片中，可以看到一個怕狗的小孩如何克制著害怕，漸漸接近狗，如何發現狗並不可怕，而且很好玩，於是與狗玩了起來。看完影片，再帶他們到有狗的院子裡，小孩可能就會開始學影片中的方法去接近狗，與狗玩。

(三) **自我主張訓練**：訓練患者表現以前不敢表現的或不敢說出的態度或想法。訓練的方式有兩種：一是要求患者具體地說那些他應該說、但不敢說的話。這過程是先請患者「想」所要說的話，治療者則扮演患者所不敢表示意見的對象，如父親、丈夫等，然後要患者將所想的對治療者講出來。在這種角色扮演的情況下，訓練患者有效地表示自己的意見。另一種方式是治療者以事先寫好的劇本，要求患者演一個他在實際生活中不敢演的角色。

七、何謂「系統減敏感法」（Systematic desensitization）。

答：這個方法主要應用於消除不合理的害怕與焦慮。可分為三個步驟：

第一步先訓練患者學會肌肉鬆弛（muscle relaxation）的運動，使自己有意識地令自己完全放鬆下來。

第二步是建立害怕（焦慮）階序：例如：有人怕蟑螂，治療者便與他一起討論按照怕的程度列出與蟑螂有關的各個事件。譬如：第一怕的是蟑螂爬到身上……第七怕是有幾隻蟑螂在正前方一公尺的地上，第八怕是兩公尺以外的地方有兩隻蟑螂被關在一個箱子裡。

第三步是減敏感訓練：從上列程序上最不怕的一項開始，令患者在肌肉放鬆的狀態下，想像該項內容。重覆的進行這項工作，直到此項患者想像該項害怕情境時，並不會影響他的放鬆情況時為止。然後以此項害怕情境高一階的項目與放鬆配合著出現。這樣逐項進行，逐項克服，按害怕的階序有系統地做，最後便能克服不合理的害怕。

八、何謂「諮商」（counseling）？其與心理學之關係為何？

答：「諮商」是一門專業，其主要目的乃在幫助與輔導正常的個人經由種種途徑，使其對自己與環境，獲得清楚的認識，藉以達到個人的成長、態度與行為的改變，以及良好的生活適應。

「諮商」乃是心理學知識的一種應用，尤其是學習理論、人格理論及一般行為理論知識的綜合運用。所以一位諮商工作者對於人的本質、人格的發展與人格如何改變都有深入的了解。諮商理論指出當事人（client）困難或問題的可能原因，諮商者可能選擇的各種諮商途徑，以及在諮商中諮商者應有怎樣的做法。

諮商這門學問，歷經多年的發展，已有一百多種學派蓬勃興起，而其中較著名的有九大學派：精神分析治療法、阿德勒學派治療法、存在主義治療法、個人中心治療法、完形治療法、現實治療法、行為治療法、認知行為治療法、家庭系統治療法。精神分析治療法後的學派，多多少少都受其影響或是反動而形成，因此Freud對心理治療領域上的貢獻，可說是功不可歿。

九、何謂洪水法？

答：洪水法（Flooding）是一種行為改變技術，其主要針對的對象是患有恐懼症等不良行為的學童；其理論基礎為藉由飽足原則（satiation）而消弱害怕的心理，亦即讓個案長期面對自認會引起恐懼的事物，卻未有恐懼的結果發生，至該行為降低出現的機率。要注意的是洪水法有冒險的成分，所以不適合年齡太小，且事先須規劃分析個案特質，以避免意外發生。

十、請說明精神疾患的一些問題：
(一)請舉例說明妄想（delusion）和疑心的差異。
(二)「精神分裂症」與「多重人格（multiple personality disorder）」的差異。
(三)請簡要說明恐慌症（panic disorder）的症狀，並以恐慌症為例，說明焦慮症形成的行為論及認知論的觀點。

答：焦慮症係指個人隨時都會感受到焦急、憂慮、恐懼、不安等情緒狀態，是一種知覺上的反常現象。茲依題意依序說明如下：
(一)**妄想與疑心之差異**
　　1.**妄想**：可視為一種扭曲現實的信念，包括迫害妄想、誇大妄想、支配妄想等。精神分裂症的主要症狀之一即為妄想。
　　2.**疑心**：泛指一種個人產生懷疑猜測的感覺或念頭。

(二)精神分裂症與多重人格之差異

1. **精神分裂症：**

   (1)係指患者已經喪失自主生活的能力，無法控制自己的情緒，也缺乏與他人社交及工作之能力。

   (2)主要症狀包括思想紊亂、知覺扭曲、脫離現實等，其類型包括妄想型、混亂型、未分化型等。

   (3)產生原因則可能有遺傳因素、心理因素或是大腦內部神經化學物質不正常。

2. **多重人格：**

   (1)屬於解離性疾患的一種，是一個人具有數種人格的心理異常現象，而這些人格卻又互相獨立，有些人格可能知道對方存在，有些則否。

   (2)多重人格的形成原因包括受到社會文化之影響、具創傷性的事件發生、原生性家庭之影響等。

(三)

1. 恐慌症之症狀：屬於焦慮症的一種，患者會出現一種壓倒性的恐懼憂慮感覺，進而伴隨心跳加速、反胃、肌肉顫抖等生理現象。

2. 以恐慌症為例，說明焦慮症形成的行為論及認知論之觀點

   (1)行為論：恐慌症的產生，是因為個體在生活適應中，一種刺激反應的連結結果。亦即個體在現實生活中，對於某事物產生壓力，當個體產生恐慌後，可避免其接觸到壓力事物情境，進而增強恐慌症。

   (2)認知論：恐慌症的產生，是因為個體本身的知覺扭曲、思想紊亂等所引起。

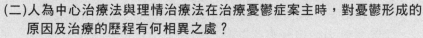

十一、(一)心理治療與聊天有何不同，請由心理治療的定義說明之。

(二)人為中心治療法與理情治療法在治療憂鬱症案主時，對憂鬱形成的原因及治療的歷程有何相異之處？

 **答：** 心理治療有其專業性，茲依題意說明如下

(一)心理治療與聊天之差異

1. 「聊天」同義字為談天、閒談、閒聊，不必有專業知識基礎的專業人員，存在於人類的一般生活行為中。

2. 心理治療係指受過心理學相關專業訓練與檢定的心理師或醫生，
來幫助案主解決心理問題、促進心理健康等歷程。

(二)從人為中心治療法與理情治療法之觀點，說明憂鬱形成的原因及
治療歷程

　　1. 人為中心治療法：

　　　　(1)憂鬱形成原因：個人憂鬱的形成源於個人情緒的阻礙與衝突，
個人只選擇符合自己價值體系的經驗，而限制其知覺範圍，進
而出現不適應行為。

　　　　(2)治療歷程：輔導者本身具備真誠(Congruence)、無條件積極關
懷(UPR)和同理心(Empathy)，並主張應與受輔導者建立一個適
當關係，來協助受輔導者自我實現，逐步信任和開放自己。

　　2. 理情治療法：

　　　　(1)憂鬱形成原因：個人憂鬱的形成源於個人的非理性信念，因此
人的困擾不是來自外界的因素，而是源自個人自我困擾。

　　　　(2)治療歷程：輔導者應讓當事人覺察到自己的非理性想法或內在
的自我語言，以協助當事人改變其不合邏輯的想法，代之以合
理的信念，防止憂鬱的發生。

**十二、創傷後壓力症候群（PTSD）是災害後容易出現的一種焦慮症，請說明
其與一般人面臨壓力情境下的焦慮反應有什麼不同？何以能稱之「症
候群」或「疾病」？**

答：創傷後壓力症候群（PTSD）是災害後容易出現的一種焦慮症，茲依題
意說明如下：

(一)創傷後壓力症候群（PTSD）與一般人面臨壓力情境下的焦慮反應
之不同：

　　1. 一般人面臨壓力情境下的焦慮反應，並不會持續維持一段相當長
的時間，強度也會隨著時間過去或自己努力而減弱。

　　2. 當壓力情境一直存在時，超乎人類所能承受的程度時，便會形成
創傷後壓力症候群，又稱為「災難症候群」，通常源於經歷重大

災難事件後的存活個體，患者常會出現過度緊張、焦慮、惡夢連連、不安等症狀，可以透過系統減敏感法、洪水法等，進行心理治療。

3. 實例：小凱日前家中發生火災，當時他目睹父親嚴重燒傷，小凱出現強烈恐懼、緊張、夢魘、麻木等症狀，且症狀持續已逾一個月。

(二) **創傷後壓力症候群能稱為「症候群」或「疾病」之相關說明：**

1. **具有明顯的病徵：**

(1)對日常生活產生嚴重的疏離感。

(2)一再回憶創傷歷程，形成循環傷害。

(3)產生睡眠障礙。

2. 持續長時間，且會對個人的身心造成傷害。

十三、請說明多巴胺（dopamine）此一神經傳導物質對於人們行為的作用，並詳加說明與安非他命的關係。

答：多巴胺屬於神經傳導物質，茲依題意說明如下

(一) **多巴胺對人們行為的作用：**

1. 多巴胺屬於人類腦部所分泌的神經傳導物質。

2. 多巴胺對於人們行為的作用：

(1)影響人的情緒。　　　　　(2)提升人的興奮感。

(3)增加人的愉悅感受。　　　(4)產生上癮行為。

(5)有助治療抑鬱症。

3. 吸毒、吸煙等，都會刺激人體分泌多巴胺。

(二) **多巴胺與安非他命的關係：**

1. 安非他命屬於我國管制毒品的一種，其會讓吸食者產生情緒的興奮感。

2. 安非他命會刺激人的腦部，使人體分泌多巴胺，而產生興奮愉悅的情緒。

3. 過多的多巴胺，會使人體產生精神分裂、幻想等，形成所謂的毒品傷害。

第5篇 心理測驗

第14章 能力與能力測驗

依出題頻率分：A 頻率高
B 頻率中 C 頻率低

頻出度 **A**

命題焦點

1. 心理能力與能力測驗：(1)能力的性質。(2)能力測驗及其類別。
   (3)能力測驗應具備的條件。
2. 智力與智力測驗：(1)智力的界定及其發展。(2)資賦優異與智能
   不足。
3. 智力理論：(1)心理計量取向：二因論、心能論、結構論、型態
   論。(2)多維取向：多元論、三元論。(3)認知發展取向。
4. 影響智力發展的因素：(1)遺傳、環境。(2)種族文化：遺傳決定
   觀、文化貧乏觀：測驗效度觀。

⬇ 精華摘要

一、通常所說的「心理測驗」或「測驗」，都是指經過「標準化」的測驗而
言。也就是根據客觀的方法和一定步驟編製而成。

二、**測驗之意義：**在一個控制的情境裡，給予受試者一組標準化的刺激，
以受試者的反應作為其代表性行為的樣本，從而以量化的方法評定其心
理特質，並以之與一定的標準相比較，以評定其態度、智力、能力、性
向、成就、人格等心理特質。

三、評定個別差異的工作為心理測驗

正式的心理測驗都須經過標準化，標準化的測驗通常都具備常模、信度、效度、實施程序與記分方法等基本條件。

四、標準化之測驗要具備四個條件

(一) **信度**：指一測驗所測得分數可靠性、穩定性或一致性而言。

測量信度方法為：

1. **再測法**：再測法係在不同的時間，用同一種測驗對同一群受試者前後測驗兩次，再以兩次測驗所得的分數求相關。如此求得的相關係數稱為再測信度係數。

2. **折半法**：以一份測驗施予一群人，將測驗的題目奇偶分為兩半，分別計算分數，用這兩組分數求得的相關係數稱為折半信度係數。

3. **複本法**：一套測驗有兩種以上的複本時，則可交替使用，根據一群受試者接受兩種複本測驗的得分計算相關係數，即為複本信度係數。

(二) **效度**：指一個測驗能夠測到它所欲測量之特質的程度。任何一種測量工具都有一定的目的和使用範圍，比方說，尺是用來測量長度的，磅秤是用來測量重量的。效度可分為三種：

1. **內容效度**：內容效度的目的在於有系統的檢查測驗內容的適切性，即指一個測驗的內容是否和它所要測量的特質或能力彼此相關聯的程度。例如，一份測量學生對於本國歷史知識的成就測驗，其題目內容必須能夠代表該一學科的重要知識和訊息。

2. **效標關聯效度**：

(1) 同時效度：受試者在一個已經確立的測驗上的結果作為效標，來求得另一測驗的效度。

(2) 預測效度：心理測驗的主要目的之一，是預測受試者未來的某種行為表現。在時間序列上某一點，將測驗施予一群受試者，以他們在測驗上所得的分數，和他們以後在學業、工作或生活適應等有關方面的行為表現互作比較，其間相關的程度，稱為預測效度。

3. **建構效度**：某種心理特質和個人的某些特殊行為之間存有某種關係。假使該心理特質本身無法為人直接觀察到，而必須由個人的外顯行為間接推知，則該項心理特質稱為「假設建構」。

(三)**常模**：常模乃是使用測驗者解釋測驗結果（分數）的依據。測驗分數必須與常模比較，始能顯示出它所代表的意義。常模即是代表一般人同類行為的分數。

(四)**實施程序與記分方法**：「一定的實施程序」，係指一個測驗在實施過程中，凡主測者應做的事和應說的話都必須予以「標準化」。標準化一詞在此處的意思是指無論何人，在何時使用該同一測驗時，都必須做同樣的事，說同樣的話。至於測驗的記分方法，必須符合四項原則：(1)客觀(2)正確(3)經濟(4)實用。

五、「性向」（aptitude）之含義

(一)指個人對多種活動如經訓練，而可能達到熟諳的程度，此種性向稱為「普通性向」或「一般性向」。

(二)指個人對某種特殊活動（如音樂、體育、機械等），如經特殊訓練，可能達到熟諳的程度，因而稱為「特殊性向」。

換言之，普通性向是指個人的一般潛力，特殊性向是指個人在某一方面的特殊潛力。有的人兩者兼具，有的人僅備其一。

六、性向測驗與成就測驗之區別

區別	性質方面	功用方面
成就測驗	是測量有計畫或較確知情境下學得的結果（如各種學科測驗）	是用來評量個人（或團體）經某種訓練（或教育）之後，在知識或技能方面達到的程度；在功用上是考查「到現在為止已有能力的高低」。
性向測驗	測量較少控制或不確知情境中學得的結果，或可說是個人生活中經驗的累積結果。	是用來預測或估計個人如接受訓練，可能在知識或技能方面達到的程度；在功用上是預測「將可能有的能力的高低」。

七、性向測驗按其內容與功能可分為三種

(一)**普通性向測驗**：亦即是智力測驗，如比西量表、ＡＧＣＴ（普通分類測驗，在國內修訂為國民智慧測驗）。

(二) **綜合性向測驗**：如DAT（區分性向測驗，在國內修定為中學綜合性向測驗）。

(三) **特殊性向測驗**：如梅氏美術評經測驗、谷氏圖形評經測驗。

八、智力測驗發展歷史之事實

(一) 智力測驗孕育在英國，誕生在法國，宏揚在美國，終而傳遍世界。

(二) 先是以生理特徵為根據，而後轉向對心智活動的測量。

(三) 由測量個人智力的工具擴大為以團體為對象的測驗。

(四) 由籠統的單一量數以評定個別間差異的觀念，轉變為分析，綜合而以多個量數兼顧個別差異與個別內差異的觀念。

九、 英國心理學家高爾登（F.Galton）氏的人類行為個別差異的研究，可以說是採用科學方法編製智力測驗的開始。但編成第一個智力測驗的是比奈和西蒙所編成的比西量表。

十、 所謂智商乃是個人心理年齡（MA）與實足年齡（CA）之比值，故稱為比率智商，其公式為：

$$智商（IQ）＝\frac{心理年齡}{實足年齡}×100$$

十一、智力發展之一般趨勢

(一) 智力的發展速率及停止年齡，與個人智力的高低有關。智力高者發展的速率快，停止的時間晚；智力低者發展速率慢，停止的時間早。

(二) 一般常人的智力發展，約自三、四歲至十二、三歲之間呈等速進行，之後改為負加速（隨年齡增加而漸減）進行。

(三) 早期的研究多發現，智力發展約在十五歲至二十歲之間停止；新近的研究發現，智力的發展約在二十五歲達到頂峰。

十二、智商： 90～109稱為普通，110～119稱為中上，120～139稱為優異，140以上稱為極優異，80～89稱為中下，70～79稱為臨界，70以下稱智能不足。

十三、智能不足兒童分為三類

(一)**養護性的智能不足者**：智商低於25，從前被稱為「白痴」、無生活能力，甚至吃飯穿衣還需別人照顧。

(二)**可訓練性的智能不足者**：智商約在25至50之間，經由耐心的訓練，獲得最簡單的生活能力。

(三)**可教育性的智能不足**：智商約在50至70之間，可經由特殊設置的教育設施，獲得最基本的教育。

十四、形成心智不足之原因

美國全國心智不足學會將心智不足形成的原因，分為兩大類：

(一)**心智遲滯**：多是生理正常、無病因、無外傷，找不出明顯的原因，其智能低可能與遺傳有關。

(二)**心智缺陷**：係指由於疾病、腦傷或意外事件以致影響智力正常影響的人。

十五、有學者以40年追蹤研究發現，資賦優異兒童在學業表現、身心發展、專業性職業、社交能力、修博士學位、學術之成就、婚姻生活美滿等方面皆優於一般兒童。

十六、智力理論分為

(一)**二因論**：斯皮爾曼（C. Spearman）所提倡，認為心智活動包括兩種因素：

　　1.**G因素General factor**：普通能力，是一切心智活動的主體。

　　2.**S因素special factor**：特殊因素，表示個人某種或某些特殊能力，只在特殊情況下才會表現出來。

(二)**多因論**：桑代克主張認為智力包括抽象、機械、社會的智力三種。

(三)**群因論**：塞斯通以因素分析法得出七種基本能力：語文理解、語詞流暢、數字運算、空間關係、機械記憶、知覺速度、一般推理。

(四)**智能結構論**：戈爾福所倡。認為智力是可分為三個向度、思考之產物、思考之內容、思考之運用。戈氏理論推理，人類智力將有120（4×5×6）個不同因素。

(五)**Gardner的多元智能論**。

十七、Renzulli提出「**資優三環論**（Tree-ring Definition of Giftedness）」。

十八、各種評量之相關意涵

(一) **形成性評量**：其通常在教學過程中實施，教師可以了解教學是否有效率的進行，而學生則可以了解自己學習的進步情形與缺點。

(二) **總結性評量**：其通常為教學活動結束後所進行的，其主要評估教學目標的達成程度、教學方法是否有效以及評估學生學習的結果。

(三) **診斷性評量**：其實施時間是在教師教學之初或是學生學習困難時，其主要功能為診斷學生的學習障礙，以給予適性適當的補教教學。

(四) **安置性評量**：其實施時間是在教師教學之初，以瞭解學生的起點行為，作為安排課程內容與教學方法之依據，也可作為小組教學分組之憑藉。

(五) **常模參照評量**：屬於一種總體性評量，具相對性；其是以百分等級或是標準分數表示，為事後決定標準，評量重點在比較成員之間的差異情形。

(六) **標準參照評量**：屬於一種個體評量，較為強調技能檢定；其是以事前的決定性標準為評量依據，評量重要為學生與自己做比較。

十九、**多元評量：**係指兼具安置性評量、形成性評量、診斷性評量、總結性評量等理念，並兼用實作評量、檔案夾評量、遊戲評量、軼事紀錄法等評量方式，來瞭解學生真實能力。促進學生多元智能發展。

◢ **解釋名詞**

常模參照評量（norm-referenced evaluation）

常模參照評量係指以同年級或其他條件相若的一群學生在經測量所得的分數為依據，取其平均數為常模，並且以此常模為參照點，從而比較分析學生學習成就之優劣。換言之，常模參照測驗中學生學業等級標準是不能事先預定的，只能在考試之後看全班學生考試得分的分配情形而定。

行為評定法（behavior rating）

行為評定法係指針對個案的行為進行評分及等第區分，其屬於一種行為改變技術，行為評定者包括：教師、家長、同儕等，透過行為評定法，可以瞭解學生的行為進步程度，據此瞭解學生尚待增強的行為，並進行相關行為改變策略。

效標關聯效度（criterion-related validity）

效標關聯效度又稱為統計效度或實徵效度，係指以測驗分數與效標分數之間的相關係數。在性質上具有預測性，包括：聚斂效度、區辨效度、同時效度與預測效度。當我們在蒐集效標證據，以進行效度考驗時，「預測力強」是我們在選取效標時最重要的考慮。

心理年齡（mental age）

心理年齡係指個體在特定年齡階段時的真正智力發展層次，心理年齡最早由Binet、Simon，在1804年應用於比西量表中，兩位學者透過個體心理年齡和生理年齡的比較及計算，來推算出個體的智商。

◢ 嚴選題庫

一、何謂標準化測驗？

答：(一) 心理測驗，通常簡稱為測驗（Test），是心理學家們用來測量個體某種行為，藉以判定個別差異現象的工具。

(二) 根據客觀的方法和一定的步驟編製而成；而且，測驗的使用、記分、解釋等必須按照一定的程序與原則。像這樣按照一定的方法與步驟，去編製和使用的心理測驗，即稱之為「標準化測驗」（Standardized test）。換言之，我們通常所說的「心理測驗」或「測驗」，都是指經過「標準化」的測驗而言，從測驗的編製到評分的規定與解釋，都按標準化的程序進行。

二、心理測驗應具備的條件為何？

答：一個標準化測驗必須同時具備以下四個條件：(1)常模，(2)信度，(3)效度，（以上三者是指測驗編製程序的標準化）(4)實施程序與記分方法。這四個條件，也可以作為編製心理測驗的原則或依據：

(一)**常模（Norm）**：乃是使用測驗者解釋結果（分數）的依據。測驗分數必須與常模比較，始能顯示出它所代表的意義。例如拿一份高中入學考試的英文試卷，給一個國二的學生去做，得到70分時，我們說他得分很高；但如將同一試卷給另一個高三學生去做，得到80分時，我們可能說他得分很低。因此，由測量而得分數值的大小，其本身並無絕對的意義；它必須以某一個具代表性的數值為根據去做相對比較，然後始能判定它的意義，此即常模之意。

(二)**信度（Veliability）**：是指「可靠」的程度的意思。一個測驗必須有高的信度，而後才能可靠地去使用它做為判定個別差異的依據。我們用鋼片做的捲尺去測量黑板的長度時，所得的結果是可靠的；因為，無論是由一個人用它去測量數次或是分別由數個人去各測量一次，所得的結果大體上都是一致的。

(三)**效度（Validity）**：是一個測驗企圖測量某種行為特徵的真確度。一個測驗的效度愈高，即表示它所測量的結果愈能代表所欲測量行為的真正特徵。以小學算術成就為例，它的效度愈高，學生們在測驗上的分數，就愈能代表他們真正的學得算術能力。

(四)**實施程序與記分方法**：所謂「一定的實施程序」，係指一個測驗在實施過程中，凡是主測者應做的事和應說的話都必須予以「標準化」。至於測驗的記分，那是測驗實施以後的整理工作。在整理時，如何計算原始分數，如何將原始分數換算成其他種分數（如需換算），如何以常模解釋分數等，都必須在說明手冊內詳細規定。

三、心理測驗的記分，應符合那些原則？

答：無論採用何種記分方法，都必須符合以下四項原則：

(一) **客觀**：測驗的評分標準必須有明確的規定，測驗分數的高低，絕不因閱卷者的不同而有所影響。

(二) **正確**：無論對單一試題的記分，或是對全部分數的統計，應有正確一致的方法與步驟，務使錯誤減少到最低限度。

(三) **經濟**：記分及計算分數時，宜符合省時、省力、省錢的經濟原則，測驗後能在最短期間內求出測驗結果。因此，為求達到此一目的，一般測驗多採用分張答案紙的辦法。按題目代號選位作答，既可節省測驗卷保留重複使用，又可便於統計整理。

(四) **實用**：測驗的目的本在應用以輔助解決問題，因此對測驗分數的解釋與使用，必須顧到使用者條件。

四、測驗的主要分類、功用為何？（根據心理測驗的目的，試述心理測驗之種類及其作用。）

答：(一) **按測驗的功能分類**：

1. 人格測驗：測量人格特質而評定受測者個性在某些方面的個別差異者，稱為人格測驗。

2. 能力測驗：測量實際及潛在能力以鑑別個別差異的工具，稱之，故又可分為成就測驗與性向測驗。

(二) **按測驗實施對象人數分類**：

1. 個別測驗：一位主測者與一位受測者面對舉行者稱之。

2. 團體測驗：同一時間內由一位或數位施測者對多數人實施者稱之。

(三) **按測驗題目性質材料分類**：

1. 文字測驗：題卷用文字印製、說明及作答者，故也稱紙筆測驗。

2. 非文字測驗：題目為圖形、實物、工具、模型的辨認和操作者，無需使用文字作答，也稱作業測驗。

(四) **按測驗時間分類**：

1. 速度測驗：測量作答的快慢，有時間限制者。

2. 難度測驗：無時間限制，測量解答難題的最高程度者。

(五) 按用途分類：
1. 普通測驗：測量某種能力的程度。
2. 診斷測驗：發現某種能力上的優點和缺點以及困難原因所在，作為補救教學之依據。

五、智力之意義？

答：智力係為一抽象概念，迄今亦無公認的專門性定義，只從各個角度來說明它的涵義，通常採取幾種觀點：

(一) **智力是適應環境的能力**：此派學者從生物的立場，認為智力是個體適應新環境的能力（Adaptability）。適應能力的大小，就是有機體智力的表現。

(二) **智力是抽象的思考能力**：從智力本質的立場看，認為智力就是抽象的思考能力（the Capacity of abstract thinking），智力愈高的人，愈能運用抽象的思考能力來解決問題。

(三) **智力是學習的能力**：有些心理學者，從教育的立場，以為智力是學習的能力（Intelligence as scholastic aptitude）。智力高的人，能夠學習較難的教材，學習的進步較快，而成績也較佳。

(四) **智力是使用智力測驗測得的產物**：智力既然是靠一套智力測驗測量出來的，所以有些學者索性就把它界說為，「使用智力測驗測量出來的東西」。

(五) **智力是各種能力的總和**：名測驗學家魏斯勒（D. Wechsler）即將智力界說為：智力是團體有目的的活動、合理的思維，以及有效的適應其環境的綜合能力。

六、何謂心理年齡、智商、智商的應用有何限度？

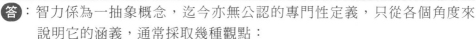

答：(一) **心齡**：所謂「心齡」（心理年齡），係指任何年齡的兒童，在智慧發展程度上與平均兒童相較之結果。例如任何一個年齡的兒童若有六歲的心齡，這就是表明他的智慧發展等於平均六歲兒童。由此可見心齡是表示智慧發展之程度。心齡係以分數為根據的。六歲兒童的平均分數就是等於六歲的心齡，七歲兒童的平均分數就是等於七歲的心齡，如此類推。

(二) **智商**：智商是智力商數的簡稱，它用來表示智力高下的一種數字，其求法是用實足年齡除心理年齡，通常計算小數，再乘以100化成整數，其公式如後：　$IQ = \dfrac{M.A.}{C.A.} \times 100$

再例如一個實足年齡為48個月的兒童，根據專人推測結果，其心理年齡為52個月。將這兩個數字代入以上公式，加以演算，即知其智慧商數等於108，也就是表示這個兒童較一般兒童要聰明些。

(三) **限制**：智慧商數的概念，只可用於兒童，成人和青年後期的青年便不適用了。「因為智慧的發展普通到15歲以後就停止，而實足年齡卻是繼續不斷增加的，若仍用實足年齡來除心理年齡，過了成熟年限以後，求出智商必定一年一年的降低，便失卻原來的意義了。」

七、試述「成就測驗」的意義、分類及功能。

答：(一) **意義**：用來鑑定個人在一般的，或是在某一特殊方面，經學習或訓練後實際能力的高低的測驗稱之為成就測驗。

(二) **種類**：成就測驗通常按其內容與性質，再分為一般成就測驗和特殊成就測驗兩類。

　1. **一般成就測驗**：它通常是包括某一層次的、多方面的、或是一般的知識與技能，其編製與使用目的在考查個人一般的教育成果。

　2. **特殊成就測驗**：或稱單科成就測驗，是專為考查某種科目或專門訓練後學習成效的工具。此類成就測驗應用甚廣，在發展的時間上也較上述一般測驗為早。

(三) **功能**：成就測驗在實用上的主要功能有三：

　1. 考查教學效果，診斷學習困難，供做分組數字及教育與職業輔導之依據。

　2. 考核教育計畫，作為改進教材教法的依據。

　3. 鑑別通才與專才，作為人才選拔與職能分類的依據。

八、試述性向測驗的種類？

：性向測驗依其功能與內容可分成以下三類：

(一) **普通性向測驗**：或謂普通能力測驗，即一般所說的智力測驗。此類測驗主要功能是藉以了解個人的一般能力。此類測驗所得的結果，就是一般所謂的IQ。

(二) **綜合性測驗**：它雖然也是測量個人潛在能力的一種測驗，但在理論上以智力多因論的理論為依據，該理論認為個人的潛在能力是多方的。

(三) **特殊性向測驗**：它是鑑別個人在某一方面是否具有特殊潛能的一種測驗。目前正在發展中的特殊性向測驗，有以下幾點：

　1. **機械性向測驗**：此一測驗並非測量個人實際的機械知識與技能，而主要是測量個人對空間關係的知覺能力與手眼調和的運動能力，從而推估個人的機械傾向。

　2. **文書性向測驗**：從事文書工作所需要的實際能力包括打字、速記、文件整理、保管、會計、聯絡以及工作計畫等。此一測驗雖然不是直接測量上述實際的知識技能，但所測量者仍與此等能力有密切關係的能力，例如，文字閱讀理解、數字校對、譯碼辨識、符號辨別以及簡單心算等。

　3. **藝術性向測驗**：是測量個人有無學習藝術的潛在才能及個人對藝術的欣賞能力等。

　4. **音樂性向測驗**：是測量個人是否有音樂才能的測驗。通常這類測驗內容著重個人對音之高、低、強弱、韻律、音色等記憶與辨別的能力。

九、試述性向測驗之意義、發展及分類。

：(一) **性向測驗是對特殊能力的測驗**：性向測驗中之性向，係指特殊能力而言。性向測驗之設計，用以測量個人的性向者，目的在發現個人的性向，並配合性向予以訓練或學習或選擇職業，以期將來可有較多與較大的成就。

(二) **性向測驗的發展**：在時間上而言，性向測驗是在智力測驗以後發展的。促使性向測驗發展的主要原因，是經濟的快速發展，社會

行業分工的日趨專精，處理各行業所需的知能亦有差異，因而個人無法學習的行業，而需選擇行業，更需選擇將來有較大成就的行業。因此個人就學或在擇業之前，需先對自己專門性的能力做一預估，而性向測驗就在此種需要的情況下獲得快速的發展。

(三)**性向測驗的分類**：大致而言，性向測驗可分為學業性向測驗與職業性向測驗兩類。

十、試述綜合性向測驗的意義。

答：綜合性向測驗，雖然也是測量個人潛在能力的一種測驗，但在理論上以智力多因論的理論為依據，該理論認為個人潛在能力是多面的。因此，綜合性向測驗事實上是包含著不同性質的幾個分測驗。測驗結果除總分外，另外數個分測驗的分數，分別表示個人在某方面的潛在能力。

此類測驗中，美國的區別性向測驗簡稱（DAT）甚為著名。該測驗業經宋亮東、徐正穩二氏修訂，並定名為中學綜合性向測驗。原測驗計包含八個分測驗。

(1)語文推理；(2)數字能力；(3)抽象推理；(4)空間關係；(5)機械推理；(6)文書速度與正確度；(7)語文拼字習慣；(8)語文造句習慣。

修訂後的中文本，將原測驗最後語文部分放棄，增加語文閱讀及字彙與科學性向兩個分測驗，故仍為八個分測驗。適用於國高中，可供學校內作為教育與職業輔導之用。

十一、試述「成就測驗」與「性向測驗」的區別。

答：(一) **功用的不同**：成就測驗是用來評量個人（或團體）經某種訓練後，在知識或技能方面達到的程度，在功用上是考查「到現在為止已有能力的高低」；性向測驗用來預測或估計如何接受訓練，可能在知識或技能方面達到的程度，在功用上是預測「將來可能有的能力的高低」。

(二) **題目選擇的不同**：成就測驗以課程的具體內容為範圍，實際能力為對象。多是測量有計畫或較確知的情境下的結果（如各種學科測驗）。性向測驗則是測量較少控制或不確知情境中學得的結果，或者說是個人生活中經驗累積的結果。

十二、試述智能不足的意義及其分類。

：(一) 所謂智能不足，是歸屬於精神缺陷（Mental defect）的一種。是指：「由於種種原因，使精神恆久性遲滯，致智能較低，而難以處理自身日常事務與適應社會生活」。

(二) **智能不足的分類：**

　1. **可教育的智能不足**：智商在70～50之間，對讀、寫、算等基本學科之學習稍感困難，但若給予適當補助教學，尚能學習。並且過正常人一般的生活。

　2. **可訓練的智能不足**：智商在50～25之間，學習能力有限，但在監督下可以學習簡單的生活習慣與技能。

　3. **養護性之智能不足**：智商在25以下。幾乎沒有學習能力，其一切衣食住行，終生皆需依賴他人之養護。

十三、試述智力與創造力的關係。

：創造力與智力有什麼關係，學者們多次研究，大致可歸納為五要點：

(一) 智力與創造力兩者均為個人的能力，兩者間具有正相關的關係。一般言之，智力高者有創造力較高的傾向，反之亦然。

(二) 如不經選擇，以多數兒童為研究對象，智力與創造力兩者間的相關性相當高。

(三) 如單獨選擇智力高的兒童為對象，然後測量其創造力並分析兩者之相關，或是先選定創造力高的兒童而後求其智力的相關，則兩者間的相關較低。

(四) 智力與創造力的評定，係根據性質不同的兩類測驗，因而所測到的可能是不同的能力。從學校中向來偏重知識的教學觀點而言，學業成績與智力間的相關較高，而與創造力的相關較低，是可以想像的。

(五) 智力的可變性較小，而且多係由個人的遺傳因素所決定。創造力的可變性較大，可經由教育方法培養之。這一點在教育上具有重要的意義。

十四、試述智力理論的內容及其要點。

答：智力究竟是一種單一的能力？還是數種能力所組成？心理學者看法不一，最重要的有二因說、多因說和群因說三種。

茲試分述於後：

(一)**二因說**：1904年斯皮爾曼（C. Spearman）提出這個理論。他以為人類的智力，包括兩種因素，一是普通因素（General factor），簡稱為G因素，一是特殊因素（Special factor），簡稱為S因素。G因素是每個心智活動所共有的，S因素則因心智活動不同而各異。G因素和S因素合併起來，就構成一個人心智活動的總體，決定一個人活動的特徵。

(二)**多因說**：桑代克以為一個人的智力，是由許多分子所組成。各智力測驗之間的相關，是由於各種智力活動之間有共同的分子。相同的因子多，則相關的程度高；相同的因子少，則相關的程度低。相同的因子並非如斯比曼所說的普通因素，而是各種特殊因子偶然的相同而已。各種能力相同因子之多寡，便決定各種測驗相關係數的高低。桑代克以其共同分子來說明智慧的組織，所以又有「原子論」之稱。

(三)**群因說**：此說介於二因說與多因說之間，為塞斯通所創。塞氏根據多年的測驗經驗，發現七項基本的心智能力，這七項基本因素是：(1)語文意義，(2)空間關係，(3)數字，(4)記憶，(5)字彙流暢，(6)知覺速率，(7)推理。塞氏把智慧活動分為七群，確定為七種基本智能，故曰群因說。

十五、試述戈爾福（J. P. Guilford）的「智能結構論」及其對智力理論的貢獻。

答：(一)**理論**：戈爾福氏採用心理學上的自變項、依變項與中間變項的觀點，對智力結構提出一個動態的看法。主張智力結構應包含思考之內容（自變項）、思考之運用（中間變項）、思考之產物（依變項）分述如下：

1. **思考之內容**：係指智力測驗內容可包括符號的、語意的、圖形的、行為的（社會能力方面）等四類題目。

2. **思考之運用**：係指各種測驗題目引起的思考方式，可分為認知的、記憶的、擴散思考的（創造）、聚斂思考的、評價的等五種思考方式。

3. **思考之產物**：係指運用各種思考方式，對各類題目思考後的產物。可為按單位計算的、分類處理的、彼此關聯的、系統組織的、應用預測的等五種結果。

因此，按此理論推理，人類智力共有120（＝4×5×6）個不同因素，即每一種內容都可能運用不同的思考方式而產生不同的結果。

(二)**貢獻**：以上所述之「智能結構論」對智力理論貢獻如下：

1. 對智力測驗賦予更多心理學的意義，提醒測驗編製者不但要考慮測驗題的性質，而且不可忽略各題目所引起的思考方式和結果。

2. 擴大傳統智力測驗的觀念，強調行為的社會能力及創造性的擴散思考包含於人類智力之範疇。

十六、如果使用智力測驗甄選下列五種人員：工程師、普通行政人員、臨時非技術小工、文書人員、技術性工人（每組約在一百人左右），將會獲得怎樣的結果？

答：智力測驗的指標是智商（IQ），在超過五百次的測驗後，將結果加以分析，智商（IQ）的分布會與常態分配很接近，各級的IQ水準代表著各種不同的能力，上述五種人員中，工程師及技術性工人需要較高的智力，而臨時非技術性小工則以較低的智力亦能勝任工作，至於普通行政人員及文書人員則智力適中。

由智力測驗可顯示出七種基本能力：語文理解、用字流暢、計數、空間、記憶、知覺、推理。當某幾個因素被控制時，就可從事該幾種因素的測驗，每一個人能力的輪廓就可由測驗中指示出來，將上列五種人員的測驗結果加以比較，會發現工程師和技術性工人的數理能力特強，普通行政人員和文書人員的語文能力較佳，臨時非技術小工則無明顯的差別，但必須注意這是一百人的資料統合分析的結果，並不表示每個人一定都是如此，且並不表示其他方面的能力不強，只是在這些方面特別突出而已。

小叮嚀

工程師、技術性工人從事設計、規劃、執行的工作，所以數理、空間的能力較強。普通行政人員、文書人員，處理的多是行政工作、公文往返，所以語文方面的能力較佳，臨時非技術性小工都是做一些平常的工作，各項能力就較為平均。

十七、試述團體智力測驗之優缺點。

答：團體智力測驗，乃專為適用於團體而編製之測驗，如第一次世界大戰期中，美國成千成萬的年輕人需要服役，需用快速的方法找出心理失常和適於軍事訓練的人，並需根據應徵者的能力，編入不同的部隊及技術訓練。一般團體智力測驗之優缺點如下：

優 可以對大多數人同時舉行測驗，並利用電腦計分，在時間、人力及經費下均較個別智力測驗為經濟。團體測驗因參加人數眾多，可獲得大量的測驗結果，故易於建立常模。

缺 主試者無法對每一應試者之行為作詳細的觀察與記錄。主試者與應試者間，無法建立起和諧關係，不易獲得應試者的合作。舉行此種測驗，對應試者的特殊行為反應，難以從測驗中去發現。

十八、資賦優異兒童的概念及其在教育上應採取的教育方式為何？

答：(一) **資賦優異兒童之定義**：資賦優異的界說頗不一致。有些學者認為資賦優異兒童是指在音樂、藝術、科學方面有特殊才能者；有的則指在各方面表現優於一般人之獨特能力或創造能力者；另有的學者認為普通智力測驗結果顯示特別優異者（一般係以智商130為基準點，也有以智商140為基準點者）；也有的強調須在普通能力和創造力兩方面顯示成績較一般人為高者。大體上說，在五十年前，一般相信資賦優異是遺傳的，因此只靠智力測驗分數便足以界定資賦優異。後來，由於受到研究創造力問題和貧乏環境兒童問題的影響，人們開始想到應將其他方面的因素也考慮在資賦優異的定義之中，強調資賦優異應是遺傳與環境二者交互作用而形成。

(二) **資優兒童之教育方式**：

1. **加速學習制**：智能優異兒童的教育方案之一是加速學習進度；加速由一個年級水準進入次一年級水準，而不省略某些部分必須學習的教材。此種方式便是加速學習制（Acceleration）。

2. **充實制**：學生留在一般正規的班級中，然後以各種方法來充實他們經驗和學習，此類方式稱為充實制（Enrichment）。充實制又有兩種方式，第一種為水平充實（Horizontal enrichment）；如果有些學生比同班其他學生較快較易完成作業，則設法給予他們更多的同等難度的作業。第二種方法是垂直充實（Vertical enrichment）；如果有些學生學習速度和作業的速度比同等難度的作業，在水平充實的方式下，因教師們所提供的仍是同樣難度的作業，兒童很容易因重複作業而喪失興趣，對於增加學生的實力和充實經驗內容並無幫助。

3. **特殊班制**：為了教學方便，我們也可甄選智能優異兒童在特殊班級中教學。這種班級通常由擅長特殊教育的教師來擔任教學；課程及教材教法均與一般班級所採用者不同。在實施時不妨只有少數幾科在特殊班級上課，其餘各科在一般班級與普通兒童上課，則可以避免被其齡同伴所孤立，以致妨礙其社會適應方面的發展。

十九、試述比西量表與魏氏兒童智力量表。

：（一）**比西量表**：比西量表（Binet-Simon）是1905年法國比奈（A.Binet）與其同事所編成的世界第一個智力測驗。該測驗是一種個別測驗，主要是用來測量兒童的普通能力。原量表僅有三十個題目，按照由易而難的次序排列，故以通過的題數多少來表示智力的高低。量表上所得分數，便可用「心理年齡」（mental age）來表示。例如，一個兒童的實際年齡雖僅九歲，如能通過十一歲兒童平均所能通過的題目，則其心理年齡便算是十一歲。

比西量表以美國斯丹福大學心理學家推孟（Terman）氏所主持修訂的「斯比量表」（Stanford-Binet Scale）最為著名。在1960年斯比量表的修訂後，便放棄以比率智商計算智商的方法，而改採「離差智商」的方式。此種離差智商係為一種平均數為100而標準為16的標準分數。不但可以看出該兒童是否聰明，而且可以看出他比多少人聰明。

國內學者曾四度修訂斯比量表，但一直沿用「比西量表」此名
稱。比西量表在國內的第四次修訂本，係在民國六十五年修訂完
成。其適用對象為三至十八歲。該量表建立有年齡常模，並可根
據兒童的C.A.和M.A.，在換算表上查出實得的離差智商。

(二)**魏氏兒童智力量表**：美國臨床心理學家魏克斯勒（D.Wechsler）
對「智力」所持觀念與比奈的見解不同。魏氏認為智力係由一群
不同的特殊能力所綜合而成，不是單一的普通能力。1949年魏氏
編製一種適用於兒童的個別智力測驗，分「語文量表」和「作業
量表」兩大部分，以測量一些特殊心智能力，是為「魏氏兒童智
力表」（Wechsler Intelligence Scale for children WISC）。該量
表曾在1974年再經修訂。在我國則由師範大學特殊教育中心（民
68）完成第一次修訂工作，目前已出至第四版（WISC-IV）。

二十、請簡述多元智能論。

答：Gardner提出了多元智能論，為教育各領域開啟了嶄新的研究觀點，其
指出每個人皆具有語言、邏輯、數學、空間、肢體、音樂、人際關係、
內省、自然觀察者等智能，但是由於每個人的發展層次不盡相同，所以
也就有了優劣愚笨之分；其對教育的啟示在於應塑造適合學生多元智力
發展的終身學習情境，教師應因材施教與有教無類的教育信念，採用適
性教學與多元評量，以瞭解學生真實能力與促進學生全人發展。

二一、何謂能力指標？而教師如何在教學上應用能力指標？

答：(一) **分段能力指標之相關意涵**：
　　1. 分段能力指標是根據九年一貫課程所強調的十大基本能力，而於
　　　　七大學習領域中個別定出的學生能力評鑑標準。
　　2. 其係立基於「能力本位」的教育理念，其中及目的在於培養學生
　　　　適應生活的基本能力。

(二)**對學校教師根據分段能力指標從事課程設計、教學評量與實施評量等工作的具體建議：**

1. 教師應積極參與在職進修，以瞭解分段能力指標意涵與強化本身之專業學養，而具備將課程、教學及評量結為一體的專業能力，進而使學生得到完整的學習。
2. 教師應時時檢視分段能力指標的實用性、開啟理論與實務的對話窗口，並且兼用量化與質性的描述，以構建整全之教育面貌。
3. 教師應實施多元評量，以瞭解學生的真實能力。
4. 教師宜建構自己的教學檔案，並做好課程與教學評鑑，且落實後設評鑑，以提供分段能力指標之改進依據。

二二、性向測驗與人格測驗最主要差別為何？在公務員考試中，為甄選出優秀人格特質的人員，你是否贊成加考紙筆式人格測驗？請提出你贊成或反對的理由。

答：在公務員考試中，應加考紙筆式人格測驗，以作為提升公務人員之策略，茲依題意說明如下：

(一)**性向測驗與人格測驗之差別：**

1. **性向測驗：**
   (1)性向測驗係指用來測量個體潛在能力的測驗，或者預測個體接受學習或訓練後的成就或表現的測驗。
   (2)性向測驗因施測目的之不同，大致可以分三大類：普通性向測驗、多元性向或多因素性向測驗、特殊性向測驗。
   (3)性向測驗是一種認知測驗，測量學習的潛在能力，亦即未來發展的可能性，包含普通性向和特殊性向，其測驗內容不是學校平常教過的內容，而多屬於非正式的學習或生活經驗。
2. **人格測驗：**
   (1)人格測驗主要測量人類日常所說的個性，如內外向、情緒穩定度、親和力、自主性、成就取向等。

(2)每一個人格測驗因為依據理論、實證基礎不同，測驗方式、內容與結果解釋不同。

(3)較常見的人格測驗型式包括自陳量表、投射式人格測驗等。

(二)在公務員考試中，應加考紙筆式人格測驗之理由：

1. 可以選擇有才也有德的公務員。　2.可以提升整體公務員的素質。

3. 可以選擇具有高情緒智商的公務員。

(三)實施人格測驗的注意事項：

1. 實施人格測驗為一種專業，需以受過相關訓練之專業人員進行施測。

2. 施測者需了解人格測驗的性質與功能，以選擇適當的測驗。

3. 人格測驗的使用必須要有明確的目的，且根據測驗的目的來給予不同的測驗。

4. 人格測驗結果要讓受試者了解，並保密之。

5. 人格測驗的解釋應參照其他資料說明，且僅供參考，並非最後的決定。

二三、試述美國嘉納德（Howard Gardner）提出多元智力（multiple intelligences）之內涵，並說明其在學校教育的啟示。

答：Gardner所提出的多元智力在實際教學上的應用已有一段時間，試依題意說明如下：

(一)Gardner 的多元智力之意涵：

1. Gardner認為傳統的智力測驗所界定的智力，只是窄化到適於課本知識的學習能力。Gardner對於智力的定義為：實際生活解決問題的能力、發現問題的能力，且問題具有文化特定的價值意義。

2. 人類的心理能力中至少包括語文智慧、數理智慧、空間智慧、音樂智慧、肢體體能智慧、人際社交智慧、內省智慧、自然觀察智慧等八項，近年來更有存在智慧受到重視：

(1)語文智力：運用口語和文字的能力。

(2)邏輯數學智力：運用數字和推理的能力。

(3)空間智力：以三度空間思考，準確的感覺視覺空間，表現內在空間世界的能力。

(4)肢體動感智力：運用肢體表達想法和感覺，生產或改造事物的能力。

(5)內省智力：正確自我覺察的能力。

(6)音樂節奏智力：覺察、辨別、改變和表達音樂的能力。

(7)人際智力：覺察並區別他人情緒意向的能力。

(8)自然觀察者智力：對各種型態的辨識。

(二)多元智力對學校教育之啟示：

1. 對學校教育當局、學校行政人員而言，可以作為制定政策，規劃環境，診斷教學評鑑的參考架構。

2. 以學生需求為依歸，做好課程規劃的工作，同時建立完整的學習引導機制，使學生能利用其先備知識來吸收新知識。

3. 在教學過程中，宜提出系統性問題，以進行慎思性對話，並重視實際性的運用，讓學生能將教室中的學習，應用到一般的生活情境中。

4. 可營造良好的班級氣氛，以提高學生學習動機，並提供充裕的學習機會，讓學生能實際參與學習活動。

5. 教師應對學生懷抱適當的教學期望，以增進教學成效，並實施多元化評量，以測出學生真正的學習成果。

6. 強化合作性學習，增進學生智性上、情意面和社會面上的發展，同時教師們應組成多元智慧團隊，發展個人之專長。

二四、何謂Gardner的多元智力理論（Theory of Multiple Intelligences）？請以傳統節慶（如過年）為例，發展一個向外國朋友介紹此節慶的方案，其中應用了Gardner所提到的多元智力。

答：Gardner的多元智力理論（Theory of Multiple Intelligences）已是心理學最重要的智力理論之一，按照題目說明如下：

(一)Gardner多元智力理論的相關概念：

1. Gardner認為傳統的智力測驗所界定的智力，只是窄化到適於課本知識的學習能力。Gardner對於智力的定義為：實際生活解決問題的能力、發現問題的能力，且問題具有文化特定的價值意義。

2. 人類的心理能力中至少包括語文智慧、數理智慧、空間智慧、音樂智慧、肢體體能智慧、人際社交智慧、內省智慧、自然觀察智慧等八項，近年來更有存在智慧受到重視：

(1)語文智力：運用口語和文字的能力。

(2)邏輯數學智力：運用數字和推理的能力。

(3)空間智力：以三度空間思考，準確的感覺視覺空間，表現內在空間世界的能力。

(4)肢體動感智力：運用肢體表達想法和感覺，生產或改造事物的能力。

(5)內省智力：正確自我覺察的能力。

(6)音樂節奏智力：覺察、辨別、改變和表達音樂的能力。

(7)人際智力：覺察並區別他人情緒意向的能力。

(8)自然觀察者智力：對各種型態的辨識。

(二) 以傳統節慶（如過年）為例，發展一個向外國朋友介紹此節慶的方案，其中應用了Gardner所提到的多元智力如下：

1. 語文智力：中英雙向翻譯的傳統節慶方案。

2. 音樂節奏智力：透過年節音樂表達過年的愉悅感受。

3. 人際智力：覺察並區別外國朋友的情緒意向的能力。

4. 肢體動感智力：運用舞龍舞獅，表達傳統年味。

第15章 人格與人格測驗

依出題頻率分：A頻率高
B頻率中 C頻率低　頻出度 **B**

命題焦點

1. 人格及人格的形成：(1)界定。(2)人格的形成。
2. 人格理論：精神分析論與人本論：(1)精神分析論：佛洛依德、榮格、阿德勒。(2)人本論：馬斯洛、羅吉斯。
3. 人格理論：特質論與學習論：(1)特質論：奧爾波特、卡泰爾。(2)學習論：斯肯納、班都拉。
4. 人格測驗：(1)主要性質及功用。(2)自陳量表。(3)投射技術：羅夏克墨漬測驗、主題統覺測驗。

⬇ 精華摘要

一、 所謂「人格」，乃是指個人在對人、對己、對事物、乃至對整個環境適應時，所顯示的獨特個性；此獨特個性任由個人在其遺傳、環境、成熟、學習等因素交互作用下，表現於身心多方面的特徵所促成，而該等特徵又具有相當的完整性與持久性。

二、與人格有關之名詞

(一) **體型與生理特徵**：個人的體型與生理特徵是構成個人人格的一部分。例如身材的高矮、容貌等，不但影響別人對自己的反應或評價，同時也是構成自我概念或自我意識的主要因素。

(二) **氣質**：係指個人在環境中，適應時所表現的情緒性或社會性的行為，多半是與人交往時在行為上表露出來。

(三) **能力**：理論上講，能力不但是構成個人人格的特質之一，而且是一個最重要最明顯的一個特質。能力包括性向與成就。

(四) **動機**：動機是促動行為及引導行為朝某方向進行的內在力量，在環境適應中，個人間顯示出極大的個別差異。如學生的成就動機，有的力爭上游，有的不求上進。

(五) **興趣**：係指個人對事物的愛好與珍視。例如有的人愛好集郵。一個人的價值觀與他的動機和興趣有關。凡是個人對之有動機、有興趣的事物，個人也就視之為有價值。

三、 在心理學理論上，有分析論、行為論、人本論三大主流。在人格理論上也以此三大理論為基礎，分別稱為心理分析論、學習論以及自我論，加上早先發展之特質論。在人格理論中，過去的半世紀期間，受心理分析論的影響最大。最近十幾年來，自我論興起，頗有取而代之的趨勢。

四、人格類型與人格特質

(一) **薛爾頓將人體型分為**

1. **內胚型**：人格特質為好逸惡勞、行動隨便、反應遲緩、喜交際、寬於待人、遇事從容不迫，好美食而消化功能良好。

2. **中胚型**：人格特質為體力強健、精力充沛、大膽而坦率、好權力、勇於冒險、衝動好鬥。

3. **外胚型**：人格特質為思想週密、個性內向、行動謹慎、情緒緊張、反應靈敏、常憂慮、患得患失、喜獨居、不善交際，但處事熱心負責。

(二) **榮格（Jung）之分類**

1. **內向型**：內向型的一般都好靜，喜單獨工作，易感羞怯，選擇工作多偏於對事物而不願意管人，長於寫作但拙於言詞，不喜歡參加社會活動。

2. **外向型**：喜好社交活動，喜歡管人，能伸縮變通、順應環境，少憂慮，易與人接近。

五、人格特質論者對人格之解釋

(一) **基本假設**

1. 人格是由個人的某些特質所組成，而個人的行為又為此等特質所左右。
2. 個人的人格特質，在時間和空間上，具有持久性和統整性。
3. 對於個人人格特質的認識與瞭解，可以用來預測一個人未來的行為動向。

(二) **奧爾堡（G. W. Allport）**：奧氏將人格分為三類：

1. **主要特質**：為個人在大部分情況下的行為特徵。

2. **中央特質**：雖沒有主要特質那麼廣泛，但是仍能代表個人行為的重要特徵。

3. **次要特質**：只在某些場合出現。

奧氏又將人格分為：

1. **個人特質**：為個人所持有。

2. **共同特質**：在一般常人中都可發現。

(三) **卡泰爾（R.B.Cattell）**

1. **表面特質**：一個人大部分的外表行為。

2. **潛源特質**：一個人內蘊的行為，是構成人格的基本特質。

(四) **艾森克（H.J.Eyseneck）**

1. 穩定內向型　　　　　　　　2. 穩定外向型

3. 不穩定內向型　　　　　　　4. 不穩定外向型

六、心理分析論

(一) **人格結構**

1. **本我**：與生俱來的一種人格原始基礎，自我與超我皆由本我分化出來。它是一種本能性的衝動，受「趨樂原則」支配，避免痛苦獲得快樂。

2. **自我**：為應付現實世界，而由本我發展出來，主要是調節自己的行為以適應環境，從環境中獲得滿足。自我受「現實原則」支配，其功能為：

   (1) 獲得營養及維護個體的生存。

   (2) 調節本我的原始需要，以符合現實環境的條件。

   (3) 抑制不能為超我所接受的衝動。

   (4) 調節並解決本我與超我之間的衝突。

3. **超我**：人格結構最高層，即是良心、良知，是個人在環境中學到的辨別是非、價值、道德規範等。其功能：

   (1) 管制本我的衝動，特別是不為社會所讚許的性衝動、攻擊性衝動以及破壞性衝動等。

   (2) 誘導自我走向合於社會標準及道德規範的目標，力求達成十全十美的個人。

(二) **人格發展**：Freud強調嬰兒與兒童期的生活經驗，是構成人格的主要因素。
　1. **口腔期**：初生到一週歲，其快感來自吃、喝及吸吮。若口腔得不到滿足，會產生滯留現象。
　2. **肛門期**：一歲到三歲，其快感來自肛門部分的活動或刺激，若太嚴苛訓練，會導致冷酷、吝嗇的「肛門性格」。
　3. **性器期**：三歲到六歲兒童玩弄自己性器而獲得快感，開始模仿父母的性別行為，也在此時期產生性別認同。
　4. **潛伏期**：人格超我部分開始發展，對父母的性衝動，轉化為對環境其他事物發生興趣。
　5. **兩性期**：開始異性關係的建立，追求一種穩定而長期性的男女兩性關係。
　佛氏的人格發展理論，被批評為 忽略社會文化因素 發展只談到青年期。其弟子艾瑞克遜（Erikson）將佛氏思想發揚光大，並在人格發展方面彌補了佛氏的缺點，艾氏將人格發展分為八個階段：

時期	危機或衝突	理想的發展境界
出生至兩歲	對人信賴←→不信賴人	對人信賴
二至三歲	活潑自信←→羞愧懷疑	自制與自信
三至六歲	自動自發←→退縮內疚	進取又獨立
六歲至青春期	勤奮努力←→自貶自卑	積極有成就
青年期	自我統整←→角色錯亂	人格統整、生活定向
成年期	友愛親密←→孤獨疏遠	成功的感情生活、良好的人際關係

時期	危機或衝突	理想的發展境界
中年期	精力充沛◀──▶頹廢遲滯	事業有成、家庭美滿
老年期	完美無憾◀──▶悲觀絕望	老有所終、安享天年

七、學習論（亦稱社會學習論）

(一) **操作制約學習**：其人格之形成視為習慣形成，聯結論者運用增強（正負兩種）、次增強、消弱、自發性恢復、類化、辨別，而「塑造」一種人格。

(二) **模仿與認同**：班杜拉（Bandura）認為人格的發展，是經過觀察、直接學習的結果。模仿有兩個成分，一為觀察，一為仿效；而認同是進一步或深一層的模仿，是學習內化的歷程。個人對一個楷模的行為，經模仿而內化認同之後，學得的行為即為人格的一部分。

八、自我論：美國心理學家羅傑士（Rogers）與馬斯洛（Maslow），因不滿於佛洛依德（Freud）的本能衝動觀與學習論者外在情境控制的機械論，便於自我論中特別強調「人」本身與其主觀經驗的重要性。廣義言之，自我論又被稱為「人本論」。羅傑士（Rogers）的自我論中有兩個主要觀念：一為「自我觀念」，一為「自我實現」。

(一) **自我觀念**：簡要地歸納為以下四點：

1. 個人對自己的了解和看法，稱為「自我觀念」，其中主要包括「我是個什麼樣的人」與「我能做什麼」；擴大來看，包括個人的知覺、意見、態度、價值觀等，合而構成具有獨特個性的「我」。

2. 自我觀念是主觀的，個人對自己的看法，未必與自己所具備的客觀條件相符合。有的人客觀能力頗高而且頗有成就，但可能在他自己看來，卻是一個失敗者。

3. 個人時時以自我觀念為依據，評量自己處事待人的經驗。

4. 自我觀念可隨個人經驗的增多而改變，而且由自我觀念，可發展成高層的「社會我」與「理想我」。

(二)**自我實現**：簡要歸納為以下三點：

1. 人類具有一種「自我導向的潛力」，個人不但賴此潛力以維持生存，而且以之促動生長，以充分「實現」個人遺傳限度內的一切可能。

2. 順乎個人的自我導向，個人自己能做適當的「自由選擇」。

3. 人類除生而具有的自我現實的動機外，另外尚有兩種學得性的動機：一為「別人關注的需求」，一為「自我關注的需求」。

九、人格測驗：其基本構想與能力測驗相似，企圖把人在行為上表現的特徵，給予量化的評定，而後與其他人比較，以觀其個別差異情形。人格測驗大抵可分為自陳量表、投射測驗、情境測驗、自我觀念四種。

十、自陳量表：是呈現一系列問題，每一問題陳述一個行為特徵，而由受試者按自己情形作答。例如：

> (一)你通常都會說夢話嗎？　是□　否□　不一定□
> (二)你喜歡獨自看電影嗎？　是□　否□　不一定□

此種方式，如明尼蘇達多相人格測驗（MMPI）；另外有一種「強迫式選擇」方式的自陳量表，如艾德華個人興趣量表（EPPS）。將兩題項並列，由受試者選擇其一，由此得知受試者之人格。如：

> （　）A.我喜歡上館子吃飯。
> （　）B.我喜歡上網球場打網球。

優點	1.實施簡單。 2.記分方便，而廣為使用。	缺點	1.編製時缺乏客觀效標，效度不容易建立。 2.測驗內容屬於情緒、動機、態度方面，個人對此類問題常會隨時改變。 3.受試者容易造假。

十一、投射測驗：心理分析論者認為，潛意識無法由意識（如自陳量表）來作答，因此主張用一種曖昧不明的情境為刺激，作為引導，使個人情境中不自知地把內在一切投射出來。投射測驗即依此原理編製。最著名的有：

(一)**羅夏克墨漬測驗**

1. **創始者**：瑞士精神醫學家羅夏克。

2. **材料**：十張內容不同的墨漬圖片（五張黑色，五張加上彩色）。

3. **使用方法**：羅氏墨漬測驗的十張圖片，編有一定的順序，使用時每次出示一張，同時向受測者發問：「你看這可能是什麼？」或：「你看到的是什麼？」或「這使你想到什麼？」並允許受測者轉動圖片從不同的角度去看。

4. **結果評分標準**：

(1) 區位：觀察受測者對圖形是整體反應，還是僅向其中某特殊部位反應。

(2) 定素：分析受測者的反應，是由墨漬的形狀，還是由圖形的顏色所決定。

(3) 內容：查看受測者把墨漬看成什麼，是動物、是人形、還是人（或物）的一部分。

(4) 從眾：比較受測者與一般人的反應，分析其相同與相異之處。

(二) **主題統覺測驗（TAT）**

1. **創始者**：美國心理學家莫瑞（Murray）一九三八年於哈佛大學所創。

2. **材料**：測驗共包括三十張內容頗為曖昧的圖片，另加一張空白，共三十一張。圖內為人物及情境。

3. **使用方法**：對每一受測者，只能從三十一張圖片中選取二十張圖片（包括一張空白的在內）使用。進行時每次給予受測者一張圖片，要他以他所看到的內容為主題，憑個人的想像，編造一個故事。故事的內容不加限制。

4. **結果評分**：受測者在編造故事時，常是不自覺地把自己隱藏在內心的衝突和慾望等，穿插在故事的情節中，借故事中人物的行為宣洩出來；主試者如能對受測者寫的故事善加分析，即可了解個人心理的需求。

(三) **投射測驗的優缺點**

優點	(1)在不限制受測者的情境下，任其自由反應，從而推估其整個人格的傾向。 (2)因為測驗本身不顯示任何目的，受測者不致於有意防範，而作虛假的反應。
缺點	(1)評分缺乏客觀的標準。 (2)測驗結果不易解釋。 (3)效度不易建立。 (4)測驗外形雖看來簡單，但原理頗為複雜深奧，非經專門訓練，不易使用。

十二、自我觀念測驗

(一)**形容詞檢選法**：主測者可先印妥一份形容詞表，均為描敘人格特質的形容詞，如聰明的、友善的、野心的、羞怯的、緊張的等等，均屬平常用來描述人格的形容詞。受測者將其中所有足以描述自己性格者圈選出來，最後由主測者分析測驗結果，以判別受測者個人對自己的評價。

(二)**Q排組法**：Q排組法是鑑別人格特質個別內差異的一種工具。斯蒂芬遜首創，把很多張描述人格詞句的卡片，要求受測者按卡片上詞句所描述的人格特質與自己個性相對照，然後把卡片按等級分為九組，為一至九個等級。如個人認為卡片所描述者與自己個性不適合時，即將之歸類為第一組；如認為所描述者甚為適合自己個性時，即將之歸類為第九組；如認為所描述者似是而非，或個人間或有之時，即憑個人主觀判斷，將之歸入居中的各組。卡片上的語句形式如：對事物有廣泛的興趣、動不動容易發脾氣等。分析受測者將卡片分類歸於各組後的卡片內容性質，即可大概了解他的個性趨向。

十三、除了自陳量表、投射測驗、情境測驗及自我觀念測驗，心理學者還提出兩種測量方法：評定量表法及社會測量法。

十四、評定量表法：由其他人就某一項人格特質，按照預定的等級予以評定。在學校裡導師對學生的操行成績評為甲、乙、丙、丁各等級的辦法，事實上就是人格評定法的運用。評定法通常根據一預定的標準，負責評定者按其個人對受評定者的印象，在量表上評定其等級。

十五、社會測量法（社交測量法）：社交測量法的實施非常簡單，並無固定的題目，只是設置一種情境，讓團體中各份子按自己的願望選擇（或拒絕）自己的工作（或遊戲）夥伴，然後分析彼此間吸引與排拒的關係，並可由一個社交關係圖，將此種關係表示出來。

十六、A、B、C、D型人格

(一)**A型人格**：人通常具有下列的行為特質：常對時間感到壓迫感，好像總有做不完的事情；保持強烈的成就動機，要求高標準，具野心及遠大的目標，對工作相當投入，除工作外鮮少有其它的興趣；好勝且喜歡競

爭，即使是在團隊的工作上，也會有意無意的想顯現出自己獨特的貢獻，對競爭者更是懷有敵意與戒心，因此常無法信任且放心的將事情交由他人處理。

(二) B型人格：另一類人的生活方式較為輕鬆，做事步調較緩慢，比較有耐性且不易動怒，不喜歡競爭，即使在競爭的環境下，也不要求一定要勝利。

(三) C型人格：指較退縮、害怕競爭、逆來順受，生悶氣的性格。有人認為具此性格者較易罹癌，在此僅備一說。

(四) D型人格：有此性格者有顯著負面情緒，但不善於表達。有人認為具此性格者易得心臟病，在此備說提供參考。

↘ 解釋名詞

反社會人格疾患（antisocial personality disorder）

反社會人格疾患係屬人格疾患的一種（B型），其在行為表現上，會呈現違反社會道德規範之傾向，且不會對自己反社會行為產生愧疚，反社會人格疾患通常會表現出極端自我中心、冷漠、無羞恥心等。

小 叮 嚀

關於人格疾患，可參考第十三章。

↘ 嚴選題庫

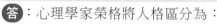
一、瑞士心理學家榮格（Jung）將人格區分為二類，試述之。

答：心理學家榮格將人格區分為：

(一) **外向型**：此型者以環境作為行為的出發點，凡事只求適應環境。在行為上表現：樂與別人工作，有問題即徵求別人意見，交友容易，不得罪人，喜歡談話並談及自己認為榮耀之事，無憂愁，不怕羞，信任別人，做事不成即灰心，不拘小節，對服飾亦不講究。

（二）**內向型**：屬於此型者，以自我作為行為的出發點，凡事均求盡其在我。在行為上表現：喜單獨工作，遇困難問題自謀解決，見生人即侷促不安且易傷人感情，不喜談論自己，多憂慮、怕羞、懷疑他人，不易灰心，謹慎小心，且甚注意服飾。

二、心理分析論所提出的人格結構為何？

答：此一理論的創始者為奧國維也納醫生佛洛依德（Freud），他認為人格係由本我、自我與超我三部分所構成。

（一）**本我**：本我即原始之我，包括許多本能性的慾望和衝動，受唯樂原則的支配，其行為動機純在追求生物性需要的滿足與避免痛苦。在性質上說，它是潛意識的，個人並不自知。初生嬰兒之人格只含本我部分。

（二）**自我**：本我的階段過後，稍長即分化出自我。自我是有意識的，藉知覺與外在現實世界接觸而瞭解種種關係，受現實原則的支配。在自我支配下，個體不僅能覺知需要，且能瞭解所處環境對自己的限制，更能調整自己的行為以適應環境，由環境中獲得需要的滿足。

（三）**超我**：超我為人格結構中之最高層。在兒童時期，受父母的教誨，有意無意之間獲得了許多道德標準，嚴格地限制自己行為，使各個人有自我的理想和良心。何者當為，何者不當為，都有一定的準則。所謂辨善惡明是非，須做有價值與符合道德規範的行為，倘行為活動與道德自律的標準不符，即會受到良心的懲罰而產生罪惡感。本我、自我、超我三者可視為一體三面，本我為生物性的，自我是心理性的，超我為社會性的，三者調和發展始能構成正常而健全的人格。

三、心理分析學派的人格發展理論。

答：按佛洛伊德的理論，人格的發展必須經過以下五個時期：

（一）**口腔期（Oral stage）**：初生到週歲的一段時間，嬰兒的活動大部分以口腔一帶為主；嬰兒由口腔獲得他基本需要的滿足。

(二)**肛門期（Anal stage）**：由於排洩糞便，解除內急壓力所得到的快感經驗，因而對肛門的活動產生滿足。

(三)**性器期（Phallic stage）**：約在三至六歲的一段時間，兒童自己的性器官變為獲取快感的中心。此一時期的兒童在行為有了性別之分，並且對自己的性器官發生興趣。此時在行為上最顯著的現象，是一方面開始模擬父母中之同性別者，另一方面以父母中之異性為「性愛」的對象。換言之，男童在行為上雖模倣父親，但卻以母親為愛戀的對象。這種現象，佛洛依德稱之為「戀母情結」（Oedipus complex）。女性兒童在行為上模倣母親，但卻以父親為愛戀的對象。此稱為「戀父情結」（Electra complex）。以上兩種情形又可統稱之謂「戀親情結」（仍為Oedipus complex）。

(四)**潛伏期（Latency Period）**：兒童到六歲以後，其興趣不再限於自己的身體，轉而注意自己周圍環境中的事物，並企圖操弄環境中的事物。兒童在這個時期，一方面由於生活範圍擴大，另方面由於進學校吸收了有系統的知識，因而使他們人格中超我部分獲得迅速發展。

(五)**兩性期（Genital Stage）**：到了十二、三歲以後，性器官成熟，由兒童期進入了青春期以後，性的需求對象為異性，因而對異性發生興趣，喜歡參加兩性組成的活動，而且在心理上逐漸發展，而有了與性別關聯的職業計劃、婚姻理想。至此，性心理的發展即告成熟。

四、試述社會學習論的道德觀念。

答：社會學習論導源於學習理論中的聯結論，在這方面最著名的心理學家班都拉（Bandura），他解釋道德行為是個人在生活的社會中受環境因素的影響，經由學習的歷程而建立的。其三個基本概念：

(一)**抗拒誘惑（Resistance to temptation）**：是道德社會學習論的基本概念。個體為了生存，彼此間便有衝突與競爭，生物界的弱肉強食現象，就是明顯的事實。如果人類只保持生物性求生的本能的層次，自然沒有什麼道德可言。問題在於，人有社會、有組織、有規範、有紀律，因此在人的社會中要求生存，就必須學習

到兩種並存的求生方式：一是學到如何滿足自己的需求，一是學到如何不違犯社會的限制。抗拒誘惑就是第二種方式。所謂「抗拒誘惑」，是指在具有誘惑力的情境之下，個人能夠依據社會規範的禁忌，對自己的慾望、衝動等行為傾向，有所抑制，使自己在行動上不致做出違犯社會規範的行為。能做到這地步，就是道德，如「臨財毋苟得，臨難毋苟免」。

(二) **賞罰控制（reinforcement）**：社會學習論者解釋道德行為如何建立時，主要採用了聯結論中古典制約與工具制約兩種學習原理，而特別強調工具制約學習中的增強作用。產生增強作用者為增強刺激（或增強物），增強刺激有正負之分，正者產生獎賞的作用，負者產生懲罰的效果。從獎賞的觀點看，道德行為只是合於預期標準的行為。個體某種自發性行為之後，因其合於預期的社會規範或行為標準，結果得到獎賞，此種行為因而獲得強化，自然獲得保留，以後同樣的情境重現時，個體也將出現同樣的行為。社會上對拾金不昧者給予名譽的表揚和物質的獎勵，就是這個道理。

(三) **楷模學習（Modeling）**：心理學家們觀察發現，除了直接受到賞罰的人之外，單憑看到別人因行為表現而受到獎賞或懲罰時，也同樣學習到自行加強（如果是合於道德的）或抑制（如果是違反道德的）自己的行為。在社會上老早就採用這種觀念來教育大眾。例如，社會上經常表揚善行的所謂「好人好事」，其目的無非是引起大家見賢思齊的心理，向那些「好人」的楷模行為去學習。

五、何謂人格？請說明主題統覺測驗（TAT）的原理及測量性格時機。

答：(一) **人格之定義**

1. 人格乃是指個人在對整個生活世界所顯示的獨特個性，此獨特個性乃是受到個人的遺傳、環境、成熟等因素交互影響所形成。

2. 若依照薛爾頓的分類，人格特質如下：

   (1)內胚型：人格特質為好逸惡勞、反應遲緩等。

   (2)中胚型：人格特質為體力強健、精力充沛等。

   (3)外胚型：人格特質為個性內向、行動謹慎等。

(二)主題統覺測驗的原理及測量性格時機

1. **原理**：主題統覺測驗為性格測驗中的投射測驗的一種，其共有20張畫，有人物和情節的圖片，測驗時要求受測者按圖片編故事。

2. **測量性格時機**：提供受試者一種曖昧的問題情境，使受測者在最少限制的環境下，真實表達自己的人格特質。

六、試以文化方面的觀點，說明影響人格發展的因素。

答：文化包括的範圍很大，人們的整個生活無法與文化脫離關係，文化對於人格具有深切的影響。茲將比較重要的文化所產生的影響扼要敘述如下：

(一) **概念**：概念源於知覺，通常用一個字或名稱作為代表，實則為某一物體或事件共同內在的過程。不同文化的人，因接觸事物不同，遂有不同性質的概念。

(二) **信仰**：文化相近的人差不多具有相同的信仰。宗教與神話，儀式與典禮，文藝與繪畫，均可視為信念的表徵，對於人類行為都有顯著的影響。

(三) **價值觀念**：價值為社會中多數人們共同追尋目標的範疇，價值觀念因年齡、階級、地區而有不同。例如唱歌在Navavo社會中認為是神聖的，而在工商業社會，被視為一種藝術或視同一種賺錢的商品，其價值觀念並不一致。

(四) **習俗**：習俗為流行於某一社團中的行為模式，文化不同的社會，其習俗也不相同，如我國大部分地區用筷子取食，某些地區用手進食，而歐美則用刀叉進食，這都是習俗不同所致。

(五) **規範**：規範為社會中比較重要的規定行為法則，與道德倫理有關，其因具有強制的社會價值，絕對不得違反，否則必予嚴重的懲罰。在某種意義上說，規範可視同法律的補充，或作為制訂法律的基礎。習慣雖屬個人的活動，然居住同一社會的人通常有其一致性。

七、說明影響人格發展的因素：遺傳與生理。

答：(一) **遺傳因素**：許多研究顯示，兄弟姊妹間智力的相同不如雙生子高，而異卵雙生子間之相同又不如同卵雙生子高，這種事實足以表明遺傳對於人可能產生的影響。

　　(二) **生理因素**：關於生理方面對人格的影響，比較重要者計有：

　　　1. **身體的或解剖的特質**：如身高、體型、骨骼、儀表、膚髮等均與人格有關。

　　　2. **內分泌腺素**：內分泌腺素的功能對人格有顯著的影響。例如甲狀腺分泌不足，身體的發展將停止，痴呆症便是這一現象的一種，患者大腦皮質不發達，行動遲緩，缺乏情感，狀如白痴。

　　　3. **生物化學的變化**：舉凡血糖的成分、酸鹼的平衡度、血漿中所含澱粉的成分、膽素脂，對於行為均有關係。

八、試簡述常用之人格衡鑑方法。

答：人格衡鑑的方法甚多，就其中最常用者有自陳量表、投射測驗、情境測驗及自我觀念測驗等大類，茲分別略述於下：

　　(一) **自陳量表**：自陳量表法的特徵是，衡鑑者要求受測者自行報告其內在傾向、感覺、態度以及意見等，然後根據所得之內省資料以推斷受測者的人格結構。

　　(二) **投射測驗法**：此法中所採用的人格測驗，皆屬依據投射作用的原理設計而成，故名。每一投射測驗皆係由若干曖昧不明的刺激所組成，此等刺激因意義含混，故被測者可以任加解釋，使他自己的動機、態度、感情及性格等內在特徵，得以在不知不覺中投射而出，然後研究者將其反應加以系統性的分類、計分及量化，即可據以推知其人之人格特性。

　　(三) **情境測驗法**：此法的重要是，先由人格衡鑑者設計好一種與某一日常生活片斷相類似的特殊情境，然後將被測者置於此一類似真實情境的實驗情境之中，以觀察其行為，然後根據觀察所得，以預測該個體在類似的真實生活情境中，所可能表現的反應與成就。

(四) **自我觀念測驗**：在人格理論中，自我論強調「自我觀念」與「自我實現」兩個基本觀念，而前者又為後者的基礎，故而自我觀念實則為自我論的中心。因此，自我觀念的研究與測量，自然受到重視。測量自我觀念時，主要著重在了解個人對他自己的看法，如形容詞檢選表、Q排組法。

九、試說明「投射測驗」之意義及其優缺點。

答：投射測驗是以佛洛依德心理分析的人格理論為依據，強調人格結構大部分為潛意識，個人無法憑其意識說明自己（如自陳式），因而必須藉助一些未經組織、無確定意義的刺激情境為引導，使個人隱藏在潛意識中的慾望需求「洩露」出來，或者說，使個人無限制而自由把內在的一切投射出來。其優點為容易推估整個人格的傾向，而且測驗本身不顯示任何目的，受測者不致於有意防範，而作虛假的反應。其缺點為：

(一) 評分缺乏客觀的標準。　　(二) 測驗結果不易解釋。

(三) 效度不易建立。

(四) 測驗外形簡單，原理卻頗為複雜深奧，非經專門訓練，不易使用。

十、何謂投射測驗及羅氏墨漬測驗。

答：(一) **投射測驗**：人格量表由於彼此分離，所測到的人格特質也難免有所偏差而零碎，不能對人格全貌有所了解。投射法正為補救上述缺點的一類測驗。此類方法乃是向受測者提供一些未經組織的刺激情境，讓受測者在不受限制的情形下，自由表現出他的反應。

(二) **羅氏墨漬測驗**：係由瑞士精神醫學家羅夏克（Rorschach）於一九二一年所設計，該測驗包括十張內容不同的墨漬圖片。該測驗最初製作時，先在一張紙的中央滴一堆墨汁，然後將紙對折，而後形成二邊對稱但形狀不定的圖形。羅氏以多種此類圖片，測量各種不同的受測者，最後選擇具有代表性的十張。確定分數與解釋受此測驗結果的評分，係以下列四方面作為考慮的標準：

1. **區位**：觀察受測者對圖形是整體反應，還是僅向其中某特殊部位反應。
2. **定素**：分析受測者的反應是由墨漬之形狀，還是由圖形的顏色所決定。
3. **內容**：查看受測者把墨漬看成是什麼，是物體、動物，還是人形的一部分。
4. **從眾**：比較受測者與一般人的反應，分析其相同與相異之處。

　　羅氏墨漬測驗的結果純係個人主觀的反應，縱然列有上述評分原則，但解釋卻相當困難。

十一、試述主題統覺測驗的內容及其優劣點。

答：主題統覺測驗的性質，與對小學生們常採用的看圖說故事的形式頗為相似。全套測驗包括三十張內容頗為曖昧的圖片，圖片內容多為人物，兼有部分景物。就刺激情境言，較之羅氏墨漬測驗更有組織有意義。由美國心理學家莫瑞（Murray）於一九三八年所創製。

測驗時，每次給予受測者一張圖片，要他以所排列的內容為主題，憑個人的想像，編造一個故事。故事的內容不加限制，但須符合下列四點：

(一) 圖片所描繪者是怎麼的一個情境。

(二) 圖中情境發展的原因是什麼。

(三) 將來演變下去可能產生的結果。

(四) 個人的感想。

主題統覺測驗的主要假定是，認為個人面對圖畫情境所編造的故事，與生活經驗有密切的關係。固然，故事的內容有一部分受當時知覺的影響，但其想像部分卻包括著個人意識的與潛意識的反應。換言之，受測者在編造故事時，常是不自覺地把自己隱藏在內心的衝突和慾望，穿插在故事的情節中，借故事中人物的行為宣洩出來；亦即把個人的心理歷程投射在故事之中。

優點	是在不限制受測者的情境下，任其自由反應，從而推估其整個人格的傾向。同時，因為測驗本身不顯示任何目的，受測者不至於有意地防範，而作虛假反應。
缺點	(1)缺乏客觀標準。(2)測驗結果不易解釋。(3)效度不易建立。(4)測驗原理頗為複雜深奧，不易使用。

十二、試述情境測驗的目的及內容。

答：社會學習論者重視行為的改變歷程與影響行為的因素，因而特別強調個體所在情境與其行為的關係，如能將情境中某種變化與行為中某種反應之間的關係確定後，就可以設計情境以預測改造或控制個體的行為。情境測驗乃是主試者在某種情境下觀察受測者的行為，從而判定其人格的特質。用於測驗人格的情境，不外「實際生活情境」與「設計的情境」，現分別加以說明：

(一) **品格教育測驗**：即用於平常考試的情境。考完試後將每一試卷影印一份，再發還學生並附帶標準答案，要他們自己批改分數，最後收回試卷，二份對照，即可測出學童「誠實」的行為。

(二) **情境壓力測驗**：經特別設計，使得情境受測者產生一種情緒上的壓力，然後由主測者觀察記錄受測者如何應付情境，從而了解他的人格特性。

十三、試述自我觀念測驗的目的及內容。

答：在人格理論中，「自我觀念」為「自我實現」的基礎。測量自我觀念時，主要著重在了解個人對他自己的看法。不過，自我觀念測驗除了著重個人對他自己的看法之外，還要了解個人「自我接受」與「自尊」的程度。而且，還要設計比較「現實我」、「社會我」以及「理想我」三者間的關係。為達到上述目的，心理學家最常用以下二種方法：

(一) **形容詞檢選法**：是測量自我觀念最方便的一種方法。主測者可先印妥一份形容詞表，其中僅是描敘人格特質的形容詞，如聰明的、友善的、野心的、羞怯的、緊張的等等，均屬平常用來描述人格的形

容詞。使受測者依表中形容詞，逐一和自己情形相比照，然後自己
圈選出來，最後由主測者分析測驗，判別受測者自己的評價。

(二) **Q排組法**：Q排組法為美國心理學家斯蒂芬遜首創。其基本形式頗
與形容詞檢選表相同，不過它不像形容詞檢選表那樣只是「適合
自己」「不適合自己」二種原則，而是把很多張描述人格詞句的
卡片，要求受測者按卡片上詞句所描述的人格特質，與自己個性
對照，而分為一至九個等級。其評價結果常成為一個鐘形的對稱
形式，可鑑別人格特質個別內差異。

十四、試述榮格的分析心理學。

答：瑞士心理學家榮格，其理論稱為「分析論」，是為新精神分析論之
始。其理論異於佛洛依德者有下列三點：

(一) **承認潛意識是支配行為的內在因素，但主張潛意識有二種**：一種
叫做個人潛意識，是由個人壓抑自己的意識經驗而形成的；另一
種叫做集體潛意識，是由人類多代遺傳強化累積而成的。二種意
識合而支配人的行為。

(二) 人格的發展並非決定於本能性的衝動，而是由於**個人的完成自
我**，以達成自我實現的內在潛力所引導。

(三) **自我才是人格結構的核心，而自我又決定於二種「態度」或「取
向」**：一為外向，一為內向。雖然個人都具備內外二種取向，但常
因發展期中的不平衡，而形成有的外向、有的內向的人格類型。

十五、試述阿德勒的個人心理學。

答：阿德勒（A.Adler）的個人心理學可歸納為下列三點：

(一) 不同意佛洛伊德的「原始性的、潛意識的性衝動行為動機」看
法，他強調個人意識的「力爭上游」，才是行為的主要內動力。

(二) 個人之所以要力爭上游，是因為他自幼在成人的權威下，早期形
成的「自卑情緒」。他為克服自己的「自卑感」，自然努力追求
並發展自己獨特之點，終而形成個人的獨特人格。因此，人格的
發展無異就是個人繼續不斷向自卑情緒反應的歷程。

(三) 在人格結構中發生核心作用者是意識，而非潛意識，個人不但意
識到自己的行為，而且有新計畫有方向地去追求成就，以勝過他
人，是為「求權意志」。其強調人格發展中的社會因素，而非生
物性或本能性的因素。

十六、試述荷妮的基本焦慮論。

答：德國心理學家荷妮（K. Horney）的人格理論可歸納為以下四個特點：

(一) 行為的基本動機，不是原始性的或本能性的「性衝動」與「侵犯
衝動」，而是由於出生後受環境壓力的影響逐漸形成的「基本焦
慮」所支配。因而其理論被稱為「基本焦慮論」。

(二) 焦慮的形成乃是個人在幼稚期時，由於無助、無能、缺乏安全
感，而於適應過程中長期累積成的，是一種主觀的感受，是任何
人都不能避免的。

(三) 自幼兒起，個人為了應付環境的壓力，企圖減低基本焦慮的痛
苦，因而逐漸發展形成各種適應的行為方式，此等適應性的行為
未必是合理的。對焦慮的不同適應方式，也正表示個人以不同的
「補償作用」應付他的環境。

(四) 假如個人長期負荷某些重壓的焦慮，在行為的背後即將形成一些
「持久性動機組型」，稱為「神經性需求」。其意是，假如過分
的需求不能滿足時，就難免形成心理衝突，以致產生不良適應。

十七、試述蘇利文的人際關係論。

答：美國精神醫學家蘇利文（H. S. Sullivan）的人格理論稱為「人際關係
論」。其理論可歸納為下列三點：

(一) **行為的動機係起於第二種內在的緊張狀態：**第一種緊張狀態起於
個體生理的需求（如飢、渴、性等），供其需求使其緊張解決，
個人所獲得的經驗就是「滿足」。另一種緊張狀態，起於人際關
係的安全受到威脅時所生的焦慮。焦慮性緊張如獲得解決，個人
所獲得的經驗就是「人際安全」。對人格影響而言，第二種緊張
狀態的存在與解除，居於更重要的地位。

(二) 人格乃是人際間交互作用的結果，若捨棄人際關係與具有人際關係的社會情境之下，則無從孤立研究人格。

(三) 人格發展乃是個人在其生活環境中，與他人繼續不斷交往適應的歷程。此一人際交往歷程開始於出生後母親育兒方式，而後經同儕或成人的授受關係，再其後兩性愛情關係的建立等，都是人格發展中人際關係的重要事項。

十八、何謂特質論（trait theories）的人格理論？試舉一個學者之人格特質論加以說明；最後，你對特質論的評價為何？

答：特質論（trait theories）的人格理論有其重要的心理學研究價值，茲依題意說明如下：

(一) **特質論的人格理論要義**：

1. 係指舉出許多人格特質，用來評量每個人在每個人格特質上的表現程度，以判定每個人的人格特質傾向。

2. 特質論的人格理論是指每個人各有其個性上的獨特特質，且不會因為時間或其救而有所改變。

(二) **奧波特（Allport）的人格特質論**：

1. **首要特質**：指足以代表個人最獨特個性的特質；如吝嗇。

2. **中心特質**：代表個人性格的幾方面的特徵；勤奮的、樂觀的、開明的。

3. **次要特質**：代表個人只有在某些情境下表現的性格特徵。

(三) **特質論的評價**：

1. 特質論係採用科學方法來分析人格特質，有其可信度。

2. 但是人格特質不可能全部列舉出來，有無法窮盡的危機。

3. 另外，其也忽略情境對人格發展的影響性。

第1章 輔導的基本概念

依出題頻率分：A 頻率高
B 頻率中 C 頻率低

頻出度 C

1. 輔導工作的意義：
   (1)輔導工作的意義。(2)輔導工作的內容。(3)輔導工作的功能。
2. 輔導、諮商與心理治療。
3. 輔導工作的趨勢。
4. 教訓輔三合一。

☑ 精華摘要

一、輔導工作的涵義

(一) 輔導工作（guidance service）是專業性的助人活動，且為學校教育計畫中的一部分，輔導活動有其特定之目的及內容。

(二) 綜合各家說法，皆認為輔導是有計畫地助人工作，其目的在幫助個人認識自身的各種特殊能力與需求，在各方面，用自己的思考與判斷作明智的抉擇，以圓滿達成其最終的目標。

二、輔導工作的內容

(一) **個別評量與研究（individual appraisal and research service）：**

　　1. 重點在了解個別差異，運用各項資料及個案研究法，對學生的整個學校生涯進行研究以利於學生各方面的規劃。

　　2. 此項工作所要達成的效果：

　　　(1) 了解學生每個階段的學習準備程度。

　　　(2) 協助學生對各個在學習過程中是否有滿意的進度的瞭解。

(3) 學習困難學生之診斷，並為其設計適宜之補救學習計畫。

(4) 資賦優異者、身心障礙生，提供特殊學習計畫以協助其各方面的成長。

(二) **諮商**（counseling service）：是一種透過面對面的信任關係，運用其專業技巧，協助適應不良的學生了解問題，做明智的選擇與決定，進而解決其各方面的問題。

(三) **定向服務**（orientation service）

1. 主要為進入新環境之學生而設，如由家庭入小學、由小學入國中……。
2. 協助個體面對新環境的挑戰，以達到良好的適應。

(四) **資料服務**（information service）

1. 教師、諮商員及學校各方面的專業人員等人共同蒐集有關教育、職業及社會之資料，提供給學生升學、就業或尋求適應之參考，透過資料提供各方面的訊息。
2. 配合學生年齡之增長，增加資料的複雜性以適合學生各方面的成長。

(五) **教育與職業計畫**（educational and vocational planning）

1. 由專業諮商員來完成，於計畫的擬定、決定到執行。
2. 協助學生了解自己的能力、性向及興趣等，並提供各種教育與職業機會的資料，供學生作各方面的參酌，使其對將來有正確的選擇。

(六) **就業安置服務**（placement service）：此工作主要是協助學生了解自己的專長及優缺點，配合就業機會，尋找適當的職業，並做良好的職業適應。

(七) **追蹤輔導**（follow-up service）：此工作除了繼續提供已畢業的學生所需之資料，協助其在新環境中適應良好，另一方面也了解其就業或進修情況，就其各方面的適應情形，提出報告，以為學校輔導工作改進之參考。

三、輔導工作的功能

(一) **了解個別學生——評量與診斷**：主要在協助學生發展其能力，因此借助各種方式，如測驗、分析或評量來切實了解學生的個別資料，透過各項資料的分析與檢定，由此發展個人人格的可能性。

(二) **協助個別學生成長與發展**：

1. 預防性的服務乃藉由提供健康的影響作用，以避免妨礙個體的發展，而發展性的輔導則在協助學生發展能使自己健全生長的態度及行為模式，藉以排除較嚴重的適應問題。

2. 每個學生均應及早接受輔導，由教學的過程中增進其解決問題的能力，並獲得成長所需的經驗，協助個人得到各方面正常的成長與發展。

(三) **促進個別學生的適應——矯正與治療**：除了預防性的輔導計畫外，亦需要矯正的措施，而矯正的目標仍在於增進個別學生解決其自身問題的能力，提昇自身的適應能力，達到良好的適應。

(四) **提供資料服務與進行溝通的回饋**

1. 要與學生分享有關他自己及環境的正確資料，例如關於教育、職業及社會生活方面的資料，同時也要把學生的資料讓教師、父母等幫助學生及影響學生的人了解，透過雙向互動與回饋達到良好的專業性協助。

2. 藉由資料分享，可以獲得回饋與校正的線索，有助於解決問題或形成和諧的氣氛，以便掌握輔導的先機。

四、輔導、諮商與心理治療

輔導、諮商及心理治療皆為助人的工作，但三者在處理對象、協助方式、工作重點、注重層面等有其不同之處，茲比較如下：

	輔　導	諮　商	心理治療
處理對象	一般生	一般人	精神病患
處理重點	發展性、預防性	發展性、教育性	補救性、治療性、適應性
處理方式	提供資料給個體，防患於未然，使個體順利完成各階段的發展任務	透過一系列有目標的活動與方法，處理當事人之意識內容，以達成行為上的改變	以深入分析的方式探討當事人的困擾問題並協助處理
晤談人與當事人的關係	配合當事人所需提供資料、較少情緒滲入	二者在平等的地位，有情感介入的關係	協助者有「權威」與「專家」的形象，較需建立穩固關係

五、輔導工作的心理學基礎

輔導工作的心理學依據主要以心理學研究探討之事實為依據，其中重要者包括下列數項：

(一) 心理需求的滿足

1. 人類行為的動力主要源於尋求心理需求的滿足,因此輔導工作即是要滿足個體心理需求的情況下讓個體達到適度的滿足,使其潛能得以充分發揮。

2. 人類的心理需求依據馬斯洛(Maslow)所述包括數項:

(1) 有關身心改變的了解　　　(2) 安全感

(3) 愛與隸屬　　　　　　　(4) 自尊

(5) 獨立性與責任感　　　　(6) 自我實現

(二) 因為個別差異的現象

1. 輔導工作的理論最基本的認定為個別差異的事實,工作者認為個體間在各方面均有差別存在,而「常態曲線」則為了解差異的重要概念,此概念提供輔導員要藉了解常態曲線及其比較後的意義來提供適當的協助。

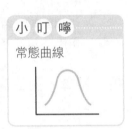

2. 個體本身各特質間亦有差異的情況,此種差異有助於輔導員擬定各項輔導方案及實施計畫。

(三) 學習的基本原則

1. 輔導乃為協助個人學習成長,因此輔導員要了解學習如何產生,並熟悉各項學習理論的原則,運用這些原則去增強個體之學習動機,提高學習效果,增進個體之行為表現,以便增強其學習行為。

2. 學習的過程一方面受到個人遺傳在潛能上的限制,無法達到完全的實現與發揮,另一方面受學習環境所影響,有效的學習要以良好的學習動機為根本,主、客觀因素配合,並於學習之後得到增強,則動機會增強,效果會提高。因此,主、客觀的配合有助於學習活動及學習行為。

(四) 心理發展的階段與任務:輔導員必須了解發展心理學中所探討的基本課題,如發展的原則、階段及各階段的發展任務,做為協助個體成長與發展時,規劃工作項目及方法的參考。

(五) 人格的特質:有關人格的形成及特質為輔導員必備的知識,了解個體在成長過程中的特質及情形,才能提供適當而有效的環境刺激,使個體發展良好的人格型態;此外,了解個體的人格特質,才能協助其產生良好的適應。

六、輔導工作的趨勢

(一) 全人化的輔導目標

1. 早期輔導對象僅限某特殊類型的學生或特殊團體為主。
2. 「輔導工作是一種連續不斷的歷程」，同時發展性輔導計畫及系統化諮商方式的盛行，使對象已普及至全體學生，協助他們完成每個發展階段的任務，充分發揮其潛能。因此，輔導應該是全人化的。

(二) 分工負責化的理念

1. 因時代變遷，個體之需求及所遭遇之問題形式也益形複雜，工作量越大，輔導工作勢必需要採分工方式，建立不同的服務層次，就各問題提供專業化服務，以達分工負責的效能。
2. 學校輔導工作需要學校諮商員、心理學家、社會工作人員及輔導工作行政人員、學習障礙及困難專家的分工合作、共同努力，以協助學生成長，達到全然的自我實現。

(三) 專業化的發展

1. 輔導工作提供各方面的資源及訊息，協助個體解決問題，並激發人類之潛能。因而，專業化的發展有其必要。
2. 根據輔導之服務宗旨、理論體系、專業教育訓練、任用制度及專業組織形成等各方面發展，可顯示輔導工作已達專業化之標準，因而，專業化的衡量應建立適宜的指標。

(四) 理論與技術統整化

1. 近年來輔導人員逐漸意識到輔導時需要考慮諸多因素，若是固著於某一特定學派的理論及技術坐井觀天，難免有不同的疏失及各方面的不足，因此近年來在理論或技術、方法上，均有折衷統合適用的趨勢。
2. 目前輔導或心理治療專家逐漸由單一學派走向折衷主義，從不同學派理論中選取適合自己需要的觀念或技術加以組織、整合而應用，使輔導工作更具彈性，因此，輔導工作應該是統整性的。

(五) 重視諮商關係及輔導人員之人格特質

1. 輔導工作因應個體需要，而更須深入運用諮商方法處理困擾，因此諮商已成為輔導工作中的重要一項。故諮商關係及諮商員之人格因素亦漸受重視，輔導人員本身的哲學立場及價值觀頗受重視。
2. 目前輔導專業教育在甄選與訓練輔導專業人員時，均強調人格因素、人際關係技巧及諮商關係的重要性。此有助於各方面的成長與發展。

(六) 諮商的認知問題及發展

1. 最近十幾年間，在諮商心理學成為一門獨立學科之後，諮商的認知領域才更為人注意，著重於培養解決問題或作決策能力的培養。

2. 輔導工作的重要方向為培養學生自己解決問題的能力及作決定的能力，而此努力正牽涉到諮商的認知領域的研究。尤其是後設認知（meta-cognitive）的議題逐漸受到青睞與重視。

(七) 兼重團體方式及內容

1. 傳統輔導多為一對一的方式，近年來為節省人力、時間及創造個別輔導所未具之效果，譬如同儕團體之影響、當事人的安全感與隸屬感等，再加上團體方式之輔導知識增加，使得團體方式逐漸成為發展趨勢。團體輔導的效果有時遠高於個別輔導。

2. 團體方式用於家庭治療、團體諮商及團體輔導等，促使團體輔導的高度成長及受重視。

(八) 協同輔導員的產生

1. 由於求助於輔導員的人數增多，使專業人員不敷運用，乃有協同輔導員（paraprofessional aides）產生，協助處理較輕微之困擾問題，如我國之救國團張老師、生命線等機構之工作人員。

2. 此外，同儕團體輔導（peer counseling）亦逐漸廣為運用，此輔導是指運用同儕團體的資源與力量來進行輔導。

七、教訓輔三合一方案之相關意涵

(一)「教學、訓導、輔導三合一整合實驗方案」，係當前十二項教改行動方案之一，自八十八學年度開始在各級學校進行實驗工作，九十一學年度以縣市學校為單位全面試辦；教訓輔三合一方案係指整合學校之教務、訓導和輔導工作三者合一的最佳互動模式，以培養教師具有教學、訓導、輔導統整的理念與能力，並有效結合學校及社區資源，進而逐步建立學生輔導新體制。

(二) 其具體目標包括

1. 建立有效的輔導體制。　　2. 增進輔導組織機能。
3. 建立學校輔導網路。　　4. 協助學生適性發展。
5. 培養學生健全人格。

(三) **而其所採取的具體策略為**

　　1. 成立學生輔導規劃組織。　2. 落實教師輔導學生職責。

　　3. 強化教師教學輔導知能。　4. 統整訓輔組織，將輔導處更名為諮商中心。

　　5. 結合社區輔導網路資源。

(四) **教訓輔三合一的核心功能在於帶好每一位學生，所以每一個教師應協助學校做好三級預防工作：**

　　1. 初級預防以所有學生為主，重點在教育和輔導。

　　2. 二級預防以輔導和諮商適應困難的學生為主。

　　3. 三級預防以行為偏差學生為主，重點在心理治療與行為矯正。

八、個別化教育計畫，指運用專業團隊合作方式，針對身心障礙學生個別特性所擬定之特殊教育及相關服務計畫，其內容應包括下列事項：

(一) 學生認知能力、溝通能力、行動能力、情緒、人際關係、感官功能、健康狀況、生活自理能力等學業能力之現況。

(二) 學生家庭狀況。

(三) 學生身心障礙狀況對其在普通班上課及生活之影響。

(四) 適合學生之評量方式。

(五) 學生因行為問題影響學習者，其行政支援及處理方式。

(六) 學年教育目標及學期教育目標。

(七) 學生所需要之特殊教育及相關專業服務。

(八) 學生能參與普通學校（班）之時間及項目。

(九) 學期教育目標是否達成之評量日期及標準。

(十) 學前教育大班、國小六年級、國中三年級及高中（職）三年級學生之轉銜服務內容。

九、全國共有五個發展遲緩兒童聯合鑑定中心，分別位在台北市、台中市、台南市、高雄市及花蓮市。發展遲緩兒童聯合鑑定中心之主要功能在於，藉由一個完整的聯合醫療評估與鑑定過程，對孩子的症狀與身心功能、特質及發展狀況，提出具體性與綜合性專業上的診斷，以作為擬定或建議未來的治療訓練計畫或需求方向，同時提供後續轉介、醫療、教育及社會福利資訊的參考。

十、我國特殊教育之理念

(一) 零拒絕的教育理想。　　　　　(二) 人性化的融合教育。

(三) 無障礙教育環境。　　　　　　(四) 適性化潛能發展。

(五) 關鍵性早期療育。　　　　　　(六) 積極性的家長參與。

(七) 協同式的合作關係。　　　　　(八) 彈性化的多元安置。

(九) 支持性的自立自強。

十一、e化世界對輔導的影響

(一) 電腦網路虛擬世界對青少年的認知、情緒及社會發展之影響

　1. 在認知上：

　　(1) 電腦網路虛擬世界的運用已經是一種世界趨勢，也是現今發展最快速的通訊媒體。目前在世界上已有不計其數的學校、企業組織、甚至是個人架設的學習網站與論壇，無時無刻地推進著網路學習的進行。

　　(2) 利用電腦網路虛擬世界來進行教師教學與學生學習，將能享有全球性、時效性、便利性，突破空間與時間的限制，得到分享和互動的效果，擴展師生的認知疆域。

　2. 在情緒上：

　　(1) 教師透過電腦網路虛擬世界，教導學生以資料蒐集的學習方式，使師生共同透過網路的虛擬組織進行討論、分享及與他人互動學習，增加師生互動機會。

　　(2) 學生遇到任何學業與心理問題時，除可上網利用電子郵件告訴師長，亦可利用電腦網路虛擬世界尋得最佳奧援，抒發情緒。

　3. 在社會關係上：

　　(1) 肇因電腦網路虛擬世界的使用可以輕易利用滑鼠，在不同的文件間轉換，展現全球資訊網資料超連結的特點，青少年可利用網路的便捷，強化與社會的溝通能力。

　　(2) 瀏覽器軟體也已經整合了電子郵件、網路新聞及網路電話的功能，擴大青少年與社會的關係。

(二) 在教育與輔導上之意義

1. 長期利用電腦網路虛擬世界進行教學活動，應注意學生網路沉迷或成癮的問題，如學生的學習已過度沉迷於網際網路，所形成的一種上癮行為，將有可能影響其生活作息、學習動機與人格形塑，因此電腦網路虛擬世界的教育應與輔導作緊密的配合。
2. 教師應注意學生是否為了悠遊於無限的網路世界中，而耽誤了現實生活中的正事。
3. 學校教師與輔導單位應注意，學生是否因電腦網路虛擬世界的使用，而忽略現實生活中的人際關係與休閒娛樂，活在自己的象牙塔中的心理與行為。
4. 長期沉溺於電腦網路虛擬世界易造成眼睛、肩膀等生理上的不適，以及睡眠不足等問題，需學校教師與輔導單位注意。

(三) 未來教師與輔導所應採取的策略

1. 電腦網路虛擬世界雖是現今趨勢下重要的教學與學習策略之一，唯學校與輔導單位應注意其有可能引發的問題，並採取積極預防與治療策略。
2. 學校教師與輔導單位應透過平面或電子媒體等宣傳管道，宣導網路使用者正確的網路使用觀念，以收預防之效。
3. 家長應關心孩童使用網路的時間與次數，若發現其有反常的行為時，就應立即進行輔導。學生應培養其他室內或戶外的休閒娛樂習慣，利用多元的管道宣洩其課業、情緒上的壓力。

◪ 解釋名詞

A型性格（type A personality）

A型性格的人通常具有下列的行為特質：常對時間感到壓迫感，好像總有做不完的事情；保持強烈的成就動機，要求高標準，具野心及遠大的目標，對工作相當投入，除工作外鮮少有其它的興趣；好勝且喜歡競爭，即使是在團隊的工作上，也會有意無意的想顯現出自己獨特的貢獻，對競爭者更是懷有敵意與戒心，因此常無法信任且放心的將事情交由他人處理。

嚴選題庫

請根據諮商輔導的基本原理，說明如何可以有效地輔導中輟生？

▶**破題分析**：本題在作答時應兼具理論與實務，方可獲得高分。

答：茲論述輔導中輟生可行途徑如下：

(一) 家庭清寒或家庭變故之中輟生，學校可依據學生急難救助辦法、仁愛基金視情況酌予補助。亦可檢具該生及其家庭相關資料通報當地社會福利主管機關或家扶中心，請求派社工人員調查並採取必要措施。

(二) 建立中輟生檔案，詳細記載中輟生資料，包括輟學日期、通報及輔導紀錄、復學日期、再度中輟情形、追蹤輔導紀錄等，並定期檢討通報及復學輔導績效。

(三) 中輟學生復學之後，配合學校認輔制度，優先列入認輔對象。

(四) 如果中輟生不能適應班級情況者，輔導室基於學生特殊需要，得與教務處協商並陳報校長，安排該生到他班就讀，（但學籍仍維持在原班）。

(五) 如果中輟生不能適應一般學校常態教育課程者，應轉介多元形態中途學校或班級，以提供適性教育，避免學生再度中輟。

(六) 學校應於每學期結束一個月內檢討輔導學生復學成效。

（參考書目：葉亞寧。中輟生問題輔導。師苑。）

第**2**章 學校輔導組織與行政

依出題頻率分：A 頻率高
B 頻率中　C 頻率低　│頻出度 **C**

命題焦點

1.學校輔導設施的要項。
2.學校輔導工作的評鑑：評鑑的困難。
3.評鑑工作的準則與標準。
4.評鑑的程序與方法。
5.資源班。

◪ 精華摘要

一、學校輔導設施的要項

　　學校輔導設施要注意地區性需要，並因應學校的級別與大小而有不同，除此之外更要注意下列三方面，以利輔導工作的推展。

(一) 地點的安排

1.輔導中心應接近學校的主要入口，便於與家長及社區人士接觸，而建立良好的公共關係，方便社區資源的運用。
2.輔導中心應與行政中心靠近，以便於行政連繫及資料傳送，但兩者不宜設在一起，以免輔導中心被列為行政單位之一，與行政體系混為一體。
3.輔導中心應與保健中心相鄰，以便於相互協調與協助。
4.輔導中心應靠近圖書館，以便於協助學生使用有關資料，尤其是學習輔導方面。
5.輔導中心應注意與導師辦公室及教室間的聯繫，以便利導師使用輔導中心的設施，落實處處有輔導、人人會輔導之效果。

(二) 空間的設計

1. 輔導中心的空間設計,應斟酌實際空間大小及預期的輔導功能,妥善進行規劃。
2. 必須設有會議室,同時應考慮能提供團體輔導與團體諮商的場地布置。
3. 接待室在設計時應注意不同輔導功能的協調,並能使學生、家長及社區人士在等候時感到舒適與自在。
4. 諮商室要注意隱密性,個別諮商室的空間約2～3坪,團體諮商室以4～6坪為宜。空間不足時,可考慮兼併個別與團體諮商使用的設計,考量人性化的問題。
5. 測驗資料室的設置,以供個別及小團體測驗之用及資料的儲存。
6. 資料室及貯藏室應有充足的空間,以節省輔導人員取用資料或其他設備的時間。
7. 室內布置及設備的安排,應力求舒適自然,以消除學生的緊張並增強其信心,讓學生樂於進到輔導室來。(溫度、採光、通風及顏色予以規劃上的考量。)

二、學校輔導工作的評鑑

(一) 評鑑工作的困難:輔導工作評鑑在實施上因為各種因素容易產生有下列的困難:

1. 目標的訂定問題:輔導工作目標不夠具體且不確定,因此無法評鑑其成果,是故評鑑的首要條件即在於要有明確而具體的目標,並根據目標擬定可衡量或評鑑的具體結果,以利評鑑工作的進行。
2. 輔導概念的澄清問題:輔導人員一方面協助學生的發展,一方面則協助教師及學校行政人員增進其教育效果,二者關係密切,因此輔導與教學成果不易區分,而不易標示何者為輔導人員的工作成果。
3. 易受校外因素的影響,並經常抵消學校教育的成果而增加評鑑的困難,其中又以學生家長及居住環境的影響最大。彼此的互助使得輔導工作的評鑑造成困難。

4. 個人的動機、態度、自我觀念等心理特質，不易客觀衡量，況且衡量標準的選擇見仁見智，並無一致且有效的法則可循，以致於被批評為過於主觀。

5. 多數評鑑工作過於強調外在條件，忽略內在條件，如輔導人員的資格、設備、工作時間、經費等，而忽略輔導結果的評量，造成輔導人員及其他人的誤解，不以實質效果為重。

6. 評鑑工作耗時費神，而輔導人員又常為其他繁重工作所累，故多不願或不敢涉入評鑑工作，而且評鑑成果往往束之高閣，並未落實其成果。

(二) 評鑑工作的原則

1. 根據輔導專業理論、經驗及知識，選取適合的評鑑工具與標準。此為專業取向的評鑑。

2. 評鑑標準之確立應涵括有關的理論基礎，同時應配合學校的需要及學校的特色。

3. 評鑑標準應明確、具體地陳述，使輔導人員及相關的行政人員有清晰的概念，知道評鑑的具體目標及重點何在。

4. 評鑑計畫應包含內在及外在參考架構，從輔導工作本身的統整性與學校教育的發展計畫兩方面考慮計畫的周全完整性。

5. 評鑑工作應有一長期目標，以某個體或群體在特定期間內的變化為評鑑對象，加以衡量鑑析。

6. 評鑑工作的進行應包括所有的相關人員，採協同合作的方式避免上級監督下級的考核作風。它同時是形成性評鑑，也是總結性評鑑。

7. 評鑑工作應考慮使用多種鑑別方式及評鑑模式同時進行，以確定輔導的成效，方不致於有所偏頗。

8. 要用積極且具建設性的態度為之，以謀求正面的改善，儘量避免消極的批評，徒然造成衝突，打擊工作人員的士氣。

9. 應定期檢討評鑑工作的得失，並因應社會變遷的需要，適時調整計畫內容，尤其是社會變遷及大環境的改變。

(三) **評鑑的程序**：一般而言，評鑑工作可歸納成下列的四個步驟：

1. 評鑑首要確定目標，擬定研究假設或待答問題。
2. 設計評鑑計畫內容分析工作細目，選擇評鑑方法，抽取樣本及安排必要的設施。
3. 進行評鑑工作，並蒐集資料，資料應包括正面及負面的資料。
4. 整理資料，撰寫評鑑報告，提供有關人員參考。
5. 追蹤評鑑結果，即重視後設評鑑的意義及作用。

(四) **評鑑的方法**：評鑑工作的進行應有系統地規劃，針對輔導工作的目標、內容、過程及結果，評鑑的用意何在。就此分別加以連續性的評鑑，才能確實達成評鑑的目的，四種常用的評鑑方法臚列如下：

1. **實驗法**

   (1) 此法目的在於可比較不同輔導工作的成效是否有顯著的差異情況，因而重視的是變項與變項之間的依存關係。

   (2) 缺點有三項，其一是因為輔導工作對象為成長中的個人，對實驗變項的控制較不易獲得；另外則是實驗計畫有一定期間，而實驗結束所求得的結果雖可證明某特殊輔導工作的成效，卻對原輔導工作無助益，無法分析其主要的原因及問題癥結所在；第三項缺點為僅以實驗法做輔導工作的成果評鑑，則所得的結果並不完整且無法實際運用，因為其忽略了時代脈絡及整個背景。

   (3) 補救實驗法之不足處，必須配合其他方法使用，始能達到評鑑目的，因而實施有其困難之處。

2. **個案研究法**

   (1) 透過個案研究法研究個人或事件的內容，目的在針對某一特定的個人或群體作深入的分析與研究，採用此法可使輔導工作及評鑑計畫得以適時修正，而使輔導成效提高，故此方法為輔導工作中常用的評鑑法。

   (2) 缺點在於個案研究法進行不易，常因研究者時間與精力或費用限制，無法同時進行數項研究與評鑑工作。

(3) 此研究法除使用一般標準化的測驗、量表或問卷外，最常用來評鑑諮商成效的工具為錄音或錄影帶，藉此可了解諮商的進展情況及必要的修正措施，亦可增進諮商員的專業效能。

3. **調查法**

(1) 主要藉問卷、量表、測驗等各種工具蒐集各樣本的反應，調查對象則視評鑑目的與內容而定，學生、家長、教師、行政人員等，均可提供評鑑所需的資料。

(2) 輔導工作主要對象為學生，因此學生的反應即成為評鑑工作的最主要資料來源。

(3) 使用調查法應注意事項：（以學生為例）

A. 學生的反應不僅限於目前學校所採取的輔導措施，同時應考慮徵求其對現況的改進意見。

B. 範圍應涵括全體的學生，如需抽樣則應慎重處理抽樣的客觀性及其代表性。

C. 調查工作應有一長期性計畫，作縝密的規劃，就學生接受輔導經驗的結果作長期的研究。

D. 調查問卷必須配合學生所接受過的輔導經驗，並經審慎精密的編製後使用。

此外調查結果必須公布，以達成評鑑的目的。

4. **列表差距法**（Tabulation-discrepancy method, Pine, 1975）

(1) 主要以表列方式呈現預期目標，隨時比較理想與實際間的差距，作為輔導人員適時調整、修正其輔導方式或內容之參考，進行所謂「形成性之評鑑（formative evaluation）」。因而，此種方式是診斷重於治療。

(2) 項目可包括學生問題、個別及團體諮商次數、人數、男女比例等描述性資料，或學生及其他人的反應等評鑑性資料的蒐集。

三、整體而言，學校輔導工作可分三大方面：發展性輔導、預防性輔
導及診療性輔導。

(一)發展性輔導，期望提供學生一個良好的教育環境，使學生在其中發展自
我，融入社會。例如：教師輔導知能研習、教師諮詢服務、成長團體、
親職教育、技藝教育、推廣輔導資訊網路。

(二)預防性輔導，藉由教育與輔導，提供學生正確的觀念與行為模式，預防學
生在發展過程中產生問題。例如：性別平等教育、情緒教育、生涯輔導。

(三)診療性輔導，是對於已經產生行為問題的學生進行輔導工作，期能使學
生朝向更成熟的方向改變。例如：認輔制度、春暉密集輔導、中輟輔
導、小團體輔導。

四、針對班上特殊需求學生所進行的輔導措施如下：

(一)落實教訓輔三合一方案之理念，做好初級預防、二級預防與三級預防等
工作。

(二)適時尋找輔導專家或是醫療機構幫助。

(三)與社區家庭建立完整之輔導網路。

(四)善用無條件積極關懷（UPR）、真誠一致（congruence）、同理心
（Empathy）等策略來瞭解學生的需求。

五、資源班之相關論述

(一)**資源班之類型：**（教育部，88）

　　1.**啟聰資源班：**國內最早成立的啟聰資源班，首推民國六十四年在台北
市新興國中成立的「聽障資源教室」提供聽障學生不同的安置型態。
隨後，台北市國中小啟聰班大多改採資源班的型態。

　　2.**語障資源班：**語障資源班招收的對象以語言障礙學生為主，包括構音
異常、聲音異常、語暢異常及語言發展遲緩等四種類型。國內最早成
立的語障資源班是在民國七十三年於台北市永樂國小成立了第一個語
障資源班。

3. **學障資源班**：國內在民國七十一年起於台北市永春、東門、劍潭、河堤等四所國小開始以資源班方式安置學習障礙學生。然而，最近幾年，大多數學校紛紛成立跨類的身心障礙資源班，因此，大多數學障學生被安置在跨類的身心障礙資源班，而較少被安置在單類的學障資源班裡。

4. **身心障礙資源班**：身心障礙資源班所服務的對象包括輕度智障、學習障礙、弱視以及輕度聽障等。國內針對輕度障礙學生提供跨類別的資源班服務，則是最近幾年的事。

5. **自閉症資源班**：自閉症資源班是自民國八十年起針對自閉症學生興起的安置型態，以安置於普通班或啟智班的中、高功能自閉症學生為輔導對象，採巡迴輔導以及校內輔導等二種教學方式，除了提供自閉症學生補救教學之外，並提供家長、教師及行政人員相關資訊及意見交換。

6. **資優資源班**：資優教育早期皆以集中式的特殊班方式辦理，民國六十八年起才開始採「分散式資優班」方式辦理。目前，則一般能力和學術性向資優班多屬資源班型態，而特殊才能資優班多屬特殊班型態。

(二) **資源班教師的直接服務**：
1. 決定輔導範圍。
2. 進行學生篩選。
3. 商訂輔導策略。
4. 實施資源教學。
5. 至於資源班教師的間接服務，則是指提供普通班教師特殊教育諮詢服務。

第3章 輔導人員

依出題頻率分：A頻率高
B頻率中 C頻率低 頻出度 **C**

命題焦點

1.輔導人員特質之評量。　　　　2.輔導人員的特質。
3.輔導人員的專業教育。　　　　3.輔導人員的專業道德。
5.輔導人員專業道德的標準。　　6.資料保密問題。

↘ 精華摘要

一、輔導人員特質之評量方法

一般而言，輔導人員特質的評量粗分為下列幾項：

(一) **臆測法（speculation）**

1. 以推測之方式，列出一個有效輔導員應具備的特質。
2. 缺點在於預設的特質僅反映某些人的觀點，比較缺乏事實根據，而且所列的特質亦可適用於其他行業的人，可能無法區分出輔導員，況且無法完全列出有效輔導員的所有特質，因而其有效性通常受到質疑。

(二) **鑑別法（indentifying effective and ineffective groups）**：根據輔導實際的效果，將其分成有效輔導員與無效輔導員兩組，列出此二組成員的各項人格特質，然後再鑑別兩組人員在特質上之差異，比較其二者的差異。

(三) **驗證法（hypothesized characteristic）**：選出過去研究發現或理論中建議與輔導效果可能有關的特質，然後探討其與輔導效果之間的關係。

(四) **相關法（correlational analysis）**：利用相關分析、相關比較法探討其與輔導員的特質與諮商效果間之關係，再依據此種關係訂出輔導人員的特質。

二、輔導人員的特質

以下從認知、情意、行為方面敘述輔導人員應有的特質。

(一) 情意方面

1. 對人關心

(1) 輔導工作需要不斷地接觸人，因此輔導員要能對人關心，樂於與人相處，而且幫助他人是採利他態度而非滿足自己，如此的輔導員才能完全投入諮商過程並長久從事此工作。

(2) 輔導人員對人關心的這項特質必須適時、適度地表現在諮商過程中，才能產生良好的效果，過度或不足皆會產生問題；關懷時機不恰當也可能使其效果大打折扣。

2. 自我肯定

(1) 有效輔導員必須先了解自己的優、缺點，設法彌補缺點，並針對自己的優缺點作因應，另一方面則發揮優點，做出有自信的表現。

(2) 能肯定自我的輔導員才會接納自己，進而去接納並尊重他人，才會有穩定的情緒及自信心。

(3) 具有自我肯定特質的輔導員，在諮商過程中會表現出穩定情緒和充分接納的態度，能使當事人產生信任感而不作各種猜疑，並在此安全氣氛下，學習設防、肯定自己並發揮自己的能力。

3. 保持彈性化

(1) 專業輔導員必須能保持彈性，有時深入與當事人間的諮商關係中，有時又必須成為客觀的觀察者，隨當事人的需求及輔導的各種情境做適當的反應。

(2) 輔導員保持彈性，靈活運用其專業知能和個人特質的影響作用，在諮商過程中做出符合當事人需要的合理計畫，將有助於諮商效果的提高。

(二) 認知方面

1. 自我了解

(1) 輔導人員必須對自己的價值觀有明確的認識，以免將自己的價值觀反射到當事人身上而不自知。

(2) 輔導員知道自己的需求，才不會過於重視自身的需求而忽略當事人的需求，甚至在無形中傷害當事人。

2. 了解人的行為法則與特質

(1) 做選擇與決定：人們會因為缺乏對自我及環境的認識而忽略自己做決定的能力，然而事實上，人對生命的主宰力常超出自己所能想像的程度。

(2) 追求成長與自我實現的意願：利用動機及當事人的能力，給予適當協助則可解決當事人的問題，並有助其發展與成長，協助其成長。

(3) 人的行為主要受各方面知覺與認知的影響：因此要了解一個人或給予協助，都必須先了解其知覺型態。

(4) 學習是改造經驗的主要方法與過程，因此人可藉著教育或學習新的行為而去除舊的行為，學習新的行為。

(5) 人的行為是有目標性的：人的行為通常是為某預期的結果而活動，因而此結果會產生某種程度的增強作用，影響同一行為發生的可能性。

(三) 行為方面

1. 學習善於控制自己

(1) 輔導員必須要能控制自己的情緒及行為，以免傷害當事人。

(2) 輔導人員應約束自己遵守專業員的倫理道德，表現適當的行為，以增進當事人的福祉，以免因各種因素影響當事人。

2. 負責任

(1) 輔導人員應了解對自己及當事人所負的責任，這些責任可能會因應情境而不同，但是應在各方面的利益之間取得和諧平衡。

(2) 負責任的特質是表現在積極的參與態度上，而不是輔導或諮商效能的承諾上，所以在諮商初期即應向當事人說明諮商關係的性質與任務，而不可任意地承諾一些做不到的事。

3. 良好溝通能力的培養

(1) 一個成功的輔導員必須要具體而明確地傳達訊息；同時也幫助當事人作具體而明確的表達。

(2) 有效的溝通主要在於輔導人員能將籠統、含糊的概念具體化，因此輔導人員必須具備良好的溝通能力，方能使諮商產生預期的影響力，透過良好的溝通，產生良性的互動。

三、輔導人員專業教育的重要因素

(一) **輔導人員的角色必須釐清**：

1. 專業教育的作用在於發揮角色的功能，故釐清專業角色為專業教育的首要前提。

2. 角色的釐清，應顧及實際執行的可行性，同時並預留彈性空間以適應各地不同的需要。

(二) **慎選專業教育的施教對象**：為獲致高水準的教育效果，應依據輔導專業人員的特質與角色的要求，慎選專業教育的對象。

(三) **專業教育課程應與專業工作內容直接有關**：不論是職前訓練或在職訓練，均要注意使專業教育的課程內容，以專業工作的內容為依據，始能培養學以致用的人員。

(四) **專業證書的授予問題**：頒授證書與專業教育的改進，實為相輔相成，故應訂定證書頒授辦法，以強化輔導工作的成效。

(五) **妥善的就業安置**：在實施的過程中宜訂立適當的任用辦法，使輔導專業人員就任適當的工作，以發揮專業教育的功效，促進專業工作的發展。

四、輔導人員的專業道德

(一) **意義**：專業道德乃指專業輔導人員在輔導過程中對自己行為應有的期望，以及與當事人一起處理問題時應有的限制，此專業道德標準應來自經驗與判斷之結果，亦應經得起時間及各種情境的考驗，因而專業道德是輔導實施成效的重要因素。

(二) **目的**：

1. 提供輔導人員專業行為標準的釐清與訂定，使其在衝突情境中有行為取捨之依據。

2. 使當事人了解諮商員的責任，並保護當事人免受傷害。

3. 使輔導的功能與目的得到保障。

4. 向社會保證輔導人員的工作符合並尊重社會之道德期望與標準，對被輔導者是一種專業上的保障。

5. 保障輔導人員的自我權益，並維持其自我統整的成效。

(三) **專業道德的標準**：依據美國心理協會（ＡＰＡ）及美國人事與輔導協會
（ＡＰＧＡ）擬定的標準，屬於諮商工作的道德律的主要為下列數項：

1. 輔導員的首要義務是尊重當事人的人格統整，並增進其福祉。

2. 諮商中發展的諮商關係及資料，應予保密。在團體諮商裡，輔導員應
針對團體所有成員的開放內容，訂一套保密準則。

3. 若當事人已與另外一位輔導員有諮商關係，則輔導員應在開始諮商前
與該輔導員取得聯絡並獲得許可。若輔導員在諮商關係開始之後才知
道當事人與另一輔導員有諮商關係，此時輔導員有義務徵求該輔導員
的許可，並且要有一方關係終止。

4. 當事人的處境對其本人或他人有明顯及緊急的危害或所述內容涉及兒
童或老人虐待時，輔導員應打破保密原則，直接的行動或通知有關當
局，另外要盡快使當事人對自己的行動負責。

5. 諮商關係中的記錄，包括晤談摘要、測驗資料、信件、錄音及其他文
件，均應視為僅可用在諮商方面的專業資料，而不得任意公開。

6. 在諮商訓練及研究上使用諮商資料，必須對當事人的身分加以掩飾，
確實對當事人的身分保密。

7. 在當事人進入諮商關係之前或進入諮商關係之時，輔導員有義務澄清
諮商關係的目的、目標、技術、規則及限制等。

8. 輔導員有權與其他專業人員商討有關當事人的問題，但於選擇專業顧
問時，必須避免使其感到利害的衝突，而妨礙其發揮協助輔導員處理
當事人問題的角色功能。

9. 若輔導員無法提供當事人專業性協助，則應避免開始或應即終止諮商
關係，但輔導員有義務將當事人轉介予其他適當的專家，若當事人不
同意轉介，輔導員亦無義務繼續此諮商關係。

10. 若輔導員由諮商關係中獲悉某種情況可能對他人將有所損害，則應將
此情況告知有關當局，但應對當事人的身分加以保密。〔引自鄭熙彥
等著：學校輔導工作的理論與實施〕

(四) **專業道德的問題**：在實際從事輔導工作時，輔導員仍會面臨一些衝突的情
況，增加其遵守專業道德之困難，以下就針對資料保密問題來做說明：

1. **資料是否應保密的要件**：

(1) 視資料的性質而定。

(2) 資料公開對當事人的影響。

2. **資料保密的原則：**

(1) 保密之義務應視情況而改變，並非絕對一成不變。

(2) 資料應否保密應視其性質而定，若該資料已是公開者或很容易成為公開者或很容易成為公開之資料，則不需保密。

(3) 資料本身不具任何傷害性，則不須保密。

(4) 若資料對輔導人員或機構具有使用的價值，且為必需使用者，則此資料不受保密限制。

(5) 資料之保密應以當事人的權益與聲譽為主，若與法律相違，輔導人員亦應以保障當事人之權益為優先考慮。

(6) 資料之保密亦應考慮輔導人員的聲譽與權益，使其不受傷害或攻擊。

(7) 資料之保密亦應考慮無辜之第三者以及社會的權益。

▣ 嚴選題庫

輔導人員在改變當事人的不適應行為或使當事人學習好的行為時，可以使用工具制約的概念和方法（如下表），達到行為改變的目標。

(一)請就表格中所列舉的四種方法（甲乙丙丁）給予正式的術語名稱。

(二)請逐一詳細說明每一種方法的原理原則？並請舉實例說明如何應用在生活中？

(三)討論使用乙方法可能產生的副作用。

實施程序 ＼ 增強物種類	當事人喜歡的刺激或事物（如讚美）	當事人討厭的刺激或事物（如責罵）
給予	甲	乙
拿掉	丙	丁

答：茲依題意說明如下：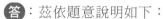

(一)**甲乙丙丁之正式術語名稱**

1. 甲：正增強。　　　　　　　　2. 乙：施予式懲罰。

3. 丙：剝奪式處罰。　　　　　　4. 丁：負增強。

(二)甲乙丙丁之相關說明

1. 甲：
   (1)因增強物出現而增加某種行為反應出現頻率的現象。
   (2)實例：某生被指名回答，老師要其他同學立刻停止喧嘩，該生的發言行為受到增強。

2. 乙：
   (1)透過給予當事人討厭的刺激與事物，以制止某種不當行為。
   (2)實例：教師嚴詞糾正學生，以制止學生的偏差行為。

3. 丙：
   (1)透過剝奪當事人喜歡的刺激與事物，以制止某種不當行為。
   (2)實例：教師取消上課睡覺學生下課出去教室的權力，以制止學生的不當行為（上課睡覺）。

4. 丁：
   (1)因增強物消失而增加某種行為反應出現頻率的現象。
   (2)實例：教師透過停止施予學生所厭惡的刺激（留下來抄課文的處分），以增強期望目標行為的出現率（上課守規矩）。

(三)施予式懲罰之負作用

1. 與當事人關係呈現緊張對立。
2. 使當事人被同儕團體排擠或看不起。
3. 當事人產生過多的焦慮與害怕，無助於展現較佳行為。

第4章 諮商理論

命題焦點

1.心理分析學派：基本觀點、諮商方法、評價。
2.個體分析學派：基本觀點、諮商方法、評價。
3.意義治療法：基本觀點、諮商方法、評價。
4.當事人中心諮商法：基本觀點、諮商方法、評價。
5.行為諮商法：基本觀點、諮商方法、評價。
6.理性情緒諮商法：基本觀點、諮商方法、評價。
7.現實治療法：基本觀點、諮商方法、評價。
8.完形治療法：基本觀點、諮商方法、評價。

精華摘要

一、心理分析學派（Psychoanalysis）

(一) **代表人物**：由佛洛伊德（S. Freud, 1856-1939）首創，主要從心理層面
分析行為的成因，及探討個人在發展過程中適應各種衝突的心理歷程，
特別著重於潛意識（unconsciousness）及心理動力（psychic dynamic）
的分析。佛氏最受批評的是其以「性心理」發展的階段論。

(二) **基本觀點**

1. **人性論**：悲觀的命定論（determinism），佛洛伊德認為人的行為受過
去經驗的影響很深，並且受非理性的衝動、無意識的動機及生物本能
的驅力所驅使，尋求生理需要與本能的滿足。

2. **人格結構**：包括本我、自我、超我三部分。

(1) 本我（Id）：包括所有與生俱來的各種本能，為心理能量（psychic energy）的來源，它是非理性的、非道德的，受「唯樂原則」的支配，以趨樂避苦、追求滿足為主要的生活目標。

(2) 自我（Ego）：包括個體的意識與理性部分，它根據「現實原則」，以理性思考方式，調和本我及超我，使人格中的這三個部分得到平衡，同時滿足個人需求及社會的要求。

(3) 超我（Superego）：包括良心和理想，為後天教導與學習發展而來，此部分是管制個體的行為，使其合於社會規範與道德標準，因而，人能表現出合乎社會規範與要求。

3. **意識層次**：

(1) 意識：為個人所察覺的部分，惟此部分極小。

(2) 前意識：可被喚起及記得的部分，但需要經過努力回憶或特別注意，才能從前意識浮至意識層次，不過這二種只占小部分的比例。

(3) 潛意識：儲存個人所有的經驗、記憶及被壓抑的事物，無法直接觀察到，但可藉由夢、催眠、自由聯想、投射測驗、口誤（舌尖現象）等方式蒐集若干線索，此部分為個人心理作用中最重要的部分，可藉著潛意識來了解個人問題的癥結所在。

4. **防衛機轉**（defense mechanisms）：此乃用來協助個體調解因本我、自我與超我三者衝突，所造成的焦慮狀態。因此，防衛機轉有二種特性：(1)否認或歪曲事實；(2)在潛意識中作用。主要的防衛機轉有如下數種：

(1) 壓抑（repression）

　　A. 是一種自我的基本防衛方式，將本能衝動的觀念逐出意識之外，以免引起焦慮、自責或罪惡感。

　　B. 個體如果過度地壓抑自己就會逃避與外界接觸的機會，而表現退縮、緊張、拘謹等反應情形。

(2) 反向作用（reaction formation）

　　A. 是一種為了壓抑本我的衝動，過分誇大地表現與本身所持態度價值觀完全相反的行為，這是一種強烈壓抑內在欲念或衝動的防衛。例如：以吹噓、炫耀掩飾自卑感。

　　B. 此類人物通常會表現出行為拘束、內心緊張或矛盾行為。

(3) 投射（projection）

　A. 個體為減輕超我的責備，而將有害的本我衝動或造成的過錯歸諸於外界，否認其為自我的一部分，藉此將內在危機轉化為外在的問題，由他人負起責任，例如：考試不佳卻怪老師評分不公；體育表現不佳，歸罪於父母親遺傳的問題。

　B. 表現出此種反應的人，常會逃避責任、攻擊、怪罪別人。

(4) 合理化（rationalization）

　A. 以自認為合理的藉口或理由，解釋其行為動機，來提高身價或爭取社會的認同，以掩飾某方面的不安。

　B. 常表現的方式為「酸葡萄」、「甜檸檬」，例如：吃不到葡萄就說葡萄酸來安慰自己。

(5) 移轉作用（displacement）

　A. 個體在受到挫折後，可能將攻擊或敵對的態度轉向比較安全的對象，以解除緊張的情緒或發洩本能的衝動。

　B. 這種防衛作用的表現為欺善怕惡，例如：把在公司受上司的氣，回家後轉向家人出氣。

(6) 昇華作用（sublimation）：此種作用為將本能的驅力或衝動，轉化為非侵略性，具有高社會價值的行為方式。

(7) 內化（introjection）與認同作用（identification）

　A. 將威脅自我的外在價值觀或標準引為己有，以獲取安全感或減低觀念衝突的壓力，例如：個體接受婚前性行為有許多不良後果的說法，並成為自己的信念，而做出符合社會標準的行為。

　B. 認同作用為運用此內化歷程，將外在要求的態度、行為規範逐漸溶入人格之中，形成超我的部分。

(8) 固著（fixation）與退化（regression）

　A. 固著是自我面對無力處理之困難，不敢向前邁進時，所採用的防衛方式，所以會停滯在某一階段而無法隨身體發展去繼續進展。

　B. 退化則是從現實中撤退，不僅無法進展，甚至退回先前已跨越的階段，而藉幻想來解除緊張，並獲取滿足，退化及固著均會阻礙人格的正常發展。

(9) 補償（compensation）

　　A. 直接的補償為以積極的努力克服弱點，例如：記憶力不好，就花更多時間來背誦、記憶。

　　B. 替代的補償為藉其他方面的成就來彌補其缺陷。

(三) 諮商方法

1. **目的**：精神分析學派主要在減輕當事人的焦慮感，統整並加強個體的自我，使其領悟被壓抑在潛意識中的衝突，並使其心理能力用於發展最高的潛力。

2. **方法**：

(1) 首先要鬆弛當事人的精神：使其鬆弛後將所想到的事情均傾訴出來。此種方式通常以「夢的解析」、「自由聯想」方式進行。

(2) 當事人的抗拒作用：諮商過程中，當事人會在無意間使用抗拒、移情等作用，諮商員應謹慎處理此種抗拒、移情作用，並藉此探討其潛意識的作用。

(3) 解釋及啟發：探討潛意識中被壓抑的經驗，諮商員的解釋，促使當事人領悟癥結所在，逐步擴大自我了解的層次，重新掌握適當行為的契機。

二、個體諮商學派（Individual psychology and Adlerian counseling）

(一) 代表人物：阿德勒（A. Alder, 1870-1937）自創的學派，他認為社會驅策力才是人類最基本的動機，人生來即具社會性，並與他人共同從事社會活動，將社會福祉置於個人之上，因而獲得生活方式（life style），個人的人格也在社會中形成，並且有「創造的自我」（the creative self）以完成個人獨特的生活方式，觀點與佛洛伊德的論點差異甚大。

(二) 基本觀點

1. **人性論**：積極的自我決定論（self-determinism），認為人可以控制自己的行動，行為動機受個體對未來的期盼多於過去經驗的影響，亦即個人的觀念及目標影響其行為。

2. **人格動力**：經過多方面的探討與修正，阿德勒最後認為「追求卓越」（striving for superiority）是人格的主要力量，追求卓越起因於克服自卑感。阿德勒認為人天生會因某方面的不足而感到自卑，為克服這

些自卑感於是不斷努力、追求卓越，以獲得優越感來彌補心中的缺憾，因而人格動力乃是為追求卓越。

3. **社會興趣**（social interest）：阿德勒認為個體有先天的潛能會為他人著想並與他人和諧相處，以共組社會，此社會興趣在個體與家人關係及其他經驗接觸後開始發展。

4. **生活型態**（style of life）：指個人人格的系統，是個體在追求最終目標時，逐漸發展形成獨特的生活型態，其為受到早年家庭互動的影響，所以生活型態的本質在幼年期已確定，並成為個人行為的主導方向，生活方式包括下述四個部分：

(1) 自我觀念。　(2)理想我。　(3)世界觀。　(4)倫理信念。

(三) 諮商方法

個別諮商的輔導過程通常分成四個階段：

1. **建立關係**：首先要尊重並信任當事人，建立平等且良好的人際關係，在晤談中了解其求助的動機，再引導其自我探索，達到建立關係的第一步。

2. **蒐集資料**：藉由當事人的基本資料、晤談內容、行為表現、測驗、家庭、星座、早期記憶、團體互動等多方面蒐集其生活方面的資料，有助於對問題的了解、分析及各方面的研判。

3. **摘要解釋**：依據前面幾個步驟蒐集而來的資料，向當事人作摘要式解釋，並提出推測的假設，讓當事人正視自己未察覺的部分，並領悟出主導其生命的基本型態與觀念。

4. **重新導向**：藉實際的行動（例如事前的角色扮演、示範、目標設定、解決問題等）設法改變或調整當事人的行為，達成諮商之目標。

三、意義治療法（Logotherapy）

(一) **代表人物**：法蘭克（V. Frankl, 1905-）受存在主義（existentialism）所影響，創建此一心理治療學派，基本假設為：「有生存理由的人能忍受任何生存方式」。因此，其諮商方式以協助當事人發現生活中的意義為主。當代則以亞隆（Yalom）為代表。

(二) 基本觀點

1. 自由意志

(1) 人雖會受各種情境的限制，卻有選擇採用何種態度面對情境的自由，甚至作自我反省、覺察，進而成為自己的行為判斷者。

(2) 一個健康的人，將以其自由意志追求人生的意義。

2. 人生的意義

(1) 人有自由意志去追求人生的意義，因此每個人都有責任找出自己生命的意義和決定個人存在的價值。

(2) 生命的意義可以從各方面去追求，而且協助當事人追求此意義為治療的目標。

3. 追求意義的意志：人具有追求意義的意志，而追求的目的在於追求個人本能、存在、生命的最終意義。

(三) 諮商方式

1. 意義治療法的主要目標是擴大當事人的視覺領域，使其能意識並看到存在的意義與價值，透過此種互動過程，協助當事人找出個人生存的意義。

2. 使用不斷的討論、分析、教導、說服等方法，協助當事人思考生活的價值，在各方面的壓力之下尋求平衡。

3. 消除當事人生存空虛感的三種方法：

(1) 完成一件事或一個成就。

(2) 經驗一個價值。

(3) 經歷痛苦，從不可避免的痛苦中尋找意義。

4. 另外可使用「矛盾意向法」及「去反射法」來消除當事人的症狀。

四、個人中心諮商法（Person-centered counseling）

(一) 代表人物：個人中心諮商法由羅吉斯（C.Rogers. 1902-1987）所創的非指導性諮商方式，認為個體對自己問題解決已具備充分的知識，而任何問題皆源自於情緒的阻礙或衝突，強調治療者的態度、個人特質及當事人與治療者間關係的性質是治療過程中最基本的決定因素。

(二) 基本觀點

1. 人性論：對人性抱持積極的看法，相信人是可信賴並富建設性的。

2. 人格結構：包括三大要素：

(1) 個體（organism）：指個人的整體，包括其思想、行為及生理上的結構，其基本動力在於朝擴展、延伸、發展、成熟方向展現個人的稟賦，在此過程中，若個體學習接納更多經驗則發展較正常。

(2) 現象場（phenomenal field）：指個人經驗的所有內外在世界。個人的經驗與感受才是意義化的。

(3) 自我（self）：是現象場的獨特部分，由主觀的知覺及種種有關「我」的感受及價值觀念所組成，為個體與環境交互作用的產物，在此交互作用中，自我將不斷成長、改變、逐漸趨向自我實現。

3. **不適應行為**：個體若只選擇符合自己價值體系的經驗，而限制其知覺範圍，久而久之，就容易出現不適應行為。

(三) 諮商方法

1. 目標

(1) 提供適宜的情境與氣氛，讓當事人除去長久以來所戴的面具，進而與真實的我接觸，展現自我的真面貌，並成為完全發揮功能的人。

(2) 完全發揮功能的人（a fully functioning person）應該具備的特徵如下：

　A. 自我開放：不將歪曲的想法加於現實狀況上，而能完全知覺內在及外在的訊息，因而幫助自己成長。

　B. 信任自己：以自己的生活、思想為主導。

　C. 內在控制：尋求自我的標準，不受外在所操控。

　D. 不斷成長與經歷的意願。

2. **技術**：羅吉斯認為諮商員的態度重於其技術，因此晤談內容由當事人負責，諮商員儘量提供安全、自然的氣氛，不添加任何新資料也絕不代當事人做任何決定，只要諮商員能達到下列三項條件，則輔導必能產生效果：

(1) 真誠一致（genuineness or congruence）：諮商關係建立於真誠一致上面。

(2) 無條件積極地關懷（unconditional positive regard,UPR）：相信當事人有解決問題的能力，以非批判式的了解與真誠的反應，對當事人流露出無條件的接納與關心，在晤談中不做不必要的刺探、不表示同意與否、不做解釋。

(3) 同理（empathic understanding）：諮商員試著融入當事人的感覺世界中，設身處地去體會當事人的感覺或未覺察到的，表達給當事人知道諮商員已了解其感受與經驗，同時也使當事人更了解自己。

3. **成長歷程**：羅吉斯根據其諮商經驗，描繪當事人經歷的七個成長階段：

(1) 第一階段未察覺問題。

(2) 第二階段當事人開始表現出關切的態度，仍不承認有何個人的感受，探討重點以過去經驗為主。

(3) 第三階段可談論與個人自我有關的課題，談論內容多偏重於個人的過去負向經驗，開始願意與他人分享與陳述主要的問題，許多人從此階段開始接受輔導。

(4) 第四階段的當事人因透過輔導員的接納、了解、同理而開始覺察自我的心理結構，並探討其意義，但仍表現出畏怯、不信任。

(5) 第五階段當事人已可自由表達，其此時此地的情緒反應，能明確劃分情緒與認知的不同，並能逐漸接納自我及問題的責任。

(6) 第六階段，當事人的矛盾、衝突獲得統整，不再恐懼、否認或歪曲其經驗與感受，而能完全接納問題的責任。

(7) 當事人在第七階段能更開放地去經驗、感受，使自我與外在情境相互交流，逐步引導其自我的成長。

五、行為諮商法（Behavioral counseling）

(一) 代表人物

1. 由艾森克（H. Eysenck）、渥爾培（J. Wolpe）、班度拉（A. Bandura）、克蘭波茲（J. Krumboltz）及索瑞森（C.Thoresen）等人所倡導。

2. 源自心理學上行為主義（behaviorism）的學習說，認為不適應的行為是經由學習而來，因此行為改變就要藉學習原則來修正刺激及反應之間的不適當連結，以改變不適應的行為。

3. 近來行為諮商專家承認「認知」的重要性而提出認知—行為治療模式。

(二) 基本觀點

1. **人性論**

(1) 對人性持環境決定論的觀點，認為人類行為是經由環境制約的結果，較不重視遺傳的影響，因此要改變人的行為要透過環境的改變。環境對個人的影響相當地重要。

(2) 近來開始承認個人有自主權，所以諮商方法在增加當事人的自我選擇與決定能力的培養。

2. **有關行為的學習**

(1) 行為是制約學習的結果，任何行為若得到適當的增強，則會使行為重覆出現。

(2) 不當行為亦由制約反應習得，然而許多不當行為的產生是為了滿足暫時的心理需要，因此輔導的目標即在同時滿足短期與長期的需要，並且要有適當的因應。

(三) 諮商方法

1. **建立關係與確定目標**

(1) 行為諮商將「關係」視為諮商成功的必要而非充分的條件。

(2) 在初次晤談時，諮商員與當事人要共同討論諮商的意義與目的。

(3) 要求當事人訂立具體明確的契約，將目標、方法、步驟等詳列於契約中，作為將來諮商的主要依據。

2. **行為諮商策略**

(1) 諮商員應視個案的特殊性質決定該採用的諮商方法，先判斷當事人的不當行為的癥結。

(2) 各項輔導策略：

A. 系統減敏感法：以鬆弛（relaxation）作為反制約的媒介，先令當事人產生焦慮刺激，而後訓練其作肌肉鬆弛運動，如此將刺激重覆與鬆弛狀態配對出現，直到這些刺激與焦慮反應之間的連結消除，此法乃以鬆弛狀態來體驗引起焦慮的情境，經系統作處理後而消除。

B. 內在抑制法（internal inhibition）：將引起焦慮的刺激，在短時間內不斷大量呈現或不斷想像，至個體感到疲乏而對此不再產生反應為止。最主要的內在抑制法為「內爆法」（implosive therapy），此法要求當事人想像會引起焦慮的刺激且伴隨可怕

　　　　的結果出現在腦海，使當事人暴露在持續且高度的焦慮性刺激
　　　　下；另一種方法為「洪水法」（flooding），此法要求當事人
　　　　想像引起焦慮的刺激，但不伴隨恐怖之後果。

C. 嫌惡治療法（aversion therapy）：在不良行為出現時，給予處
　　罰以消弱該刺激原先已聯結的增強作用，而降低不良行為出現
　　的可能性。

D. 示範法（modeling）：以真人、影片或錄影帶中的人物，提供
　　當事人楷模，藉模仿與增強，減少恐懼心理而習得新的良好
　　行為反應。有效的模仿對象最好與當事人年齡、性別、觀念相
　　近，而又有實質效果的行為，則示範作用更發揮影響力。在諮
　　商情境中，諮商員本身即最佳示範者。

E. 自我肯定訓練（assertive training or social skills training）：主
　　要在減低當事人對社會情境的恐懼、退縮或過度的反應，訓練
　　其以適宜的人際關係技巧與他人交往。

F. 認知——行為治療（cognitive-behavior modification）：為新
　　的發展趨勢，方法包括訓練當事人覺察自我的思想、感受、生
　　理反應、人際行為，改變當事人消極、不當的「內在對話」
　　（internal dialogue），並以積極的取代之加強對自我的信心，
　　學習新的適應行為。

六、理性——情緒諮商法（Rational-emotive counseling）

(一) **代表人物**：是由艾里斯（A. Ellis, 1913-）首創，探討個體的理性信念系
　　統，找出不合理或非理性的信念針對此種不合理的信念，加以討論和駁
　　斥，而協助他採取合理性的想法。

(二) **基本觀點**

　　1. **人性論**：人同時是理性和非理性的動物，當個體理性思考時可保護自
　　　己，非理性時則會破壞自己，因此人的困擾不是來自外界的因素，而
　　　是源自個人在生物上和文化上歪曲事實和自我困擾的傾向。此種傾向
　　　受到父母、老師等因素的影響。

　　2. **非理性信念**：個人所持的信念系統，影響其對事物的反應，而造成若
　　　干結果，因此要擁有好的結果，先必須指出不合理的信念並改變之。

(三) **諮商方法**

1. 理性——情緒治療法主要在協助當事人改變其不合邏輯的想法,代之以合理的信念,防止情緒困擾的發生,因此最基本的技術是諮商員主動直接地教導、勸說,甚至與當事人爭辯。透過此種互動過程使當事人得到良好的協助與改變。

2. **諮商過程**:
   (1) 諮商員讓當事人覺察到自己的非理性想法或內在的自我語言。
   (2) 諮商員向當事人指出這些想法及自我語言對其情緒困擾的產生與持續之影響。
   (3) 諮商員以說服、教導、反駁的方式,向當事人顯示其內在的想法與自我語言不合邏輯、不合理性之處,讓其能達到自我反省之效。
   (4) 諮商員教導當事人如何重新思考,如何駁斥原來的想法,直到當事人的內在想法變得更合理為止。

七、現實治療法(Reality therapy)

(一) **代表人物**:由葛拉塞(W. Glasser)所創,此派理論強調現實、責任、對與錯四者與個體生存的關係,以再教育的方法使個體對自己行為負起責任,而達到治療的效果。

(二) **基本觀點**

1. **人性觀點**
   (1) 重視遺傳與環境對人的影響,但不接受宿命論的觀點,而重視個體目前的行為,並以「現實」為客觀標準來評量行為。
   (2) 人主要有二種心理需求,一是愛與被愛,一是自我價值感,不能滿足這兩種需求的人稱為「不負責任」的人。

2. **人格發展**
   (1) 人格的發展歷程,正是個體學習如何滿足其心理需求的歷程,所以各方面的教育對個體的發展具有舉足輕重之效。
   (2) 來自於不同認同則產生不同的生活型態:
       A. 成功的認同(success identity):這種人在生活方面表現出對人、對家庭、對社會有關注之情,對生活及人生持積極的態度,有面對挫折及解決問題能力,通常是幸福與快樂的追尋者,因而,此種人焦慮、挫折較少。

B. 失敗的認同（failure identity）：這種人是寂寞、孤獨的，自認是受害者，認為生活是受難和不幸的歷程，不承認個人的意義及價值，因此不關心他人也不肯付出，而形成漠不關心的態度。通常自認為失敗者、受掌控者與被決定者。

(三) 諮商方法

1. **諮商目標**：透過諮商員的「教導」，使當事人了解行為「正當」與否的標準，增加個體對自我行為的責任感，並協助其積極地接受現實（reality），從而發展出成功的認同，滿足自我的需求。主要模式在於由自我的責任感出發，而達到自我滿足、自我實現。

2. **步驟與原則**：葛拉塞列舉現實治療法的諮商步驟與原則，供諮商員彈性運用：

   (1) 建立關係並詢問當事人的期望：諮商初期，必須與當事人建立良好的諮商關係，讓當事人在安全的氣氛之下自我陳述、表白，藉諮商員的關懷、積極參與，減低當事人的孤獨感，使其重新掌握自我的信心，建立具體明確的目標與計畫。

   (2) 行為的塑造與陳述：促成當事人注意其目前的行為，亦即此時此刻的想法及抉擇，主要的焦點集中於當事人行為及思想的部分，讓當事人承認這是他自己的選擇結果，尊重個體自身的選擇及其結果。

   (3) 確定行為與目標之間的關係。

   (4) 採取行動：當事人判斷其行為無法達到目標，可在諮商員的指導與協助下，發展一套有效的計畫行動。更重要的是，此種計畫行動要具體、有效率。

   (5) 承諾：為使當事人有強烈動機執行計畫，必須要求當事人的承諾，承諾不論是口頭或契約的形式均可。主要是透過承諾，讓當事人承擔一切決定的後果。

   (6) 不接受藉口：完全由當事人對自己的行為負責。

   (7) 不懲罰：諮商員不對當事人的失敗施以任何懲罰，因為懲罰會導致雙方關係破裂，讚賞才能增加關注而引導當事人採取負責的行為。但在必要時，可能也會使用限制當事人自由或剝奪其權益的方式來懲罰，待其想到更好的行為表現方式後，才免除此限制。

(8) 永不放棄：個體要改變習慣性行為或舊思想是需要相當長的時間，尤其改變的過程，以及面對來自於各方面的壓力與束縛。因此諮商員必須克服求取速效的心態，而能永不放棄協助當事人的信念。

3. **諮商技術**：現實治療法較重口語的溝通，藉雙方面對面的對話過程，分析當事人的長處、特質與潛能，特別是其目前用以達成目標，獲得成功認同的行為，此法之特殊技術包括下列數種：

(1) 設限：要讓當事人知道，在諮商情境及真實生活中均有若干限制，諮商中所使用的契約、治療的時間與次數均是一種限制。設限可促使當事人掌握在限制內應作的事並負責，有助於當事人了解限制所在。

(2) 跟進：諮商員緊盯著當事人所敘述的經驗或將採行的計畫，使其更具體且詳細地分析探討細節部分，若諮商員的問題愈具體，跟進得愈緊迫，使當事人愈能成功掌握情況。透過此種技術，將自身的經驗或狀況更具體化。

(3) 建設性爭辯：諮商員與當事人探討價值觀，可藉由彼此的差距而協助當事人提出自己的觀念，在爭辯中當事人可建立更明確的自我概念。

(4) 幽默：以較詼諧的語氣，讓當事人得到自我平衡。

(5) 對質：諮商員不接受當事人的任何藉口，可用對質的技術詰問。尤其是面對習慣性逃避或推卸責任的當事人很有效。

(6) 語言震驚法：諮商員藉諷刺、侮辱以刺激當事人從不同的角度思考問題，不過此法必須謹慎使用，以免造成傷害，而影響諮商的正面效果，破壞彼此之間的和諧關係。

八、完形治療法（Gestalt therapy）

(一) **代表人物**：此種方法是由皮爾斯（F. Perls, 1893-1970）首創，主張人類困擾的產生乃是因為心中產生了不協調，因此諮商工作是要將這些不協調透過相互的自我開放與對質，使其恢復統整，是故此法的重點在整理個體「此時此地」的思想及感覺。

(二) **基本觀點**

1. **人性論**

(1) 對於人的看法根基於存在哲學與現象學，認為人非善即惡，端視導向為何。導之向善則善，向惡則惡。

(2) 人是主動的行為者，可經由自覺而察覺自己的感覺、思想與情緒，並由此選擇適切的反應形式，對自己行為負責。尤其是在抉擇的過程中，要以自己的感受、思考與情緒為基礎。

2. 組織與統整性
(1) 認為人是一個整體的組織，而非各個發揮功能的部分之總和，此整體性的概念乃完形學派的基本觀點。
(2) 個體必須透過有組織的整體才能對外在事物及自己的本性有所了解。此種了解是建立在整體性與統整性之上。

3. 形象與背景
(1) 皮爾斯認為人必須與環境交互作用而生存，並因此而構成行為的整體，個體透過自覺了解本身的需求，因需求而注意到環境中的某些事物。此種為「形象」，未受到注意的部分稱為「背景」（ground），當要求獲得滿足後，形象就退為背景。健康的人必然是保持流暢自然的人。
(2) 形象——背景轉移的主要困擾來源，是因為某些未完成的工作長久成為意識的焦點造成各方面的阻礙與壓力，而阻礙形象——背景的轉換，更使其無法運用背景環境的資源解決問題或滿足需求。

(三) 諮商方法
1. **目標**：完形治療法的主要目標在於促進當事人在身心各方面的成長，藉責任感的增進，達成人格與生活統整一致的境界。因而個體必須不斷地統整、不斷地學習。
2. **治療過程中，諮商員對當事人暗示的要求，以期達到諮商目標**：
   (1) 活在此時此地。
   (2) 真實經驗，直接地接觸、觀察。
   (3) 解釋或判斷各種現象。
   (4) 不愉快的事件與心情。
   (5) 接受「原來的我」。
   (6) 對自身負責任。
   (7) 表現真正的我。
3. **諮商技術**
   (1) 自覺：當事人在諮商員的引導與協助之下，觀察、感覺自己的身體、動作、生理功能，同時覺察自己的感覺，以充分掌握自己及周遭環境。自我能力的完全發揮。

(2) 對話遊戲（game of dialogue）：重視個人整體功能，因此對當事人所否認的部分特別注意，尤其是人格功能上二分法式的對立現象特別關心，諮商員可利用雙重角色或三重角色的對話遊戲，讓當事人於對話中呈現其衝突所在。如「空椅法」的使用即是團體治療的方式之一。

(3) 巡迴遊戲（making the round）：讓當事人面對團體中每一成員說一些話或作一些動作，使其去面對冒險、開放自我、試驗新的行為，從而得以成長和改變。

(4) 「我負責……」（I take responsibility for...）：此法的目的在擴大當事人的自覺範圍，協助其認識並接受其感覺，此方法是在每個人說完一句話後即加上一句「我為剛才我自己說的話與內容負責」。

(5) 「我有個秘密」（I have a secret）：此法可協助當事人探索其罪惡感與羞恥感，方法是由諮商員引導當事人想出一件自己防衛很嚴的秘密，想像如果揭露這一秘密的話，自己會怎麼想，他人會如何反應。此法亦可因成員相互述說個人的反應，而增進彼此之信任感。但是此種方法在使用上有較多的限制。

(6) 扮演投射的對象（playing the projection）：投射是個人洞察他人的某些特質而自己不願擁有或接受者。個人可能耗費甚多精力去否認某種感受，但卻將之諉於他人。

(7) 相反技術（reversal technique）：個人某些行為表現常為其潛在動機的相反表現，也就是說行為與動機相悖而行，這是因為他無法接受該等不為社會習慣接受的動機，而以相反的行為表現出來。

(8) 預演（rehearsal game）：諮商員可使當事人將自己的新想法、想說的話、想做的事，不斷地複誦或預演，增強其信心，同時亦可覺察自己是如何去符合他人的期望，以及自己願意被讚許與接受的程度，此為預演的主要精神所在。

(9) 誇張（exaggeration）：目的在增加當事人對各類訊息的覺察能力。諮商員要求當事人誇張某一部分的身體語言，加強其所伴隨的情緒反應，同時亦可使所含的意義更為明晰。

嚴選題庫

一、人為什麼會有情緒困擾？如何對情緒困擾者進行輔導？試以艾理斯（A. Ellis）的理性情緒治療法（rational emotive therapy）說明之。

▶**破題分析**：本題同學僅須依據題意要求一一回答即可，不過要注意的是理性情緒治療法也可以換作任何一種心理治療法，便是另一種可能的考題。

答：情緒困擾是現代人常有的心理問題，於此依題意說明如下：

(一) 艾理斯（A. Ellis）的理性情緒治療法（rational emotive therapy）之理論要旨：

1. Albert Ellis提出認知行為治療法，亦稱為理性情緒治療法。

2. 其認為人們同時具有理性的思考及非理性的思考，認知歷程會影響個體行為與情緒，可以經由改變認知歷程來改變行為與情緒，具高度的教育與指導性。

3. 換言之，其相信人具有思考的能力，但是若是對於本身有關之事情，卻常常會有許多無謂的思考，亦即形成一種非理性信念，所以需要藉由認知行為治療法來矯正。

(二) 由艾理斯（A. Ellis）的理性情緒治療法（rational emotive therapy）之觀點看情緒困擾：

1. 理情治療法認為人之所以有情緒困擾，乃是由於人有非理性信念所致，而這些非理性信念個人在兒童時期從重要他人身上學習來的。

2. 另一方面，我們也們自創非理性教條和迷信。接著，我們藉著自動暗示（autosuggestion）和自我重複（self-repetition）的過程，反覆灌輸這些錯誤的信念。

3. 因此，是我們自已不斷重複這些非理性的想法，而不是父母不斷地灌輸，使得不好的態度繼續殘留，並且支配我們。

4. 理情治療法認為大部分的情緒困擾起源於責備，所以，要解決情緒困擾，人們必須學習悅納自已，儘管自已並不完美。

5. 而可行的治療步驟如下：

   (1)案主對事件的認知，分辨那些是非理性的信念。

   (2)自我表露、想像所經歷的情緒等。

   (3)駁斥非理性的信念、自我分析情緒卡、家庭作業等。

(4)正向想像法替代負向想像法、角色扮演、幽默等。

(5)建立正向自我對話的能力、建立信心、自我肯定等。

（參考書目：李茂興譯。諮商與心理治療的理論與實務。揚智。）

二、理性情緒治療學派（Rational Emotive Therapy, RET）的創始者為何人？ (A)羅傑士（C. Rogers） (B)艾里斯（A. Ellis） (C)阿德勒（A. Adler） (D)法蘭克（V. Frankl）。

答：(B)。根據RET（Rational-emotive Therapy）的觀點，個人的行為和態度從認知心理學（cognitive psychology）作基礎，透過個人的價值判斷、邏輯思考、倫理觀念，形成個人所持的信念或信念體系，從而主導自我的行為式態（style of activities）。

三、重視「當下（Here and Now）」的治療法是那二類？ (A)精神分析治療法與案主中心治療法 (B)案主中心治療法與完形治療法 (C)認知治療法與精神分析治療法 (D)精神分析治療法與完形治療法。

答：(B)。重視當下的治療法為個人中心治療法與完形治療法。

四、以幫助個人瞭解自我為目的之諮商團體，通常稱為下列何種團體？ (A)治療團體 (B)社會工作團體 (C)助人團體 (D)成長團體。

答：(D)。幫助個人了解自我為目的之諮商團體稱為成長團體。

五、系統減敏感法（systematic desensitization）（又稱"系統脫敏法"）

答：系統減敏感法係由古典制約原理發展出來，是由Wolpe所倡導；目前是應用最廣的行為療法。而其基本假設為：焦慮反應是學習來的，是制約後的產物，可以藉著相反的替代活動來消除。首先它會分析引起焦慮行為的刺激，建立焦慮情境的階層，然後教導當事人配合想像的影像去練習鬆弛的方法。引起焦慮的情境在想像時會從威脅最小的漸增到威脅最大的，並且焦慮的刺激配合鬆弛訓練會重複出現，直到刺激與焦慮反應之間的聯結關係消除為止。其三個基本步驟為：1.鬆弛訓練、2.訂出焦慮階層表、3.進行系統減敏感程序。

六、請比較說明精神分析治療法（Psychoanalytic Approach）與阿德勒式治療法（Adleri Therapy）的異同。

▶**破題分析**：本題同學可以分別論述精神分析治療法（Psychoanalytic Approach）與阿德勒式治療法（Adleri Therapy）之理論內容。

答：(一) **佛洛依德之理論要旨：**

1. 認為個人的動機受到阻礙時，便會設法在另外的活動上尋求滿足。

2. 其認為個人的早期經驗是決定人格的重要關鍵，成年期的人格發展取決於五歲之前的性心理發展。

3. 他認為潛意識為人格組成的核心，人生而具有求生避死的本能，也是人與生俱來的驅力。

4. 其強調人性的正面觀點，認為行為受到社會興趣、追求意義與目標的影響，探討個人的成長模式，強調負起責任，創造出自己的命運。

5. 其治療技術透過夢的解析、自由聯想、移情等方式，探討潛意識中被壓抑的經驗，擴大自我了解，重尋適當行為。

(二) **阿德勒（Adler）之理論要旨：**

1. 認為當個人的動機受到阻礙時，便會設法在另外的活動上尋求滿足。

2. 其認為個人的早期經驗是決定人格的重要關鍵，認為生活格調大約在四歲到五歲之間形成。

3. 他認為意識為人格組成的核心，而人與生俱來的內在趨力是追其卓越的特質。

4. 阿德勒提出自卑情結的觀點，其認為當個人面對困難情境時，由無力感與無助感會形成對自己失望的心態，而那就就是自卑感。

5. 精神分析治療法包括自由聯想、夢的解析、移情分析與抗拒分析等技術。

（參考書目：林美智。心理學。高點。）

七、何謂同理心（empathy）？為何在諮商的過程中同理心能有治療的效果？試列舉一個例子說明其在日常生活中的應用。

▶**破題分析**：本題同學可以先回答同理心的相關意涵，然後再說明為何在諮商過程中同理因有治療的效果，最後則要記得舉例子來說明。

答：同理心為心理學領域中的重要概念，於此依題意一一說明如下：

(一)**同理心之意義**：

1. 其係指「心理學上指能站在對方的立場，設身處地去體會當事人感覺的心理歷程。」、「認同和了解他人對某件事或某個物體的感覺。」

2. Carl Rogers對其定義為：「能採納一個人的內部相關架構而了解他的世界，感受當事人的個人世界，就好像它是你自己的一樣，但又不失去這種『彷彿』的特質。」

(二)**在諮商過程中，同理心具有治療效果之相關說明**

1. 諮商員可藉由同理心的表達，與當事人建立更親密和信任的關係。

2. 同理心可協助諮商員蒐集更多資料，澄清當事人的問題。

3. 同理心可增加當事人自我探索的層次。

(三)**在日常生活中，若是我們碰到面臨悲傷情緒的親人，我們可以運用同理心的技巧，讓對方知道你是可以了解他的世界的，願意跟你說出心聲，以澄清其本身的思緒，增進自我了解。**

（參考書目：金樹人。生涯諮商與輔導。東華。）

八、何謂防衛機轉（defense mechanism）？試列舉說明三種人們常用的防衛機轉。

答：防衛機轉為精神分析學派之主張，茲依題意說明如下：

(一)**防衛機轉之意義**

1. 防衛機轉為精神分析學派之主張，代表學者為Freud。

2. 防衛機制是指個體自我保護的心理策略，有助減輕本我及超我之間產生的衝突。

3. 換言之，防衛機轉並非出自於個人意識，其與潛意識相關，其目的在於減輕自我壓力。

(二) **人類常見的防衛機制之說明**

1. **壓抑（repression）**：
   (1)將本能衝動的觀念逐出意識之外，以免引起焦慮、自責或罪惡感。
   (2)個體如果過度地壓抑自己就會逃避與外界接觸的機會，而表現退縮、緊張、拘謹等反應情形。

2. **投射（projection）**：
   (1)個體為減輕超我的責備，而將有害的本我衝動或造成的過錯歸諸於外界，否認本能衝動為自我的一部分，藉此將內在危機轉化為外在的問題，由他人負起責任。
   (2)例如：考試不佳卻怪老師評分不公；體育表現不佳，歸罪於父母親遺傳的問題。

3. **合理化（rationalization）**：
   (1)又稱為文飾作用，係指以自認為合理的藉口或理由，解釋其行為動機，來提高身價或爭取社會的認同，以掩飾某方面的不安。
   (2)例如：吃不到葡萄就說葡萄酸來安慰自己。

 九、後現代主義的特徵為何？其對諮商輔導的影響為何？

答：後現代主義的興起對於諮商輔導產生重大影響，茲依題意說明如下：

(一) **後現代主義的特徵**：

1. 後現代主義係一連串質疑與超越現代主義與啟蒙思想的思潮，代表學者為Lyotard、Giroux等。
2. 反對後設敘述和巨型敘述，強調應顛覆傳統知識的本源，認為溝通是在於悖理邏輯與破除理體，而非建立共識。
3. 主張解中心化的哲學論述，重視邊際論述的多元聲音。
4. 強調異質性，認為包容、尊重與多元是其中心思想。

(二) **後現代主義對諮商輔導的影響**：

1. 發展出新興的諮商輔導觀點，例如：
   (1)敘事諮商。　　　　　　　(2) 焦點解決短期諮商。
2. 諮商者與當事者間的關係是合作平等的。
3. 重視當事者的故事敘述、詮釋及意義，強調諮商者是扮演一種學習者的角色。

十、試論在社會科的教學上，教師對兩種不同學習風格（learning style）的學生，包括場地依賴（field dependence）與場地獨立（field independence），應如何展現不同的教學策略。

答：Witkin將學習風格分為場地獨立型及場地依賴型，按照題目規定說明如下：

(一)**場地依賴的社會科教學策略**：

1. **場地依賴型的學習風格**：個體學習時的知覺判斷容易受周圍刺激的干擾。

2. **社會科教學策略**：

(1)小組討論：透過團隊合作，可改進過去傳統教學中的同儕競爭現象，有助發展學生的表達、溝通、分享等基本能力，建構優質教學願景。

(2)合作學習：採取異質化的小組分組，並鼓勵組內合作，以使學生獲得鷹架學習、發展人際關係、培養團隊合作精神及滿足情意需求。

(二)**場地獨立的社會科教學策略**：

1. **場地獨立型的學習風格**：個體學習時的知覺判斷較少受周圍刺激的干擾，容易專注者。

2. **社會科教學策略**：

(1)編序教學法：屬於個別化教學的教學策略，其係指依據操作制約學習理論，社會科的教學進度依學生個別差異而由其自訂，且在學習過程中，學生會受到立即增強，以提升學習動機與效果。

(2)精熟學習法：亦是個別化教學的教學策略，係由Bloom所提出，在進行社會科教學時，主張讓學生擁有達成學習精熟程度的足夠學習時間，且透過各種評量及補救教學，協助學生達成精熟學習。

第5章 諮商技術

依出題頻率分：A頻率高
B頻率中 C頻率低 ｜頻出度 B

命題焦點

1. 諮商的技術：(1)打破僵局。(2)傾聽。(3)初層次共鳴性了解。(4)具體、澄清、引導自我探討。(5)高層次共鳴性了解、自我開放、對質、立即性。(6)摘要、解釋、解決問題技術、決策技術、角色扮演。(7)行為改變技術、家庭作業。
2. 特殊的諮商關係問題：移情作用、反移情作用、抗拒作用。

📥 精華摘要

一、諮商的技術

　　諮商是輔導人員與當事人互動的過程，有效的諮商技術臚列如下：

(一) 打破僵局（Ice Break）

1. 諮商關係建立之初，必須先打破諮商員與當事人因初見面所產生的焦慮、不自然之氣氛，以緩和當事人的情緒，使其能自然而順利地說出自己的困難，建立互信的第一步。
2. 利用各種話題打破僵局，主要是諮商員對當事人言行做入微的觀察，然後以溫和的態度說出對當事人的感受與了解。

(二) 傾聽（Listening）

1. 傾聽的作用在於辨別周遭人、事、物，尊重當事人，對當事人有增強作用的效果及激發當事人反應而更具體探討問題等四個作用。
2. 傾聽技術表現包括行為上及心理上：
   (1) 行為上：
   　　A. 諮商員的語調及面部表情應表現出穩重與親切感，並隨晤談內容而調整一致，身體稍往前傾向當事人，讓當事人有被接納的感覺。

B. 面談時，兩人座位呈90°角，眼神45°對望，保持眼睛的接觸，展現出關心與專心的態度。
C. 保持開放、接納的姿勢，避免雙手交叉抱於胸前的防衛。
D. 自然而不做作的態度及風範。
(2) 心理上的傾聽：主動傾聽當事人語言及非語言訊息：
A. 語言訊息：深察當事人所說出的字面意義及隱含的意義，所以應採完全的傾聽（total listening），要做到完全性傾聽，則要心無旁鶩，不帶防衛性的態度聽當事人的敘述，以達到共鳴性了解。
B. 非語言訊息：包括當事人的身體動作、姿勢、面部表情、聲音高低等，這些訊息可能會透露一些當事人的內在意義，但諮商員要適當地接收當事人表達的非語言訊息，應避免過分注意或過分解釋它們，而忽略其他溝通內容。

(三) **初層次同理（Primary empathy）**
1. **主要是傳達諮商員對當事人的感覺與經驗的了解。**
2. **原則：**
(1) 保持專注與傾聽，先了解當事人的經驗，然後才能正確地描述當事人的感受，因而正確描述當事人的內心感受與實質的經驗。
(2) 情感表達技術的增加、適度的表達（包括口語、字彙的運用）。
(3) 當事人訊息的表達。
(4) 同理的表達，在語調與態度的表達上亦應與內容一致。
(5) 初層次同理的反應可多做，但應簡潔，同時要有彈性或試驗性，以便使當事人有餘地來肯定、否定、解釋、澄清或轉變重點。

(四) **高層次同理（Advanced empathy）**
1. 此種技術不僅是當事人明白表示出來的部分做反應，同時亦對其話中隱喻的及未明白敘述出來的部分做反應。高層次共鳴性了解通常是由當事人的反應作判斷。
2. **高層次同理有許多不同的表達方式：**
(1) 協助當事人擴大視野。
(2) 協助當事人覺察他的間接暗示。
(3) 協助當事人覺察他所說的話中，根據邏輯引出的結論。
(4) 協助當事人打開他曾暗示而未加以探討的部分。

(5) 協助當事人發現他可能忽略的部分。

(6) 協助當事人辨識問題重點。

(7) 協助當事人完全掌握他原先只能部分掌握的行為與感覺。

表5-1　同理量表

層次一	協助者並沒有專注於當事人所表達的感覺，因此他所溝通出來的當事人的感覺要比當事人已表達的少。
層次二	雖然協助者的確對當事人所表達的感覺做反應，但是反應中很明顯地忽略當事人所表達的情感成分。
層次三	協助者對當事人的語言或行為的表達做可互換（interchangeable）的反應。換言之，協助者表達出與當事人所表達的完全相同的情感與意義。這個層次也可說是能使人際關係產生效果的最起碼的層次。
層次四	協助者的反應是一種增加性（additional）的反應，能表達出當事人沒有表達出來的屬於自己的深層的感覺。
層次五	協助者能表達出更多當事人沒有表達出來的更深層感覺。

（採自R. R. Carkhuff, & G. B. Berenson, 1967, p.5）

(五) 具體（Concrete）

1. 用具體的言詞或形容詞來協助當事人討論其所表達的感覺、經驗或行為。

2. 諮商員要幫助當事人更具體，首先自己必須以具體方式來表達，在此過程中，應採用開放式問句的方式。

(六) 澄清（Clarification）

1. 澄清技術是，將當事人所說或想說的各種訊息連貫起來，但必須以當事人的參考架構為依據。確認當事人自己的想法或立場。

2. 使當事人及諮商員雙方的溝通更順利而深入，並避免只解決表面問題而無法使當事人完全地成長。

3. 此技術在使用時，諮商員應使用有彈性的語氣，使當事人有肯定或否定的餘地。藉此達到實際的效果。

(七) 引導自我探討（Leading Self-exploration）

1. 引導當事人作深入而具體的自我探討，此目標為獲得與造成問題有關的資料及解決問題有關的資料，透過自我探討可使整個諮商過程朝向一具體的目標進行。透過此一過程將有效與無效的行為分析透徹。

2. **方法與原則**：

(1) 諮商員在諮商過程中，應表現出同理、尊重、溫暖、具體與真誠的態度，使當事人感覺被了解，而願意更坦誠地開放自己，更深入地探討自己。

(2) 先從當事人所呈現的自我探討層次去了解當事人，因為彼此如果在了解的層次上溝通，可減少潛伏在心裡的偏差觀念和判斷。

(3) 諮商員應將探討的重點放在：

A. 當事人導致失敗的行為。

B. 當事人本人所具有與解決問題有關的各方面潛能。

(4) 諮商員探討的題材一般包括當事人的人際關係；對自己、工作、他人或世界的假設；當事人的目標、生活方向和價值觀。透過價值觀的釐清了解當事人的內心世界。

(5) 諮商員要給予當事人支持和肯定，使其放心地開放自我後，深入地自我探討，使其敢面對「真正的我」，而不是一味逃避與虛偽、掩飾。

(八) **自我揭露**（Self-disclosure）

1. 自我開放的技術是指諮商員在必要的情況下，「適當地」將自己的感覺、經驗和行為與當事人分享，以增進當事人對自己經驗及行為後果的了解，因為此種技術的引導相當困難，不過運用此技術時，諮商員要非常精確地判斷，切勿使之對當事人造成威脅、負擔或分散其注意力。

2. **產生的作用**：

(1) 雙方互動的模式導引分析其相似性，可增加諮商員對當事人的吸引力。

(2) 諮商員願意自我開放，表示信任當事人，此時重要的是信任感的增加。

(3) 一個開放的諮商員可縮短其與當事人因角色不同而造成的距離，並且增進相互間的了解與接納。

(4) 諮商員的自我開放具有示範作用，讓當事人在安全的諮商過程中，學習更有效地開放自己，並樂於接納他人。

3. **注意事項**：

(1) 諮商員必須在認定自己的經驗對當事人有所幫助的情況下才做自我開放，並肯定自我開放的價值。

(2) 自我開放應與其它目的相聯結。

(3) 諮商的自我開放不應使原本已感沉重的當事人再增加負擔，諮商員的自我開放對當事人是否有幫助，需視其內容與時間而定。

(4) 諮商員的自我開放，不應分散當事人對自己問題的注意力。

(5) 諮商員自我開放的次數與內容不宜太多。否則容易破壞和諧的關係。

(6) 諮商員的自我開放需「適時」。

(九) 面質（confrontation）

1. 諮商員基於對當事人的感覺、經驗與行為深刻的了解後所做的反應，可說是一種共鳴性了解的延伸。

2. **面質的目標：**

(1) 協助當事人探討他目前很不情願探討的感覺、經驗與行為。

(2) 協助當事人了解其破壞性的行為和未加利用的資源。

(3) 協助當事人學習如何與他自己面質，並面對現實。

3. **內容與技術：**

(1) 矛盾：諮商員面質時是協助當事人看清其生活中或行為上所存在的矛盾，以便更深入了解自己。

(2) 歪曲：在當事人不願面對事情真象時，往往會歪曲事實，此時諮商員可建議當事人往各個角度看自己、他人或生活本身，協助其有彈性地從不同的角度來衡量事情。

(3) 詭計：當事人常以詭計來獲取諮商員的同情而逃避一些責任或改變，諮商員應以一種關懷及負責的方式來向當事人挑戰，使其對自己的責任無所遁逃，找出各種事情的真象。

(4) 藉口：當事人往往為了推卸責任，盡指別人的錯而聲稱自己是對的，透過面質讓當事人面對自己的錯誤及各種決定。

(5) 價值觀：諮商員要注意避免直接攻擊當事人本身的價值觀，以免引起當事人的防衛。

4. **使用面質技術的原則：**

(1) 採取同理的態度。

(2) 使用緩和而有彈性的語氣。

(3) 表現關心和參與的態度。

(4) 使用面質技術需「適時」，在諮商員與當事人之間已建立良好的關係時，方宜使用。

(5) 採用「漸進法」來面質，避免一下子對當事人提出過多問題，做過度的要求。

(十) **立即性**（immediate）

1. 就目前發生在諮商中兩人的關係，進而直接而開放的討論，此即「立即性」技術。

2. 使用立即性技術，此技術可說是融合了自我開放與對質二種技術。

3. 諮商員應注意必須與當事人維持良好的諮商關係時，才適合使用立即性技術，且語氣上要和緩、有彈性，才不至於變成「指責」。立即性的使用時機：

　(1) 諮商員與當事人有不同的風格時。

　(2) 諮商員與當事人之間存有信任的問題。

　(3) 當事人過度依賴諮商員時。

　(4) 當事人表現反抗諮商員時。

(十一) **摘要**（summary）

1. 摘要技術是諮商員把當事人所說過的內容、所表達出的情感及想法等，做一個整理，以簡單、明瞭、確實的方式陳述，一方面可以增加當事人的自我了解，以及做更深入的自我探討，另一方面可使晤談方向更明確。

2. **摘要技術的使用情境**：

　(1) 是在當事人表達一些凌亂、含糊不清的訊息及資料之後，諮商員使用摘要技術，藉以作核對與檢核的工作。

　(2) 當諮商員覺得當事人敘述的資料中，某部分很重要，值得進一步探討的時候。

　(3) 利用摘要結束某一個主題的討論，同時開展另一個新的主題。

　(4) 讓當事人嘗試自己做摘要。可以考驗當事人對晤談過程的了解，另一方面也可以增進他的責任感。不過，諮商員必須先作一良性的示範。

(十二) **解釋**（interpretation）

1. 諮商員使用解釋的技術，以某些理論為依據，試著去分析、描述當事人的思想、感覺和行為，協助當事人從一些新的角度去了解事情的意義，以分析問題的主要癥結。

2. **解釋的時機要恰當**：解釋的技術往往是在晤談一段時間之後才使用，因為諮商員對當事人的問題和看法有充分的了解以後，才可能對當事人的問題做合理而深入的分析。解釋可由淺到深，先對明顯的或表面

的行為現象做解釋，等到諮商員與當事人之間已經發展出較深的信任關係之後，再對比較深入、隱私的問題做解釋。

3. 使用解釋技術時，對當事人的問題必須有深入的了解，以彈性的語句反映出來，再加入諮商員的解釋，儘量避免過度分析或不當的「標籤」（labeling）將不適當的理論或現象加注在當事人身上，才能發揮功能。

(十三)　**形塑目標**（decision-making skills）

1. 形塑目標即是用來協助當事人考慮和評估各項內外條件與資料，在多種可能的方法或途徑中，權衡利弊得失，選擇最適合或最有利者，作成決定。

2. **作決策過程的一般情況：**
   (1) 確定問題：具體而明確的問題有助於決策者的思考，因此諮商員必須先協助當事人澄清問題的真象。
   (2) 蒐集資料預測結果：蒐集資料的工作可在諮商過程中，藉諮商員與當事人的晤談，不過當事人仍需利用其他時間蒐集，諮商員可協助當事人探討蒐集的方法、步驟及預測結果的能力。
   (3) 預期目標（價值觀分析）：諮商員必須協助當事人澄清其價值觀念或分析其預期達成的目標。
   (4) 綜合分析作成決定：在作成最後決定之前，諮商員與當事人仍可隨時檢討前項各步驟，作必要的修正，以確定最後的決定為最適合當事人。
   (5) 擬定計畫切實執行：作成最後決定後，即應詳加計劃並切實執行，並評估執行的結果。

(十四)　**角色扮演**（role-playing）

1. 角色扮演的技術，協助當事人透過「親臨其境」的方式，對自己、他人以及問題的癥結有更明確的了解。

2. **使用情境：**
   (1) 協助當事人澄清自己的感受。　(2) 協助當事人澄清他人的感受。
   (3) 協助當事人預演行動計畫。

3. 使用時，應注意諮商員與當事人對即將扮演的角色有充分的了解，要使當事人在扮演中想停止時即馬上停止，要使當事人在扮演時無心理壓力才能達到此技術的效果。

(十五)**行為改變技術**（behavior modification）

1. **基本假定**：各種行為無論是好是壞均是學習而來，因此亦可藉學習歷程予以改變。

2. **理論基礎與依據**：

(1) 制約：有古典式及操作式制約二種，前者是將原本不能引起個體某種反應的中性刺激伴隨另一個能夠引發該反應的刺激（是謂非制約刺激）多次出現後，此中性刺激將能產生與非制約刺激所引發的相似的反應，後者的原理是個體產生某自發性反應，反應之後帶來某些增強刺激或增強物，將使此反應的強度與頻率增加。

(2) 增強：個體產生行為反應之後，若得到愈快滿足的後果，則該項行為反應的出現頻率將增加，反之則減少。包括正增強與負增強兩種。

(3) 消弱：個體產生行為反應後，如獲得任何增強，其出現率將趨遞減。

(4) 類化：個體若對某一刺激產生反應，則對與此刺激相類似之刺激亦將產生反應。

(5) 分化：個體可透過選擇性增強之方式，對相異之刺激表現不同之反應。

3. **行為改變技術的使用**：

(1) 分析起點行為：諮商員需具體了解當事人的行為現狀，客觀地評量當事人具有何種破壞性行為，此種行為出現的頻率如何，以及其能力之限制何在。

(2) 確定終點行為：擬定需改變或養成的行為屬何種型態，同時建立評量此項終點行為的方法，終點行為訂得愈具體，則訓練之重點亦愈明顯，訓練亦愈易實施，同時訓練結果之衡量亦將有更具體可依循之標準。

(3) 選擇適當之增強物：增強原理乃是行為塑造技術之關鍵所在，諮商員在開始此項訓練計畫之前，需先找出對當事人適合而有效之增強物，實施增強物時，應掌握「及時」與「正確」二項原則，給予適時的增強。

(4) 採用漸進方式養成行為：諮商員可將當事人的起點行為與所擬定之終點行為之間的過程分成數個段落或部分，當事人達到一部分之目標時，即給予增強，如此一步一步循序漸進，以達到最後之終點行為。

(5) 評量：經過上述四項步驟，實施訓練方案之後，諮商員需就當事人行為改變之情形加以評量。一方面確定行為之改變是否鞏固，另一方面了解行為未達目標之原因，前者可藉撤除增強物的方式以確定所建立的行為是否已鞏固，或所消除的行為是否不再出現。

(十六)家庭作業（homework）

1. 在與當事人諮商時，有必要給予當事人一些家庭作業。此種家庭作業的安排，一來可以增加當事人對其在諮商以外之行為的責任感，二來可使當事人學習掌握自己的行動，對自己的各項行動負責任。

2. **使用原則**：
   (1) 必須是出自當事人之需要，而由諮商員與當事人共同商討制定者。因此，家庭作業是一種簽合約的關係。
   (2) 所定之家庭作業內容必須明確、具體，而且可行。

3. 含有實施的期限，因此在此期限到期之時，諮商員應與當事人再次的約談，以了解實施之情形，未能實施之原因以及修正家庭作業之方法，如此將可使諮商的方向更為明確有效。

二、特殊的諮商關係問題

(一)移情作用（transference）

1. 移情是指當事人對諮商員的一種感覺，此種感覺可能是對諮商員人格的一種合理反應，此種現象可說是當事人對「過去的經驗」與「現在的情境與事件」之間的關係產生某種知覺或體認的結果，移情的內容通常包含正、負向。

2. 移情的根源為當事人的生活經驗（尤其是早年與重要他人的關係）。

3. **在諮商過程中的運用**：
   (1) 移情作用允許當事人表達出歪曲的感覺，有助於諮商關係之建立。
   (2) 諮商員若對當事人的移情作用處理得當，將可增進當事人的信任感。
   (3) 透過諮商員之解釋，當事人將更能了解移情中之感覺與其目前生活的關係及影響力。

4. **處理的方式**：
   (1) 接納：諮商員接納當事人此種移情的感覺，使其能自由地表達此種情感而無所限制。
   (2) 澄清：諮商員以問話澄清當事人所表現出來的情感現象。

(3) 反射：諮商員將當事人之感覺表達出來。

(4) 充分體驗：諮商員可著重在「當事人現在的感覺是什麼」，讓當事人充分體驗此時此地的行為與感覺，在其充分掌握自己的經驗之後，再探討「為什麼」，找出其主要的原因及癥結，才會有效果。

(5) 投射：諮商員可請當事人敘述自己的投射心理，並且反覆地描述，直到當事人覺得那是自己真正的感覺為止。

(6) 轉介：如果當事人的移情作用太強烈，超出諮商員的處理能力，諮商員應將當事人轉介給專業心理治療助人者。

(二) **反移情作用**（countertansference）

1. 反移情作用乃是指諮商員對當事人表達的一種情緒反應或投射作用。

2. **反移情作用的根源為諮商員的「焦慮」所造成的，諮商員的焦慮主要來自三方面**：諮商員本身尚未解決的私人問題、情境的壓力及受當事人的情緒感染。

3. **處理方法：**

(1) 找出感覺的來源：諮商員時時做自我檢討。

(2) 與同事或師長討論：諮商員把自己對當事人的某種特殊感受，和與此個案無關的人員討論，有助於了解與澄清。

(3) 利用團體諮商的方式：如果諮商員有可能會因為當事人對其強烈的情感反應而產生反移情作用，在此種情形下，諮商員可利用團體諮商的方式，可減少諮商員產生反移情的可能性。

(4) 與當事人討論：諮商員可考慮將自己對當事人的情緒反應提出來與當事人討論，但此種方法的運用容易導致負面的效果。

(5) 轉介：考慮將當事人轉介給另一位專業治療師。

(三) **抗拒作用**（resistance）

1. 抗拒作用可視為一種防衛性質的移情作用，亦即當事人反對諮商的一種防衛系統。抗拒的型態不僅變化多端，其程度之深淺亦有不同，諮商員不僅要對當事人之抗拒表現敏銳之覺察力，同時亦要能夠評量抗拒之強弱。

2. 抗拒作用之根源可能是當事人對諮商員所談的話題或諮商的情境感受威脅，此種受威脅的感覺引起當事人的焦慮感。

3. **處理方式：**
   (1) 留心但不處理：諮商員將輕微的抗拒現象，視為諮商的正常現象，不必刻意去正視。
   (2) 緩和地適應：如果當事人的抗拒已較前明顯，諮商員覺得必須採取行動時，可引導當事人做理性方面的討論，或改變引導的速度。
   (3) 轉移話題：諮商員一方面稍微轉移主題，另方面亦減少自己介入的程度，減輕當事人的壓力。
   (4) 直接面質：如果諮商關係與晤談的架構均十分良好，而當事人亦能自覺自己的抗拒現象，此時諮商員可用直接面質的方法將抗拒現象明白提出來與當事人討論。
   (5) 轉介：決定是否應轉介該當事人。

三、對具T型性格的學生之輔導

(一) T型性格之相關論述

1. T型性格由Farley發展而成，他用T型性格來形容追求刺激、喜歡冒險、具有強大好奇心、崇尚未知、不確定感的性格。
2. 其和青少年偏差行為的產生有密切的關係，故我們應加強青少年的教育和輔導。

(二) 國中教師辨識具T型性格學生之方法

1. T型性格學生的發展特質，多隸屬感低，主觀自我意識強，以自我為本位，卻無法尋找真正的「自己」。
2. T型性格學生情緒多變與極端化，其情緒在短期內起伏很大，不知如何處理自己的情緒，遇到挫折時，常採用壓抑或攻擊的方式宣洩。
3. T型性格學生，心理上容易感到無依、無助，對自己缺乏信心。

(三) 國中教師與輔導具T型性格學生之方法具體策略

1. 師長在此時，必須洞察現代青少年共同的社會性格，並從旁予以協助，幫助其渡過這個階段，從發展自我，自我探索，全心全意投入與自我實現的追求過程中，達成自我認證。
2. 教師可協助學生覺察自己的情緒起落，學習管理自己的情緒。不要將情緒當成事實，要能覺察到隱藏在情緒後面的問題，如失望、防衛、恐慌、憂慮、沮喪、害怕、自卑。

3. 教師以敏感的觀察及關懷的態度，使用相同的語言或行為，反射青少年內在真正感受，並引導T型性格學生多與同儕團體互動，使其能在同儕團體中，能獲得歸屬感、自我觀念獲得支持，增強自我的信心。

四、對具偏差行為的學生之輔導

(一) 國中生暴力與違規行為之主要成因

1. **家庭因素：**
   (1) 家庭不利：如父母失業、打零工、四處奔波、家庭貧困等。
   (2) 父母關係有問題：如父或母與人同居、父母再婚、繼親家庭等。
   (3) 父母本身有不良嗜好或偏差行為：如吸毒、打麻將、賭博、黑道、幫派、喝酒、暴力等。
   (4) 安置問題：如寄養於叔叔阿姨家、隔代教養等。
   (5) 父母的價值觀與教育態度有偏差現象。

2. **學校因素：**
   (1) 學校編班策略，促使學生受到不公平對待。
   (2) 學校環境、班級氣氛與師生關係為營造和諧、學習與關懷的氣氛。
   (3) 教師教學態度與獎懲方式不當。
   (4) 考試引導教學，學生學習興趣受到忽略。

3. **學生同儕因素：**
   (1) 學生次文化的不當影響。
   (2) 學生不當言語、行為、思考的模仿。
   (3) 學生由於消極的學習態度與缺乏人生目標所隱發的藥物濫用現象。

(二) 針對上述之成因擬定合適之班級經營策略

1. 學校宜從制度、課程與教材教法上力求改進，形塑優質的學校與班級學習氛圍。

2. 青少年的人格應受到尊重，教師宜重視班上所有學生在社會中的地位，並安排學生在班級中扮演適當的角色。

3. 教師可營造民主溫馨的班級氣氛，鼓勵學生勇於說出自己的學習需求與身心感受。

4. 教師宜把握因材施教的原則，根據學生個別差異，幫助學生發展所長。

5. 教師應發揮教育愛與關懷，關心學生家庭狀況、學習情形以及身心發展，了解學生的學習困難或心理壓力，協助學生正確解決問題。

五、對單親學生的輔導

目前的社會，單親學生越來越多，學校與教師的確需多花點時間了解單親學生的學習情況，以協助他們成長。現就題意說明如下：

(一) 單親學生所可能面臨之問題

1. **情緒**：來自單親家庭的學生往往有自卑感，覺得自己比別人差，會有情緒的困擾。尤其是那些父母已離異的單親學生，多會憎恨父母令他們成為特別的一群，失落情緒難以紓解。當父母再婚時，他們的情緒易受到波動，也會間接影響生活情緒。

2. **學習**：由於很多單親同學的父母需要外出工作，加上有些學識疏淺，不能在學習上給予兒女適當的幫助，故此這些同學普遍在學業上遇到困難，學習成就欠佳，並且常欠交功課。由於在學習上得不到成功感，有些單親學生便沉迷耍樂、到處找尋認同和滿足感。結果，導致他們多會經常曠課、無心向學、成績每況愈下，最後甚至離家出走，並且容易在外結交損友，誤入歧途，中途輟學者亦不少。

3. **人際關係**：大部分單親學生與家長的關係疏離，很少與父母溝通，甚至經常發生口角和衝突。很多在單親家庭環境下長大的學生都缺乏自信和安全感，他們大多不善表達、也不懂與人交往。在其自卑和情緒化的心理下，常常容易與同學發生摩擦和爭吵，在班裡自然不受歡迎。可是單親學生極渴望得到別人的接納，故此他們經常在班裡表現特殊行為以爭取別人的注意，結果總是失望的多。

(二) 單親家庭輔導的重要性

1. 在目前多元化開放的社會，男女追求速食愛情、忽略責任在婚姻中的重要性，因此單親、失依學生人數有遽增的趨勢。

2. 根據心理學家的研究，家庭對個人人格、智力、性格等深具影響力，家庭的影響力往往深及一個人的一生。

3. 就目前犯罪檔案數據顯示，青少年犯罪者大多出自破碎家庭，因此單親家庭學生的生理、心理與學習更值得教育單位深思重視。

(三) 針對單親學生學校與教師可提供的輔導與協助之途徑

1. 學校可定期安排親師懇談會，鼓勵家長傾聽孩子講講他們在學什麼。這有助於幫助家長把握孩子的理解能力，給他們機會提高思考問題的能力和口頭表達的能力。

2. 教師應積極地給這些家長打電話或寫信取得聯繫，並針對學生在校的學習情況及時反饋，讓他們知道教師理解他們做家長的難處。

3. 教師應盡可能地獲得與單親學生家庭有關的資訊，同時，教師必須向家長及時提供至關重要的資訊，尤其是學生的行為或學習出現問題時，單身家長需要儘快得到這樣的資訊，以便有效地與校方配合。

4. 教師宜依個別單親學生的身心發展情況及學習興趣，適度調整教學方式，以幫助單親學生學習順利。

5. 單親學生若能在安排好的計劃的指導下，學習將顯得更加努力，因此教師可和家長一起設計一個每晚做家庭作業的固定時間，如此可提升單親家庭親子間的親密關係，也可以提高孩子們讀書的興趣。

6. 大多數雙親家庭中，教育在家庭生活中占中心地位。但單親家庭則打亂了日常生活規律，往往給學校的重要地位帶來消極影響。提醒家長注意要認可孩子的學習成績，表達自己的喜悅，並給予適當的獎賞，這能幫助學生認識到教育的重要性，在新家庭中重樹學校的地位。

總括而言，單親同學在學校要面對的困難確比其他同學多，他們極需要多些體諒、支持和援手，以度過不幸的處境。

六、團體輔導、團體諮商與團體治療的區別

	團體輔導	團體諮商	團體治療
1.工作目標	預防性、發展性	治療性、支持性	焦點支持
2.工作重點	資料為主	問題為主	人格重組
3.進行方式	領導者中心	催化員協助	成員分享
4.工作性質	資料性	資料性、情感性	情感性

▣ 解釋名詞

場面構成（structuring）

場面構成是一種常見的輔導諮商策略，在一開始進行輔導的時候，要細心留意當事人的需求以及要接受的輔導方式，且周全和當事人說明輔導的進行方式及注意事項，且可以和當事人建立信任的輔導關係。

▣ 嚴選題庫

一、試說明案主中心治療法（client-centered therapy）的理論基礎及其應用。

答：「案主中心治療法」是Rogers所提出，茲依題意說明如下：

(一)「案主中心治療法」之理論要義

1. 個體任何問題皆源之於情緒的阻礙或衝突，強調治療者的態度、個人特質及當事人與治療者間關係的性質是治療過程中最基本的決定因素。

2. 對人性抱持積極的看法，人格結構包括：

(1)個體（organism）：指個人的整體，包括其思想、行為及生理上的結構。

(2)現象場（phenomenal field）：指個人經驗的所有內外在世界。

(3)自我（self）：是現象場的獨特部分，由主觀的知覺及種種有關「我」的感受及價值觀念所組成，為個體與環境交互作用的產物。

(二)「個人中心治療法」之應用

1. 其應用目標是與受輔導者建立一個適當關係，來協助受輔導者自我實現，逐步信任和開放自己。

2. 強調輔導者本身具備真誠一致、無條件積極關懷和同理心。

3. 所注重的是輔導關係的建立，透過真誠、同感和尊重，使受輔導者在輔導過程中扮演主導角色。

4. 輔導員的態度重於其技術，注重聆聽、接納、尊重、了解和回應。

二、何謂代幣制度（token economy）？如何運用代幣制度協助他人建立正向行為？

答：代幣法是基於操作制約所發展出來的行為改變技術，於此依題意說明如下：

(一)代幣制度之意義

1. 代幣制度是將合宜和不合宜的行為及其相對應的獎賞和處罰先作明確、客觀的定義。

2. 所定義的行為必須是容易觀察評估的。

3. 其所根據的理論基礎，主要是效果律和聯結律。

(二)以學習適應與生活適應來說明代幣法在日常生活中的應用。

1. **在學習適應方面**：學校教師可以先和同學約定希望達到的學習行為目標，例如學生學習成績進步，然後再以雙方約定使用代幣的方式，例如教師口頭鼓勵，或是給予小卡片、貼紙等獎賞物，讓學生慢慢地達到學習適應的效果。

2. **在生活適應方面**：如果父母希望小孩養成每日閱讀的習慣，可以先和小孩約定預期的行為目標，例如每天看一本童話書，然後只要小孩達到這個目標，就給予一張小卡片，蒐集十張小卡片就可以買一個玩具，長期下來，小孩自然可以獲得閱讀的樂趣，而不用再依賴外在誘因。

三、當科長在對同事做簡報時，進行到半途時科長背對聽眾寫板書，聽到後面有人在竊笑。科長轉過頭來，把白板筆摔到地上，大吼：「你們在我背後搞什麼鬼？難道一點基本禮貌都不懂嗎？如果讓我再聽到有人大聲笑，我就每個人都記缺點。」

(一)上述情節的當事人（科長）此時此刻的情緒感受可能是什麼？（請條列出至少兩種）

(二)從理性情緒治療理論的觀點，引發上述當事人（科長）負面情緒的非理性信念可能是什麼？（請條列出兩種）

答：理性情緒治療理論由Ellis始創，茲依題意說明如下：

(一)當事人（科長）的情緒感受之說明：當事人（科長）由於產生非理性信念，所以產生負面情緒，包括：憤怒、猜疑等。

(二) 從理性情緒治療理論的觀點，說明引發上述當事人負面情緒的非理性信念

1. 抄寫板書時，一定要安靜無聲，事情若不如吾人預期的發生，那就是很糟糕的情況。

2. 每個人都需要得到自己生活中所有重要他人的讚許，所以當我在寫板書時，背後有人嘻笑，這是不尊重我的行為。

四、為什麼完形諮商認為個人過去的未完成事件是造成個人現在行為或心理困擾的主因？個人在現在的生活情境中有可能採用那些行為反應未完成事件？

答：完形諮商的代表學者為Perls等人，茲依題意說明如下：

(一) **完形諮商認為個人過去的未完成事件是造成個人現在行為或心理困擾的主因**

1. 完形諮商的理論基礎為：
   (1)存在主義及現象學。
   (2)整體大於部分之和，夢是通往統整的捷徑。
   (3)以「現在」為中心。

2. 個人過去的未完成事件，代表一種未竟事務(unfinished business)觀點，若是在當事人的現在時間出現，會造成個人現在行為及心理困擾。

3. 換言之，個人過去留下的憤恨、嫉妒等負向情緒，會與現在的事件印象相互連結，留存在個體的潛意識之中，進而讓個體無法與他人進行正常的接觸與思考。

(二) **個人在現在的生活情境中，反應未完成事件之行為方式**

1. 逃避未竟事務。

2. 抗拒接觸：回攝、融合、投射、解離。

3. 良好的接觸。

五、與當事人建立良好的關係是諮商輔導工作中相當重要的一環，請針對「積極傾聽」、「簡述語意」、「情感反映」等三項有助於建立良好諮商關係的技巧，說明其使用的方式及目的。

答：與當事人建立良好的關係是諮商輔導工作中相當重要的一環，茲依題意說明如下：

(一)**積極傾聽：**
1. 諮商者以認真的態度來傾聽當事者的訴說，而不表示贊同與否的意見。
2. 可以創造給予當事者安全感受的諮商環境。

(二)**簡述語意：**
1. 將當事者所表達的部分，諮商者用自己的話重新覆述一遍。
2. 目的在於讓當事者可以明白諮商者是否真的瞭解當事者要表達的意義及感受。

(三)**情感反映：**
1. 諮商者將本身所感受的當事者情感部分，明白的告知當事者，包括：反映內容、反映感覺、反映行為意義、反映當事者未表達的情感部分。
2. 可以有效建立信任的諮商關係。

六、眼動心身重建法（eye movement desensitization and reprocessing）被廣泛用來輔導性侵害的受害者，請對其八大輔導階段中的「衡鑑」與「減敏」階段之實施作為，詳加以說明之。

答：眼動心身重建法（eye movement desensitization and reprocessing）提出學者為Shapiro，被廣泛用來輔導性侵害的受害者，茲依題意說明如下：

(一)**眼動心身重建法的基本概念：**
1. **定義**：眼動心身重建法係指透過晤談，來幫助個體減輕心理創傷與重建心理健康的心理治療方法。
2. **基本假設**：人具有內在的潛能，來面對與處理外在的不幸事情。
3. **功能**：可幫助個體不藉由藥物的作用，來減少負面情緒及恢復心理健康。

4. **八大輔導階段：**

(1)檢視當事者的病史，並提出具體的處理計畫。

(2)準備階段，治療者與當事者要先建立良好的信任關係。

(3)衡鑑期。

(4)減敏期。

(5)植入正向的自我信念，替代負向的自我信念。

(6)請當事人掃瞄全身，指出仍不舒服的地方。

(7)結束階段。

(8)再評估，瞭解治療效果，並擬定下一期的治療計畫。

(二)衡鑑及減敏階段的實施作為

1. **衡鑑：**

(1)先確認要協助當事人所要處理的最優先事件影像、負向信念等。

(2)採用不同量表，來評估當事人的困擾程度。

(3)確認當事人的困擾程度會反映在身體的哪一部位。

2. **減敏：**

(1)當事者進行眼動時，應保持專注，並跟隨治療者的手指，持續眼動。

(2)當事者進行眼動時，治療者逐步呈現與當事者創傷有關的影像，並觀察當事者的反應。

七、過去由於校園霸凌事件頻傳，教育當局對此也設立多項的輔導及補救方案。故請假想你在學校是負責此方案的人員，試分別說明你將如何運用「操作制約理論」、「社會學習理論」及「認知改變理論」來輔導霸凌者，並減少校園霸凌事件的發生頻率？

答：茲按照題目規定，說明輔導霸凌者並減少校園霸凌事件的可行策略如下：

(一)「操作制約理論」的相關策略：

1. 當霸凌者減少校園霸凌事件的頻率，輔導者便移去霸凌者不喜歡的增強物，例如：罰寫、勞動服務等。

2. 當霸凌者出現友愛同學行為時，輔導者便給予霸凌者喜歡的增強物，例如：公開表揚、微笑等。

3. 利用代幣制，例如，可以先和霸凌者約定希望達到的行為目標，然後再以雙方約定使用代幣的方式，例如教師口頭鼓勵，或是給予小卡片，讓霸凌者慢慢地表現正向行為。

(二)「社會學習理論」的相關策略：

1. 善用觀察學習、模仿學習、楷模學習及自我調節學習來輔導霸凌者。
2. 學校相關人員應展現正向的行為，以輔導霸凌者生可以得到楷模學習。
3. 可透過自我觀察、自我評價、自我強化等策略，來培養霸凌者的自律行為。
4. 可透過替代性增強及象徵性增強，來養成霸凌者的理想行為。
5. 重視提升霸凌者的自我效能，例如：直接經驗、間接經驗、書本知識、自我身心評估等。

(三)「認知改變理論」的相關策略：

1. 認知改變理論可以費斯汀絡（Festinger）的認知失調理論為代表。
2. 根據其理論觀點，當個人對於某件事的相關認知失衡時，個人就會產生改變認知的驅力，以改變自己的態度。
3. 所以，輔導者可以營造讓霸凌者感到認知不協調的情境，以使霸凌者改變態度。

第6章 學生資料的蒐集與應用

依出題頻率分：A頻率高
B頻率中 C頻率低　頻出度 C

命題焦點

1.學生評量的程序：評量的階段。
2.學生資料的蒐集方法。
3.測驗法：(1)測驗應具備的條件；(2)測驗的種類。
4.問卷法：優點與限制。
5.晤談法：優點與限制、類型、步驟。
6.觀察法。
7.個案研究法：優點與限制。

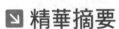

↘ 精華摘要

一、學生評量的程序

(一)**意義與目的**：在蒐集學生資料的過程中，對學生目前或未來的行為，加以診斷、分析、並作預測，以增進其自我了解，並能適時採取適切的行動。

(二)**步驟**：學生評量的過程依據其程序可分為八個主要的程序：

1.覺察評量的必要性。　　　2.找出需要做的決定與判斷。

3.將決定具體化。　　　　　4.將判斷具體化。

5.蒐集資料。　　　　　　　6.分析並解釋資料。

7.溝通評量之結果。　　　　8.評鑑與提供回饋。

二、學生資料的蒐集方法

(一) 測驗法

1. **定義**：所謂測驗，乃指一種標準化（standardized）工具，用來測量個體某種行為、能力、知識或技能的有無或多少，藉以判定個別差異的現象。

2. **測驗應具備的條件**

   (1) 信度（reliability）：係指前後幾次測驗所得結果相符合的程度，亦即測驗的可靠程度。如果係數高於0.80以上，則表示測驗的信度高。

   (2) 效度（validity）：係指一個測驗確能測出其擬測的某種行為特性的程度，亦即測驗的正確程度。一般而言，測驗的效度係數在0.6以上者屬相當理想的測驗；但因效度係數依測驗的性質與採取的效標（validity criterion）的種類而異，所以效度係數在0.30至0.60之間亦屬可用者；選用測驗應注意：信度高的測驗未必具有高的效度。

   (3) 常模（norms）：係指某一範圍之群體在該測驗上表現的作業情形，可據以評定和解釋個人的測驗分數。

   (4) 實施及計分便利：良好的測驗其實施的過程需簡單且標準化，其計分方式需簡易明確而客觀，測驗結果的解釋與使用須方便易行。

3. **測驗的種類**

   (1) 智力測驗：主要測量個體在學習、適應環境以及抽象思考方面的能力。

   (2) 性向測驗：鑑別個體的學習潛能，可用以評估學生接受教育後可能獲益的程度，以預期其將來之成就。

   (3) 成就測驗：衡量個體的學習效果，亦即鑑別個體經學習後所具有之實際知識技能。

   (4) 人格測驗：鑑別個體在需要、動機、態度、價值觀念、氣質等方面的特性。

   (5) 興趣測驗：測驗個體對某種職業或活動的喜歡程度，但非測量其在職業或活動方面的能力和成功的可能性。

(二) 問卷法（questionnaire method）

1. **定義**：問卷法是就一既定主題範圍，精心設計一組問題，用以調查主觀的意見或客觀的事實，與個人的能力問題無關。

2. **優點**

(1) 問卷法可以控制變項，找出兩個變項間的相關性甚或因果關係。

(2) 節省時間。

(3) 問卷法可以讓拙於言詞或害羞的學生，有充分的自由細心作答，免於面對面談話的侷促不安。

(4) 問卷資料適於電子計算機處理，節省分析時間，並且容易量化。

3. **缺點**

(1) 缺乏彈性。

(2) 填答者不一定認真、忠實作答，致使問卷的信度與效度偏低。

(3) 不容易知道填答者是否有作答錯誤或曲解題意的地方。

(4) 對於不識字或教育程度低者不適用。

(三) **晤談法（interviewing）**

1. **定義**：晤談法是以一種面對面的談話方式，就某一主題，指導晤談者說出主觀的看法或客觀的事實。

2. **優點**

(1) 彈性較大，可以與被晤談者深入討論、說明及解釋，而能確實了解其觀點。

(2) 晤談者可具體觀察對方的行為表現，而增加晤談所得資料的信度與效度。

3. **晤談法的限制**

(1) 晤談法在人力、物力與時間上的消耗極大，不易大量實施。

(2) 被晤談法所述之資料及晤談者所記之資料，可能因記憶不全或主觀判斷而產生偏差。

(3) 晤談所得資料不易量化。

4. **晤談法的類型**

(1) 就方法而言：

A. 結構型晤談：由晤談者事前擬就晤談內容，根據所擬之大綱進行晤談。

B. 非結構型晤談：晤談的內容未經組織，談話亦無定向，任被晤談者自由發揮，儘量陳述。

(2) 就形式而言：
　　A. 個別晤談：僅有一位晤談者與一位被晤談者進行晤談。
　　B. 團體晤談：由一位晤談者與數位被晤談者進行，或由數位晤談者同時與一位被晤談者晤談。

（四）觀察法（observational method）

1. **定義**：觀察法是指在自然的情境中或預先設置、控制的情境中對個體的行為進行直接的觀察、記錄然後加以分析解釋。在自然情境中進行者是為自然觀察法（naturalistic observation）；在控制的情境中進行者，稱為控制觀察法（controlled observation），或稱實驗觀察法。

2. **優點**
(1) 實施方便，可在任何地點、時間為之，較完整、客觀。
(2) 對於一些不能言語、不擅言詞或害羞、防衛心重的對象，利用觀察法能蒐集到較多的資料。

3. **限制**
(1) 觀察的事項往往可遇不可求，而且某些行為不適宜或無法直接觀察。
(2) 觀察所得易受觀察者主觀的影響，失卻其準確性。

4. **觀察法的類型**
(1) 無結構式：此種觀察法研究的問題、觀察的項目與進行的步驟均無明確的界定，一般被用做為更有系統的研究計畫中的初步工作。此法依觀察者是否參與當時的情境而分為參與及非參與兩種方式。
(2) 結構式：此種觀察法對於要觀察的行為與項目事先已有明確的界定，並有相當程度的控制。

5. **觀察法的記錄方式**
(1) 軼事記錄法（anecdotal records）：此法是將學生的偶發行為事件（behavior incidents）載述於卡片上，所記載者應為學生行為的描述，而非判斷、批評或建議，記載時應該用簡潔而客觀的詞句，待累積數次的紀錄之後，再集中整理，對學生的行為提出整體性的解釋或建議。
(2) 量表法（rating scales）：此法是觀察法根據量表上所列舉的行為特性或方法，對學生的表現加以評量。

(五) **個案研究法（case study）**

　　1. **定義**：個案研究法是針對一個社會單位，譬如人、家庭、團體、機構或社區等，進行深入的研究，蒐集與此單位有關的現況、過去經驗及環境因素等，經過分析有關因素之後，構成此社會單位的一個藍圖，即為個案史（case history）。

　　2. **優點**

　　　　(1) 可利用其他各種工具和技術蒐集資料，較具彈性。

　　　　(2) 可個別化及系統化保存和解釋紀錄資料，並能做深入且多層面的研究。

　　3. **限制**：個案研究法耗時、耗力，造成研究對象不廣泛，為其主要限制。

　　4. **個案研究的步驟**

　　　　(1) 選擇個案：由於人力與時間的限制，可以適應不良而產生困擾的學生為優先研究的對象。

　　　　(2) 蒐集資料：個案研究需藉助各種工具與技術蒐集資料，所蒐集的資料內容必須要有事實根據。

　　　　(3) 作成個案史：將所蒐集的資料加以選擇，剔除無關的資料，然後將有用的資料予以系統化的整理和排列，資料的呈現如下述：

　　　　　A. 基本資料：包括個案的姓名、性別、籍貫、年齡等。

　　　　　B. 個案源起：說明選為研究對象的原因。

　　　　　C. 問題行為描述：客觀地描述案主的各種問題行為現象。

　　　　　D. 健康狀況：包括個案的身體特徵和健康情形等。

　　　　　E. 家庭背景：包括個案的出生史、家庭環境、父母管教態度等。

　　　　　F. 學校經歷：包括個案在學校的學習及人際關係等。

　　　　　G. 社交狀況：包括個案在校外的人際關係及休閒活動等。

　　　　　H. 心理特質：包括個案的心智能力、性向、興趣、人格、態度。

　　　　(4) 診斷問題：個案史僅是一些靜態的資料，對個案史進行分析與解釋才能使其產生價值，分析與解釋的目的在於整體、主動地了解案主的問題。

　　　　(5) 處理問題：發現問題癥結及原因所在後，即可提供當事人必要協助。

三、智能障礙、語言障礙與學習障礙之相關論述

(一) 智能障礙在認知發展方面的特徵：

1. **學習能力特徵**：
   (1) 注意力：注意力集中時間較短，以及選擇性注意能力較差。
   (2) 記憶力：在短期記憶上有困難，但長期記憶方面和正常人相似。
   (3) 學習動機：學習速度及反應較同年齡兒童緩慢，且常有失敗的預期，學習動機差。
   (4) 遷移類化能力：在應用已有知識或技能到新情境的能力上有缺陷，無法利用經驗解決未來類似的問題。

2. **語言發展**：
   (1) 構音異常：有省略、替代、歪曲或含糊不清等現象。
   (2) 語暢異常：有重複、延長、中斷或急促不清等現象。
   (3) 語言發展遲緩：在理解或表達方面較同齡有偏差或遲緩現象。

3. **智能障礙教材編選原則如下**：
   (1) 生動原則：編製力求淺易生動，以適應身心發展程度。
   (2) 彈性原則：富有彈性，以顧及學生的個別間差異與個體內在差異，並充分發揮啟智教育的精神與特色。
   (3) 本土性原則：國小階段以感覺動作與生活教育為主，國中階段以社區適應與職業教育為核心，並結合日常生活與工作經驗，以培養符合社會需求的生活適應能力。
   (4) 功能性原則：教材的選擇把握學生學習興趣和能力，編製生活中最有價值、應用最廣的材料。
   (5) 系統化原則。

4. **智能障礙的相關教學原則**：
   (1) 個別化原則：依據領域性質、學生能力與教學資源等條件，採用適當的教學方法以達成教學目標。
   (2) 類化原則：教學由淺入深地在真實環境中進行，若需模擬情境教學，儘量運用實物取代教具、教材，使模擬情境近似真實情境；並掌握在不同的真實情境中實施任何一種特定能力的類化教學。
   (3) 安全原則：在安全顧慮下，教學活動得於學生出現不適當的行為表現時中止。

(4) 實作原則：在真實環境中，儘量安排對學生不會構成危險的操作過程，並鼓勵學生自己動手做。

(5) 啟發原則：適度提供教學提示，引導學生具體地觀察環境、參與環境及得當的反應，避免學生對教師有過度的依賴。

(6) 增強原則：教學活動配合完整的生活經驗，讓學生多以角色扮演方式實際演練，提高學習效果；以指導學生正確地表現為先，其次才是學生做錯時的適時糾正。

(7) 社區化原則：適時補充大自然及社會的事物，以活化教材；並多利用參觀、訪問等活動，以增加學生對社區生活的瞭解，使教學活動在社區中生活化。

(二) **語言障礙**：係指語言理解或語言表達能力與同年齡者相較，有顯著偏差或遲緩現象，而造成溝通困難者；其狀況及鑑定標準如下：

1. **構音障礙**：說話之語音有省略、替代、添加、歪曲、聲調錯誤或含糊不清等現象，並因而導致溝通困難者。

2. **聲音異常**：說話之音質、音調、音量或共鳴與個人之性別或年齡不相稱，並因而導致溝通困難者。

3. **語暢異常**：說話之節律有明顯且不自主之重複、延長、中斷，首語難發或急促不清等現象者。

4. **語言發展遲緩**：語言之語形、語意、語彙、語法、語用之發展，在語言理解或語言表達方面，較同年齡者有明顯偏差或遲緩現象者。

5. **對語言發展遲緩兒童的教學原則**：

(1) 教師宜注意語言學習的環境。使語言發展異常兒童被班上同學所接納，製造和諧融洽的教室氣氛，不讓語障兒童在團體生活中受到壓力，也就是訓練班上同學不嘲笑其幼稚的語言或發音異常。

(2) 製造語言發展遲緩兒童想要說話的環境，利用電話、玩偶、錄音機、捉迷藏遊戲等活動，引導兒童說話。

(3) 透過團體活動或生活經驗，實施語言基本訓練，以增進語障兒童與玩伴之間交流與說話的機會。

(三) **學習障礙**：

1. **學習障礙（learning disorders）之相關論述**：

(1) 意義：學習障礙指小學教育階段，學童所表現的學習異常現象。

(2) 病徵：學習障礙的主要特徵是，學童在學習上有明顯的困難，但困難的原因不能歸咎於感覺（如聽覺、視覺）障礙、智力不足、情緒困擾等因素。

(3) 成因：輕微腦傷、身體體質生化作用失調、環境因素。

(4) 學習障礙與弱智不同，很多時有學習障礙的兒童，雖然在考試或平日功課上的表現不足，但在智力測驗上卻是不錯的。若只看智商，外人不會明白兒童為什麼會在學校表現得那麼差。

(5) 學習障礙主要顯現在以下三類：閱讀障礙（reading disorder）、數學障礙（mathematics disorder）和書寫障礙（disorder of written expression）。

2. **學習障礙鑑定原則**：

(1) 智力接近正常程度或正常程度以上。

(2) 其能力與成就之間的嚴重差異，非直接由視覺、聽覺、動作障礙、智能不足、情緒障礙、文化環境不利等因素所產生。

(3) 學習障礙係多種不同學習能力缺陷的總稱。鑑定學習障礙時，應在口語表達、聽覺理解、書寫表達、基本閱讀技巧、閱讀理解、數學運用等領域中，加以評量。

(4) 學習障礙之鑑定，除智力測驗、標準化學科成就測驗及醫學檢查外，並根據教師的觀察結果，另擇上述有關領域的適用評量工具鑑定之。

↘ 嚴選題庫

一、試述「**實作評量**」（performance assessment）的內涵，並評論其教學應用之得失。

答：實作評量係為動態的評量觀，於此按照題目說明如下：

(一) **實作評量的相關內涵**

1. 實作評量就是呈現工作或問題給學生，要學生能以口頭、寫作、完成作品或解決問題方式的一種評量方法。

2. 實作評量可以評量學生在某領域的知識和技能，而非僅是回憶知識或知道如何做而已，可用來測量學生較複雜且高品質的教學目標，如分析、綜合、評鑑等的能力。

3. 實作評量的目的在於評量知識、理解化為行動的能力，強調學生善用有用的技能與知識，讓學生經由計畫、建構及表達原始反應來評定學習結果。

(二) 實作評量在教學應用方面的得與失

得	(1)兼重教學的過程與結果，有助瞭解學生真實能力。 (2)實作評量的特質在於強調實際生活的表現、著重較高層次的思考與解決問題技巧、重視學生學習的個別差異、促進學生自我決定與負責、講求評分標準與人員的多元化、兼重評量的結果與歷程等。
失	(1)實作內容與所欲測量教學目標的切合性，可能會影響實作評量的效度。 (2)實作工作的指導說明之具體性，可能會影響實作評量的效度。 (3)由於實作評量的實施通常需較多的時間，所以實作工作項目比較少，是否可以有效推論學生的學習成就，導致實作評量的效度令人懷疑。 (4)在信度方面，評分者間評分的一致性通常不高。

(三) 提升實作評量信效度的方法

1. 可以透過雙向細目表，使實作評量的工作內容切合所欲測量的教學目標，以提升實作評量的內容效度。

2. 對接受實作評量的學生，應盡可能簡明完整的說明實作工作的內容與步驟，以提升實作評量的效度。

3. 應將實作評量的評分標準，清楚向每位評分者說明，以提升評分者信度。

二、小強具有口吃症狀，請說明協助小強減輕口吃的輔導方式。

答：「口吃」往往會造成兒童許多方面的適應困擾，茲依題意說明如下：

(一) 口吃的症狀

1. 兒童產生發音障礙，無法發出某個語音。

2. 兒童產生表達語句障礙，無法順利說明一個完整句子。

　　3. 兒童會持續重複某個語音。

　　4. 兒童情緒緊張、肌肉不協調。

(二) 協助小強減輕口吃的輔導方式

　　1. 營造安全溫和的情境，正向鼓勵小強說話，且給予適時正向增強。

　　2. 多讓小強聽發音清楚連貫的語句錄音。

　　3. 和小強說話語調可以放慢，以幫助小強模仿學習。

三、自閉症（autistic disorder）是目前兒童倍受關注的心理疾病，試述其三大行為特徵？，並說明其病因及治療方法？

答：自閉症（autistic disorder）是目前兒童倍受關注的心理疾病，茲依題意說明如下：

(一) 自閉症的行為特徵

　　1. 產生重複性動作。

　　2. 與他人溝通困難。

　　3. 人際互動障礙。

(二) 自閉症的病因及治療方法

　　1. 目前自閉症的成因尚無法有精確性的看法，但可以確定的是生理因素是造成自閉症的主要來源：

　　　(1)遺傳、染色體變異。

　　　(2)懷孕或生產的意外。

　　　(3)腦部發育不全或受傷。

　　　(4)病毒感染。

　　2. 將自閉症治療視為一種狀態的改變，給予相關的藥物治療，例如：精神藥物、生化治療等。

　　3. 採用結構化教學、藝術治療等，改善自閉症兒童的社交障礙。

　　4. 自閉症患者因為無法順利產生鏡映神經元的作用，所以無法對他人行為產生同感或同情，未來可以藉由活化鏡映神經元作用，來治療自閉症患者。

第7章 生涯諮商

依出題頻率分：A頻率高
B頻率中 C頻率低　　頻出度 **C**

命題焦點

1. 生涯諮商的意義。
2. 生涯諮商的理論與應用。
3. 特質論：源起、基本觀點、輔導策略、評價。
4. 心理動力論：源起、基本觀點、輔導策略、評價。
5. 需要論：源起、基本觀點、輔導策略、評價。
6. 類型論：源起、基本觀點、輔導策略、評價。
7. 發展論：源起、基本觀點、輔導策略、評價。

↘ 精華摘要

一、生涯諮商的意義

職業包括個人、社會和經濟三要件，一個理想的職業，必須使個人獲得發揮才能的機會，且可獲得合理的經濟報酬。因此，生涯諮商的基本方向，即在協助個人求取個人、社會、經濟三個要素的平衡。

二、生涯諮商理論之發展與派別

(一) 理論之發展

1. 最早的基本原則為帕森斯根據其經驗累積而得的生涯諮商三大要件。
   (1) 了解自己的能力、興趣、性向、資源及優、缺點。
   (2) 熟悉各種職業成功的條件、優缺點、機會等。
   (3) 合理了解上述兩組因素的關係。

2. 一九四○年代開始批評帕森斯的理論為單純孤立行為的觀點，有心理學、社會學方面的研究開始探討職業行為與職業發展的問題，五十年代之後，逐漸形成更多輔導與諮商的理論派別，亦直接或間接地涉及生涯諮商的問題，其主要理論包括：

(1) 非指導學派（當事人中心論）的諮商學說引用於生涯諮商方面，強調個人職業角色與自我觀念的關聯。

(2) 精神分析學派（包含心理動力論）著重於個人的動機、需要方面。

(3) 根據發展心理學、自我心理學的原理原則所提出的職業發展論，強調職業選擇為一長期發展的歷程。

(4) 行為學派（決策論）著重於學習經驗，根據社會學習理論，特別就職業決策行為問題提出其發展模式。

(二) **理論之派別：**

1. **特質論**：強調個人的特質及其與職業條件的關聯。

2. **決策論**：強調個人以最具增強作用的目標（方向）為其職業選擇的依歸，根據得失利弊以定取捨。

3. **社會論**：重視社會因素（如種族、社會地位、教育）對職業選擇的影響。

4. **心理論**：重視心理因素（如動機、需要、價值觀、人格等）對職業選擇的影響。

5. **發展論**：重視個人發展階段中職業選擇的意義。

三、生涯諮商理論與應用

(一) **特質論**（Trait-factor approach）

1. **源起**：特質論源自十九世紀官能心理學的研究，然而在生涯諮商方面的應用，則應溯自前述帕森斯的基本原則，其後更由於差異心理學的研究、心理測量技術的發展，以及職業資料系統之建立，而成為生涯諮商實際工作中，最為重要的理論根據。

2. **基本觀點：**

(1) 特質說強調個人人格特質與其職業選擇的關係，個人在性向、興趣、能力等方面有極大的個別差異。

(2) 基本假設：

A. 職業選擇主要為一認知的歷程。

B. 職業選擇為一單一事件。

C. 每人皆有一「正確」的目標。

D. 同樣的人從事同樣的工作。

E. 每人皆有職業選擇的機會。

3. **輔導策略**：

(1) 基本策略為評量個人所具之特質，參照各種職業所需之條件，協助個人選擇最合理的目標。

(2) 輔導員應以理性的方式逐步完成的工作：

A. 分析：利用各種工具，蒐集有關個人的興趣、性向、態度、家庭背景、知識、教育程度等資料。

B. 綜合：以個案研究或測驗之側面圖方式，綜合整理所蒐集之資料，以顯示個人之獨特性。

C. 診斷：描述個人獨特的特質或問題，比較各項側面圖與測驗常模或組型等資料，必要時再進一步探索問題之成因。

D. 預斷：依各項資料，預測個人職業成功的可能性，或針對問題判別其可能的後果及調適的可能性，據而分析調適之道。

E. 諮商（處理）：協助當事人了解、接受並運用各項有關個人與職業方面的資料，進而與當事人唔談有關擇業、調適的計畫。

F. 追蹤：協助當事人執行計畫，有新問題產生則再重複上述各項步驟。

(3) 輔導員負責蒐集資料並處理與解釋這些資料。

(二) 心理動力論（Psychodynamic approach）

1. **起源**：正統的精神分析學派並不特別重視職業方面的問題，新佛洛依德學派則重視工作的意義，以之為滿足需要並促成個體心理發展的要素。

2. **基本觀點**：

(1) 依據傳統精神分析學派觀點，探討職業發展的過程，視工作為一種昇華作用。

(2) 職業乃用來滿足個人需要，若個人有自由選擇的機會，則必然會以自我喜好的方式，尋求能滿足其需要又可免於焦慮的職業。

(3) 個人早期經驗所形成的適應體系、需要等人格結構，即為最重要的心理動力。

3. **輔導策略**：

(1) 探索：心理動力論避免以理性的方式對當事人的問題做表面的分析診斷，強調對個人與職業之間的動態關係做深入的探討。

(2) 臨界決定：經探索之後，諮商員提供當事人決定是否要再進一步輔導的選擇機會。

(3) 執行改變之計畫：當事人若決定應有所改變，最後一階段的工作即可由自我覺察與了解開始，進行適宜的改變計畫。

(三) **需要論**（Need theory）

1. **源起**：羅氏（Roe, 1957）依據其早年從事有關傑出人物的適應、創造、智力等特質的研究結果，綜合墨斐（G.Murphy）的人格理論與馬斯洛（A. Maslow）的需要階層說，構成其需要論。

2. **基本觀點**：

(1) 羅氏的理論強調早期經驗所發展之適應模式（或防衛機構）對其日後的職業選擇與行為的影響。

(2) 羅氏認為上述有關需要滿足的發展情況與個人早期家庭之氣氛（特別是父母對待子女的態度）以及其成年後的職業選擇有密切的關係。

(3) 個人基於早期家庭環境的影響，發展出與個人人際關係、情緒反應、活動乃至職業選擇有關的態度、興趣與能力。

(四) **類型論**（Typological approach）

1. **源起**：何蘭德（J. L. Holland）的職業類型論，一方面源自人格心理學的概念，視職業選擇為個人人格的延伸，而企圖以職業生活的範疇說明個人行為型態的實際表現。

2. **基本觀點**：

(1) 何蘭德（Holland, 1973）認為個人的職業選擇為其人格的反應，職業興趣乃人格於工作、嗜好、休閒活動上的反應。

(2) 何蘭德將人分為實際型、研究型、社會型、傳統型、企業型及藝術型六種型態。

R 實際型	喜歡具體而有系統的工作，運用實際的能力解決問題。
I 研究型	喜歡調查或分析性的工作，擁有數字及科學能力，重視科學觀念與方法。
S 社會型	喜歡社交活動，運用其感覺與操縱能力解決問題，擅於用語言交談協助他人，避免以心智解決問題。
C 傳統型	喜歡有系統地處理各種檔案資料，避免含糊、試探性的工作。
E 企業型	喜歡操縱他人以達成組織的目標，避免系統的或象徵性的活動，具有侵略性、冒險性。
A 藝術型	喜歡自由、含糊的工作，避免有系統的問題和體力活動，具有創意、獨立、自覺及藝術能力。

(3) 然而此六種類型並非完全獨立，故每個人的人格均可分為主要的、次要的、再次的等綜合型態，而某些人的型態可能較一致（consistency），某些人的型態較不一致。

3. **輔導策略：**

(1) 職業發展適應不佳的人，主要是因未能發展一致而明確的人格型態，可能產生此情況的因素如下：

    A. 對個人的興趣、能力或自我意識的了解不足。

    B. 對個人的興趣、能力或其他特質的了解，籠統或互相矛盾。

    C. 學習職業環境資料的經驗不足。

    D. 職業環境資料的學習經驗籠統或相互矛盾。

    E. 無上述問題，但缺乏堅實的自我了解，或缺乏自信將個人特質轉換為職業方面的機會。

(2) 生涯諮商員要先了解當事人的問題，根據診斷結果，提供適當的協助；輔導員在協助個人參閱資料時，可依據環境（某種職業或學校）的特性，特別在心理背景、同事間的關係方面，提供更深入的環境資料，供個人進行全盤統整的比較與分析，以為其選擇職業的依據。

嚴選題庫

一、面對金融海嘯及大環境的經濟寒冬，許多家庭受到衝擊，包括父母失業、放無薪假等，可能造成隨之而來的經濟困境及低迷的家庭氣氛。若你擔任國中導師，你將如何從經濟與心理層面，來協助班上家中有此情形的學生。

答：青少年問題有許多是來自於環境層面，茲依題意說明如下：

(一) 從經濟層面說明對班上家中有經濟困境與低迷家庭氣氛的學生之輔導策略

1. 協助學生評估環境變遷因素，詳細對學生介紹當前及未來的政治、經濟、社會文化等因素，以幫助學生順利進行生涯規劃與探索。

2. 幫助學生瞭解社會工作情況：透過就業講座或是網路資料等，幫助學生瞭解每一個工作的發展前景、需要人才條件、工作機會多寡等。

3. 可以多幫青少年介紹學校獎學金或工讀訊息。

(二) 從心理層面說明對班上家中有經濟困境與低迷家庭氣氛的學生之輔導策略

1. 確認學生自我的工作價值觀，透過適當的輔導策略，幫助學生建立正確的工作價值觀，避免誤入歧途與就業陷阱。

2. 協助學生自我認識，透過適當的測驗與生涯諮商，協助學生瞭解本身的智力、性向、興趣及人格特質等。

3. 教師應與青少年建立良好互動關係，隨時真誠傾聽青少年的想法與問題，並且與青少年家長保持密切聯絡，以隨時提出適當輔導策略。

二、請說明生涯諮商的相關內涵

答：茲依題意說明生涯諮商的重要內涵如下：

(一) **意義**：諮商輔導人員有計畫地提供各種增進個體與整體生涯發展之活動。

(二) **內容**：

　　1. 協助個體進行各方面探究：自我瞭解、教育規劃、生涯決定、工作興趣等。

　　2. 協助個體發展就業知能及基本能力。

　　3. 協助個體學會為自己的決定負責任。

　　4. 發展個體的適當態度與鑑賞能力。

(三) 學校輔導教師可幫助學生進行生涯諮商、生涯評估、提供相關資源。

(四) 生涯規劃重點包括：理解及瞭解自己、認識及關懷生活世界、發展正向的自我價值觀、幫助學生瞭解社會工作情況等。

(五) 後現代取向的生涯輔導較少使用職涯測驗是基於「重視生涯故事敘說」。

(六) 生涯探索是國中階段的輔導重點，生涯準備與生涯決定都是大學階段的輔導重點。

(七) 葛佛森（Gottfredson）認為，性別、工作層級和工作領域等向度，對青少年職業抱負的發展，具有決定性的影響。

110 地特三等（人事行政）

一、 大學階段的青少年大概多介在18～22歲左右，試以Erikson（1963）和 Arnett（2000）的觀點，說明他們對處在這段年齡中的青少年，其發展的特徵各為何，並比較其異同。

破題分析 ▶ 先從Erikson觀點，說明18～22歲青少年的發展特徵，再從Arnett 觀點，說明18～22歲青少年的發展特徵。

解題架構 ▶ (一) 從Erikson觀點，說明18～22歲青少年的發展特徵
　　　　　　(二) 從Arnett觀點，說明18～22歲青少年的發展特徵

答： 大學階段的青少年大概多介在18～22歲左右，茲依題意說明如下：

(一) 從Erikson觀點，說明18～22歲青少年的發展特徵

　　1. 18～22歲的青少年位處於第六期的發展階段。

　　2. 最主要的發展任務是發展親密關係，若發展不順遂，則會產生孤獨的心理危機。

　　3. 另外，也開始會離開父母變得更加獨立與自主，道德觀也逐漸內化。

　　4. 建構以情感為基礎的正常社會人際網絡。

(二) 從Arnett觀點，說明18～22歲青少年的發展特徵

　　1. 因為大多尚未具有父親、母親、丈夫、妻子等成年角色限制，所以，18～22歲青少年的發展較難預測，亦即其發展較為不受拘束。

　　2. 換言之，此時期的青少年可能想要追求獨立，但確有必須依賴父母，產生一種混亂的發展狀態。

　　3. 另外，此時期的青少年必須要完成自我身份的探索發展，重點包括世界觀、工作、愛。

◎ Erikson心理社會論之理論分期表：

1. 第一期：信任對不信任（出生到18個月）。
2. 第二期：獨立對懷疑（18個月到3歲）。
3. 第三期：主動對內疚（3到6歲）。
4. 第四期：勤勞對自卑（6到12歲）。
5. 第五期：自我認同對角色混淆（12到18歲）。
6. 第六期：親密對孤獨（成年前期）。
7. 第七期：積極對頹廢（成年中期）。
8. 第八期：完美對絕望（成年後期）。

參考書目　張春興。教育心理學。東華。

二、針對社會上仍存在的刻板印象、偏見或歧視狀況，若從社會心理學的角度來看，試申論可以用來對抗刻板印象、偏見和歧視的可行方法。

破題分析 可先說明刻板印象、偏見和歧視之基本概念，然後再說明可以用來對抗刻板印象、偏見和歧視的可行方法。

解題架構 (一) 刻板印象、偏見和歧視之基本概念
(二) 可以用來對抗刻板印象、偏見和歧視的可行方法

答： (一) 刻板印象、偏見和歧視之基本概念
　　1. 定義：

概念	相關說明
刻板印象	因個人認知偏差或不周全，而影響態度的心理現象。
歧視	個人在社會情境中，對他人所表現出的排斥行為。
偏見	對他人的態度中所表現出的正向或負向之情感。

　　2. 產生原因：
　　　(1)團體內衝突：團體內的成員為了爭取某種資源或彼此價值觀衝突所產生一種固定的負面態度及行為。

(2)團體間衝突：團體間具有不同的價值觀及行為模式，導致團體內的相關成員彼此之間產生隔閡，形成對不同團體的負面態度及行為。

(3)社會學習：個體在社會發展時，會受到不同社會化作用，而對某事物產生特定的負面態度及行為。

(二) 可以用來對抗刻板印象、偏見和歧視的可行方法

　1. 直接接觸：雙方增加彼此接觸的機會，擴充溝通的管道，自然可以增加彼此的了解，而減少衝突的發生。

　2. 包容對方：經由教育的方式，了解對方的文化背景脈絡，有利消除偏見與歧視的產生。

　3. 分工合作：讓各個團體成員分工合作，分享彼此的文化、語言與價值觀，也有助於消除偏見與歧視。

　4. 另外，雙方地位必須平等、具有情境依賴性等。

觀念延伸 ★★★

◎ **刻板印象難以消除原因：**

　1. 受到社會化影響，個人受到文化傳統的制約。

　2. 個人呈現我族中心的心態，且過度主觀專斷。

參考書目 張春興。現代心理學。東華。

三、 個人中心治療的代表人物Rogers提及在諮商或治療關係中不可或缺的核心條件，至今仍影響深遠。試闡述其所指之核心條件的意涵，並各試舉一例來說明之。

破題分析 可先說明個人中心治療的相關概念，然後再說明Rogers提及在諮商或治療關係中不可或缺的核心條件相關意涵及實例。

解題架構 (一) 個人中心治療的相關概念
　　　　　　(二) Rogers提及在諮商或治療關係中不可或缺的核心條件相關意涵及實例

答： (一) 個人中心治療的代表人物為Rogers，茲依題意說明如下：

1. 基本觀點：
   (1)非指導性諮商方式。
   (2)個體任何心理問題皆源於情緒的阻礙。
   (3)強調當事人與心理諮商師之間的良好關係。
   (4)對人性抱持積極的看法，相信人是可信賴。
   (5)開啟了諮商關係的良好典範，以尊重、關懷、接納等態度，來彼此溝通，是最安全的心理治療。
   (6)諮商者給予當事人的訊息：「我瞭解並在意你」。
   (7)同理心係指將對當事人內在世界的了解，傳遞給當事人。
2. 人格結構：
   (1)個體：個人的整體，包括認知、行為及想法等。
   (2)現象場：個人經驗的所有內外在世界。
   (3)自我：是現象場的獨特部分，由主觀的知覺及種種有關「我」的感受及價值觀念所組成，為個體與環境交互作用的產物。
3. 個體若只選擇符合自己價值體系的經驗，而限制其知覺範圍，久而久之，就容易出現不適應行為。
4. 諮商方法：
   (1)營造適宜的諮商情境氣氛。
   (2)建構信任的諮商關係。
   (3)強調諮商者的態度。
   (4)真誠一致。
   (5)無條件積極地關懷。
   (6)同理心。

(二) Rogers提及在諮商或治療關係中不可或缺的核心條件相關意涵及實例：
  1. 真誠一致
     (1)係指輔導諮商者在輔導過程中是真誠可靠的，不會有說謊虛假的情形發生。
     (2)實例：教師真誠對待每一個學生，沒有虛偽。
  2. 無條件積極關懷
     (1)係指輔導諮商者對於當事者或案主的言語和行為，會無條件給予積極的關懷關注。

(2)實例：教師對於每個學生秉持有教無類的精神，一視同仁積極
關懷每位學生。

3. 同理心

(1)係指輔導諮商者能站在對方的立場，設身處地去體會當事人感
覺的心理歷程。

(2)實例：教師在處理學生犯罪行為時，可以站在學生立場，瞭解
學生的行為原因及想法。

◎ 人本心理學緣起於1960年代，其理論基礎為存在主義與現象學，
其係以人為中心，重視人的存在價值，並主張自我可透過知覺場，
形成獨特人格。再者，其代表學者為Maslow、Rogers、Combs等
學者，皆主張應讓每個人可以瞭解自己需求，以獲得全人發展。

參考書目　張春興。現代心理學。東華。

四、 試從心理衛生服務中的三級預防概念，說明各級評估的主要目的為何，
並以學校場域為例，若各級評估內涵中加入測驗工具的使用，試各舉一
測驗的運用來加以說明。

破題分析 可先說明三級預防的評估目的，然後再說明三級預防各自所使用
測驗。

解題架構 (一) 三級預防的評估目的
(二) 三級預防各自所使用測驗

答： 三級預防為心理衛生服務的重要內涵，茲依題意說明如下：

(一) 三級預防的評估目的

1. 初級預防：全體教師針對一般學生及適應困難學生進行一般輔導。

2. 二級預防：教師針對瀕臨偏差行為邊緣之學生進行較為專業之輔
導諮商。

3. 三級預防：教師針對偏差行為及嚴重適應困難學生進行專業之矯
治諮商及身心復健。

(二) 三級預防各自所使用測驗

1. 初級預防：可運用生涯興趣量表，以瞭解學生的生涯興趣，進而給予適性輔導。

2. 二級預防：可運用身心適應量表，以篩選可能身心適應不良的學生，進而進行輔導諮商。

3. 三級預防：可運用自殺意圖量表，以篩選出自傷行為高風險學生，並立即給予適當處置。

◎ **依據學生輔導法，三級輔導之內容：**

1. 發展性輔導：為促進學生心理健康、社會適應及適性發展，針對全校學生，訂定學校輔導工作計畫，實施生活輔導、學習輔導及生涯輔導相關措施。

2. 介入性輔導：針對經前款發展性輔導仍無法有效滿足其需求，或適應欠佳、重複發生問題行為，或遭受重大創傷經驗等學生，依其個別化需求訂定輔導方案或計畫，提供諮詢、個別諮商及小團體輔導等措施，並提供評估轉介機制，進行個案管理及輔導。

3. 處遇性輔導：針對經前款介入性輔導仍無法有效協助，或嚴重適應困難、行為偏差，或重大違規行為等學生，配合其特殊需求，結合心理治療、社會工作、家庭輔導、職能治療、法律服務、精神醫療等各類專業服務。

參考書目　周新富。輔導原理與實務。五南。

110 地特三等（教育行政）

一、校園霸凌事件的研究顯示，旁觀者對事件的發生與否有影響力。往往因
為「旁觀者效應」（bystander effect）而無人出面阻止霸凌的發生。請
根據旁觀者介入模式（bystander intervention model）說明一個人如何
決定是否對他人伸出援手。

📖 **破題分析** 先說明旁觀者效應的基本概念，再從旁觀者介入模式觀點，說明
一個人對他人是否伸出援手之決定考量。

📖 **解題架構** (一) 旁觀者效應的基本概念
(二) 從旁觀者介入模式觀點，說明一個人對他人是否伸出援手之
決定考量

✎ **答**：校園霸凌事件的研究顯示，旁觀者對事件的發生與否有影響力，茲依
題意說明如下：
(一) 旁觀者效應的基本概念
1.意義：係指在公共場合或團體情境中，若有某意外事件發生，每
個人心理都會產生可能會有別人處理的心態，最後導致完全沒有
人去處理該意外事件。
2.實例：
(1)在鬧區發生兩個人互毆事件，大家看到都以為有人會去報警，
結果卻是沒有任何人去報警。
(2)發現有人暈倒在路邊，會不瞭解這個人是真的暈倒，還是生
病，還是喝醉酒，而無法決定是否展現助人行為。
(二) 從旁觀者介入模式觀點，說明一個人對他人是否伸出援手之決定
考量
1.情境的模糊性：係指個人對於情境的條件與性質等，不太瞭解，
這會阻礙個人的助人行為。

2.責任分散：係指看到的人都覺得其他人會伸出援手，但是最後卻沒有任何人伸出援手的一種旁觀者效應。

◎ 助人行為之理論觀點

1.社會學習論觀點：助人行為係指個體透過觀察學習及替代學習之歷程所習得，並透過增強予以保留及再現行為。

2.「同理心－利他」假說：個體基於內發之同理心，可以理解他人真實感受，並基於利他動機，來展現助人行為。

參考書目　陳皎眉等。社會心理學。雙葉。

二、陳老師擬提高班上學生學習的動機。他擬由學生的個人動機訓練、成就歸因訓練及自我效能訓練等三方面著手。請問他該如何進行？

破題分析 ▶ 可從個人動機訓練、成就歸因訓練、自我效能訓練等面向，說明提高學生學習的動機之策略。

解題架構 ▶ (一) 從個人動機訓練面向，說明提高學生學習的動機之策略
(二) 從成就歸因訓練面向，說明提高學生學習的動機之策略
(三) 從自我效能訓練面向，說明提高學生學習的動機之策略

答：動機係指引發個人完成預定目標的內在心理驅力，於此依照題目說明如下：

(一) 從個人動機訓練面向，說明提高學生學習的動機之策略

1.教師必須要先滿足低成就學生的基本需求，讓其在生理、安全、隸屬感、尊榮感等基本需求，都獲得滿足。

2.讓每個學生都擁有適切的學習成功經驗，並鼓勵學生進行求知及求美的行動，以得到自我實現及自我超越的高峰經驗。

3.教師應培養低成就學生的內在學習動機，並根據學生的個別差異，實施適性教學及多元評量，來協助學生適性發展及獲得有意義學習。

(二) 從成就歸因訓練面向，說明提高學生學習的動機之策略

1. 應建立學生合理歸因，且避免學生產生習得無助感。

2. 教師應給予學生正向的教師期待及教學回饋，並可透過同儕作用的鷹架支持，提升學生的認知發展層次及學習動機。

(三) 從自我效能訓練面向，說明提高學生學習的動機之策略

1. 教師應設計「難度加一」的學習目標，並給予學生適性教學，以使學生可以順利達到學習目標與獲得適性學習成功經驗。

2. 教師應積極肯定學生，並給予學生真誠關懷，且本身應以身作則，對事事充滿樂觀態度，以給予學生正向學習楷模。

3. 教師可以營造開放正向的班級氣氛，並鼓勵學生勇於表達自我及追求自我實現，以強化學生本身的自我效能。

 ★★★

◎ **學習動機：**

1. 學習動機係指能夠引起並維持學生學習活動，並使學生學習活動趨向教師設定的教學目標之內在心理歷程。

2. 學習動機分為普遍型學習動機和偏重型學習動機，亦包括內在學習動機與外在學習動機。

3. 行為主義的動機理論重視外在獎賞制度的控制，偏向功利取向。

4. 認知論的動機理論主張滿足個人的認知需求，學習動機是介於環境與個人間的中介歷程，亦即是學習者對知識的認知需求。

5. 人本心理學的動機理論強調滿足個人的內在需求，需求層次中含有內在學習動機，並且正視不同學習風格的存在。

參考書目 張春興。教育心理學三化取向。東華。

三、心理學家布朗芬布連納（Urie Bronfenbrenner）提出的「生態系統觀」認為每個個體有各種的系統所環繞著。試以一個國小高年級的學生為例，說明其中的四個系統對他的影響。

破題分析 先說明「生態系統觀」的基本概念，再從「生態系統觀」觀點，說明其對國小高年級的學生之影響。

解題架構 (一)「生態系統觀」的基本概念

(二) 從「生態系統觀」觀點，說明其對國小高年級的學生之影響

答： 心理學家布朗芬布連納（Urie Bronfenbrenner）提出「生態系統觀」，茲依題意說明如下：

(一)「生態系統觀」的基本概念

　　1. 代表學者：布朗芬布倫納（Bronfenbrenner）

　　2. 理論要義：

　　　(1)微系統：對個體經驗有直接影響的系統，例如：學校、同儕關係等。

　　　(2)中系統：各微系統之間的互動關係。

　　　(3)外系統：由個體周遭的情境所組成。

　　　(4)大系統：社會或個人的意識型態系統。

　　　(5)時間系統：外在事件或生活方式的改變。

　　3. 其指出個體發展並非單一面向所造成，而是受到環境等多方面的影響。

(二) 從「生態系統觀」觀點，說明其對國小高年級的學生之影響

　　1. 國小高年級學生若要獲得健全發展，必須先瞭解對其有直接影響的各項微系統，例如：家庭社經背景、家人關係、父母教養方式、學校同儕關係、學校文化、教師專業等。

　　2. 再者，若要讓國小高年級學生獲得健全發展，應關注上述各項為系統產生的互動關係，例如：親師關係與溝通方式。

　　3. 此外，也應該關注國小高年級學生雖未直接參與，但也可會對其發展有影響的外系統，例如：社區、鄰里、傳播媒體等

　　4. 最後，也應該型塑良好的社會文化及國家制度，例如：民主化、法治化、尊重多元、和平正義等，以讓國小高年級學生可以獲得正向發展。

★★★

觀念延伸

◎「生態系統觀」對教育之啟示：

　　1. 微系統係指個體最直接接觸到的環境，主要包括家庭、學校、同伴等，所以由教育觀點來看，應注意微系統的教育佈置，使其充滿教育氛圍，來幫助個體健全發展。

2. 外系統是指個體並未直接參與但卻對其產生影響的環境，如鄰居、傳媒、社會福利制度等，所以亦可以透過外系統的完善設計來幫助個體獲得全人發展。

3. 鉅觀系統係指社會中的社會倫理、道德、價值觀等，所以透過鉅觀系統之觀點，可以透過型塑良善社會風氣，讓個體受到潛移默化的正向影響。

參考書目 黃德祥。青少年發展與輔導。五南。

四、 得天下英才而教是身為教師夢寐以求的。在教學現場老師也會想要協助學生成為一位優質的學習者。試論優質的學習者具有何特質？

破題分析 可先說明優質的學習者之特質，然後再說明培養優質學習者特質的可行策略。

解題架構 (一) 優質的學習者之特質
(二) 培養優質學習者特質的可行策略

答： 得天下英才而教是身為教師夢寐以求的，茲依題意說明如下：

(一) 優質的學習者之特質

1. 具有高學習動機，且屬於內在動機類型，是為了學習而學習。
2. 願意進行主動探究學習，也願意探索未知領域及解決問題。
3. 在學習上，具有好奇心，也具備專注力及耐性，也願意忍受學習過程中的短暫挫折感。
4. 願意與其他同儕進行合作學習，也願意適時分享自己的學習心得，及提出良好問題詢問教師或重要他人。
5. 擁有自省能力及批判思考能力，也具有行動能力，
6. 愛好學習，對學習充滿熱情。

(二) 培養優質學習者特質的可行策略

1. 在教育情境中，每位教師都必須要有「有教無類」與「因材施教」的教學理念，並根據學生個別差異，實施適性教學，並培養學生尊重包容的多元文化價值觀，以幫助學生得到適性發展。

2. 教師在教學設計上，應配合學生的認知發展程度，並且進行適性教學策略，以降低學生的認知負荷，提高學習效能。

3. 在班級經營方面，教師應營造以愛與關懷為觀照基礎的班級氣氛，並形塑分享開放的學習文化，以使學生獲得高峰經驗。

4. 在師生關係方面，師生之間應呈現「I-Thou」的互為主體師生關係，教師亦應扮演輔導者的角色，以滿足學生的情意需求。

5. 在教學評量方面，教師應採用多元評量，以了解學生真實能力，並給予適時回饋，以促進學生獲得健全發展。

觀念延伸 ★★★

◎ 有效教學係指透過教育活動歷程，使學生學習效果最佳化之教學理念；影響因素包括：學校環境、學生個別差異、教師特質等。在教育場域中，有效教學之實施途徑包括：應提出引起學生學習的興趣的環境、應根據學生個別差異，實施適性教學，以幫助學生得到有意義學習、可善用提問、肢體語言等教學技巧，來引發學生學習動機與興趣等。

參考書目　張春興。教育心理學三化取向。東華。

110 地特三等（財經廉政）

一、 我們在日常生活中常見的現象是產生「不注意視盲（inattentional blindness）」，請問這是何現象以及會有什麼影響？

破題分析》 應先說明不注意視盲之基本概念，再據此說明不注意視盲之相關影響。

解題架構》 (一) 不注意視盲之基本概念
(二) 不注意視盲之相關影響

答： 我們在日常生活中常見的現象是產生「不注意視盲（inattentional blindness）」，茲依題意說明如下：

(一) 不注意視盲之基本概念
1. 提出者：美國心理學家Simon的看不見大猩猩之實驗。
2. 意義：當個體全神貫注在某一個人、事、物時，因為大腦前額葉將注意立即中在全神貫注的人事物，所以個體將不會注意到周遭其他訊息，即便是非常不合理的現象。
3. 個體是無預期的發生「不注意視盲」，且個體基本上不會認為自己會發生「不注意視盲」。

(二) 不注意視盲之相關影響
1. 可能會造成生活意外，例如：當開車在接聽電話或在想其他事情時，可能發生不注意視盲，而忽略開車前的狀況，造成交通意外。
2. 個體必須要先有注意力，才能進行記憶、學習等。

★★★

◎ 注意力：
1. 個體透過注意力的運作歷程，決定要留下或刪除哪些訊息。

　　2. 注意力通常透過聽覺、視覺等感官，進行第一階段的訊息保留或篩除。

參考書目　克里斯・查布利斯及丹尼爾・西蒙斯。為什麼你沒看見大猩猩？教你擺脫六大錯覺的操縱。遠見天下文化。

二、有關記憶的實驗中，發現以「部分報告程序」和「全部報告程序」的實驗程序，所得有關圖像記憶的理解廣度有所差異，說明差異為何？並解釋其原因。

破題分析 ▶▶ 可先說明部分報告程序」所得有關圖像記憶之相關內涵，再說明「全部報告程序」所得有關圖像記憶之相關內涵。

解題架構 ▶▶ (一)「部分報告程序」所得有關圖像記憶之相關說明
　　　　　　　(二)「全部報告程序」所得有關圖像記憶之相關說明

答：「部分報告程序」和「全部報告程序」為有關記憶實驗的程序，茲依題意說明如下：

(一)「部分報告程序」所得有關圖像記憶之相關說明
　　1. 提出者：Sperling。
　　2. 進行部分報告程序的受試者，其報告成績或記憶表現高於全部報告程序受試者，這可能原因是因為在個體的短期記憶前，尚存在有感覺記憶。
　　3. 換言之，其證明了感覺記憶的存在，亦即個體接收的訊息，會先以感官記憶形式進行記憶，雖然記憶時間短暫，但只要透過提示或注意，受試者都可以順利回想起部分接收訊息。

(二)「全部報告程序」所得有關圖像記憶之相關說明
　　1. 提出者：Sperling。
　　2. 進行全部報告程序受試者，其報告成績或記憶表現低於部分報告程序受試者，Sperling認為這是因為全部報告程序要求受試者要盡可能報告短暫呈現的所有圖像訊息，但實驗結果是受試者並無法回憶所有圖像訊息。

觀念延伸　━━━━━★★★━━━━━

◎ 根據訊息處理論，個體記憶歷程包括感官記憶、短期記憶及長期記憶三個階段。

　　1. 感官記憶：

　　　　(1)記憶系統的第一部分是感官收錄器，是記憶系統首先接觸到外來訊息的地方。

　　　　(2)感官收錄器從各個感官接收大量的訊息，並保留短暫時間，若沒有進一步處理會很快流失。

　　2. 短期記憶

　　　　(1)短期記憶又稱工作記憶、運作記憶（working memory），容量有限且保留時間在20秒鐘內。

　　　　(2)新資訊加以組織有助於短期記憶，藉由複誦（rehearsal）可以把某訊息保留在工作記憶。

　　3. 長期記憶：長期記憶容量很大，保留訊息時間很長，長期記憶內的訊息可能永遠不會遺忘。又稱永久記憶。

參考書目　陳烜之。認知心理學。五南。

三、試述全人生發展觀點中的選擇、補償與適當的三個歷程以及相互影響的關係。

破題分析　可以先說明全人生發展觀點三個歷程：選擇、補償與適當之相關內涵，再說明其相互影響。

解題架構　(一) 全人生發展觀點三個歷程：選擇、補償與適當之相關內涵
　　　　　　　(二) 全人生發展觀點三個歷程：選擇、補償與適當之相互影響

答：全人生發展觀點認為個體發展是終身歷程，茲依題意說明如下：

　(一) 全人生發展觀點三個歷程：選擇、補償與適當之相關內涵

　　1. 選擇：係指個體為了預防到老年階段，發展會發生退化，所預先做出的種種預防或超前部屬之種種選擇，例如：事先規劃或選擇老年生活的良好無障礙場域。

　　2. 補償：係指個體會利用調整環境或應用工具達成個人發展目標，例如：善用醫療與科技產品。

　　3. 適當：亦稱最適化，係指個體可以持續調整及維持本身各項能力的良好狀態，以達到自己想要的發展目標，例如：善用體適能活動維持自己的體力。

(二) 全人生發展觀點三個歷程：選擇、補償與適當之相互影響
　　1. 從全人生發展觀點，個體若要可以達成成功的老化狀態，必須要讓選擇、補償與適當這三項元素可以互相有效搭配及整合。
　　2. 例如：個體可以預先選擇及規劃無障礙的體適能活動場域，透過專業教練及體適能輔助設備等，透過持續的運動，維持自己到老年階段同樣充滿良好的體力及身體狀況。

◎ SOC模式：由Baltes與Baltes提出，其認為成功的老化象徵一種心理適應良好的過程與結果，包括能否做出適當的選擇、補償及最適化結果。

參考書目　徐慧娟等。成功老化：中高齡健康促進策略。五南。

四、試述巴金森氏症神經元運作的相關機制。

破題分析　可先說明巴金森氏症的基本概念，然後再說明巴金森氏症神經元運作的相關機制。

解題架構　(一) 巴金森氏症的基本概念
　　　　　　(二) 巴金森氏症神經元運作的相關機制

答：巴金森氏症為常見的老人疾病，茲依題意說明如下：
(一) 巴金森氏症的基本概念
　　1. 巴金森氏症目前在臺灣的盛行率約為1%，男性發病機率高於女性。
　　2. 主要症狀：
　　　(1)身體肌肉不自主抖動。
　　　(2)身體肌肉僵硬。
　　　(3)無法如常人行走。

(二)巴金森氏症神經元運作的相關機制

　1.巴金森氏症患者的中腦，其黑質組織的多巴胺神經細胞多已退化或死亡。

　2.原本，黑質組織的多巴胺神經細胞可以控制個體的運動協調，所以當其退化或死亡，則會讓個體的運動協調能力降低，就會產生身體顫抖、僵硬、不便行走等現象。

觀念延伸　

◎ 目前巴金森氏症的治療包括外科手術、藥物治療、物理治療等，目前療效最好的為深腦刺激手術，但後續仍須搭配藥物來提升治療效果。

參考書目　馬偕紀念醫院老年醫學團隊、神經科資深主治醫師陳培豪。認識巴金森氏症的診斷與治療。

110 地特四等（人事行政）

一、建成今年45歲，最近經常感受到工作缺乏挑戰性，考慮是否要換工作，他對未來感到徬徨。根據艾利克森（Erikson）所提出的社會心理發展理論，請說明建成目前所處的發展階段之任務和面臨的危機。

✎ **破題分析** ▶▶ 先根據艾利克森觀點，說明建成目前所處的發展階段之任務和面臨的危機，再進一步說明建成面臨危機的解決之道。

✎ **解題架構** ▶▶ (一) 根據艾利克森觀點，說明建成目前所處的發展階段之任務和面臨的危機
(二) 建成面臨危機的解決之道

答： 艾利克森（Erikson）提出的社會心理發展理論，茲依題意說明如下：

(一) 根據艾利克森觀點，說明建成目前所處的發展階段之任務和面臨的危機

　　1. Erikson所提出的人生八個發展階段與發展危機：

發展階段	年齡	發展任務與危機
第一階段	出生至1歲半	基本信任與不信任感
第二階段	1歲至3歲	自主性與羞愧、懷疑
第三階段	3歲至6歲	主動性與內疚
第四階段	6歲至青春期	勤勉與自卑
第五階段	12歲至20歲	自我認定與認定混淆
第六階段	20歲至40歲	親密與孤立
第七階段（中年期）	40歲至65歲	創造生產與停滯
第八階段	老年期	自我統合與絕望

2. 所以，根據Erikson心理社會發展論觀點，建成45歲位於中年期，中年期的任務與危機係為「創造生產與停滯」，亦即中年期發展順利者，會關懷家庭、熱愛社會，並有責任感；反之，若是中年期發展不順利者，則會對他人與社會冷淡。

(二) 建成面臨危機的解決之道

1. 首先，應建立健全的家庭、學校教育、社會等支持體系，協助個體順利完成中年期之前的發展任務。

2. 再者，應建立和諧溝通的家庭關係及夫妻關係，也應開始做好本身的退休規劃與醫療保險。

3. 最後，可強化社會參與，例如：參與公益團體、擔任志工。

觀念延伸 ★★★

◎ Erikson以連續的後成原則，說明人類發展歷程，解釋人生每個階段的發展任務。

參考書目 張春興。現代心理學。東華。

二、 請說明理性情緒行為治療學派（Rational Emotive Behavior Therapy）如何看待個體情緒困擾的發生，以及該學派的治療目標為何？

破題分析 ▶ 先從理性情緒行為治療學派觀點，說明其看待個體情緒困擾的發生，再說明理性情緒行為治療學派的治療目標。

解題架構 ▶ (一) 從理性情緒行為治療學派觀點，說明其看待個體情緒困擾的發生
(二) 理性情緒行為治療學派的治療目標

答： 情緒困擾是現代人常有的心理問題，於此依題意說明如下：

(一) 從理性情緒行為治療學派觀點，說明其看待個體情緒困擾的發生

1. 理性情緒治療法主張個人的情緒困擾源於個人的非理性信念，而這些非理性信念是個人從重要他人學習得來。

2. 換言之，由於個人會產生非理性信念，且透過自動提示（autosuggestion）和自我重複的過程，加強非理性信念，導致個人的情緒困擾變嚴重。

　　3. 理性情緒治療法認為大部分的情緒困擾起源於他人及自我的責備，所以，要解決情緒困擾，人們必須學習接納自己。

(二) 理性情緒行為治療學派的治療目標

　　1. Albert Ellis提出理性情緒治療法，又稱為認知行為治療法。

　　2. 認為人們同時具有理性的思考及非理性的思考，認知歷程會影響個體行為與情緒，但可以經由改變認知歷程來改變行為與情緒，具高度的教育性。

　　3. 理性情緒治療法之治療目標：

　　　(1)改變案主的非理性信念及自我摧毀傾向。

　　　(2)引導案主發展理性信念及接受事實。

　　　(3)鼓勵案主以正向態度面對生活。

◎ **理性情緒治療之治療技術：**

　　1. 情緒技術：理性取向的情緒想像、角色扮演、克服害羞的情緒、正向自我對話、正向想像法。

　　2. 認知技術：認知的家庭作業、適當使用幽默感、駁斥非理性信念。

　　3. 行為改變技術：操作制約、系統減敏法。

參考書目　修慧蘭等。諮商與心理治療：理論與實務。雙葉。

三、辦公室內資深和新進的同仁在工作技能上的表現有所不同，這可能是因為老手和新手對記憶的訊息儲存和提取方式不同有關。請說明長期記憶的儲存類型和提取方式。

破題分析 本題建議先說明記憶的基本概念，以作為後續答題基礎，也證明自己瞭解記憶的相關概念，然後再具體回應題目問題，關於長期記憶的儲存類型和提取方式之說明。

解題架構 (一) 記憶的基本概念

　　　　　(二) 長期記憶的儲存類型及提取方式

答：記憶是重要的認知心理學課題，於此按照題目規定說明如下：

(一) 記憶的基本概念

1. 一個人記憶歷程包括：感覺記憶、短期記憶及長期記憶。

2. 根據訊息處理理論的觀點，個體會透過感官接收外在訊息後，形成感覺記憶，儲存時間非常短，不到兩秒。

3. 短期記憶是介於感覺記憶與長期記憶之間的中介記憶，又稱為工作記憶或運作記憶，記憶容量約是5～9意元的記憶單位，若教學環境中的外在訊息過多，便會造成學生短期工作記憶過度負荷。

4. 長期記憶係指保持訊息長久不忘的永久記憶，長期記憶可分為程序性記憶、情節記憶與語意記憶，程序性記憶是一系列刺激和反應配對的儲存形式，其儲存於小腦中。

(二) 長期記憶的儲存類型及提取方式

1. 長期記憶係指保持訊息長久不忘的永久記憶，長期記憶可分為程序性記憶、情節記憶與語意記憶，程序性記憶是一系列刺激和反應配對的儲存形式，其儲存於小腦中。

2. 情節記憶是以影像形式符碼來儲存，與記憶事件發生的地點或時間等有關線索，都有助長期記憶的提取。

3. 語意記憶則以概念基模來加深加廣長期記憶，若是概念架構不明，則長期記憶的提取路徑就會消失，也就無法順利提取長期記憶。

 ★★★

◎ **增進記憶的有效方法：**

1. 應使用生動的畫面、圖片或是遊戲等印象深刻的影像符碼，來加深情節記憶。

2. 應盡量擴充自己的概念基模，例如：利用大綱、架構圖等，以便在獲得新訊息時，能迅速同化入自己的概念基模。

3. 在增進程序性記憶時，一開始便必須要學習正確的動作，並且反覆練習至自動化程度。

4. 應提供可引發個人學習動機的真實情境，以讓個人願意積極參與，提升長期記憶的效果。

5. 尚可以藉由有計畫的練習、軌跡法、字鉤法、關鍵字法、主觀組織法等來增進長期記憶。

參考書目 艾育。心理學主題式高分寶典。千華。

四、工作動機高昂的員工，通常會讓顧客更快樂。請從公平理論（equity theory）論述工作動機如何影響一個人的工作表現。

破題分析　可先說明Adams公平理論之基本概念，然後再據此說明工作動機影響個人工作表現的方式。

解題架構　Adams公平理論之基本概念

答：Adams公平理論可用以解釋個人投入之心理狀態，茲依題意說明如下：

(一) Adams公平理論之基本概念

1. 認為公平是激勵過程中最主要的影響因素，個人工作動機是基於與他人比較後覺得是否公平而定。

2. 公平的衡量有：投入、成果或報酬、比較人或參照人。

3. 橫向比較：係指個人會將本身的工作補償（例如：酬勞）與自己的工作投入（例如：時間）之比值，與團體中其他人進行比較，只有比值相等時，個體才會感到公平。

4. 縱向比較：個體會將本身的工作投入與工作補償之比值，與自己過去的比值進行比較，只有兩者相等時，個體才會感到公平。

(二) 從Adams公平理論觀點，說明工作動機影響個人工作表現的方式。

1. 橫向比較：

(1)當自己工作補償與工作投入之比值，要大於他人所獲工作補償與工作投入之比值時，個體會傾向減低自己的工作補償，或增加自己的工作投入。

(2)當自己工作補償與工作投入之比值，要小於他人所獲工作補償與工作投入之比值時，個體會減少自己的工作投入，或是提高自己的工作補償，以獲得公平之感覺。

2. 縱向比較：

(1)當自己工作補償與工作投入之比值，要小於個人過去工作補償與工作投入之比值，則個人會產生不公平之感覺，而導致工作投入下降。

(2)當自己工作補償與工作投入之比值，要大於個人過去工作補償與工作投入之比值，個體將會覺得公平，但卻也不會增加個人工作投入。

觀念延伸 ★★★

◎ 行為主義的動機理論重視外在獎賞制度的控制，偏向功利取向；
人本主義的動機理論強調滿足個人的內在需求。

參考書目 周甘逢。教育心理學。華騰文化。
艾育。教育行政類專業科目重點精析。千華。

110 地特四等（教育行政）

一、請說明記憶的三階段歷程，並請你從記憶的三階段歷程舉例說明如何增強記憶。

破題分析 ▶ 本題建議要扣緊訊息處理論的相關概念，先說明人類記憶三個階段的特性，然後再說明記憶產生的歷程及有效的增強記憶策略。

解題架構 ▶ (一) 從訊息處理論觀點說明人類記憶的三個階段的特性
(二) 記憶產生歷程之說明
(三) 有效的增強記憶策略

答：記憶是重要的認知心理學課題，於此按照題目規定說明如下：

(一) 從訊息處理論觀點說明人類記憶的三個階段的特性

1. 一個人記憶歷程包括：感覺記憶、短期記憶及長期記憶。

2. 根據訊息處理理論的觀點，個體會透過感官接收外在訊息後，形成感覺記憶，儲存時間非常短，不到兩秒。

3. 短期記憶是介於感覺記憶與長期記憶之間的中介記憶，又稱為工作記憶或運作記憶，記憶容量約是5～9意元的記憶單位，若教學環境中的外在訊息過多，便會造成學生短期工作記憶過度負荷。

4. 長期記憶係指保持訊息長久不忘的永久記憶，長期記憶可分為程序性記憶、情節記憶與語意記憶，程序性記憶是一系列刺激和反應配對的儲存形式，其儲存於小腦中。

(二) 記憶產生歷程之說明

1. 當感覺記憶經過注意及辨識的心理作用，儲存時間將可保留到20秒之內，這時稱為短期記憶。

2. 當短期記憶經過適時複習，就可以轉化為長期記憶。

3. 長期記憶可分為程序性記憶、情節記憶與語意記憶，情節記憶是以影像形式符碼來儲存，與記憶事件發生的地點或時間等有關線索，都有助長期記憶的提取。

4. 語意記憶則以概念基模來加深加廣長期記憶，若是概念架構不明，則長期記憶的提取路徑就會消失，也就無法順利提取長期記憶。

(三) 有效的增強記憶策略

1. 應使用生動的畫面、圖片或是遊戲等印象深刻的影像符碼，來加深情節記憶。

2. 應盡量擴充自己的概念基模，例如：利用大綱、架構圖等，以便在獲得新訊息時，能迅速同化入自己的概念基模。

3. 在增進程序性記憶時，一開始便必須要學習正確的動作，並且反覆練習至自動化程度。

4. 應提供可引發個人學習動機的真實情境，以讓個人願意積極參與，提升長期記憶的效果。

5. 尚可以藉由有計畫的練習、軌跡法、字鉤法、關鍵字法、主觀組織法等來增進長期記憶。

觀念延伸

◎ 「認知學派訊息處理理論」觀點說明人類的學習過程：

1. 首先，教師必須提供可以使學生的外感官覺察的環境刺激，並且讓學生知覺到這是重要的訊息，來引起學生的注意。

2. 而這樣的刺激，亦必須要符應學生的個別需求與興趣，且要配合學生的認知結構發展層次，以使學生可以進行編碼來進入短期與長期記憶階段。

3. 總之，當教師在進行教學，呈現教材刺激時必須要先引起學生的動機與注意，進而引導學生進行立基於舊經驗的訊息思維運作，以從而獲得新知識。

4. 如要產生持久有效的學習，基本上必須要經過感官收錄、注意、短期記憶、複習、長期記憶等階段，且各階段之間會產生輸入、輸入編碼、儲存、解碼、檢索、輸出等心理表徵作用。

參考書目　張春興。教育心理學三化取向。東華。

二、何謂智力？心理計量取向以因素分析進行智力階層結構的分析，請說明智力階層理論。

破題分析 先說明智力的意義，然後進一步說明智力階層理論的相關概念。

解題架構 (一)智力的意義
(二)智力階層理論的相關概念

答：智力為心理學重要主題，茲依題意說明如下：

(一)智力的意義
1.智力係個人活用經驗、學習與運用知識、適應環境以及解決問題的綜合心理能力。
2.智力是抽象思維的能力。
3.主要的智力類型：
 (1)固定智力指的是經由時間累積後所表現的智力，主要來自於後天的學習和體驗，隨著人生經驗的增加，閱歷的豐富，晶體智力愈是與日俱增，持續成長。
 (2)流動智力所指的是個體在思考歷程中所展現的能力，主要來自先天的遺傳所賦予，從小成長，直到青少年期達到高峰
4.常見的智力理論

理論	相關說明
智力雙因論	1.斯皮爾曼（Spearman）主張智力包括普通因素（共同擁有的智力要素）與特殊因素。 2.卡特爾（Cattell）主張智力包括流動智力與晶體智力。
智力群因論	1.塞斯頓（Thurston）主張智力是由許多基本心理能力組合而成。 2.這些基本心理能力包括語文理解、語詞流暢、空間關係、數字運算、聯想記憶、一般推理、知覺速度等。

理論	相關說明
智力結構論	1. 吉爾福德（Guilford）主張智力是人類複雜思維的表現，智力的結構包括思維內容、思維產物與思維運作。 2. 主張創造力具備流暢性、變通性與獨創性等心理特徵。

(二) 智力階層理論的相關概念

　　1. 代表學者為佛姆（Vernon），主張個體智力具有階層性，位居上層的智力對於下層的智力具有指導性。

　　2. 人類智力最高層次為普通能力，旗下包括主群智力（語文、空間等）、小群智力（創造力、數字等）及特殊智力。

◎ **遺傳與環境對智力影響：**

　　1. 首先，遺傳與環境對於智力發展皆具有相當大的影響力，心理學家歷年來研究智力的遺傳因素，多採雙胞胎的比較研究對，得到「先天遺傳決定智力架構」之結論。

　　2. 再者，根據Zajonc的觀點，後天環境是會影響智力發展的。

　　3. 總之，而環境對智力發展的影響則是早期大於晚期。

參考書目　朱敬先。教育心理學：教學取向。五南。

三、 心理學是科學研究，請說明實驗法、測驗或問卷調查法、觀察法等三種常用的心理學方法，並各舉一例說明。

破題分析　依序說明實驗法、測驗或問卷調查法、觀察法相關概念，並舉例說明。

解題架構　(一) 實驗法的相關概念
　　　　　　(二) 測驗或問卷調查法的相關概念
　　　　　　(三) 觀察法的相關概念

答：心理學是科學研究，茲依題意說明如下：

(一) 實驗法的相關概念

1. 係指研究者透過操弄一個或多個自變項，控制無關變項，並觀察自變項的操弄對於依變項所產生的影響。

2. 以「挫折與攻擊行為」為例，說明實驗法在社會心理學研究中之應用

　(1)如果社會心理學家欲了解挫折與攻擊行為之關係時，可以國小學童為研究對象，將學童分為實驗組與控制組。

　(2)實驗組的同學被禁止下課，以讓其產生挫折感，控制組的同學則允許其自由下課，在這裡，挫折感的有無是自變項，攻擊行為則為依變項。控制變項則為除了自變項外，可能會影響依變項的因素。

　(3)而其中實驗組與控制組之間的學生，必須經過隨機分派的步驟。

(二) 測驗或問卷調查法的相關概念

1. 係指採用具有信度與效度問卷或測驗，針對想瞭解心理學概念進行測量。

2. 例如：

　(1)採用興趣測驗，目的是在測量個人心儀或討厭某活動的傾向。

　(2)採用職業性向測驗預測受試者未來可能適合職業與可能成就之測驗。

(三) 觀察法的相關概念

1. 定義：觀察者對於研究對象既行觀察、紀錄、分析及解釋的研究歷程。

2. 特色：

　(1)類型：參與觀察、非參與觀察。

　(2)研究者角色：完全觀察者、觀察的參與者、參與的觀察者、完全參與者。

3. 例如：可以觀察個體的心智發展與行為表現的現象；在社會心理學當中，有關「說服的研究」曾經使用觀察法。

觀念延伸　★★★

◎ 在教育研究中，由於受到真實情境因素的影響，許多實驗研究只能以原有班級為研究單位，而無法真正達到隨機分派的要求，此種研究只能夠稱為準實驗研究。

參考書目　張春興。現代心理學。東華。

四、學習的定義為何？請說明非連結學習、古典條件學習、操作條件學習，以及認知與模仿學習等四種類學習方式，並且請以心理學實驗例子或日常生活例子說明。

破題分析　先說明學習的定義，然後依序說明非連結學習、古典條件學習、操作條件學習、認知與模仿學習之學習方式，並記得舉例說明。

解題架構　(一) 學習的定義
　　　　　　(二) 非連結學習、古典條件學習、操作條件學習、認知與模仿學習之學習方式內涵

答： 學習為心理學重要主題，茲依題意說明如下：
(一) 學習的定義
　1. 從行為主義觀點，學習是一連串刺激和反應連結的結果
　2. 從認知主義觀點，學習是個體透過內外感官處理外在認知訊息，進行內在的同化及調適等心理適應過程。
　3. 從人本主義觀點，學習是滿足個體的高層次發展需求，進而獲得自我實現與自我超越的歷程。

(二) 非連結學習、古典條件學習、操作條件學習、認知與模仿學習之學習方式
　1. 非連結學習
　　(1)定義：係指個體學習行為反應結果決定於對於單一刺激的時間因素所有決定，可分為敏感化學習與習慣化學習兩種行為反應結果。
　　(2)例子：教師常常大聲說話，則學生時間一久就會習慣；但若教師偶爾常大聲說話，則學生的學習注意力就會敏感化。

2. 古典條件學習
　　(1)定義：個人的學習行為是刺激及反應的聯結。
　　(2)例子：學生懼學症的產生。
3. 操作條件學習
　　(1)定義：個人的學習行為是後效強化的結果。
　　(2)例子：教師運用代幣法來讓學生展現目標行為。
4. 認知與模仿學習
　　(1)定義：個人的學習行為是透過觀察模仿所習得的。
　　(2)例子：教師透過模範生的選拔讓學生見賢思齊。

◎ 正統條件化學習、操作條件化學習及觀察學習：

	正統條件化學習	操作條件化學習	觀察學習
代表學者	Pavlov	Skinner	Bandura
學習原則	類化、區辨、消弱、自然恢復	立即增強、連續增強、正增強、負增強	直接模仿、綜合模仿、象徵模仿、抽象模仿
學習歷程	刺激與反應的聯結	後效強化	注意、保持、再生、動機

參考書目　張春興。教育心理學。東華。

111 高考（人事行政）

一、試說明行為主義、人本主義、認知學派對學習動機的解釋，並提出教師激發學生學習動機的方法。

破題分析》 應先依據題意規定，依序說明行為主義、人本主義、認知學派對學習動機的解釋及根據各學派觀點提出教師激發學生學習動機的方法。

解題架構》 (一) 行為主義對學習動機的解釋及提升學生學習動機之策略
(二) 人本主義對學習動機的解釋及提升學生學習動機之策略
(三) 認知主義對學習動機的解釋及提升學生學習動機之策略

答： 學習動機向為教學領域探討之重點，試依題意說明如下：

(一) 行為主義對學習動機的解釋及提升學生學習動機之策略

　　1. 解釋：

　　　　(1)學習動機是刺激與反應產生聯結的結果，也是一種個人的內在驅力。

　　　　(2)學習動機可以視為一種個人的習慣行為。

　　2. 策略：

　　　　(1)可以透過後效強化及類別變化等歷程，來獲得學習動機。

　　　　(2)可以透過觀察學習及模仿，來獲得學習動機。

(二) 人本主義對學習動機的解釋及提升學生學習動機之策略

　　1. 解釋：

　　　　(1)學習動機是個人的內在需求。

　　　　(2)學習動機為個人內發的動力，具有個別差異。

　　2. 策略：

　　　　(1)教師必須要滿足學生的基本需求，讓其在生理、安全、隸屬感、尊榮感等基本需求，都獲得滿足。

　　　(2)讓每個學生都擁有適切的學習成功經驗，並鼓勵學生進行求知
　　　　　及求美的行動，以得到自我實現及自我超越的高峰經驗。

　(三)認知主義對學習動機的解釋及提升學生學習動機之策略
　　1.解釋：
　　　(1)學習動機是介於環境與個人間的中介歷程，亦即是學習者對知
　　　　　識的認知需求。
　　　(2)學習動機是個體願意接受及注意外在認知訊息，並加以儲存轉
　　　　　化的內在心理運作歷程。
　　2.策略：
　　　(1)應建立學生合理歸因，且避免學生產生習得無助感。
　　　(2)教師應給予學生正向的教師期待及教學回饋，並可透過同儕作
　　　　　用的鷹架支持，提升學生的認知發展層次及學習動機。

★★★

◎ 學習動機係指能夠引起並維持學生學習活動，並使學生學習活動
　趨向教師設定的教學目標之內在心理歷程。

參考書目　張春興。教育心理學三化取向。東華。

二、物質濫用者經常使用的毒品藥物大致可分為那幾大類？對於藥物濫用者
　　的治療，有那些增加治療成功的因素？

破題分析　應先依據題意說明物質濫用者經常使用的毒品藥物之類型，再說
　　　　　明增加藥物濫用者治療的成功因素。

解題架構　(一)物質濫用者經常使用的毒品藥物之類型
　　　　　(二)增加藥物濫用者治療的成功因素

答：物質濫用已是常見的社會問題，茲依題意說明如下：
　　(一)物質濫用者經常使用的毒品藥物之類型
　　　1.中樞神經抑制劑：液態搖頭丸、鴉片、佐沛眠、嗎啡等。
　　　2.中樞神經興奮劑：搖頭丸（MDMA）、（甲基）安非他命、古柯
　　　　鹼等。
　　　3.中樞神經迷幻劑：天使塵、大麻、西洛西賓等。

4. 吸入性濫用物質：強力膠、亞硝酸酯類、笑氣等。

5. 新興影響精神物質：類大麻活性物質、火狐狸、K他命等。

(二) 增加藥物濫用者治療的成功因素

1. 透過適當的諮商治療方法及醫生開給的藥物，協助藥物濫用者進行戒斷。

2. 給予藥物濫用者同理的支持及關心，並鼓勵藥物濫用者以健康的管道抒發情緒。

3. 協助藥物濫用者培養健全的人際關係，透過社會支持網絡協助藥物濫用者遠離毒品藥物。

4. 透過宗教團體、戒隱團體、醫療診所等，給予專業的支持資源。

觀念延伸 ★★★

◎ 物質濫用係指當事者在一年之內，重複出現使用特定物質，導致個人無法正常生活或影響他人，以及違反法律規定，例如：吸毒、藥物成癮、酒癮等。

參考書目　蔡佩真。物質濫用社會工作實務手冊。五南。

法務部。反毒知識宣導認識毒品。

引自https://antidrug.moj.gov.tw/lp-1211-2.html。

三、心理動力取向實務人員在進行人格衡鑑時，常用那兩種投射性人格測驗？請詳述之。

破題分析 先瞭解心理動力取向的人格衡鑑觀點，再據此說明其常用的主題統覺測驗及羅夏克墨漬測驗之相關內涵。

解題架構 (一) 主題統覺測驗相關內涵

(二) 羅夏克墨漬測驗相關內涵

答：心理動力取向的人格衡見觀點，希望探討個人的潛意識，常用的投射性人格測驗包括了主題統覺測驗及羅夏克墨漬測驗，茲依題意說明如下：

(一) 主題統覺測驗相關內涵

1. Murray於1953年提出，其基本假設是個人面對測驗圖片所編造的故事，會反應個人的潛意識。

2. 主題統覺測驗實際操作時，會請受試者依據測驗圖片說明自行據此編造的故事，然後會請受試者找出誰是自己認同的角色，再依據「需求」和「壓力」兩向度針對受試者故事內容進行分析

3. 可能限制包括：
(1)計分缺乏客觀標準。
(2)測驗結果不易解釋。
(3)測驗效度不易建立。

(二) 羅夏克墨漬測驗相關內涵

1. Rorschach於1921年最先編制，其測驗由10張具有墨漬的卡片構成。

2. 此測驗會要求受試者回答他們覺得這些卡變最初看起來像什麼，以及一段時間過後，這些卡片像什麼。

3. 最後，根據受試者的相關回應，進行受試者的人格類型判讀，其特色包括：
(1)測驗題目的題意不明確。
(2)探測個人隱而不顯的人格特質。

◎ 投射測驗是一種人格測驗，是指施測者將測驗的特性隱瞞，不使受測者產生防衛之心，並希望受測者能將真正的自我呈現在測驗上。

參考書目　邱珍婉。諮商理論與技術。五南。

四、請試述下列名詞之意涵：
(一)馬斯洛的自我實現（Maslow：Self actualization）
(二)阿德勒的社會興趣（Adler：Social interest）
(三)卡巴金的正念（Kabat-Zinn：Mindfulness）
(四)巴伯的我／汝關係（Buber：I/Thou）
(五)貝克的負面認知三元素（Beck：Negative cognitive triad）

答：(一)馬斯洛為人本主義代表學者，提出需求層次理論，人的需求依序為：生理需求→安全需求→愛及隸屬感→尊榮感→求知→求美→自我實現→自我超越。根據Maslow的看法，教師欲使學生為求自我實現而努力，並企圖提高其求知的動機，則必先設法滿足：安

全的需求、生理與自尊的需求、愛與隸屬的需求，其反對用外在手段約束學生學習，學生具有自發主動的學習成長潛力，教師主要任務在佈置良好的學習環境，讓學生自由選擇與決定。

參考書目 張春興。教育心理學三化取向。東華。

(二) 阿德勒提出個體心理學，其基本觀點認為人具有社會性，會產生獨特的生活方式；另外，人格動力包括追求卓越與克服自卑；阿德勒尚提出社會興趣的相關概念，其係指個人相信自己對他人士有幫助的，也相信自己有困難時，他人會幫助自己，且也認為自己在團體中始終佔有一席之地。

參考書目 劉致毅（2015）。阿德勒社會興趣之研究。臺北市立大學教育學系碩士論文。

(三) 卡巴金提出「正念」相關概念，其係指個體對於周遭環境及自身處境是會秉持一個客觀、開放、接納、信任、不批評、耐心、不勉強努力、願意放下、感恩、慷慨等正面態度，進行有意識的各項覺察。

參考書目 陳德中等譯。正念減壓初學者手冊。張老師出版社。

(四) 巴伯的我／汝關係
巴伯為存在主義的代表學者，在教育情境中，其提出我／汝關係，用以說明教師與學生之間的理想關係，根據巴伯觀點，理想的師生關係應該呈現互為主體性，透過建立在互信基礎的真誠對話，可以讓師生的存在價值得到彰顯。

參考書目 吳靖國。教育理論。師苑。

(五) 貝克的負面認知三元素
貝克曾經透過憂鬱症患者的研究，提出負面認知三元素，貝克指出憂鬱症患者會對具有負向的自我概念、負向的世界觀及負向的未來觀；換言之，貝克認為憂鬱症患者總是認為自己沒有存在的價值，且會從消極觀點解釋自己的經驗，也覺得未來沒有任何希望。

參考書目 李振濤。2022心理學概要（包括諮商與輔導）嚴選題庫：逐題解析實戰演練。千華。

111 高考（教育行政）

一、 根據艾里克森（E. Erikson）的心理社會發展理論（psychosocial development theory），幼兒園及中小學階段學生可能面對的發展危機為何？並說明家庭或學校如何協助不同發展階段學生發展理想的人格特質。

破題分析 ▶ 應根據根據艾里克森（E. Erikson）觀點，先說明幼兒園及中小學階段學生可能面對的發展危機，再說明家庭或學校協助不同發展階段學生發展理想的人格特質之策略。

解題架構 ▶ (一) 根據艾里克森（E. Erikson）觀點，幼兒園及中小學階段學生可能面對的發展危機
(二) 根據艾里克森（E. Erikson）觀點，家庭或學校協助不同發展階段學生發展理想的人格特質之策略

答：艾里克森的心理社會發展理論影響深遠，茲依題意說明如下：
(一) 根據艾里克森觀點，幼兒園及中小學階段學生可能面對的發展危機
 1. 幼兒園大約為第三階段：主動探索對內疚退縮（3到6歲），重要關係對象為家庭成員。
 2. 小學階段大約為第四階段：勤勞努力對自貶自卑（6到12歲），重要關係對象為鄰居或學校。
 3. 中學階段大約為第五階段：自我認同對角色混淆（12到18歲），重要關係對象為同儕。

(二) 根據艾里克森觀點，家庭或學校協助不同發展階段學生發展理想的人格特質之策略
 1. Erikson的心理社會論中，以連續的後成原則，說明人類發展歷程，從心理發展觀點探討社會行為隨個體年齡增長而改變，個體在發展時，會呈現自我成長需求與社會限制的心理衝突。

2. 要重視家庭教育的正向功能，建立健全信任的親子關係，協助兒童順利發展。

3. 要協助兒童發展健全的人際網絡，和同儕及鄰居建立良好的互動關係。

4. 要積極幫助兒童適應學校生活，教師也應給予每個兒童足夠的適性關注。

◎ 艾里克森（Erikson）心理社會發展論的各階段：

1. 第一期：信任對不信任（出生到18個月），重要關係對象為母親。

2. 第二期：獨立自主對害羞懷疑（18個月到3歲），重要關係對象為父母。

3. 第三期：主動探索對內疚退縮（3到6歲），重要關係對象為家庭成員。

4. 第四期：勤勞努力對自貶自卑（6到12歲），重要關係對象為鄰居或學校。

5. 第五期：自我認同對角色混淆（12到18歲），重要關係對象為同儕。

6. 第六期：友愛親密對孤獨疏離（成年前期），重要關係對象為合作性或競爭性的夥伴。

7. 第七期：積極生產對自我放縱（成年中期），重要關係對象為在家庭中的扮演角色。

8. 第八期：完美無缺對悲觀絕望（成年後期），重要關係對象為全體人類。

參考書目　張春興。教育心理學三化取向。東華。

二、何謂「問題導向學習」（problem-based learning）？其重要特徵及所依據的學習理論為何？

破題分析 可先說明「問題導向學習」的基本概念，然後再說明「問題導向學習」的重要特徵及所依據的學習理論。

解題架構▶(一)「問題導向學習」的基本概念

(二)「問題導向學習」的重要特徵及所依據的學習理論

答： 問題導向學習提倡者為Dewey，茲依題意說明如下：

(一)「問題導向學習」的基本概念

1. 問題導向學習係指透過問題來引導學生學習的一種教學法，其提倡者為Dewey等人。

2. 其實施步驟包括了提出問題、分析問題、尋找解決問題的捷徑與解決問題並加以運用等歷程。

3. 透過問題導向學習，將可以幫助教師去了解學生真正的需求，並使學生獲得主動的學習能力。

4. 未來尚必須配合問題式教學情境的營造、多元評量的實施等，來提升問題導向學習的效能。

(二)「問題導向學習」的重要特徵及所依據的學習理論

1. 問題導向學習係指教師在進行教學活動時，應先營造問題情境，引發學生的學習動機，並讓學生從探索過程中，獲得解決問題策略之教學歷程。其係以學生為本位的教學方法，透過問題導向教學，將有助於學生主動建構本身知識及意義體系，並獲得有意義學習。而教師亦應實施多元教學評量，並給予學生適時回饋，以提升教學品質及效能。

2. 問題導向學習的學習理論基礎為杜威實用主義、認知心理學、建構主義與情境學習等。

觀念延伸　　　　　　　　　　★★★

◎ **問題導向教學運用於教學情境中，可能之挑戰：**

1. 首先，教師教學專業知能缺乏，且不瞭解問題導向教學法的核心精神，也缺乏實施問題導向教學法之意願。

2. 再者，並非所有學習領域都適用問題導向教學，且每個學生都具有個別差異，所適用的問題類型也各不相同，增加教師進行問題導向教學之難度。

3. 最後，受制於教學現實條件之限制，例如：課程進度、課堂時間等，無法實施問題導向教學。

參考書目　林寶山。實用教學原理。心理。

三、需求層次理論（hierarchy of needs）與自我決定理論（self-determination theory）均重視個體的需求，試分別說明兩者對於學生課業學習動機的解釋，並分別據以提出教師對於激發學生課業學習動機的建議至少兩項。

破題分析 ▶ 先從需求層次理論與自我決定理論說明其對於學生課業學習動機的解釋，然後，再從需求層次理論與自我決定理論觀點，提出教師對於激發學生課業學習動機的建議。

解題架構 ▶ (一) 需求層次理論與自我決定理論對於學生課業學習動機的解釋
(二) 從需求層次理論與自我決定理論觀點，提出教師對於激發學生課業學習動機的建議

答： 需求層次理論與自我決定理論均重視個體的需求，茲依題意說明如下：
(一) 需求層次理論對於學生課業學習動機的解釋
　1. Maslow為人本心理學的代表學者，認為人的發展源於內在的潛能，換言之，人的種種行為源於內在動機，亦即為一種需求的滿足。
　2. Maslow提出需求層次論，主張個人具有的內在需求如下：
　　(1)生理需求。　　　　　　(2)安全需求。
　　(3)隸屬感需求。　　　　　(4)自尊需求。
　　(5)求知需求。　　　　　　(6)求美需求。
　　(7)自我實現需求。　　　　(8)自我超越需求。
　3. 為學生的學習動機提供完整的說明，教師可根據需求層次論的觀點，思索協助學生培養高學習動機的相關策略。

(二) 自我決定理論對於學生課業學習動機的解釋
　1. 根據自我決定理論（self-determination theory）的觀點，學生產生學習內在動機的重要條件為自主性（autonomy）、勝任感（competence）、關係連結（relatedness），自我決定理論的提出者為Deci和Ryan。
　2. 自我決定理論認為動機是由勝任（提供符合學生程度的挑戰性任務）、歸屬（增進師生／同儕關係與歸屬感）及自主（提供學生不同任務的選擇）三個因素交互而成。

(三) 從需求層次理論觀點，提出教師對於激發學生課業學習動機的建議
　　1. 首先，教師必須要先滿足低成就學生的基本需求，讓其在生理、安全、隸屬感、尊榮感等基本需求，都獲得滿足。
　　2. 再者，要讓每個學生都擁有適切的學習成功經驗，並鼓勵學生進行求知及求美的行動，以得到自我實現及自我超越的高峰經驗。
　　3. 此外，教師應培養低成就學生的內在學習動機，並根據學生的個別差異，實施適性教學及多元評量，來協助學生適性發展及獲得有意義學習。
　　4. 最後，教師應給予學生正向的教師期待及教學回饋，並可透過同儕作用的鷹架支持，提升低成就學生的認知發展層次。

(四) 從自我決定理論觀點，提出教師對於激發學生課業學習動機的建議
　　1. 強調給予學習上的自由抉擇與個人責任，並注重學生自主性、連繫感和勝任感的滿足。
　　2. 學習任務根據學生程度由易而難。
　　3. 發展具有高凝聚力的小組合作。
　　4. 提供學生自行選擇學習任務的機會。

◎ **學習動機之意義：**
　　1. 學習動機係指能夠引起並維持學生學習活動，並使學生學習活動趨向教師設定的教學目標之內在心理歷程。
　　2. 學習動機分為普遍型學習動機和偏重型學習動機，亦包括內在學習動機與外在學習動機。

參考書目　　張春興。現代心理學。東華。
　　　　　　鍾伯光（2010）。自我決定理論在教練工作上的應用。運動教練科學，20，1-9。

四、請說明「動態評量」（dynamic assessment）的意義及其學理依據，並評論其在實務應用上的優勢及可能限制。

破題分析 ▶ 先說明「動態評量」的意義及其學理依據，然後再說明「動態評量」在實務應用上的優勢及可能限制。

解題架構 ▶ (一)「動態評量」的意義及其學理依據，
　　　　　　 (二)「動態評量」在實務應用上的優勢及可能限制

答：動態評量為教學評量上重要之概念，茲依題意說明如後：

(一)「動態評量」的意義及其學理依據

　1. 動態評量是基於Vygotsky提出的「最佳發展區」概念發展出來的評量方法。其主張在教學歷程中，持續觀察學生的學習與認知發展，並給予適性回饋及教學介入，以促進學生提高學習效能及認知表現。

　2. 換言之，動態評量係與教學歷程結合在一起，透過教師的鷹架支持，有助於學生達到認知發展的最佳發展區。

　3. 採取「前測－教學－再測」的評量程序，主要目的在於瞭解學生學習的認知過程，並給予適時回饋協助，以協助學生提升認知發展層次。

(二)「動態評量」在實務應用上的優勢

　1. 動態的教學評量觀點。

　2. 重視學生的認知歷程改變。

　3. 個體的智力及認知能力是可以改變的，具有正向的教育意義。

　4. 尊重學習結果與學習歷程。

　5. 兼重回溯性評量與前瞻性評量。

　6. 著重師生雙向溝通的互動關係。

　7. 融合教學與評量。

(三)「動態評量」在實務應用上的可能限制

　1. 教師的專業能力可能不足。

　2. 實施耗時，實施程序也較為複雜。

★★★

◎ 動態評量與傳統評量之差異：

比較項目	動態評量	傳統評量
理論基礎	社會認知發展論	行為心理學
評量形式	多元評量	紙筆測驗
評量功能	1. 促進學生認知發展。 2. 提升教學效能。	瞭解教學目標達成程度。
實施方式	具有「前測」、「教學介入」及「後測」	常模參照測驗或是標準參照測驗
評量特色	動態評量觀。	靜態評量觀。

參考書目 陳新豐。教育測驗與學習評量。心理。

111 高考（財經廉政）

一、請說明什麼是系統減敏法（systematic desensitization）及其作用為何？如何以此方法因應當前新冠肺炎（COVID-19）疫情的衝擊？

🖊 **破題分析** ▶ 先說明「系統減敏感法」的相關概念，然後據此說明以「系統減敏感法」因應當前新冠肺炎（COVID-19）疫情的衝擊之策略。

🖊 **解題架構** ▶ (一)「系統減敏感法」之相關意涵
(二)以「系統減敏感法」因應當前新冠肺炎（COVID-19）疫情的衝擊之策略

✍ **答**：「系統減敏感法」的理論基礎為古典制約原理，茲依題意說明如下：
(一)「系統減敏感法」之相關意涵
　1.「系統減敏感法」係由古典制約原理發展出來，是由Wolpe所倡導。
　2.基本假設：焦慮反應是學習而來，是制約後的產物，可以藉著相反的替代活動來消除，即反制約作用。
　3.「系統減敏感法」係指先令當事人產生焦慮刺激，而後訓練其作肌肉鬆弛運動，如此將刺激重覆與鬆弛狀態配對出現，直到這些刺激與焦慮反應之間的連結消除，此法乃以鬆弛狀態來體驗引起焦慮的情境，經系統作處理後而消除。

(二)以「系統減敏感法」因應當前新冠肺炎（COVID-19）疫情的衝擊之策略
　1.首先，要先確定案主對於當前新冠肺炎（COVID-19）疫情最擔憂或害怕的衝擊事件為何，例如：是學習、是就業或是健康。
　2.再者，幫助案主將會引發其擔憂的事件，按照焦慮層次進行分類。

3. 然後，協助案主進行放鬆訓練，讓案主先想像焦慮層次較低的擔憂事件進行順利放鬆，然後依序想像焦慮層次較高的擔憂事件進行放鬆行為。

4. 一般每天進行一次「系統減敏感法」，只有在全身都處於鬆弛的狀態之下，才可進行想像性系統敏感遞減，解除一個焦慮等級後再設計新的焦慮等級，直到把引起案主焦慮的各種刺激情境全部想像系統敏感遞減一遍，直到刺激與焦慮反應之間的聯結關係消除為止。

 觀念延伸 ✦━━━━━━━━━━━━━✪✪✪━━━━━━━━━━━━━

◎ 行為治療法之代表學者為Eysenc、Wolpe、Bandura等人。其理論基礎為行為主義心理學，認為個體不適應的行為是經由學習而來，因此行為改變要藉學習原則來修正刺激及反應之間的不適當連結，以改變不適應的行為。對人性持環境決定論的觀點，將「關係」視為諮商成功的必要而非充分的條件。相關的治療方法包括：系統減敏感法、「內爆法」、「洪水法」等。

參考書目　張春興。現代心理學。東華。

二、試以客體關係理論說明目睹家暴對兒童心理人格發展的影響為何？

🖋 **破題分析** ➤➤ 可先說明客體關係理論的相關概念，然後根據客體關係理論觀點分析目睹家暴對兒童心理人格發展的影響。

🖋 **解題架構** ➤➤ (一) 客體關係理論的相關概念
(二) 從客體關係理論觀點說明目睹家暴對兒童心理人格發展的影響

答：客體關係理論為心理動力取向及人際關係取向的人格發展理論，茲依題意說明如下：

(一) 客體關係理論的相關概念

1. 認為個體行動的驅力在於追求人際關係的營造與建構。

2. 個體早期與重要他人的互動經驗及關係親密程度，是決定個體自我概念的形成關鍵。

3. 客體關係理論強調以治療關係為焦點。

(二) 從客體關係理論觀點說明目睹家暴對兒童心理人格發展的影響

　1. 根據客體關係理論觀點，當兒童目睹家暴，其象徵其與重要他人的關係產生破裂及負向發展，所以，兒童可能會產生特定的心理防衛機轉，例如：幻想、投射等。

　2. 再者，兒童目睹家暴會對其心理留下創傷，甚至可能產生對他人的攻擊行為。

　3. 另外，兒童認為家暴原因是出自於自己，所以形塑了其在後續人際關係也扮演了被家暴者的角色。

★★★

◎ 心理動力取向的代表學者為佛洛依德（Freud），而客體關係理論的重要代表人物包括：Klein、Fairbarin、Mahler等。

參考書目　林家興。精神分析治療的理論與實務。心理。

三、試從認知、情感及行為觀點說明思覺失調疾患的症狀及造成的困擾為何？在職場或家庭生活中，如何協助思覺失調患者？

破題分析　先從認知、情感及行為觀點說明思覺失調疾患的症狀及造成的困擾，再說明職場或家庭生活中對思覺失調患者之協助策略。

解題架構　(一) 從認知、情感及行為觀點說明思覺失調疾患的症狀及造成的困擾。
　　　　　(二) 在職場或家庭生活中對思覺失調患者之協助策略。

答：思覺失調為一種精神病徵，茲依題意說明如下：

(一) 從認知、情感及行為觀點說明思覺失調疾患的症狀及造成的困擾

　1. 從認知觀點，思覺失調疾患的症狀包括幻想、幻聽、妄想、注意力降低等，其會讓思覺失調疾患的無法進行正確認知及思考，也難有正常的生活。

　2. 從情感觀點，思覺失調疾患的症狀包括焦慮、憂鬱、冷漠、消極等，其會讓思覺失調疾難以調控自己的情緒，也難以與他人正常互動。

3. 從行為觀點，思覺失調疾患的症狀包括無法工作、缺乏人生目標、缺乏生活動力等，其會讓思覺失調疾難以發展正常的人際關係及社交活動。

(二) 在職場或家庭生活中對思覺失調患者之協助策略

1. 在職場方面，可以多讓思覺失調患者進行服務性質的工作，並給予適性的正向回饋與成功經驗。

2. 家人應該扮演思覺失調患者的正向支持者，並傾聽思覺失調患者的相關想法。

　　　　　　　　★★★

◎ 思覺失調症係指個體的思考、認知、覺察、行為等之間產生不協調或障礙之症狀，且是長期發生，可以透過藥物醫療、心理治療等方式進行處理。

參考書目　廖婉如譯。思覺失調症－你應該知道的事實。心靈工坊。

四、請說明什麼是破窗（broken window）效應？請據此說明如何防範職場霸凌？

破題分析　先說明破窗效應的相關概念，再由破窗效應的觀點，說明防範職場霸凌的方法。

解題架構　(一) 破窗效應的相關概念
　　　　　　(二) 由破窗效應的觀點，說明防範職場霸凌的方法

答：破窗效應由Wilson及Kelling在1982年提出，茲依題意說明如下：

(一) 破窗效應的相關概念

1. 破窗效應係指在情境中，若存在一個微小的犯罪或不良情況未適時處理，則將會讓犯罪及不良情況更為嚴重。

2. 破窗效應的經點案例為若有一棟房屋窗戶破了一個洞，當屋主沒有適當處理，則將會有侵入者破壞更多窗戶，進而進入屋內進行破壞或搜刮財物。

(二)由破窗效應的觀點，說明防範職場霸凌的方法

　　1.當發現職場有出現第一次霸凌的相關事件時，應該要及時制止，且嚴加管理。

　　2.防範職場霸凌千萬不能有姑息態度，也不能給予縱容，要有零容忍的決心與行動。

　　3.要建立健全的職場霸凌申訴制度，也要有實際的懲處職場霸凌者之結果，以儆效尤。

觀念延伸

◎ 從學界觀點，對於破窗效應是否可以有效解釋犯罪行為的產生原因，仍有不同見解。

參考書目　　王國豐。破窗效應。喬木書房。

111 普考（人事行政）

一、大腦結構大致可分為前腦、中腦、後腦三個部分，請說明三個部分的主要功能。

破題分析 ▶ 依據題目依序說明前腦、中腦、後腦之主要功能。

解題架構 ▶ (一) 前腦的功能
　　　　　　(二) 中腦的功能
　　　　　　(三) 後腦的功能

答： 大腦結構大致可分為前腦、中腦、後腦三個部分，茲依題意說明如下：

(一) 前腦的功能

　1. 大腦皮質：

　　(1)額葉：學習、記憶、思維。額葉是大腦的總裁，可協調各部位
　　　　活動。

　　(2)顳葉：聽覺、語言。

　　(3)頂葉：軀體感覺。

　　(4)枕葉：視覺。

　2. 視丘：傳遞脊髓的神經衝動至大腦皮質。

　3. 下視丘：自主神經系統控制中心，如內分泌。

　4. 腦垂腺：分泌多種激素。

(二) 中腦的功能

　1. 視覺與聽覺的反射中樞。

　2. 與運動控制、睡眠等有關。

　3. 與人體溫度的調控有關。

(三) 後腦的功能

　　1. 延腦：控制呼吸、心跳、消化等。

　　2. 腦橋：睡眠品質。

　　3. 小腦：身體自由活動能力。運動協調平衡。

◎ 大腦分區構造：

　　1. 主運動區：掌控身體全部隨意肌的活動。

　　2. 主體覺區：管制身體感覺。

　　3. 主視覺區：掌管視覺。

　　4. 主聽覺區。

　　5. 語言區：

　　　(1)布羅卡區（Broca' area）：發音。

　　　(2)韋尼克區（Wernicke' area）：理解。

參考書目　　張春興。現代心理學。東華。

二、何謂學習遷移？請說明學習遷移理論中的共同元素理論、類化理論、形式訓練學說，以及認知結構理論。

破題分析 ▶ 先說明學習遷移的相關概念，然後再說明共同元素理論、類化理論、形式訓練學說及認知結構理論等學習遷移理論內涵。

解題架構 ▶ (一) 學習遷移的相關意涵
　　　　　　(二) 學習遷移理論的相關說明

答 ：學習遷移係指個體學習一個事物後對於另一個學習事物的影響，茲依題意說明如下：

(一) 學習遷移的相關意涵

　　1. 正向遷移：又稱為助長性遷移，係指個體學習過舊事物以後的經驗有助於以後之新學習的現象，例如，「舉一反三」或「觸類旁通」；增進正向遷移的教學策略之首要工作是「考慮值得學習的知能」。

　　2. 負向遷移：又稱為抑制性遷移，係指個體舊有知識與技能會影響新的學習，例如，有人學會腳踏車後，再學三輪車時，不是栽進水溝，就是騎去撞牆。

3. 高路遷移：應用某一情境所習得的抽象知識於其他情境。

4. 低路遷移：係指一個非常熟練的技能從一種情境遷移至另一種情境時，通常不需要思考或者只需要很少的思考。

5. 水平遷移：又稱為近程遷移或領域內遷移，係指個體在應用已經學得的經驗到其他類似情境。

6. 垂直遷移：又稱為遠程遷移或深度遷移，係指個體從舊經驗中加以整合，以得到特定原理原則，來應用到新情境中。

(二) 學習遷移理論的相關說明

1. 共同元素理論：個體前後的學習情境具有的相同元素越多，則學習遷移越會發生。

2. 類化理論：個體舊學習經驗是新學習經驗成效的決定關鍵。

3. 形式訓練學說：只要加強個體的想像力、記憶力、推理能力、注意力等心理官能，學習遷移就會發生。

4. 認知結構理論：個體先前的學習經驗未必直接決定之後學習情形，換言之，個體學習是受到原有認知結構的間接影響。

觀念延伸

◎ **教師應用學習遷移概念於教學情境中，以促進知識之學習與應用的策略**

1. 訂定教學計畫時，應先考量到是否可以讓學生產生正向的學習遷移，亦即教學計畫與內容的安排要具有銜接性、繼續性、完整性、順序性。

2. 應先建立明確的教學目標，並運用提問、發問等教學技巧，引起學生學習動機，並幫助學生複習舊經驗。

3. 重視學生的概念獲得能力與思考能力之培養，讓學生可以進行水平學習遷移。

4. 讓學生可以學以致用，從實作中獲得體驗學習，以加強正向學習遷移的效果。

參考書目 張春興。教育心理學。東華。

三、嬰兒在出生後第一年就能傾聽並對語言有所反應，甚至在入學前就接觸雙語環境。小孩需要雙語教育嗎？雙語教育的重點是什麼？試申述之。

🖋 **破題分析** 可先說明小孩是否需要雙語教育之己見，再說明雙語教育之重點。

🖋 **解題架構** (一) 小孩是否需要雙語教育之己見
　　　　　　　(二) 雙語教育的重點

答：雙語教育目前雖為國家重要政策，但卻引發不同爭論，茲依題意說明如下：

(一) 小孩是否需要雙語教育之己見
　1. 若要針對小孩進行雙語教育，最關鍵之處在於營造沈浸式的語言學習環境，且重心要放在小孩可以利用雙語進行日常生活的相關行動。
　2. 另外，若要讓小孩進行雙語教育，父母及家人要時時與小孩進行互動，切忌淪為考試式學習。
　3. 且對小孩進行雙語教育，也應該是兼重母語與外語，讓小孩可以自然的運用語言表達及與他人進行互動。

(二) 雙語教育的重點
　1. 雙語教育並非全英語教育，雙語教育的目的是建構一個可以讓學生體驗與應用外語的環境。
　2. 雙語教育是要讓每個人都可以在生活中應用外語處理日常事物及進行彼此溝通。
　3. 雙語教育也希望可以讓每個人尊重與欣賞不同的文化，落實多元文化教育精神。
　4. 在我國「2030雙語國家政策發展藍圖」則提及「與以往推動之雙語政策不同之處，在於本次係為提升國家整體競爭力，而非如以往以考試為目的；重視的是提升國人英語力，而非僅有硬體環境的建置；此次盼帶動全民學習英語的風氣，而非僅針對學生；而政府相關措施係以需求面出發，而非單純強調供給面。」

★★★

◎ **語言的基本概念**

　　1.語言的外延意義：字面上的意義。

　　2.語言的內涵意義：除了字面上意義外，尚有更深一層的意義。

　　3.語言的表面結構：不同的單字組合，可以表達相同的意義。

　　4.語言的深層結構：相同的單字組合，可以表達不同的意義。

　　5.組成單位：語言、語意、語句、使用語言的方式。

參考書目　國家發展委員會。「2030雙語國家政策發展藍圖」。

四、在組織領導或班級經營方面，你會如何融入人本主義及行為主義概念，讓組織或班級的運作是順暢的？

破題分析 ▶ 依序人本主義及行為主義概念說明讓組織或班級的運作順暢之相關策略。

解題架構 ▶ (一) 讓組織或班級的運作順暢之人本主義策略

　　　　　　(二) 讓組織或班級的運作順暢之行為主義策略

答：要讓組織領導或班級經營運作順暢，必須要有正確的策略指引，茲依題意說明如下：

(一) 讓組織或班級的運作是順暢之人本主義策略

　　1.人本主義的動機理論強調滿足個人的內在需求，需求層次中含有內在學習動機，並且正視不同學習風格的存在。

　　2.首先，教師必須要先滿足學生的基本需求，讓其在生理、安全、隸屬感等，都獲得滿足。

　　3.再者，要讓每個學生都擁有成功經驗，並且可以追求成長需求的滿足，最後得到自我實現的高峰經驗。

　　4.而亦必須時時給予學生學習上的回饋，來保持其學習動機。

(二) 讓組織或班級的運作是順暢之行為主義策略

　　1. 在學習適應方面：學校教師可以先和同學約定希望達到的學習行為目標，例如學生學習成績進步，然後再以雙方約定使用代幣的方式，例如教師口頭鼓勵，或是給予小卡片，讓學生慢慢地達到學習適應的效果。

　　2. 可透過外在的增強物來達到刺激個體行為頻率的結果，例如：物質性獎賞、代幣制度等。

◎ **代幣制度：**

　　1. 代幣制度是將合宜和不合宜的行為及其相對應的獎賞和處罰先作明確、客觀的定義。

　　2. 所定義的行為必須是容易觀察評估的。

　　3. 其所根據的理論基礎，主要是效果律和聯結律。

參考書目　　張春興。教育心理學三化取向。東華。

111 普考（教育行政）

一、請試述下列名詞之意涵：
(一)視覺懸崖（visual cliff）
(二)邊緣型人格（borderline personality disorder）
(三)負增強作用（negative reinforcement）
(四)基本歸因謬誤（fundamental attribution error）

答： 茲依題意說明如下：

(一) 視覺懸崖（visual cliff）

視覺懸崖由Walk及Gibson提出，其係指幼兒的一種深度知覺能力，實驗者將幼兒放再一座高臺，高臺中間則為透明玻璃，實驗者發現幼兒爬到高臺中間，看到透明玻璃下的高度，便不敢通過。

參考書目 陳萍、王茜譯。發展心理學導論。五南。

(二) 邊緣型人格（borderline personality disorder）

邊緣型人格障礙屬於一種精神疾病，主要特徵包括：情緒不穩定、人際關係緊張、個性衝動、逃避真實、自我認同障礙、自我傷害、空虛感、憤怒感等。邊緣型人格障礙往往和酗酒、吸毒、飲食疾患等行為相連結。

參考書目 高育仁。您也害怕孤獨嗎？解析邊緣性人格。心理。

(三) 負增強作用（negative reinforcement）

負增強作用係指因增強物消失而增加某種行為反應出現頻率的現象。換言之，負增強作用乃是透過停止施予學生所厭惡的刺激，或是撤除負向增強物，以增強期望目標行為的出現率。

參考書目 張春興。教育心理學。東華。

(四) 基本歸因謬誤（fundamental attribution error）

　　基本歸因謬誤係指對他人行為解釋偏重性格歸因，而忽略情境歸因。例如：當小明考試獲得最後一名時，吾人之解釋可能為小明能力不足，而忽略小明可能是新移民子女之事實。

參考書目　張春興。現代心理學。東華。

二、試以馬斯洛（A. Maslow）之需求階層（hierarchy of needs）的動機理論說明個人如何能達成自我實現的目標。

破題分析　可先說明馬斯洛之需求階層動機理論的相關概念，再據此說明個人達成自我實現的目標之策略。

解題架構　(一) 馬斯洛之需求階層動機理論的相關概念
　　　　　　(二) 從馬斯洛觀點說明個人達成自我實現的目標之策略

答：馬斯洛為人本主義心理學家，茲依題意說明如下：

(一) 馬斯洛之需求階層動機理論的相關概念

　1. 當個體較低階段的需求獲得部分滿足後，才會依序出現較高階段的需求滿足。

　2. 自我實現及自我超越為人格本質，當人達到自我實現後，會產生一種高峰經驗（flow）。

　3. 人有自由意志，可以決定人格發展層次。

　4. 過去與現在的經驗都會影響人格，內在需求是天生的，滿足需求的行為是後天學習的。

　5. 個體需求層次依序為（前四項為基本需求，後三項為成長需求）：生理需求、安全需求、隸屬感需求、自尊需求、求知需求、求美需求、自我實現需求。

(二) 從馬斯洛觀點說明個人達成自我實現的目標之策略

　1. 首先，個人的基本需求要先獲得滿足，讓其在生理、安全、隸屬感、尊榮感等基本需求，都獲得滿足。

　2. 再者，要讓個人擁有適切的成功經驗，並鼓勵個人進行求知及求美的行動，以得到自我實現及自我超越的高峰經驗。

　3. 最後，要設計良好的生活情境，讓個人可以自由選擇與決定。

◎ 人本心理學的基本要義：

1. 首先，人本心理學緣起於1960年代，其理論基礎為存在主義與現象學，其係以人為中心，重視人的存在價值，並主張自我可透過知覺場，形成獨特人格。

2. 再者，其代表學者為Maslow、Rogers、Combs等學者，皆主張應讓每個人可以瞭解自己需求，以獲得全人發展。

3. 此外，有別於「行為主義心理學」以動物實驗為主的理論觀點，也有別於「精神分析論者」以病態人格研究為主。

4. 另根據Maslow之觀點，其提出需求層次論，解釋每個人具有基本需求及成長需求的動機，故應滿足個人的生理、安全、隸屬感、尊榮感等需求，以使個人可以達到自我實現與自我超越。

5. 最後，Rogers則提出「當事者中心治療」諮商方法，並提出人格結構具有整體、知覺場及自我等三個結構，且強調以自由開放為基礎的學習原則。

參考書目 張春興。教育心理學。東華。

三、請說明A型性格（type A personality）之特質，若發現個人具這些行為或特質，如何在職場中維護心理的健康？

破題分析 先說明A型性格之特質。再說明維護具A型性格的個體之職場心理健康之策略。

解題架構 (一) A型性格之特質
(二) 維護具A型性格的個體之職場心理健康之策略

答： 不同性格的人會有不同的職場行為特色及心理狀態，茲依題意說明如下：
(一) A型性格之特質
1. Farley提出A型性格，典型特徵為：個性競爭、進取，行事慌張、冒失，對人較沒有耐心及容忍力。
2. A型性格的人在職場上通常具有下列特質：
(1)常對時間感到壓迫感，好像總有做不完的事情；

(2)保持強烈的成就動機，要求高標準，具野心及遠大的目標，對工作相當投入，除工作外鮮少有其它的興趣。

(3)好勝且喜歡競爭，即使是在團隊的工作上，也會有意無意的想顯現出自己獨特的貢獻。

(4)對競爭者更是懷有敵意與戒心，因此常無法信任且放心的將事情交由他人處理。

(二) 維護具A型性格的個體之職場心理健康之策略

1. 可以建置員工協助方案制度，透過各項正向支持的心理輔導策略，協助A型性格個體在職場工作時可以適時抒壓。

2. 可以協助A型性格個體制訂一個符合其能力的工作目標。

3. 可以透過員工社團活動或員工旅遊，協助A型性個個體培養其他生活興趣及建立健全人際關係。

観念延伸　

◎ 飛爾力（Farley）的人格理論：

1. T型性格：喜歡尋求刺激、富冒險性的人格特質。

2. A型性格：個性競爭、進取，行事慌張、冒失，對人較沒有耐心及容忍力。

3. t型性格：不熱衷於追求刺激變化，過著平靜規律的生活。

4. B型性格：個性悠閒，工作隨和。

5. C型性格：個性被動抑鬱。

參考書目　張春興。現代心理學。東華。

四、依統計資料估算臺灣65歲以上長者約每13人即有1位是失智者，對於未來老化社會將面臨的問題，請說明其神經認知障礙的症狀有那些，及如何對其照顧者進行心理衛生教育？

破題分析　可先說明失智者的神經認知障礙症狀，然後再針對失智者之照顧者應進行的心理衛生教育相關內涵進行說明。

解題架構　(一) 失智者的神經認知障礙症狀
(二) 對失智者之照顧者應進行的心理衛生教育

答：依統計資料估算臺灣65歲以上長者約每13人即有1位是失智者，茲依題意說明如下：

(一) 失智者的神經認知障礙症狀

1. 失智者會遺忘近期發生的的相關記憶，即便他人有給予提示，也無法順利回憶。
2. 失智者無法進行日常互動與溝通，口語表達能力降低，也無法用口語表達生活事物的正確意思。
3. 失智者無法認識周遭原本熟悉的人事物，所以常會發生迷路的情況。
4. 失智者無法做出正確或快速的生活決定。
5. 失智者容易產生退縮逃避的生活態度，也容易出現違反常理的生活行為。

(二) 對失智者之照顧者應進行的心理衛生教育

1. 應讓照顧者瞭解政府及社會可以給予的相關支持資源，例如：失智症關懷專線、長照2.0服務網絡等。
2. 應讓照顧者知道量力而為，協助照顧者建立合理的期待及照護目標，避免照顧者給自己及失智者過多壓力。
3. 應讓照顧者瞭解在照顧過程，若有負面情緒是正常的反應，也應讓照顧者知道失智症狀並非是照顧者造成，避免讓照顧者陷入不斷自責的負面情緒。
4. 鼓勵照顧者維持正常的人際關係，也鼓勵照顧者多多向他人吐露本身想法與情緒，且也給予照顧者適時的傾聽與關懷。

★★★

◎ 當個體年紀越大，則失智症的盛行比率越高。

參考書目　衛福部。失智症診療手冊。
　　　　　　　臺灣失智症協會。

高普｜地方｜各類特考
共同科目

名師精編・題題精采・上榜高分必備寶典

書號	書名	作者	定價
1A011111	法學知識－法學緒論勝經	敦弘、羅格思、章庠	650元
1A021102	國文--多元型式作文攻略(高普版)	廖筱雯	360元
1A031111	法學緒論頻出題庫	穆儀、羅格思、章庠	550元
1A041101	最新國文多元型式作文勝經	楊仁志	490元
1A961101	最新國文－測驗勝經	楊仁志	630元
1A971081	國文－作文完勝秘笈18招	黃淑真、陳麗玲	390元
1A851121	超級犯規！國文測驗高分關鍵的七堂課	李宜藍	660元
1A421121	法學知識與英文 (含中華民國憲法、法學緒論、英文)	龍宜辰、劉似蓉等	690元
1A831121	搶救高普考國文特訓	徐弘縉	630元
1A681111	法學知識－中華民國憲法(含概要)	林志忠	550元
1A801121	中華民國憲法頻出題庫	羅格思	近期出版
1A811121	超好用大法官釋字工具書+精選題庫	林俐	570元
1A051111	捷徑公職英文：沒有基礎也能快速奪高分	德芬	530元
1A711121	英文頻出題庫	凱旋	近期出版

以上定價，以正式出版書籍封底之標價為準

千華數位文化股份有限公司

- 新北市中和區中山路三段136巷10弄17號
- TEL: 02-22289070　FAX: 02-22289076
- 千華公職資訊網 http://www.chienhua.com.tw
- 服務專線：(02)2392-3558・2392-3559

高普｜地方｜各類特考

名師精編課本 · 題題精采 · 上榜高分必備寶典

教育行政

1N021121	心理學概要(包括諮商與輔導)嚴選題庫	李振濤、陳培林	550元
1N321111	國考類教育行政類專業科目重點精析 (含教概、教哲、教行、比較教育、教測統)	艾育	690元
1N381111	名師壓箱秘笈－教育心理學	舒懷	590元
1N401111	名師壓箱秘笈－教育測驗與統計(含概要)	舒懷	530元
1N411111	名師壓箱秘笈－教育行政學精析	舒懷	640元
1N421101	名師壓箱秘笈－教育哲學與比較教育	舒懷	750元
1N431081	名師壓箱秘笈－課程與教學	舒懷	630元

勞工行政

1E251101	行政法(含概要)獨家高分秘方版	林志忠	590元
2B031121	經濟學	王志成	近期出版
1F091121	勞工行政與勞工立法(含概要)	陳月娥	790元
1F101121	勞資關係(含概要)	陳月娥	700元
1F111121	就業安全制度(含概要)	陳月娥	近期出版
1N251101	社會學	陳月娥	750元

以上定價，以正式出版書籍封底之標價為準

 千華數位文化股份有限公司

■新北市中和區中山路三段136巷10弄17號　■千華公職資訊網 http://www.chienhua.com.tw
■TEL: 02-22289070　FAX: 02-22289076　■服務專線：(02)2392-3558・2392-3559

高普 | 地方 | 原民
各類特考

一般行政、民政、人事行政

編號	書名	作者	定價
1F181121	尹析老師的行政法觀念課 ---- 圖解、時事、思惟導引	尹析	690 元
1F141121	國考大師教你看圖學會行政學	楊銘	690 元
1F171111	公共政策精析	陳俊文	590 元
1F271071	圖解式民法 (含概要) 焦點速成 + 嚴選題庫	程馨	550 元
1F281111	國考大師教您輕鬆讀懂民法總則	任穎	490 元
1F291111	國考大師教您看圖學會刑法總則	任穎	470 元
1F331081	人力資源管理 (含概要)	陳月娥 周毓敏	490 元
1F351121	榜首不傳的政治學秘笈	賴小節	610 元
1F591091	政治學 (含概要) 關鍵口訣＋精選題庫	蔡先容	620 元
1F831111	地方政府與政治 (含地方自治概要)	朱華聆	630 元
1F241121	移民政策與法規	張瀚騰	近期出版
1E251101	行政法 -- 獨家高分秘方版測驗題攻略	林志忠	590 元
1E191091	行政學 -- 獨家高分秘方版測驗題攻略	林志忠	570 元
1E291101	原住民族行政及法規 (含大意)	盧金德	600 元
1E301111	臺灣原住民族史及臺灣原住民族文化 (含概要、大意)	邱燁	730 元
1E571111	公共管理 (含概要) 精讀筆記書	陳俊文	610 元
1F321111	現行考銓制度 (含人事行政學)	林志忠	560 元
1N021121	心理學概要 (包括諮商與輔導) 嚴選題庫	李振濤 陳培林	550 元

以上定價，以正式出版書籍封底之標價為準

千華數位文化股份有限公司

■ 新北市中和區中山路三段136巷10弄17號　　■ 千華公職資訊網 http://www.chienhua.com.tw
■ TEL: 02-22289070　FAX: 02-22289076　　■ 服 務 專 線：(02)2392-3558・2392-3559

高普｜地方｜各類特考

名師精編課本・題題精采・上榜高分必備寶典

法律・財經政風

1F181121	尹析老師的行政法觀念課----圖解、時事、思惟導引	尹析	690元
1F141121	國考大師教你看圖學會行政學	楊銘	690元
1N021121	心理學概要(包括諮商與輔導)嚴選題庫	李振濤、陳培林	550元
1N251101	社會學	陳月娥	600元

勞工行政

1E251101	行政法(含概要)獨家高分秘方版	林志忠	590元
2B031121	經濟學	王志成	近期出版
1F091121	勞工行政與勞工立法(含概要)	陳月娥	790元
1F101121	勞資關係(含概要)	陳月娥	700元
1F111121	就業安全制度(含概要)	陳月娥	近期出版
1N251101	社會學	陳月娥	600元

戶政

1F651111	民法親屬與繼承編(含概要)	成宜霖等	610元
1F341121	統整式國籍與戶政法規	紀相	近期出版
1F241121	移民政策與法規	張瀚騰	近期出版
1E251101	行政法(含概要)獨家高分秘方版	林志忠	590元
1F281111	國考大師教您輕鬆讀懂民法總則	任穎	490元
1N441091	人口政策與人口統計	陳月娥	610元

以上定價，以正式出版書籍封底之標價為準

千華數位文化股份有限公司

■ 新北市中和區中山路三段136巷10弄17號　■ 千華公職資訊網 http://www.chienhua.com.tw
■ TEL: 02-22289070　FAX: 02-22289076　■ 服務專線：(02)2392-3558・2392-3559

高普 地方 各類特考
頻出題庫系列

名師精編題庫・題題精采・上榜高分必備寶典

共同科目

編號	書名	作者	定價
1A031111	法學緒論頻出題庫	穆儀、羅格思、章庠	550元
1A571121	國文（作文與測驗）頻出題庫	高朋、尚榜	近期出版
1A581121	法學知識與英文頻出題庫	成宜、德芬	近期出版
1A711121	英文頻出題庫	凱旋	近期出版
1A801121	中華民國憲法頻出題庫	羅格思	近期出版

專業科目

編號	書名	作者	定價
1E161081	地方政府與政治(含地方自治概要)頻出題庫	郝強	430元
1E201121	行政學(含概要)頻出題庫	楊銘	近期出版
1E531111	公共管理(含概要)頻出題庫	楊銘	510元
1E591121	政治學概要頻出題庫	蔡力	530元
1E601121	主題式行政法(含概要)混合式超強題庫	尹析	近期出版
1E611101	主題式行政學(含概要)混合式超強題庫	賴小節	410元
1N021121	心理學概要(包括諮商與輔導)嚴選題庫	李振濤、陳培林	550元

以上定價，以正式出版書籍封底之標價為準

千華數位文化股份有限公司

■新北市中和區中山路三段136巷10弄17號　■千華公職資訊網 http://www.chienhua.com.tw
■TEL: 02-22289070　FAX: 02-22289076　■服 務 專 線：(02)2392-3558・2392-3559

學習方法 系列

如何有效率地準備並順利上榜，學習方法正是關鍵！

作者在投入國考的初期也曾遭遇過書中所提到類似的問題，因此在第一次上榜後積極投入記憶術的研究，並自創一套完整且適用於國考的記憶術架構，此後憑藉這套記憶術架構，在不被看好的情況下先後考取司法特考監所管理員及移民特考三等，印證這套記憶術的實用性。期待透過此書，能幫助同樣面臨記憶困擾的國考生早日金榜題名。

榮登新書快銷榜

連三金榜 黃禕

翻轉思考 破解道聽塗說	適合的最好 調整習慣來應考	一定學得會 萬用邏輯訓練

三次上榜的國考達人經驗分享！
運用邏輯記憶訓練，教你背得有效率！
記得快也記得牢，從方法變成心法！

作者線上分享

網路書店

最強校長 謝龍卿

榮登博客來暢銷榜

經驗分享＋考題破解
帶你讀懂考題的know-how!

作者線上分享

open your mind！
讓大腦全面啟動，做你的防彈少年！

108課綱是什麼？考題怎麼出？試要怎麼考？書中針對學測、統測、分科測驗做統整與歸納。並包括大學入學管道介紹、課內外學習資源應用、專題研究技巧、自主學習方法，以及學習歷程檔案製作等。書籍內容編寫的目的主要是幫助中學階段後期的學生與家長，涵蓋普高、技高、綜高與單高。也非常適合國中學生超前學習、五專學生自修之用，或是學校老師與社會賢達了解中學階段學習內容與政策變化的參考。

千華影音函授

打破傳統學習模式，結合多元媒體元素，利用影片、聲音、動畫及文字，
達到更有效的影音學習模式。

立即體驗

- 自我安排學習時段
- 循序漸進厚植實力
- 節省通勤時間
- 提升準備效率

課程品質
業界No.1

2014、2017 獲頒學習科技金質獎

自主學習彈性佳
- 時間、地點可依個人需求好選擇
- 個人化需求選取進修課程

補強教學效果好
- 獨立學習主題　　・區塊化補強學習
- 一對一教師親臨教學

嶄新的影片設計
- 名師講解重點　　・簡單操作模式
- 趣味生動教學動畫　・圖像式重點學習

優質的售後服務
- FB粉絲團、Line@生活圈
- 專業客服專線

系統化 學習流程
四大關鍵階段
學習安排，
突破國考重重難關！

- 04 STEP 考前衝刺期
- 01 STEP 實力養成期
- 02 STEP 專業強化期
- 03 STEP 能力檢驗期

超越傳統教材限制，系統化學習進度安排。

推薦課程

- 公職考試
- 特種考試
- 國民營考試
- 教甄考試
- 證照考試
- 金融證照
- 學習方法
- 升學考試

影音函授包含：
- 名師指定用書+板書筆記
- 授課光碟・學習診斷測驗

頂尖名師精編紙本教材

超強編審團隊特邀頂尖名師編撰，
最適合學生自修、教師教學選用！

千華影音課程

超高畫質，清晰音效環
繞猶如教師親臨！

TTQS 銅牌獎

多元教育培訓
數位創新

面授

實戰面授課程

不定期規劃辦理各類超完美
考前衝刺班、密集班與猜題
班，完整的培訓系統，提供
多種好康講座陪您應戰！

現在考生們可以在「Line」、「Facebook」
粉絲團、「YouTube」三大平台上，搜尋【千
華數位文化】。即可獲得最新考訊、書
籍、電子書及線上線下課程。千華數位
文化精心打造數位學習生活圈，與考生
一同為備考加油！

遍布全國的經銷網絡

實體書店：全國各大書店通路

電子書城：
Google play、Hami 書城 …
Pube 電子書城

網路書店：
千華網路書店、博客來
MOMO 網路書店…

書籍及數位內容委製
服務方案

課程製作顧問服務、局部委外製
作、全課程委外製作，為單位與教
師打造最適切的課程樣貌，共創
1+1＝無限大的合作曝光機會！

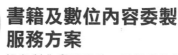

多元服務專屬社群 @ f You Tube

千華官方網站、FB 公職證照粉絲團、Line@ 專屬服務、YouTube、
考情資訊、新書簡介、課程預覽，隨觸可及！

千華會員享有最值優惠!

立即加入會員

會員等級	一般會員	VIP 會員		上榜考生
條件	免費加入	1. 直接付費 1500 元 2. 單筆購物滿 5000 元		提供國考、證照相關考試上榜及教材使用證明
折價券	200 元	500 元		
購物折扣	·平時購書 9 折 ·新書 79 折 (兩周)	·書籍 75 折	·函授 5 折	
生日驚喜		●		●
任選書籍三本		●		●
學習診斷測驗(5科)		●		●
電子書(1本)		●		●
名師面對面				

facebook

公職 · 證照考試資訊

專業考用書籍│數位學習課程│考試經驗分享

f 千華公職證照粉絲團

按讚送E-coupon

Step1. 於FB「千華公職證照粉絲團」按 👍

Step2. 請在粉絲團的訊息，留下您的千華會員帳號

Step3. 粉絲團管理者核對您的會員帳號後，將立即回贈e-coupon 200元。

千華 Line@ 專人諮詢服務

✓ 有疑問想要諮詢嗎？歡迎加入千華LINE@！

✓ 無論是考試日期、教材推薦、勘誤問題等，都能得到滿意的服務。

✓ 我們提供專人諮詢互動，更能時時掌握考訊及優惠活動！

國家圖書館出版品預行編目(CIP)資料

(高普考)心理學概要(包括諮商與輔導)嚴選題庫/李振濤
編著-- 第十九版. -- 新北市 : 千華數位文化, 2022.12
　　面 ；　　公分
　　ISBN 978-626-337-504-8 (平裝)

　　1.CST: 心理學

　　170　　　　　　　　　　111020578

[高普考]

心理學概要(包括諮商與輔導)嚴選題庫

編　著　者：李振濤、陳培林

發　行　人：廖雪鳳
登　記　證：行政院新聞局局版台業字第 3388 號
出　版　者：千華數位文化股份有限公司
　　　　　　地址／新北市中和區中山路三段 136 巷 10 弄 17 號
　　　　　　電話／ (02)2228-9070　　傳真／ (02)2228-9076
　　　　　　郵撥／第 19924628 號　千華數位文化公司帳戶
　　　　　　千華公職資訊網：http://www.chienhua.com.tw
　　　　　　千華網路書店：http://www.chienhua.com.tw/bookstore
　　　　　　網路客服信箱：chienhua@chienhua.com.tw

法律顧問：永然聯合法律事務所
編輯經理：甯開遠
主　　編：甯開遠
執行編輯：尤家瑋
校　　對：千華資深編輯群
排版主任：陳春花
排　　版：丁美瑜

出版日期：2022 年 12 月 20 日　　第十九版／第一刷

本書如有勘誤或其他補充資料，
將刊於千華公職資訊網　http://www.chienhua.com.tw
歡迎上網下載。